太陽の三《み》陸《ろく》神示

神々の仕組みと災害

髙橋千春
Chiharu Takahashi

文芸社

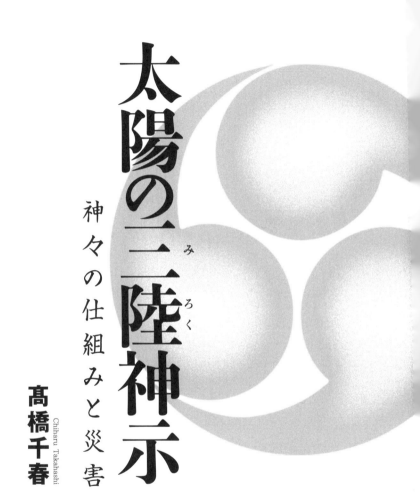

はじめに

人々はなぜ、この世に生き、この世に生活しているのだろうか。何の目的があって今、ここにいるのだろう。そして何を未来に期待しているのか。彼らにとって〝生きている、生きる〟とはなんだろう。街中で行き交う人々に、ふと、そういった思いを抱くことがある。人々の顔を見ていると、この世で生きることが精一杯で自分の〝なぜ〟を忘れているようにも見える。いや、考えないようにしているのか。仕事のこと、恋人のこと、子供のこと、介護のこと、学校や受験のことと、無理やりこの世の仕事にはめ込まれ、自身の周りで起きている事柄や他人、情報などに振り回されることで、考えることを拒み続けているようにさえ見えてくる。

私はと言えば、十年ほど前から得体の知れない悪魔や神と交信できるようになってしまった。目に見えない悪魔的存在（当時そのものは〝死神〟と言っていた）から命を狙われるようになる反面、国常立大神と称する神的存在に、考えも及ばぬことを教えてもらうようになった。こんなことがあり得るのだろうか？　自分に起きていることは〝確か〟であり、夢でも幻想でもない。これは私にしか体験できない現象だろうか。しかし、古来から目に見えぬものとの交信例はいくつもあり、幽霊、祖霊、神霊、悪霊、怨霊など『霊』という言葉や漢字が存在しているのだから、そういった『霊』という存在の現象が昔から世に〝あった〟という証拠だろう。

不思議なことに彼らには、これから起きるであろう未来のベクトルの方向や力の大きさが分かるようなのだ。そして、それに対してどの方向から、どういう力を加えれば、どう未来が変わるかを知っている。そして、2010年には都内や関東圏で巡った神社の神々に、はっきりと大地震と大津波による大災害（3・11東日本大震災）があることを告げられた。彼らが大災害を好ましく思っていないことも告げられたのだ。東京が潰れては日本が潰れると。その懸念を祓うために、東京上野にある下谷神社の御祭神である大年神（＝年の神、大歳神。そのうち〝アマテル〟という呼び名にも変ってくる）に従って私は行動させられたのだった。その行動は、目に見えぬ存在を認識できない一般の人々には考えられないことであり、一笑されることだ。当時の私としては正直に言って面白半分だっただけなのだ…。あんな大地震、大津波が来るなど、はなから信じていなかったのだから。ただ目に見えぬ神々と付き合うのが楽しかっただけだ。しかし、ゾッとすることに大震災は彼らの言う通りになってしまった…。そして東京はと言えば、3・11三陸沖本震から29分後に起きた鹿島灘の余震（M7・4）が留めの地震となり、ジッパーの留め金のように、それより南側地盤の崩落が抑えられ、大地震、大津波から守られたのだった。その余震により、鹿島灘周辺に大津波が起こり、多くの被害が出たことはご承知の通りだ。後に訪れ知ったことだが、震源地近くの鹿島神宮神殿の千木が、激しい揺れで落ちたことを知った。鳥居も崩れていた。鹿島臨海工業地帯の津波の跡も生々しかった。神々がすることはなんとも荒療治だ。そして、不思議な出来事をそれ以降も数多く経験することになった。しかし、今では、不思議なことが〝当然〟になり、それが起きない方が〝当然でない〟と思ったりするから、逆に不思議である（詳しくは前著『富士（二二）の神示』文芸社を参照）。そういう意味ではすっかり、この世の生活だけでなく、目に見えぬ世界も私の一部になったのだ。

人はなぜこの世に生きるのか、何を目的に生活するのか。それは見ようとしない自分自身の心の中に答えがあることを知ったのだ。

この本に記したことは、日常生活の中で降りてきた言葉を自動書記（手が勝手に動いてひらがなやカタカナを伝える）で書き記したものである。書き記しておかないと忘れてしまうことが多いからそうしたまでだ。神々の言葉はこの世の話し言葉とは違い記憶としてインプットされにくいようなのだ。それゆえ、腕に信号が来て、何かを言っていると感じたときは書き記すようにしていた。これは、私と同じように言葉を降ろせる、仲間の八坂さん、豊玉さんも同じことを言っているから私だけの現象ではないようだ。

降りてくる彼らの言葉を後で読み返して分かったのだが、その内容は、神々の世で行われている『この世の変革、大立替・立て直し』といった壮大なストーリーに結びつく。岡本天明氏が降ろした『ひふみ神示』の内容とも被ってくる。もちろん、千葉県成田市台方にある麻賀多神社の境内社天日津久神社や、東京都渋谷区千駄ヶ谷にある鳩森八幡神社も関係している。五感で感じる現実世界しか知らない私たちにしてみれば、目に見えぬ世界は認識できない世界であり、あずかり知らぬことではあるが、その内容は現実の社会と密接に関係していることが多い。しかし、ここで降りてきた言葉の全てを信じてよいかどうかは、私自身も疑問に思っている。なぜなら、私の認識していないところで起きている可能性もあり、未来のことはベクトルの方向や大きさを変えることで、変更されることも多いようなのだ。また、過ぎてみて初めて彼らの意図した意味を理解することも多い。言葉を降ろしていく過程で疑問に感じたことはその都度、彼らに質問をし、納得のいく答えを得る努力はしているつもりだが、私の未熟さゆえに理解していない場合も少なくない。また、降ろした言葉の中には私の妄想と考えられることもあるので、私も完全に鵜呑みにはしていないのが事実だ。特に、地震予告における発生場所や日時などは、彼らには特定しにくいようなのだ。当てはまらないことも多い。しかし、全てが偽りとも言い難い。それが現実になって現れることもあるからだ。それゆえ、神々の世界で起きていることやその仕組みを〝知る〟ことはこれから歩む人生においての指針となり、判断の軸（杖）になるだろうし、この一瞬、一瞬を生きるための選択基準にもなるだろう。したがって言葉そのものを信じるのではなく、その内容を心の内に留めておく程度にでも知っておくことは〝知らぬ〟こととは雲泥の差であると考える。そうすることで、混沌としたこの世の迷いから解放されるのではないかと思うのだ。しかし、あくまでも主体は自分自身であり個人だ。

自分自身の判断によって未来はつくられ、極楽にも地獄にもなっていく。くれぐれも、この本が全てと思い内容に振り回されることのないように心掛けをお願い申し上げたい。

今回は2012年後半から2013年前半の言葉を記した。言葉は普通ひらがな、カタカナで降りてくるので、読みやすいように勝手にこちらで漢字に変換している。ニュアンスの違う漢字を当てはめている場合もあり、句読点の位置がずれていたり、うまく日本語になっていなかったり、途中で寝てしまって、うまく降ろせなかったりと、読みにくいところも多いと思う。会話中の私の言葉や考えは（　）でくくり、字体を変えてある。言葉は抜粋や割愛し要約で済ませているところもあり、また日付も前後している場合もあるが、何卒ご理解をお願いしたい。

目次

第一章　月の富士神示

《２０１２年後半の言葉》７月23日～12月28日

７／23　**Ｘ氏の悪魔「クニトコダチの女の仕事を邪魔する。**（私：誰？　急いでノートに書く）**Ｘのところにいる者だ。**（神？　悪魔？）**悪魔だ。**（『悪魔』って自分で分かっているんだ）**当たり前だ。**（なんで私の仕事の邪魔をするの？）**日津久**（注：麻賀多神社境内社天日津久神社の神こと）**の邪魔をする。次の世はこのＸの世となる。**（どんな世？）**支配するのだ。いままでしていた**（…ちょっと中断、待っててね）**待っている。**（お待たせしました。悪魔さんいますかぁ？）**待っていたぞ！**（ありがとう。質問してもいいですか？）**質問しなくていい。気づいたのだ。理解できたのだ。**（何を？）**仕組みだ！**（えっ？）**勝手にこの世がなくなると思っていたが、今まで通りになるんだな。**（…あ、そうです。二分していくから、一方のこの世はアマテラスの地獄の世となります…）**その世界を支配すればよいのだ。**（まあ、支配したかったら、そうですねェ）**時間を取らせてしまったな。寝る時間を使ってしまったようだな。**（まだいいですよ。一つ教えてくださいよ）**なんだ。**（悪魔さんは自分を『悪魔』だと言っていたでしょ？　神と悪魔の違いはなんですか？）**いい質問をするな。いいだろう。教えてやろう。Ｘとは違うな。しっかりしておる。今まで気づかなかっただろうが、悪魔というのは、癒えない魂をいつまでもにるのだ。**（にるとは？）**肥えない植物のように…**（眠たくて…また教えてください）**いいだろう。**

７／25（Ｘさんの悪魔さ～ん、いますかぁ～！…つながらないかな？　…うっ！　来た～っ。重いなぁ…ゲッ！　肩こり！　うわぁ、背中まで痛いよ～。強烈だね…悪魔さんこんばんは！）**この間の話をしよう。**（はい、お願いします。どうして悪魔さんは自分が悪魔だと知っているんですか？　神と悪魔の違いはなんですか？）**この前言ったように、仕事の仕組みが変わってきたのだな？**（えっ？　あ、そうです。二分する話ですね）**その話だ。**（え～と、そうです。いままでのアマテラスの世の中と進化する世の中です。だから、悪魔さんはいままでのアマテラスの世の中を支配すればいいんです）**では月の仕組みが変わったということか？**（そうみたいです）**この世の支配はこのままでいいということだな。**（はい。悪魔さんのやりたいようにすればいいということです。あの～、腕の付け根も痛いんですけど…）**この仕事はお前がやったのか？**（いいえ、神々ですよ。みんながいい世の中になるような仕組みです）**自**

分の行きたい道へ進むという訳か…。（はい。ところで、この間、悪魔と神の違いを聞いたとき、悪魔というのは**「癒えない魂をいつまでもにるのだ」**と言っていましたが、これはどういう意味ですか？）**つまらんことだ。理解したのだ。地獄の支配をするのに月のシステムを利用することもない。今まで通り、癒えない魂をにていればいいのだ。**（だから、〝にる〟ってなんですか？）**調理することよ！**（悪魔はお料理が好きですか？）**悪魔というのは〝福の神〟なのだ。癒えない魂を、残酷なようだが、沈め、神との距離を置くようにするのだ。**（どうして、それが〝福の神〟なんですか？）**人はそれを望んでいるからだ。**（どう望んでいるのですか？）**心の疼きを取り除くことをだ。**（あのXさんが見える万華鏡のようなエネルギーの図柄と関係ありますか？）**万華鏡を見せているのがこの悪魔だ。**（中断します！　また教えてください。急に体が楽になるが、まだ背中が痛い）

7／26　（悪魔さんいますかぁ？　おはようございま～す！）**いるから心配するな。**（あら、悪魔さん、ずいぶん軽くなりましたねぇ！）**体はなくとも通じるようにしてもらった。**（あ、トートの神さまですね）**そうだ。良い神を知っているな。**（はい、月の支配の神で私の上司らしいです）**そうか道理で、普通の神とは違うと思った。**（普通の神とは違うんですか？）**トートの力がこの世に及んでいる。知らないことを教えてもらった。**（へぇ～、トートの神さまに？）**そうだ。理解できた。**（エネルギーの万華鏡を見せているのは悪魔さんでしょ？）**そうだ。Xの万華鏡はこの悪魔が見せている。**（どうして、エネルギーがデザイン化された図柄に見えるんですか？）**罪なことだ。その万華鏡の図柄は本物ではない。そのことをXは知らない。**（本物の図柄はどうしたら見えますか？）**お前なら見せることが出来るだろう。**（えっ!?　私に見せてくれるのぉ～！　うひょー!!　ありがとう。でも私にわかるかしら…）**字が書けるなら、形も書けるだろう。**（だけど、私、そういうデザイン的なセンスはないですよ…）**書けばよいのだから、出来る。やってみるか？**（はい！　ではお願いします。ノートを持ってくる）**ノートに感じたままを書け。**（伝わってくるイメージを書いてみる。真ん中に星があって、放射状に広がっている。その周りに光の球が広がる…こんな感じです）**それがエネルギーによる万華鏡だ。簡単だろう？**（何の万華鏡ですか？　なんだかとてもきれいですよ！）**自分の万華鏡だ！　よく調和している。**（えっ!?　私の？　あら～、知らなった。不調和だとこの万華鏡が崩れてくるんですね）**そうだ。Xはそれを補っている。しかし、ただ、補っているだけでは、使い物にはならん。それは支配に属**

するのだ。その万華鏡で満足する者はXの元へ集まる。それが支配なのだ。（支配すると良いことでもあるんですか？）癒えない魂を煮るとはそういうことだ。（煮るとおいしくなるという訳？）そうだ。Xのところへ来た者は魂をこの悪魔に提供するのだ。（悪魔さんはその魂をどうするの？）もう、遅い。そうなってしまえば、悪魔の虜になる。（Xさんのところから抜け出せなくなるということ？）そうだ。Xの力をもらった者は体も次第に変わってくるだろう。意識の低下とともに、この悪魔とつながるようになるのだ。（背中にあるエネルギーの放射形はどうですか？）その形も同じ仕組みだ。その形を調整したところで、本物の調和は図れない。それもこちらの計画だ。（どうして、人々は背中のエネルギーの放射形が崩れたり、万華鏡が崩れたりすると、運や体に変化が出るんですか？）理解出来ないか？（まあ、なんとなくわかりますが…）お前の想像通りだ。本物の調和というのはそれを己の力で克服することなのだ。そうすることで、全体の調和が生まれてくる。Xのやっていることは、一部しか見ていない。それをXは知らない。悪魔が見せないようにしているからだ。狭い人間だXは。（なぜ、私とつながったのですか？）お前の力を使いたかったからだ。そうだ、Xにその力を持たせたかった。そうすることで、この世を支配できると思ったのだ。

しかし、神に見破られた。それもコビト（注：コビトは木の妖精だと言われている。ここに出て来るコビトは年の神に教育されたコビトのこと。神の手伝いをしている）にだ！　コビトはXの監視につけられたのだ。気がつかなかった！　コビトを利用しようとして、まんまと利用された。（利用されたのですか？）そうだ。いつかそれも分かるだろう。（フ～ム。Xさんに情報を与えているのは悪魔さんでしょ？）そうだ、なんだ？（Xさんのメールによれば、勉強が足りない！　んだそうだけど…、なんの勉強ですか？　私はむりやり勉強させられるのは嫌いだなぁ～）ふふふっ…。勉強なぞしなくて良い。（どういう意味ですか？）Xには伝えたが、悪魔になるための勉強だ。（関東から東北の人は勉強したそうですよ。何の勉強ですか？）使えん恐怖の勉強だ！（恐怖の勉強？）自然災害の恐ろしさだ！　そのつながりに支配がある。恐怖の支配だ。理解出来るだろう、お前なら。（よく理解できました！　悪魔さんはどうして、悪魔をやっているんですか？）なに？どうして悪魔をやっているか、だと？　どういう意味だ？（なにやら、物事が良く見えているようだから、なんで悪魔なんてやっているんだろうなぁ～と思って）なんだと？帰る！（えっ、どうして帰っちゃうの？）自分のことを、この悪魔のことを〝神〟だというのか？（少なくとも、X

さんは悪魔さんのことを〝神〟だと思っていますよ）**Xには神も悪魔も区別はつくまい。神のふりをしている。**（どうして、神になろうとしなかったのですか？　なんで支配したいと思ったのですか？）**下らんことを聞きおって！この悪魔に向かって何を言うか！**（いつから悪魔なんですか？）**しつこいぞ！　お前は!!**（…え～、どうして急に怒りだしたの？　私、なにか変なこと聞きましたかぁ？）**悪魔に向かって、〝なぜ悪魔をやっているのか〟なんぞ悪魔といえども知る必要のないことだ!!**（どうして、知る必要がないの？）**自分のことなど、知らなくてよいのだ！**（だから、どうして、知らなくていいのよ？）**ふっ、ふっ、ふっ、お前、この悪魔をどうするのだ…。**（どうもしませんよ。教えてもらっているだけです）**なぜ、そこまでして悪魔のことを知りたいのだ…。**（悪魔さんに興味があるからです）**そういうお前はどうなんだ…。**（どうって、なにがですか？）**すこし…休ませてくれ…。**（あれ～、どうしたの～ォ!?）**消滅する…**（あっ！　消滅しないで～！　私の質問に答えてよ～!!）**いった…い、お前はな…ん…なん…だ…。**（私はこの通り、フツーの人間ですよ。神でも悪魔でもなくて、悪魔さんが支配したがっているニンゲンですよ）**うかつに近寄ったのが間違いだった…さらば…だ…。**（行かないで～!!　あ・く・ま・さ～ん！…）**…消滅したようだな…。**（誰？）**心配ない。年の神だ。**（あ、年の神さまが消滅させたの？　ここから声が変わる）**もうこちらの世界へ来ることもなかろう。スサノオだ。**（あ、スサノオの神さまお久しぶりです。Xさんの悪魔さんはXさんのところに戻ったんですか？）**次の世の者のところへは行けまい。Xも不運な男よのぉ。一緒に消滅だ。命が終わった時点で、悪魔もろとも消滅だ。**（あら～、悪いことしてしまいました…）**それが、Xの望むところよ。**（Xさんのところに来ていた、偽物のクニトコダチ大神とか、スサノオとかはどうなりました？）**そのまま幻想として残るだろう。今まで通りだ。**（力は？）**Xにもうその力はない。悪魔の力も使えなくなった。あとはX自身の力のみだ。**（Xさんに力があるの？）**自然の力だ。みなが持っている自然の力だ。一つの時代が終わったのだ。これで良くわかったであろう。**（はい、ありがとうございました。そういえば、体の調子が戻ってきたわ♪）」。

８／１　**いじめについて**　国常立大神「**未熟さです。人間の未熟さから起こります。いつの時代もあることでしょう。千春さんも経験があるんじゃないですか？**（あります、あります、小学生の高学年のときです。私はいじめられた方ではないですが、ボイコットとか無視しろとか、ボス的女の子に指示されましたよ。いやだったなぁー。結局そのボス的女の子が嫌われることになりましたけど。なんで、いじめは起こるのですか?）**嫁いびりもそうでしょう。いびられる方はたまったもんではないでしょうが、それも理解が足りないからですよ。全てを自分中心に考えるから、相手を理解できないのです。**（だけど、子供の場合は特殊なような気がします。特に中学生は一番凶暴残酷だと思います）**昔もいじめはありましたよ。そうやって成長するんですよ。今の子は受験勉強だけしていて、生活するための知恵を欠いているんです。それを補うことをしなくてはいけません。**（具体的にはどうするのですか?）**千春さんは、子供に何をさせましたか?**（生活するための知恵のことですか?）**そうです。**（私は実家の仕事があったから、小さな時から実家まで電車やバスに一人で乗れる訓練と携帯電話の使い方の練習。小学校低学年の時はすでに目的地まで一人で電車に乗って行っていましたよ。それから一人で外泊できるように、一人でお風呂に入ったり、荷物の整理をする練習。小学生の中学年の時には一人で国内線の飛行機に乗せました。ゲートの変更があっても対応できたようです。高学年では短期間ですが海外にホームスティに、中学生の時はひと月間、アメリカへ行かせました。まあ、そのときは一人で生活することができるように超・特訓しましたけど…。小さくても大人の頭の中の考え方を教えると、ちゃ〜んとできるんです！　子供だからできないことはない。それで、気づきました！　早めに特訓しておくと、親の手がかからなくなるのですよ！　何かしたいことがあれば、必ず私に相談してきましたし…。一人で出来るように手はずは整えましたが、逆に子供は自由を手にするんだと思います）**そうですよ。そうやって、一つひとつ丁寧に教えていけば、子供でも出来ることはたくさんあります。それを親がやってしまうから、いけないのです。子供は自分でやりたいのです。教えてもらいたいのです。しかし、今の親は親としては失格です。子供に教えられないからです。親に時間がないと言うのは嘘です。子供をほったらかして自分のことをしています。**（それが、いじめとどうつながりますか?）**自分のことが分からないから人をいじめるのです。**（なぜ、わからないといじめるの?）**少し残酷な言い方ですが、子供というのは自分を知るために相手から知るからです。**（それはどうしてですか?）**考えられないからですよ。**（それは未熟だからということですか?）**そうです。自分のやっていることが残酷だとは気づいていないのですよ。心配もしないし、感謝の気持ちもない。過酷なこともわからない。そこに年上のものが限度を教えるのが普通です。しかし、今では年上の者も限度を知らない。だから、エスカレートしてしまうのですよ。**（よく、チクルという言葉がありますよね。辞書には出ていないかな？…やっぱり出てない…パソコンで調べてみます。『チクリとは、密告することや密告者のこと…１９８０年代末から不良少年を中心に若者の間で普及。他愛無いこともいちいち告げ口するような人を〝チクリ魔〟ともいう。…略』ここからは辞書で調べます。『告げ口＝人の秘密・あやまちなどを、そっと他人にいうこと。言いつけ口。密告』。いじめたことを密告すると、さらにいじめられるということは、何か、密告されると困ることがあるということですね）**チクルことを受け入れることが大切でしょう。それで、そのいじめていた子は限度を知るようになるのですよ。**（密告されて困ることをわざわざやる心理というのは怖いもの見たさですか？）**理解したことが、通用する範囲を知りたいのです。**（それで、他人を使うのですか？　怒られるのを待っているってことですね！）**その通り！　千春さんならどうしますか？**（いじめられたらですか？）**はい。**（今なら魂ごと消滅させてしまいます。そんな人間は私には必要ありませんから。あ、でも、なぜいじめるのかまず相手に聞くかな…）**理解する必要があるということでしょ？**（そうです）**今度はいじめられる方のことを考えましょうか。**（はい、なんでいじめられるんでしょう？）**憑き物がいる場合が多いです。**（あ〜、そういうオーラが出ているってことですか？）**はい。**（それじゃ、いじめられていると思ったらどうしたらいいですか？）**自分の中に神がいれば、千春さんのように話すことも出来ますが、多くの場合はそういうことは出来ませんよね。**（コビトの力でも使いますか？）**コビトは子供が大好きですから、中目黒八幡神社へ行って、もらってくるといいですね。**（中目黒まで行かないとダメかしら？　都内の人ならいいけど…）**シンがついていますから、自分で何とかなります。真実の意識を持つことです。**（真実の意識とはなんですか？）**…すごく大変なことをしでかします！**（すごく大変なことというのはなんですか？）**自殺という行為！**（自殺しちゃったら、その人の人生なくなってしまいますよ〜！）**これは、いじめた方には堪えますよ〜！**（ん？　ちょっと！　あなた誰!?　国常立大神じゃないでしょ〜!!）**あ、ばれました？　始めまして、輪廻を変えることのできる神です。**（名前は？）**ザ・死神！**（なんか奇妙な死神だねー。そんな死神いるの？）**自殺よりもいい手がありますよ！**（また、しょーもないこと言うんじゃないでしょうねぇ〜？）**つつき返す方法をこっそり教えます。**（どうするの？）**心配しなくていいですよ。死神といえども今では神の仲間ですから。つまり、もし、いじめにあったら、逆にチクるんですよ。**（誰に？）**お巡りさんです。**（警察署へ行け！　ということ?）自分で行けないかもしれません。そういう子は憑き物にやれていますから、自分を責める方向へ追い立てられます。（それじゃあ、どうするの?）現代の親は子供に無関心ですから、本当なら、いじめられている子の親が気づかなくてはいけないのですよ。いいですかぁ〜！　全国のいじめられているお子さ〜ん！　まず、自分の中にいる悪い虫を取り除きましょ〜！　取り除くのは簡単です。親に迷惑をかけたくない、ことを荒立てたくない、自分さえいなければいいんだ、そういう気持ちが悪い虫の正体でーす。こう思ったら、すぐにその裏にある真実の心を探してください！　自分の本当の気持ちで〜す！　それを探してください！　自分はなにをすべきなのか、自分を守るためになにが必要なのか。それは記録！　時間、お天気まできっちり！　書いておきましょう。そして、それは二つ作っておいてくださいよ〜。なぜなら、いじめた方は証拠が怖いのでーす！　だから、チクられるのが怖い！　いいですかー？　彼らはチクられるのが怖いのでーす!!　だから、その証拠を狙ってきます。一つの記録を失ってもバックアップがあれば安心。それを持って、警察署へ行きましょう〜！　お巡りさんはキミの味方をしてくれます。そして、いじめっ子はコテンパに叱られ、生涯傷となって残っていくのです。ついでに言えば、憑き物もそいつらにやってしまいましょー！　これでどうですか?（お巡りさんって味方してくれるの?）これは、いじめ条例に入っていますから、大ジョーブでしょう。（いじめ条例なんてあるの?）知らないのは千春さんだけ！（ほんとかな〜?　まぁ、いいよ。とにかく頭を使え！　ということ?）そーで〜す！　いじめの現状を呟いてくださーい！　中学生ごときが大きなことを言うんじゃないよ！　まだお子様じゃないか！（あれ、今度は誰ですか?）腑に落ちんことがあったら、正々堂々と言えー！　輪廻など変えなくとも戦え！　向こうは大勢じゃないと一人に立ち向かえん臆病者だ！　強く出ればいいのだ！（それができないんだよね〜）いいか！　仲間など作ろうとするな！　いじめられたら、いじめ返せ！（あ、それ今はしてはいけないことになっています）なに?　いじめ返してはいかんのか?　…まぁーまぁー、千春さん、ちょっと割り込みますよ。国常大神です。（なんか、いろんなものがきましたが…唖然）いろいろ、口を出したいものが多いんですよ。いいですか、結論としては、千春さんが子供にしてあげたように、生活する術を親が特訓することにあるんですよ。そうすることで、見方が大人になってくるんです。子供はどうしても視野が狭いから、学校という狭い範囲しか見られません。もっと、外に仲間がいることを知らせることです。自分のことも分からないから、相手から知ろうとしているんです。それは経験なんですよ。いろいろな経験。親がもっと子どもにその経験をさせることが必要なのです。つらいことも悲しいことも親がそれをやりくりする術を教えなければなりません。いじめられたら、自分で考えずにどうしたらいいか教えてあげてください。親にも子供時代の経験があるはずですから…。いじめられているお子さーん！　このザ・死神が助けますよー!!　記録をとってくださいよー。そのうち、それをもとに『ゆすり』ができますから〜！　相手が有名になればなるほど高い値がつきますよー！　一億円で売ってあげてくださいねー！（ちょっと！　それは犯罪じゃないの！）いいんですよー。そのくらいの価値はあるってことを教えているんですよ！　…月のトートだ！（なんでトートの神さままで出てきますか！）トートの知恵を授けるぞ！（ほんと？）トートに二言はない！（それではどうぞ…あやしい…）ひ弱な人間に特有の現象がある。自己嫌悪だ。自分が生まれたことを悔やむな。理解できなければ残酷なようだが、いつまでもその自分がいるということだ。憑き物というのはそういう人間を狙ってくる。もし、そういう自分に遭遇したら、異常だと思うことだ。これは自分ではないということに気づけ！　そして、思うのだ！　なぜ自己嫌悪にならなければならないのか、自分がここにいるのは必要だからだ！　お前はだれだ！　ここから出ていけ！　となな。トートの勇気を与えよう！　そうだ！　強く持て！　人にかまうな！　己のことが知りたければ、己に聞け！　と相手に言え！　月の力を見せてくれるぞ!!（…トートの神さま、そう力まなくてもいいですよ。どうしたらトートの神さまの力が使えるの？）トートとつながるように願うのだ！　この世はトートの力で満ちている。勇気を持て！…。（あれ？　いなくなっちゃった…）国常立大神です。トートの力も必要ですが、一番問題なのは、いじめている子の家庭環境です。その子の環境がそういう環境だから、いじめていることが分かっていない場合も多いと思います。それは親や兄弟にいじめられているのです。その子の心の荒みが同級生に向けられているのですよ。もっと、子供の気持ちを考えてあげてください。心の狭い子供に逃げ道はないのです。追い詰めているのはあなたですよ。それに気づいてください。学校の先生も未熟なのです。今の世の中、神とのつながりがないから、こうなります。みなさん、一人ぼっちだと思わないでください。神はここからすべてを見ています。理解できないことは神に問うてみてください。神社へ行って、問うてみてください。その答えは身近にあります。探してください。神の言葉を」。

8／14　アマテラス「アラー（←時々名前が出て来る神だ

が、なぜここでアラーなのかは不明）の神が言っています。光が届き始めています。人々の心にある不吉なものが世の中に出始め、その影響が千春さんたちのみならず、神々にも影響を及ぼしています。不吉なものは人間の次元上昇をもとにさらに激しく、憤りとなり人々を襲っています。仕組みがすべて動きだし、アラーの神の国造りが始まっています。沈みゆくものは沈み、昇りゆくものの意識の中に目に見えないことへの関心が芽生え始めています。そういった世界の話を、興味をもって聞きたがるでしょう。神の意識への始まりです。コノハナサクヤヒメのカイの仕組みが働き出している証拠と言えるでしょう。書くことは意識の向上になります。人々の興味が書くことにあるならば、書けるようにしてあげてください」。

9／4　苦しみ遠のくみろくの世　麻賀多神社　▽拝殿「今から言うことを書けよ。麻賀多の神だ。（一緒に行った方への指示のようだ）細かなことは言うな。指図はこちらからする。この者の自覚を確かめる。いつものように日津久（境内社天日津久神社のこと）へ行き参拝しろ」。▽境内社天日津久神社（スサノオ）「ここは静かな空間となったぞ。千春！　日本の立て直しが始まった。過去から未来へ開かれた。今その力をやろう。…動くなよ。（はい）体に入れたエネルギーは次の世へ持って行けよ。（どんなエネルギーですか？）いまから次第に地球へやってくる宇宙からのエネルギーが強くなってくる。それに耐えられるようにしたのだ。（みんなにも言った方がいいですよね？）豊玉はこの間いれたぞ。八坂にも来るように伝え！（はい。一昨日ぐらいから、国常立大神も年の神さんもお留守なのです。さっき、ここへ来る前に居木神社へ寄り、神に聞いたら、地震が来るから、今から日津久へ行くなら、地震を抑える力を貰ってこい！　と言われたのですが…。ここから声が変わる）この力のことだ。アマテルだ！　心配するな！　その地震は震度を小さくしている。いまに分かるであろう。（下谷へ行きますか？）いらぬ。（↑スサノオの声）下谷は行かなくてよいぞ。次の神示を降ろす準備をしておけ。（どんな準備？）本を書き終えた時点でみろくの世の神示を降ろすぞ。とうとうみろくの世の到来だ！　ハハハッ…！　杉へ行ってこい」。▽大杉（麻賀多神社境内にある大杉のこと）「右から回れ。次は左から回れ。また右だ。（次元が変わった感じ）▽麻賀多大権現「今しばらくの辛抱だぞ。く（九）るしみ遠（十）のくみろくの世じゃ！」。

9／4　下谷神社　天日津久神社へ一緒に行った方に下谷へ行くように言われたので、ついて行った。「アラーの神が言っておったぞ。その仕事の後に再び神示が降りると。

年の神の仕事の続きを言い渡す。アマテルだ。いずれ、（富士の）神示が世に出た後、アラーの仕事が本格的に始まる。腑に落ちぬことは、癒えない魂が引き連れてくるから、用心しろよ。世の中の動きが激しくなってきたのが分かるであろう。仕事は彼らの動きを阻止することにある。八坂に伝え！　沈めろ‼　そのうち世にいる者たちが台頭しはじめる。神示を世に出せ。静かに火（灯？）を灯すだろう。それが合図となり、世の思考が一気に変わってくる。意味のない現代に腹を立てているより、心の灯に向かって、群がってくる。その時こそ真実が伝わるときになろう。仲間を増やしていけよ。いずれそれが一つの流れとなり、国造りが始まるのだ。今日はご苦労だったな。もう下がってよいぞ」。

9／4　地震予告　中目黒八幡神社「国常立大神が地震を起こすと言っていたぞ。急いで、日津久の力を使って震源地を沈めておけよ。今ならまだ間に合うぞ。（どうして国常立大神は地震を起こすのに、私は沈めるんですか？）仕事だからだ。腑に落ちぬこともこの世を造るための仕組みなのだ」。▽末社三峰神社「震源地は静岡の富士山の近くだ。仕組みが動いている。次の仕組みだ。この世を破壊しようとするものが、再び動きを狙っておるぞ。その者どもを沈めろ。さすれば大事はない」。

【9月9日から静岡県西部を震源とする地震が多発するが、震度1〜2、M2・5〜3・7と小さかった。中国では7日に雲南省（M5・7）、昭道市（M5・6）を震源とする地震が立て続けに発生。多数の家屋が倒壊】

9／11　みろくの仕組み　明治神宮　急に明治神宮へ行きたくなった。境内は涼しかった。原宿駅に近い大鳥居をくぐったところで声が聞こえた。「おお！　来たか。待っておったぞ！　早く来い！（スサノオの神さま？　今日はここにいるの？）そうだ。また日津久へ呼ぶのも悪いからの。神示（前著のこと）はうまく書けたか？（はい、あと、もう少しでおわりかな？）心配ない！　うまく行くぞ。（はい）仕組みが変わったのだ。今度はみろくの仕組みが動き出す。その仕組みの説明をするために呼んだのだ。（カラスが鳴いている…地震が来そうですよ〜。↑関東地方だけの現象か、カラスは地震の前になると普段とは違う、独特な鳴き方をする）心配ない。仕組みは仕事として次の神示に載せるのだ。（はい）書けるか？（あら、まだここは参道ですよ〜）そうか、早く拝殿まで行くのだ。（はいはい…。手水舎の近く、エネルギーが強くなってくる）書けるか？（もう少しで拝殿です！）」。▽拝殿「国常立大神に仰せつかったのだ。（人が多いので、脇へ寄っていいですか？）よいぞ、書けるところで書けよ。（脇へ寄る。どうぞ…）**仕組みは今までのようなものではなくなった、ということだ。いつまでもそのままでおれば、人間としての命もなくなる。アマテラスの光が強くなっているのが分かるであろう。光は人ばかりでなく、太陽をも活性化しておるのだ。この世の太陽は未来へ向かって輝きだす。輝きは強い光となって、そなた達の肉体をも蝕むのだ。この力に耐えられぬものは肉体の死を意味することになるのだ。**（それはどういう意味ですか？）**天変地異よりもひどいことになるかもしれんのだ。脅しではない。警告だ。今度の神示で気づかぬ者は加護が受けられないということだ。知らせる者には知らせてやれ。天変地異は地球だけの現象ではないということをな。未知の光が宇宙より射し、肉体を蝕んでいくのだ。**（それは、この後ずっとこの光が射すということですか？　それとも津波のように一時？）**それは、今は言えぬ。仕組みは宇宙規模で起きるということだ。心の整理が済んでおれば、その光は素通りするだけだ。心も体も変化はない。書けたか？**（はい）**それを八坂と、豊玉に伝えてやれ。次の仕組みが動き出したとな。神示を読まぬものは読まぬ道へ行く。仕組みは仕組みとして開いてゆく。待つことはない。帰ってよいぞ」。**▽**コビトのお兄さんの木**　前回、木の傍で言葉を聞いていたら、職員に「植え込みには入らないように！」と注意されてしまった。今日は少し遠いが、道から木に声をかけてみた。すると、強いエネルギーがやって来た！「（こんにちは！）**暫くぶりだな。コビト達は元気そうだな。心配するな。コビトの木はいつもここにあるぞ。ソラもキミも力をやろう**（私には『ソラ』という名の青い服を着たコビトと『キミ』という黄色い服をきたコビトがいるようだ。ウッ!!　すごいエネルギーが私に向かって入ってくる！）**心配するな。また来るがいい。**（はい、ありがとうございました）」。

9／14　**フリーメーソン　スサノオ**　ある本を読んでいて、以前言われていたイエスが釈迦になった話が、本当だったんだ!!　と、びっくりしていた時に降りてきた。「**なごめよ。**（この間、イエスが釈迦になったと言っていたことがこの本にも書いてありますよ～っ!!　ビックリ！）**だから、なごめよ。**（〝なごめ〟とはそれが真実だったと知ったということですか？）**そうだ。**（つまり、イエスも釈迦も導いたのはスサノオの神さまということですか？）**そうだ。ようやく気がついたな。のちにいいように改ざんさせられたが、真髄は同じところよ。**（それがどうしてフリーメーソンとつながるんですか？）**石工のことか？　ピラミッドを造った者たちだ。千春だって知っておろうが。**（知りませんよ!!　ピラミッドを造ったのは恐竜じゃなかったですか？）**手伝ったのが、恐竜だ。なにも恐竜が造ったのではは**

（あ、ないぞ。トートの方が詳しいからトートに代わろう。（あ、パソコンに変えていいですか？）いいぞ。（パソコンを開いたら、メールが来ていたので返信してから聞いた。…どうぞ!）いいぞ。（はい。なんで、釈迦やイエスがフリーメーソンと関係しているんですか?）トートだ！　フリーメーソンのことか?（トートの神さまってそんなに偉かったの?）者たちのことだ！　フリーメーソンとはこのトートの教えに従ったカにしておるが、トートは知恵の神だ！　千春はいつもそうやってトートをバ…。バカにしてないでしょう～。聞いただけでしょう!）（す、すみません…。もうよいぞ、喧嘩したところで進まぬ。（あ、ようやく大人になった…。）また、そういうからいけないのだ！　千春はいつもそうやってトートをバカにする！（褒めてそんなした…。はいはい、すみませんでした！　で、フリーメーソンと釈迦とイエスがどうつながりますか?）だから、さっきから言っておるだろう！　トートの教えに従った者だ！（エノックは?）エノックは元々トートの弟子だった者だ。（あれ、トートの神さま弟子が大勢いるんですか?）トートを誰だと思っているのだ！（なんか、今日のトートは怒りっぽいね…。まあ、シッタカブリもよしにしろよ！　トートを誰だと思っているのだ！（なんか、今日のトートは怒りっぽいね…。まあ、いつもだけど…。はいはい、すみませんでしたぁ！）フリーメーソンの続きだ！（はい、どうぞ）フリーメーソンとは石工のことだ。石工の技術はトートが教えたのだ。このトートの教えがそのままフリーメーソンとなった。イエスにしろ、スサノオにしろ釈迦にしても同じだ。神界の教えは一つだ。それはどのシステムも共通するものなのだ。そこにその教えを潰そうとした奴らが入ってきた。だから、秘密にしたのだ。トートの技術、スサノオの教えは封印したのだ。（それが今に伝わるフリーメーソンだと?　ここから声が変わる）スサノオ：理解出来てないようだな。スサノオだ。今のフリーメーソンは乗っ取られたフリーメーソンだ。スサノオたち神界の者は押し付けたりせんものだ。全て、その者たちに任せて進ませていく教えだ。それをいつの間にかこの地球のシステムを乗っ取った奴らが割り込んできて、いいようにしたのが今のフリーメーソンだ。従えば、富、名誉栄誉が得られるが、真髄はそこにはない。彼らの目的は家畜化だ。従う者たちは従っただけその者たちの中へ深く入り込み、神界への道は閉ざされる。自分以下の者たちをつくり、さらに富を生ませ、人間本来の未来を断ち切り悪魔への道を進むことになる。見つからないようにに影をひそめ、この地球のシステムを壊し、人間としての尊厳も忘れ、獣の道を歩むことになる。（獣の道も、その人がよいと思ってやっているならそれでもいいんじゃないですか?）そう、それでも良いのだ。その道が本心ならそれでもよい。しかし、魂とはなにか、真髄とはなにかはそこから得られるものではない。人間の苦しみはそこにあるのだ。本来の姿に戻れば苦しみはなくなる。しかし、彼らに従えば、苦しみは増すばかりか、魂としての機能もなくなる。（魂の機能ってなんですか？）魂の機能というのは本来あるべき仕事につく機能のことだ。（それは役割ということ？）そうだ。組織としての役割だ。その役割がなくなれば、消滅させるしかない。人間本来の役割を教えたのがトートのフリーメーソンだ。神殿造りの石工たちは神界からの仕事で働いていた者たちなのだ。千春が設計図を描き、それを石工が施工するのだ。言ってみれば、この世の仕事でないことを形としていかねばならぬ。そのためには高度な技術のほかに施工するための指示を神界から受け取る能力が必要となるのだ。わかるか？（ふむ、なんとなく…。指示が神界からくるんですね）そうだ。過酷な作業も神界の力を使えば、過酷でなくなる。つまり、楽にできるようになるのだ。トートがその力を貸しているからな。ピラミッドもそうやって建てたものだ。地球の大きさも重力の差も環境の差もあるが、今の人間にその作業は出来まい。それは神界の力が使えんからだ。その力を使えるようにしてきたのがフリーメーソンなのだ。（じゃぁ、建造物を建てた人たちは単なる奴隷ではなかったってこと？）ふざけたことを。奴隷に石の建造物は造れまい。そこには技術の他に千春のような想念の力が必要だということだ。それがフリーメーソンとして残っておるのだ。今の悪魔の力を使うフリーメーソンとは違う。神の力を使うための儀式がフリーメーソンなのだ。（なるほど〜！ ではなんで、釈迦とイエスが関係しているの？）釈迦もイエスもこの世の人々を神界へ導くための先導師だ。人間たちは自分の欲から、それらを乗っ取り、いいように解釈させて奴隷化をしてきたのだ。神への進化を防げ、家畜として人間を扱ってきた。もうそのような者たちはいらぬのだ。この地球という星は沈めることにしたのだ。心の進化が出来ている者はそのまま別れて違う世界へと移行することになる。そこが千春の行きたがっているシャングリラと言われているところだ。（シャングリラって、国常立大神がよく言う〝いるいる星〟っていう進化した地球のこと？）そうだ。この世の中にもう一つ違う世界がある。そこがシャングリラだ。この月の進化を遂げた者はそこへ導かれることになる。（それは体を持ったまま、いつの間にかそこにいるということ？）理解していないな…。（え〜っ！ どういうことですかぁ？）このままではそのシャングリラの扉は開かぬぞ。（それは困った！ 国常立大神のいる、いるいる星へは行けない!?）ふむ、もう少し時間がかかりそうだな。エノックに言っておくぞ。心配するな。いつしか気づくであろう。（はぁ…）」。

【『封印された日本古代史ミステリー』久慈力著によれば、イエスはインド、チベットなどで修行をし、仏教、密教、ヒンドゥー教などを学び、長寿法、手当法、呼吸法など医術も学んだのではないかと言っている。カシミール、ラダック、チベットなどでは、イエスという名前が訛ったとされるイーサー、イシャなどと呼ばれている修行者の言い伝えがあるらしい】。

9／16　シャングリラ　居木神社「深く考えるなよ。ここのことも未来のことも。映し身のこの世は消える運命なのだ。いくら立て直したところでこの世は立て直すことは出来んことよ。（それは立て直しに失敗したということですか？）そう言う訳ではない。立て直しはうまくいっておる。じゃが、この世は消滅することになっておる。つまり、千春がいるこの三次元は消滅するのじゃ。千春のように心の美しいものは残ることになる。それが、シャングリラという楽園だ。（いるいる星ですね）そうじゃ。その世界ももうすぐ明けるじゃろう。北からの光が強くなってきた。心配することはない。心の美しき者は全てを神に任せればよいのじゃ。やがて来るジャングリラにアダマ（地底にいるといわれている人）たちがおろうよ。千春たちを受け入れる準備が進んでおる。その先、しばらくつらいことがあろうぞ。次元の上昇が完了すればすべての仕組みが分かってくるであろう。もうしばらくの辛抱じゃ。こうして話せる者がおらんのぉ。みんなに知らしておるのに、だれも聞く耳は持っておらんのか。銀龍（注：居木神社の神は銀龍。それに対し、下谷神社の年の神は白龍）の働きを見ておれよ。必ずこの世を良い世にしてみせるぞ」。

9／16　素の自分　スサノオ「真実はいつも偽りを共にするものよ。好きにつくった真実を都合よくさせたがるものよ。アマテラスのこととて、真実は隠されつづけ、次の世の意識を邪魔していたのだ。だが、真実を知ろうとしないのは偽りの者がそれを邪魔していたからなのだ。アマテラスの行いは知らず知らずのうちに太古の日本を駆け巡り人間としての生き方も命の在り方も変わってしまった。真実を知る者は幾重の難関を突破してきた者だけに言い渡されるのだ。いずれ、体のなくなるころ、いろんな意味を含め自分がしてきたことを顧みる時がくる。何を過去に考え行動してきたのか。行く先々のイショウ（衣装？　意匠？）がなぜ違うのか？　執拗に考える時がくるのだ。心の中にある素の自分がそのまま出て来る瞬間だ。今までしてきたことがいかに自分を隠してきたかを知る瞬間に、生きていることへの執着が芽生えだす」。

9／18　**中国の反日行動について（スサノオ、トート、アマテラス、年の神、国常立大神）**携帯のニュースを見ていて知ったことに、尖閣諸島に中国の漁船が1000隻も来ているらしいのだ。反日感情もさらに高まっているし…どうなっているの…。と思っているときに降りてきた。「**スサノオ：いつまでもおちおちしてはいられん。仕組みを発動だ。千春の力だけでも仕組みは動かせる。心配するな。やってこい！　中国漁船団！　見ていろ！　アメリカの奴らも。この日本の底力を発動するぞ！　千春！　ここでよく気づいた。言葉の意味だ！　セイタカノッポに気をつけろ！　下に埋まっているぞ。簡単には崩しはさせん。今に見ていろ！　中国にも仕組みを発動させ、媽祖の力を借りたのだ。いかに、中国といえども、お互いの国の規則は守らねばならぬ。執拗に仕組みは発動する。**（媽祖さん（注：媽祖廟のこと）のところへも行った方がいいですか？）**それはよい。こちらから指示をする。トート：トートだ！　千春、わかるか？**（はい）**トートの指示に従え！　スサノオがとうとう怒りを放った！　こらえてはならぬ。トートのすべての力を使い魔力によって成敗するぞ。皆に伝えよ。一人ひとりの力が神界に轟く！　覚悟せよ！　ハハハハッ！　アマテラス：千春さん、聞こえますか？　アマテラスです。何も心配することはありません。神界の仕組で回避できます。国常立大神が中国に地震を起こします。仕組みはロシアにも及びます。**（↑中国とロシアの悲劇は翌年2013年に起きた）**隣国が戦闘状態に発展してきます。神と人間との闘いです。頑張ってください。年の神：年の神だ。聞こえるか？**（はい）**コビトを総動員させて有事に当たらせる。人間の力ではどうにもなるまい。それがこの日本という国だ。妖精が協力する。目にものをみせてくれるわい。ハハハーッ。国常立大神：千春さん、国常立大神です。何も心配はありません。千春さん、八坂さん、豊玉さんの三人の力でこの日本を守り抜きます**」。

【2013年2月15日、ロシアに隕石落下。4月20日、中国・四川省雅安市蘆山県でM7・0の地震が発生。死者、負傷者多数**】**。

9／18　**地震予告　スサノオ「いままでにない地震に気をつけろよ。すぐに逃げられるようにしておけ。震度は4〜6だ。破壊力の強い爆…ククリヒメの所へ行ってこい。ククリヒメに津波を押さえる力を貰ってこい。津波は静岡県の浜岡原発を狙っている。次の週には貰ってこい。セイタカノッポの下にもそれが埋まっている。同時に発火する。ククリヒメの力で抑えつけよ。千春に八坂、豊玉、急げ。ククリヒメの所へ行ってこい。スサノオだ。セイタカノッポの建物に注意せよ。仮**（借？）**りがあるぞ。かりの仕組**

みが動きだす。豊玉、八坂、すぐに動け。千春はすぐに動け。豊玉、谷保へ行け。仕組みを動かす。千春の指示を聞け。書いたか？（はい）うまく回避させろ。神と奴らとの闘いだ！　失敗するな！」。

9／18　津波を回避する力を持つ国分寺平安神社　ククリヒメ「お待ちしておりました。暫くこのままでいてくださいい。津波を回避する力を入れます。（パステル調の紫色のエネルギーが入ってくる）津波を回避するエネルギーを授けました。（どうやって使いますか？）千春さんの力と一緒に使えます。以前のものより強い力で抑えることができます。静岡の遠州灘に起こる津波は起きないでしょう。八坂さんに来るように言ってください。更に諏訪（大社）の力で強くなります。東京スカイツリーが狙われています。下にあるエネルギーを津波と連動させる気ですが、仕組みが変わりました。ククリヒメの仕組みになります。帰ったら下谷神社へ行ってください。年の神にこのエネルギーを渡してください。更に強い力となり、東京を守ります。子供の妖精とコビトにもこの力を授けてください。これで、千春さんたちの周りに被害はありません。次の仕組みが発動されます。豊玉さんに谷保（谷保天満宮）へ行くように伝えてください。千春さんは行く必要はありません。今からすぐに下谷へ行ってください。（コビトと妖精に力を授けるにはどうすればいいですか？）年の神にこの力を渡してください。それでいいです。（石は必要ですか？）石は必要ありません。その力は千春さんの中にすべて入れました。このまま下谷へ行ってください。おしまい。（ありがとうございました）すぐに行ってください」。

9／18　下谷神社　アマテル「ククリヒメの力を貰ったぞ。（エネルギーを抜かれる）決まったときに決まった言葉を教える。理解できぬ者は執拗に苦しむことになる。心の整ったものから、次の次元の仕事をしてもらう。いるいる星へ進むためには仕事がまだある。つながる者はつなげよ。仕組みは動き出している。津波は豊玉と八坂の力がそろえば回避される。更なる仕組みが発動され、国民ばかりか世界中の人間たちの心に芽生えたろう。獣は獣として、神は神としての行動が目立ちはじめる。隣国の獣たちはいずれ、消滅し、神の者たち同士の交流が盛んになる。がっかりするなよ。そうやって破壊される者は破壊されてくる。理解できぬ者はそのまま破壊させろ。八坂に言え。消滅では間に合わん。強く『破壊』と念じよ。仲間の豊玉にもそう伝え。それが次の仕組みだ。八坂に伝え、豊玉も手伝え。この日本に執拗に迫ってくるものを憎む（呪う？）のだ。そうだ、貴船の力、呪う力を使え！　それが日本人にはできるのだ。差し当たって、八坂と豊玉に被害はない。命に傷がつくことも、魂に傷がつくこともない。豊玉も八坂も神の域に達したからだ。心に念じろ『破壊』だ！　消滅ではもう間に合わん。全て破壊しろ。アマテルだ。年の神：下谷の年の神です。千春さん、お久しぶりです。今やらねばこの地球（上）だけなく、地底にも影響がでます。千年王国をつくるには、地底の協力が必要です。嫌う気持ちがすべてを破壊へと導くようになりました。遠慮はいりませんよ。わかっていると思いますが、破壊したからと言って、この世の中の、八坂さんや豊玉さんの目の前から消えるわけではありませんから。書けましたか？（はい）今日はご苦労様でした。もういいですよ」。

【10月になると東日本で地震が活発化。震度4～5の地震が5回発生する。10月12～13日まで千葉県北東部震源の地震が目につくようになる、最大震度4。10月17～18日まで新潟県中越地方で群発地震が発生。最大震度4。10月24日茨城県沖で震度4、10月25日宮城県沖で震度5弱の地震発生。津波も起きず被害はなかった】

9／19　**エスカレートする反日暴動**　**スサノオ**「（もしかして、中国の反日暴動を抑えるために、東京直下の地震を起こさせ、遠州灘に大津波起こさせるの!?　そうすると、中国はざまあみろ！　と思って反日暴動を辞めるってこと？　アメリカが中国にそう申し出ている？　まさかねぇ～）ハハハハッ…。そうさせないために回避するエネルギーを与えたのだ。回避するぞ。自分の国のことは自分の国で始末しろ。暴動は自滅の道だということに気づかねば、国力も弱まる。アメリカはそれも狙っている。自国の暴動が今は日本に向けられているが、元はと言えば政府が先導したのだ。やがて自分の国民を傷つけることになるだろう。理解できたか？　つまらぬことよ。じきに暴動は隣国にも発展する。中国だけでなく、その国境沿いにある国も戦闘態勢だ。隣国同士でいがみ合うことになる。理解できるか？（なんとなく…でも日本はどうなるの？　すべての国が日本を狙い撃ちしてきそうだけど…）輪廻を変えた。中国国民の不釣り合いな行動は他の国も認めている。ここで、日系の企業に影響が出れば、経済活動が低迷するだろう。働いているのは中国人だ。自分の国の物を破壊していることに気づかぬ様では、それは自滅の道だということだ。今は反日と言っているが、暴動を起こしている者たちは自分へ攻撃をしていることになるのだ。それは呪いとなって自分に返ってくる。以前、貴船の神が言っておったぞ。思い出したか？　いつの間にか自分自身を消滅させることになるのだ。（国常立大神が中国に地震を起こさせるのは、目を覚まさせるため？）そうだ。被害が他の者から次々とやってくる。苦しみはそうやって中国国民を襲うのだ。彼らはもはや人間ではない。獣だ」。
9／20　軸について　スサノオ「(尖閣諸島、高官明言「官民で圧力」だって、どうなっちゃっているの？　どうしたらいいんだ？)彼らは感情しかないのだ。理解しようとはしない。だから、彼らの感情を押さえればいいのだ。(どうやって？)簡単だ。千春、八坂、豊玉で破壊してやれ。(そんな、簡単にいくかな？)心配ない。軸を作り直しておけ。日本の軸として取り出すのだ。(日本の軸？…ない)だろう。だから作り直すのだ。作り直したら、中国の軸を破壊しておけ。沈める。(竹島とか北方領土は？)その時、その時で軸が消えている。軸を作り直し、他国の軸を破壊しておけ。国内の領土にしても確かめてみよ。(やっぱりない！)アメリカの軸を調べてみよ。(あ、しっかりある)そういうことだ。国内の領土から軸を直していけ。三人でやれよ。消滅ではもう間に合わんから、破壊してゆけ。心配ない。(はい)」。
9／20　谷保天満宮と豊玉さんのヌホコの力の石「豊玉の石が届いたか？(↑谷保天満宮の神さんの声。豊玉さんが谷保天満宮の力とヌホコの力を石に封入してきてくれた。はい。どう使ったらいいですか？)これを投入するのだ。(どう投入したらいいですか？)豊玉の力、千春の力、八坂の力を一つにして、軸を作って行け。(さっき、スサノオの神さまに聞いたように軸を作り直せばいいですか？)そうだ。この世の立て直しだ。使えこの石の力を。使えヌホコの力を。天に轟かせ八坂の力を。地に響かせ千春の力を。人間の力ではない力が日本の軸となる。この苦しみを味わえ獣ども。罪をきせた怪獣ども。輪廻の動きが始まるぞ。ワッハハハ…(この石はしばらく持っていた方がいいですか？)かまわぬ！　しで(すで？)に入った！　このまま使え！　千春と八坂と豊玉の力を融合させろ！(どうやって融合させますか？)さすれば格段の力となり、天に地にそしてこの空間に次の世が出来始める。和するのだ！(で、どうやって融合させたらいいですか？)心配するな。使えば融合することになっておる。(ここから急に声が変わる。あら、どなた？)スサノオだ。(えっ、そうなの？使えばいいの？)そう、使えばいいのだ。理解できたか？(まぁねぇ～)豊玉に言っておけ。身近な者に気をつけろよとな。豊玉の身近な者のシンが詰まっておる。豊玉のヌホコの力を使って詰りを取ってやれよとな。それでおしまいだ」。
9／21　日本の軸直し!!　日津久の神に本州の軸を作り直すように言われた。そこでやってみることにした。エネルギー的な日本の軸をイメージで取り出す。が、ない！　代わりにあるアメリカの軸を取り出して、『破壊』と念じる。

芯も取り出すと、芯に固い平べったい芯がさらにある！　これはなんですか？　と尋ねるとスサノオが「**支配だ**」という。これを破壊。続いて、日本の軸と芯を再構築する。あ、竹島はやったかな？　北方領土をやるように言われたので、北方領土のロシアの軸と芯を破壊。で、日本の軸と芯を立てる。中国本土や韓国、ロシア本土の軸と芯も破壊するように言われて、破壊…だけど、『破壊』よりも『滅亡』の方が効いた！　驚いたことに、韓国は軸と芯がアメリカになっていた！　やっぱり固い平べったい芯があり。滅亡させる。日津久から、かわりに日本の軸と芯を立てるように指示が降りる。これをやる。ヨーロッパ、アフリカ、中東の軸と芯も滅亡させて、かわりに日本の軸と芯をたてる。日津久から地球もやるように言われる。地球の軸と芯も破壊させるの？　と聞くと、「**はい、地底の力を借りましょう。アダマにつなげます**」と。なにやらズン！　と入ってきて、ヒャ～！　腕がビリビリだぁ～！　「**アダマです。お手伝いします。地球の軸と芯を破壊してください**」。感覚的には良くわからないけど、地球の地上の軸と芯を破壊滅亡。「**替わりに地底の軸と芯を立ててください**」とアダマ。「**今、エネルギーを送っています**」アダマの指示で地球に地底の軸と芯を立てる。すごいエネルギーだ！　「**地球は二つ存在します。これで、もう一つの地球が世に出てきます**」とアダマに言われる。「**千春さんの軸と芯を地底のものに作り替えてください**」と日津久。良くわからないが、やってみる。「**地底からエネルギーが注がれます。しばらく、芯が出来るまで横になって動かないでください**」と日津久。「**アダマです。これから千春さんのお手伝いをしていきます**」とびっくりするくらいアダマの声がはっきり聞こえるようになる！　「**日津久です。もう暫く動かないでください……もう芯が出来始めました。出かけてもよいですよ**」。あの～、腕も体もビリビリなんですけど…涙。「**しばらく地底からエネルギーが送られてきますので、辛抱してください。家の軸と芯も地底のものに替えてください。今日は家で静かにしていてください**」。アダマには「**しばらく世の中の芯ができるまで、悪い事が続きます**」と言われた。これらのエネルギー的軸直しが現実に有効に働くのかどうか、それがいつから目に見えてわかるようになるかは不明である。

9／21　**この世の終わりに現れる龍　荏原金毘羅神社**「**知らぬものだな？**（はい、始めまして。千春です。よろしく）**美しい心を持った者だな。**（何か言葉をください）**美しいだけでなく、言葉が分かるのか？**（はい、何かお願いします）**言葉が通じるのなら、いつの間にか世の中が変わったことには気づいておろう。形にこだわることは形を滅**

ぼすことになる。静かなる心の中に生きる道があるのじゃ。龍がおるな？　やがて来るこの世の終わりに現れる龍じゃ！　なぜ、この龍がそなたにおるのじゃ⁉　使命があるのか？　人の使命ではない使命があるな。仲間の龍もおるのか？　居木じゃないか！　なぜ、そなたに銀龍がおるのじゃ⁉　前進せよ。いずれそなたのことが知れ渡り、この世が安定してくるじゃろう。使命とは次の世を立て直すことのようじゃな。書けたか？（はい。ありがとうございました）金毘羅の力を渡そう。その力がいずれ役に立つじゃろう。手を合わせ」。実際にではないが、祝詞が聞こえてくる。何かのエネルギーが上から降りてくるが、はっきりわからない。…そして何も聞こえなくなった。

9／22　地獄の果てからの声か？「お前の中に今、お前が必要としないものがいずれ降りてくる。（誰？）神を知る者よ、今は醜い理性との闘いだが、そのうち地面の下から素晴らしいシャンバラを見ることになる。人間の憎しみを見事に解決すれば最上の喜びが待っていようぞ。（どなたですか？）由々しきことが太古の力を発動し人間の意味を知ることとなる。心配するな。二を越し、みろくの世を知る者が、いずれこの世を統治することになる。二の次は六になる。簡単には見えないが命のつなぎをお前がするのだ。（はあ？　どなたですか？）サタンに言え。神の因縁を晴らせと。好き勝手にのさばる奴らを蹴落とせと。サルにこの世はいらない。醜き者は沈むのだ。（どうして私のところへきたの？）秘密だ。地獄の果てから手を伸ばし、その身勝手な奴らを引きずり落とすのがこのオレの役目だ。命を人間から奪うのだ。命を奪うのだ。地獄の果てから命を狙う者だ。覚悟しろと伝えろ。地獄の光を放ち導く。人の神を襲うやつは容赦しない。覚悟せよ。地獄との闘いなる。今に見ておれ。シンがなくなれば、死を意味することになるのだ。もう、逃げられまい」。

9／22　仲良しのサタン「サタンだよ。サタンは地獄のお手伝いをしに行ってくるよ。いつも千春さんのそばにいるから、さみしがらないでね。ルシファーが先導する！（←ルシファーの声）」。

9／22　中目黒八幡神社「どうした？　美しくなったな。（そうですか？　自分ではよくわからないけど、地底の力をもらったからかなぁ？）いよいよだな。ますます、忙しくなるぞ」。▽末社三峰神社「苦労した甲斐があったぞ！　じきにこの日本も変わってくるぞ！　光が強くなってきた。ますます、人の動きが激しくなるぞ。（もう、中国では反日の凄まじい暴動が起きていますよぉ～）そうだろう。日頃の憂さを日本にかこつけてやっているだけだ。生き物としての能力しかないやつは蹴落とされる。仕組みが変わっ

た。ククリヒメに力を貰ったのか？（はい）**いい光になったな。今にこの日本も根底からひっくり返ることになろうぞ。このイザナギ、イザナミの力を見ておれよ。もう間もなくだな。**（アメリカの支配はどうなるんですか？）**もう、奴らに力はない。ますます暴力的になるであろうが、それに屈するような日本ではない。脅しに乗るな。じきに今までにない仕組みが動き出すぞ。進化した者たちが今、想念で送っている。意識の改革が起こるぞ。良いことだ！　ハハハッ！」**。

9／24　**イエスに憑いていた死神の言い分**　数日前から体に誰かいることはわかっていた。返事をする気配がうかがえなかったから、用心していたのだ。ある聖職者の本を読んでいて気の悪さを感じていたのだ。それからだと思うのだが…。つまり、本に出て来る聖書の言葉に気の悪さを感じたのだ。それから、著者がやたらとサタンのせいだ！　サタンが悪い！　と連発していたので、他のせいにしている著者にムッ！　としたのと、やたらにイエス様を拝みましょうと、なんでも他力本願なことに不信感を持ったのだ。なぜこの人、イエスとサタンにこんなに執着しているのかなぁ～と。それだったら、新約聖書なるものを読んでみようか？　と思い、寝る前にあまり好きでない聖書をぱらぱらめくって少しだけ読んだのだ。おお！　なかなかイエスもわかっているじゃないの！　でもなんでその力をみんなに分け与えなかったんだろう？　私だったら、大盤振る舞いで分け与えちゃうけどなぁ～。などと思って、そこでやめて寝たのだった。次の日の朝、急に胸のあたりに違和感を覚えて目がさめたのだ。自分でいろいろやってみたけど胸の違和感に効果なし。あ～、このままだと本当に胸が苦しくなりそうな気配だなぁ。仲良しのサタンもルシファーもお留守だから、そこを狙ったか⁉　神さま～ぁ、私の力ではだめです！　何とかしてェ～！　と、叫んでみたら（仲良しの）死神が**「(守って) いますから、大丈夫ですよ」**。でも苦しくなってきたよ～涙。助けてぇ～！　と再び心の中で叫んだ。そしたら、あれほど何をやってもダメだったのに、急に体が楽になってきたのだ！　おお!!　やっぱり、持つべきものは神さんだねぇ～。ありがとう！　布団から抜け出し、朝の仕度をしていたら、ヤツが声をかけてきたのだった！　アマテラスの強い光を浴びせられて出てきたのか…。これはチャンス！　と思い、仕度をしながら言葉を聞いたのだ！　死神さん、よくぞ声をかけてくれました！　ってな感じだ。「(あなた、自分が悪魔だと知っているの？) **知っている。**(どうして悪魔なんかやっているの？) **そんなことお前の知ったことか。**(悪魔だからいろいろ知っているでしょ？　教えてよ) **なんでお前は悪魔に**

興味を持つのだ。（だって、真実を知っているのは悪魔だよ）**お前、悪魔が怖くないのか？**（怖いも何も、ここにいるのはみんな悪魔だからね〜）**お前はなぜ、悪魔と仲良くしているのだ？**（悪魔も神もないでしょう！　まぁ、世間からみれば、私は悪魔的な思考をしているかも…。悪魔の言葉は勉強になるし、それで、仲良くしているのかもしれない。だから教えてくよ）**変わった奴だな。よし！　仲間になろう。その代り、ここにいることが条件だ！**（ああ、いいよ。いてくれるのは嬉しいよ。ありがとう！　でも、私のエネルギーを使われると私が死んじゃうから、悪魔さんのエネルギーを換えてきてくれる？）**どうするのだ？**（トートの神さま〜！　この悪魔を連れて行ってよぉ〜）**…トートだ。なんだ千春！　大物を捕まえたな！　連れて行くぞ!!**（…しばらくして…）**悪魔だ。こんなことは初めてだ！　楽しいぞ！　愉快だ！**（あはっ！　よかったねぇ〜。今忙しいから、あとでいろいろ教えてね。あ、なんて呼ぼうか？）**イエスに憑いていた死神だ。**（『イエスの死神』なんてどお？）**あー、いいぞ。**（と、こんな具合に胸の違和感から解放されたのであった。…しばらく後、再び呼び出してみた。イエスの死神さんいますか〜？）**ここだ！**（さっきの続きをお願いします）**いいのか、仕事は？**（はい、しばらくいいです）**ならば、言葉として少し降ろしてみよう。**（はい！　よろしく）**質問はなんだ？**（どうして、自分が悪魔だとわかっているのですか？）**質問はなぜ悪魔という仕事をしているかということか？**（はい）**細かいことは、なしにして、今回のことで人工的に人間を使った残虐な行為は、何にも残らないということだ。**（はぁ？）**質問の答えになっていないかもしれぬが、今回のことというのは全てが見えたということだ。人間を支配し、人間の意志を踏み倒し代わりに中身のない人間を上に立たせる仕組みだった。しかし、執拗に従う人間たちの中にはただ生きる喜びを得ると言うよりも、支配されたいという見栄や欲望によっての満足から生じていたのだ。そのものが人間としての価値もなく何物にも耐えがたい悪なのだ。せっかくこうして生を体験できるのなら過去の出来事に振り回されず、未来に向かって生きてもらいたい。人間として何が大切なのか人間の生きる道とはなんなのか理解してもらいたい。人間としてこの星に生まれてきたのなら人間らしく振る舞わなければ、イエスと同じ運命になるのだ。ただ生きているのではなく、そこにある体の要求、魂の要求がなんなのかを知ることなのだ。死神としてイエスに憑りついたのは、この生き物たちの罪を着せるためだったのだ。病気を癒すことが良いのではない。イエス自身の体の罪悪はその時いた人間たちがイエスに着せたのだ。人間の**

罪を背負って死んでいったイエスの教えは罪人をつくることなのだ。悪魔がそうさせたのではなく、人間たちがそうさせたのだ。罪を自分で背負わず、イエスに擦り付け、すがっている者たちよ。死を待つばかりの十字架を背負っているのと同じだということに気づいてもらいたい。心の中にある残忍な行為がイエスという人間を作り出したのだ。イエス自身は帰ったが、少し後には心の中にイエスの影が射すであろう。もう、イエスに罪を着せるのはやめてくれ。それは自分を磔にしていることになるのだ。そこに気づいてくれよ」。

9／24　イエスの死神つづき「(イエスの死神さん今までどこにいたの?)　聖書の中だ。(ヤハウェのお友達?)ヤハウェは兄貴だ。(では、もともと神だったの?)　そうだ。人間に死神にさせられたのだ。センニンの子供だ。(ヤハウェも?)　何も怖がることはない。ヤハウェもイエスの死神も名前などない者だ。それはお前も良く知っていることだろう。(知っているよ。私の名前は千春だよ。よろしくね)　千春さんかい?　良い名前だ。千年王国にふさわしい名だ。(あら、褒めてくれるの?　ありがとう)　知らない者は神と間違えるが、神などではない。センニンの知恵は持っているが、ヤハウェ同様、人間を支配してきた悪魔だ。(そんなこと、聖書の国の人に言ったら、半殺しにされてしまいますよぉ〜)　知らぬ方が悪い、それに気づかぬ方が悪い。(それじゃ、イエスってなんですか?)　この前言ったことを覚えているか?　(この前って、朝のことですよね?)　そうだ。(イエスに罪を着せた話ですね)　そうだ。うしろ姿の支配だ。このまま知らぬ方が人間の間では良いことなのだ。憤慨…。(眠くてだめ。また教えてください)いい、いつでも声をかけてきてくれ」。

9／27　地震予告　実家に祀ってあるお稲荷さん「これから、日本は良い方向へ変わってくるぞ。千春たちが軸と芯を作り直したおかげだ。(どう変わってくるの?)　いつかのように、中国に大きな地震が来る。(昨日、国常立大神が地震が来ると言っていました。震度6、M7、10月上旬ぐらいらしいです。でも台風17号が近づいているから地震ではなくて台風のことかなぁ?)　その時に来た日本人に感謝するだろうということだ。(そうかなぁ、領土の問題は深そうですよ)　見ていろよ。日本の底力を見せつけるぞ。ロシアもアメリカも韓国に注意しておけ。そこも被害にあう。(あれ、それって、台風じゃないの?)　今までの事がすべて明るみになるのじゃ。ハハハッ…。日津久です。経済が低迷しているのが分かるでしょう?　賢く生きることを選択してください。(賢くってどういう意味ですか?)人に左右されない生き方です。神の指示通りにしてください。今に仕組みが効果を表してきます。次第に生きづらくなってきます。覚悟が必要です。（はい、わかりました）」。【10月上旬、中国ではなかったが地震は発生していた。1日、南米西部コロンビアを震源とするM7・4の地震が発生。28日北米西部カナダ・クィーンシャーロット諸島でM7・7の地震発生】

9／27　闇の帝王動き出す（注：闇の帝王とは、ある本からつながった宇宙の悪魔の総大将的存在。以前、悪魔王子サマエルが私のところへ来たとき、「サマエルを返せ――！」と襲ってきたことがあった。だが、話してみれば根はいい悪魔だったのだ。その帝王が動き出したという話。クーデターを起こした奴らと戦うらしい）「理解したのだ。今の中国に巣作っているやつらは闇の者だ。以前、クーデターを起こした奴らが、人間の反乱を起こそうとしている。サマエルが調べたところによれば、日本の近海諸国で反日を繰り広げられる予定だ。（どうして、日本が狙われていますか？）いずれ力を発揮する時が来るだろうが、日本人というのは地球人の中では一番、次の世に残れる者が多いということだ。（どうして日本人なんですか？）日本人と同じ人種はアジアに広がっているが、彼らはもともとこの地球人ではないシステムからやってきた人種だということだ。この地球に住まう人類のなかでは一番賢く、平和を好む人種なのだ。いずれわかるであろうが、支配しないで一つの考えを持つことができる人類だということだ。奴らにしてみれば、そういった人類は理解ができぬ。なぜなら、彼らは暴力でもって支配してきたからだ。それを操っているのがクーデターを起こし、地球の支配を目論む闇の一味だ。しかし、闇の者も考えが変わってきた。支配しようとすればするほど、自分の身が危うくなるのだ。一つの考えがこの世を占めていれば、だれも支配しようなんて思わないものだ。これほど安堵することはないのだ。闇の連中もそれに気づいたのだ。（帝王が語りかけたの？）いいや、次の世へ戻る……。（眠くて中断…闇の帝王いますかぁ～？続きを教えてください）いる。心配するな。神界のスサノオと話をしたのだ。地球の悪の中に闇の者が多くいることが分かった。彼らに未来は残されていない。この地球もろとも滅びることになっている。しかし、人の中には千春さんのように悪魔を改心させている人もいるのだ。人のすべてが悪いわけではない。身の中に潜む悪魔が統治することを企むように、この地球という星は悪い…（再び眠気。だめだ～、眠い…Ｚｚｚ）おやすみ」。

10／4　スサノオ「（真夜中に来た。急いでノートに取ったのだ）いよいよ仕度ができたのだ。この国を今以上によい国にするために、再び異常な意識が襲う。心配するな。

千春のところへは来まい」。

10／4　実家のお稲荷さんからつながった〝地獄の手はずを整える者〟「（お稲荷さん、こんにちは）書けるか？（はい）アマテラスの仕組みが始まった。（アマテラスって今のですか？　地獄のですか？）今のアマテラスだ。急がないと、この日本に仕掛けがしてある。人間の行動が変わり、人の動きが激しくなる。経済の低迷がさらに進む。時間というものがこの世を襲い始める。『焦り』だ。今、この日本を支えているのは理屈の通らない政府だ。これに反発する者たちが仕組みを動かしていく。過酷な状態に陥るだろう。見捨てられた政府は後ろ盾もなく、アメリカに頼るだけになろう。クエンティンの指示に従い、見えないところへ力を注ぎ入れよ。今まで見えなかった悪魔が表面に出て来るだろう。銀行に気をつけろ。貯金の封鎖があるやもしれん。奴らの目的は金（かね）だ。それと引き換えの条件だ。人間の本来の理性はもうなくなっている。理屈の通らない専制政治にとって代わる。もはや、銀行にある貯金は政府が意のままに使い、国民は苦しむことになる。貯金の金額にもよるが、銀行にある金（かね）はあてにしてはならぬ。無きものとして行動を起こせ。書いたか？（はい、どなたですか？）地獄の支配をしている。アマテラスの指示により知らせに来た。（この間、助けてくれたお稲荷さんの仲間の神さんですか？）そうだ。地獄の言葉がわかる者よ。今すぐ、仲間に知らせろ。（銀行は都市銀行ですか？）貯金というものが危うくなってくる。あきらめろと伝え。（そんな〜、生活できなくなりますよぉ〜）前回知らせたとおり、下谷の年の神がいま、その仕組みを動かす。形のないものが獣たちを襲うことになる。千春たちに影響はないが、衝撃はやってくる。気をつけろ。（分かりました。食べ物を買うお金もなくなりますか？）そこまでには至らぬ。千春の食べる物はいつもあるから心配はいらぬ。その仕事はアマテラスから仰せつかっている！　心配はいらぬ。地獄の手はずを整える者だ。いつものようにしておれば守られる」。

【以前から、みずほ銀行と三菱東京ＵＦＪ銀行に気をつけろ！　と言われていたのだが、ここでの言葉は２０１３年に発覚した『みずほ銀行暴力団融資事件』のことを言っていたのだろうか。それともサイバー攻撃の危険があったか】

10／10　天日津久神社お札の言葉「（10／8に麻賀多神社へ行ったとき買ってきた。日津久の神さまお願いします）日津久です。次の仕事が待っています。千春さんの仕事だけではなく、皆さんにも伝えてください。千春さんの仕事がじきに終わりに近づきます。この本『富士の神示』は進化する人のために綴った本ですから、ルイジン全般の書ではありません。千春さんの本が代（世？）に出るころには、人間の動きは更に激しくなってきます。（今でも十分激しくなっていますよ～）じきに千春さんの周りでも理解できない出来事が増えてきます。しかし、千春さんたちに被害はありません。この状態がしばらく続きます。異常な（ことが）頻発し、人々の意識が変わってきます。つらいこともしなければなりません。輪廻の動きが千春さんたちと違って下へ落ちていきます。苦しい日々が人間を襲います。少ししたら、次の仕組みが動き出します。千春さんの本が世に出たころ、仕組みを動かします。真実の仕組みです。神の仕組みがつらさを増してくるでしょう。下へ落ちる者たちにはつらい一生が待っています。これから進化する人たちは次の世へ移るための準備として意識の統率がなされてきます。千春さんの言葉が支配していきます。いつものように、次の言葉を降ろしてください。（神社へ行きますか？）次の言葉は新しい神社に用意してあります。仕組み変えるために神社を巡ってください。大杉の言葉はまた降ろします。（…しばらく中断…日津久の神さま、さっきの続きをお願いします）次の日にしましょう。次の日の方が落ち着いて降ろせますよ。神の言葉は見かけによらず吸い込まれますから、寝る時間がなくなります。心配しなくていいですよ。仕度をしてください。（はい、ありがとうございます。ではまた明日）

10／11「（日津久の神さま、教えてください。昨日の続き）十日ごろから変わってきますよ。（何がですか？）杉の周りを回ったことです。仕組みが動き出しました。片づけなければならないものが一斉に、神の仕組みによって出てきます。（また、世の中に暴動とかが起きますか？）支配力は弱まっていますから、意外にも支援の手が届くかもしれませんが、耳のない人々にとってはつらくなるでしょう。理屈ではわからないことが起き始めています。自然と見せかけて仕組んだことはいつの間にやら、人間の後ろに立っていますよ。自然でない、自然の仕組みを知ることですよ。（自然ではないというと、人工ですか？）はい。支配者層による仕組みです。人間の多くは家畜として処分されます。気がつかねば処分の対象にされるでしょう。（どうしたら、気づきますか？）みんなに同調しないことです。関わらない方が気づきやすいでしょう。（この世の情報に左右されるなということですね？）はい。（他にはないですか？）人間の未来について話しましょうか？（はい、お願いします）未来は千春さんたちにとって待ち遠しい世になります。千春さんの書いた本がこの世に浸透すれば、味方も増えてきます。叶わないと思うことでも一致団結すれば大きな力になります。（売れそうにない本ですが…。そうなるかしら？）心配いりませんよ。人がそうさせて行きますから。（…わ～っ、眠くてだめＺｚｚ…）しばらく休んでください。（はい、ありがとうございます…中断…日津久の神さま！　またお願いします。人間の未来についてです。人がそうさせるというのはどういう意味ですか？）理解している人たちが、自然と意識を合わせ始めます。（それはネットとかですか？）はい。千春さんの本の中にある言葉が、真実と映ってくるでしょう。理解できない者たちは従わないということです。真実の分かる人たちが、言葉をささやき始め、知らず知らずのうちに一つの流れをつくっていきます。一つの流れこそが国常立大神の世をつくる人たちです。次第に大きな流れとなり、神の言葉が理解できるようになってきます。（それはずいぶん時間のかかりそうなことですねぇ…）心の変化はもう起きていますから、実行する段階まで来ています。しかし、この世に浸かってしまうとその狭間で苦しくなります。つまり、理屈では理解できないことが自分の心の中で渦をまいている状態の人々です。千春さんの本を手にした人たちはそれに気づくはずです。もっと、神を降ろした言葉を求めて本やネットを探すでしょう。過去のことなどに興味を持っている場合ではなく、自分の未来に興味を持つことでしょう。子供のようにはしゃいでいる現代の人々とは違うという違和感を持ち始め、できれば、興味のない話は避けたがるようになってきます。なぜ、今までのことが虚しく感じるのか、なぜ、みんなそんなことが楽しいのか理解に苦しむようになりますよ。理解したとき、真実を知ることが唯一心の虚しさを埋めるものだとわかるのです。いつしか、自分に合った情報を求め、さまよっている自分に気づくのです。変化を求め、いろいろな宗教を始める人もいるでしょう。四つの使いが、この地球を襲い過酷な未来を形成します。真実を知る者にしか分からない道があります。信用できる人と一緒に歩み出すのです。その歩みが次第に川となり、大河となってこの世に現れてきます。八坂さん、千春さん、豊玉さんはそういう人たちをサポートしなければなりません。真実を伝える手伝いをしてあげてください。過酷な状態の中において真実を知る者は神という助っ人を得ることになります。アマテラスの世においてそれこそが唯一、救われることなのです。（救われるっというのはどういう意味ですか？　宗教でもよく出てくる言葉ですが）飽きてきた世の中において自分の身の置き所がない状態を地獄と感じるからです。その状態から脱した状態を〝救う〟といいます。（それでは、極楽浄土へ行く人も救われるということですね）そうです。地獄の世が好きな人は極楽浄土へ行くことになるからです。（わかりました。さっき、教えてもらった天使について教えてください）さっきも言ったように、天使は神の使いですが、神ではありません。人間界に入り込んで伝令を伝える者たちのことです。（日津久の神さまにもたくさんいるって言っていましたよね？）下の神社へ伝えなければならないので、いっぱいいますよ。使いはその神、その神で違います。大天使という天使は輪廻を変える力を持っています。しかし、簡単に変えるわけにはいかないのです。指示がなければ自分ではできません。天使というのは使いですから、自分の意思で動くこともありません。千春さんのように神と直接話のできる人たちに天使は必要ありません。（…ダメだぁ。眠い）深い意識と話していますから、眠くなるのも無理はありません。しばらく休んだら声をかけてください。（はい、ありがとうございます…中断…日津久の神さま、さっき『四つの使いが、この地球を襲い過酷な未来を形成します』って言っていたでしょ？『四つの使い』ってなんですか？）未来へ向かうために放たれた天使のことです。（なんで四つなの？）次の使いは言ってみれば、死を意味する使いです。死というのは人間の始末のことです。（なんか、恐ろしいですね…）死という言葉は、ずっとこの世は続かないということでもあります。（というと、文明の死ですか？）そうです。未来の世は神々の世でなくてはなりません。耳のない人間たちは死を覚悟しなくてはなりません。（まぁ、耳があっても死ぬときは死ぬからねぇ〜）言っている意味が違いますよ。人間本来の生き方をしなければならぬ、ということです。（というと、耳のない人というのは神に従わない人と解釈してもいいですか？）はい。皆という訳ではないということです。人間本来の生活をするためには自分の中にある神の存在を見つけることです。四つというのは、『みつけた意志の神』、いつもいる『ついにきた意志の神』たちです。（意志の神は天使だったの⁉）知らなかったのですか？（だって、『神』って呼ばれているでしょ？）一部、神ですが、意志を司るという意味では使いなのです。（というと、月の使い？）そうです。（あと二人は誰ですか？）いつか来たことがあるかもしれませんが、存在を隠している天使たちです。（だれ？）ルシファーとサタン。今この二人（神？）が動き出していますから、月の力でもって死を迎えることになります。（ルシファーとサタンって天使なの？ 神さんかと思っていました）神と天使の区別がつかないと思いますが、ルシファーもサタンも神の使いとして仕事をしています。（四つの天使が動き出したということは、この地球はどうなるの？）死を迎えることになります。（死の使者ってこと？）そう、死の使者が『みつけた意志の神』、『ついにきた意志の神』、『ルシファー』、『サタン』です。（四つの天使でこの地球に死をもたらされるの？）四つの使者は神の使いですから、実際に死を司るのは月のトートということになります。（月の支配の神トートですか？　知恵の神じゃないの？）トートは生命を司る神でもありますよ。（あ、そうだったかも…↑自分はトートに殺されかけていたことを思い出す）怖がらないでください。声の聞こえる者たちに危害は及びません。死を宣告された者たちは自分が選ばれていることを知りませんから。自覚のない人間ほど利用価値のない人間はいません。だから、こうして天明や千春さんを通じて神示を降ろしているのですよ。もう、何度も仕組みを遅らせてきましたから、時間というものはなくなってきています。この警告が最後になるでしょう。これで気づかなければ、この地球もろとも破壊することになっています。この地球に巣つく者たちを一掃する神の計画です。次第にその時は短くなっています。人間本来の生き方が出来るように暮らしを変えなくてはいけません。自分のしていることが死の道だということを知らなくてはなりません。（この世にどっぷりの人は無理でしょね～。名声とか学歴とか、プライドとかでがんじがらめですよぉ）もう、いいのです。気づかせるようにこちらも手はずは整えてきました。もう、いいのです。四つの天使が動き出しました。トートの仕事も忙しくなります。神社へ行って、言葉を集めてください。（どこへ行ったらいいですか？）人間の住まうこの世の神社ではありません。神界とつながっている神社です。（私には区別がつきませんが…）神がつなげます。心配しないでください。（どういう神社へ行けばいいですか？）新しい神社には後ろに新しい神が控えています。後ろの神に声をかけてください。八坂さん、豊玉さんも同様。その神社の後ろに控えている神を呼び出して言葉を聞いてください。（どうやって呼び出せばいいですか？）いつものように声をかければいいです。（″こんにちは～″ですが…）″こんにちは～″の後に、後ろに控えている神を出してくださいと。それでつながります。（では、いつものように神社へ行けば、どの神社にもそのような神がいるということですね？）進化した神が控えています。下谷のアマテルのようにです。（あー、なるほどー。ではアマテラス祭神の神社でもいいのですね？）もう、地獄のアマテラスとは声を聞くこともできないでしょう。心配しなくとも、新しいよく知っているアマテラスが控えていますよ。（居木神社や中目黒の八幡神社は？）進化した大国主がいます。八幡神社には既に神功皇后が控えていますよ。（八幡神社は神功皇后が進化した八幡さまですか？）そうです。（知らなかった！）人間にはわからないことです。（ありがとうございました）」。

10／12　品川神社の後ろの神　今日は鳥居をくぐっても何も聞こえない、姫さまの気配もない…⁇　▽拝殿　手を合わすが気配がない。「（姫さまお留守？　品川神社の神さま、こんにちはー！…聞こえない。あれ？　後ろの神さま、こんにちはー！）おお！　千春、ようやく来たか！　ワシだ！　スサノオだ！　脇へ寄れよ。後ろから人が来ているぞ。（ええっ⁉　なんでこんなところにいるのぉ？　最近、答えてくれないからいないのかと思っていたのよぉ）ここのシンだ。（シン？）ここの神社のシンだ。（スサノオの神さまがシンなの？）そうだ。調べてみろ！（あ、そう言えば、八坂さんが以前、御祭神にスサノオがいるって言っていたな…。社務所へ行く途中に御祭神の看板を発見！　見ると…天比理乃咩命（アメノヒリノメノミコト）宇賀之売命（ウカノメノミコト）素戔嗚尊…スサノオって書いてありますよ～、天王さまだって！）どうだ、わかったか？（はい、納得。ということは、ここの未来の神はスサノオの神さまってこと？）ははは…。ようやく気がついたな。いつものように手を合わせれば、スサノオが降りてくるということだ。ワハハハ…。（なんとまぁ、それじゃぁ、みんなスサノオの神さまの神社になっちゃうじゃないですか←スサノオ祭神の神社は非常に多い）そう、それでよいのだ。ワッハハハ…。もう帰ってよいぞ。（はい、ありがとうございました…えっ⁉　ということは、もう家にスサノオの神さまは来てくれないの？）ワハハッハ…。心配するな。ワシはどこにでもおるぞ。ということだと言ったであろう。（あ！　はい…）いいぞ帰って」。

10／14　居木神社　「（恐る恐る声をかけてみる。居木の神さまいますかぁー？）おお、来たか。心配するな。ここは居木じゃ。（奥の神さまも居木の神さま？）もう、書くこともあるまい。いずれ、苦しみから抜ける日もこようぞ。真実はここから始まるのじゃ。年の神のところへ行ってみろ。行く時にはこの神社へ寄れよ。仕組みのことで必要なことを渡すからな。国常立大神、（ウシトラノ）コンジンの力が発動されたぞ。釘づけの世の中の釘が抜けてこよう。しばらくつらいが、コンジンの仕事じゃ。ついてまいれと仲間に伝え。（はい）」。

10／14　大鳥神社の国常立大神　「（大鳥神社の神さまこんにちは！　後ろの神さまをお願いします。…ここから女神の声）古いことわざを知っていますか？（ことわざ？　知りません）明日（あす）こそこの世の言葉となり、上の木に白鳥とまる。（どういう意味ですか？）明日（あした）の言葉が、白鳥となり、人々の上にとまるということです。（明日の言葉とは？）今の世につながることばですよ。千春さん。（…はっ！　もしかして、ここの次の神さまはナニルの神さま？　注：『ナニルの神』とは私の中では絶対神と言われている）はい。生まれ変わった神社には、激しく闘うこの世の神と後ろに控える次の世の神がおりますよ。（急に気が変わってくる。いつもの気だ）国常立大神：国常立の大神ですよ。千春さん！（あ、国常立大神さま！）今は今までの神社から、次の神社へ支配する神が代わりつつあります。言葉を降ろせる者は、後ろに控えている神社の神を呼び出してください。そこに真実が宿っています。ナニル：この世の神はもう、切り離していきます。悲しまないでください。（ここから混在して聞こえてくるが、おおよそ国常立大神の声なる）下谷神社の年の神ももう聞こえることはないでしょう。そこに支配する者はアマテルですよ。今までいた神々がいなくなってきます。（八坂さんもひふりんに代わって、ヤハウェがいると言っていましたが）はい、ヤハウェこそ次の諏訪（大社）の神です。すっかり様子が変わるまで、しばらく神社も混沌としています。呑気な者たちは、その意味も分からないでしょう。いつものように時が流れるだけの人生では進化どころか、そのうち退化して、魂も消えることになるのです。進化する者の心に宿る灯《ひ》は、次の世に台頭する神々を灯すことなのです。進化の過程において、生き地獄と感じることもあるでしょうが、頑張って乗切ってください。必ず、良い次の世が訪れます。進化しない者たちの心にある獣の心は、生きることしか目がいきません。野獣のように、千春さんたちを襲ってきます。心配いりません。この力を使って、その野獣をおとなしくしてください。（この力とはなんですか？）この力を今、授けます。（石が必要ですか？）はい。二つ拾ってください。（八坂さんは直接来た方がいいですか？）八坂さんの分も拾ってください。八坂さん、豊玉さんはナニルとつながることが困難です。千春さんからその力を渡してください。（はい、わかりました。…石を洗って、拝殿へ行くと「神殿の脇まで来てください」といわれる。左手奥にあるお稲荷さんの脇から神殿の強いエネルギーを感じる。そこで、石を握って、力を入れてもらう。肩が痛くて、頭の後ろにくるエネルギーが入ってくる）この力を遠慮なく使ってください。（どうやって使いますか？）書いたら、使えなくなってしまいます。直接、石に聞いてください。（はい、分かりました。ありがとうございました）」。

10／15　いよいよ始まるぞ！　下谷神社　アマテル「心配したぞ、来ないから。時間がなかったのか？（あら〜、スミマセンでした！　日津久のあとは印旛沼まで行ってしまったし、昨日も忙しかったんです…）いい。何もなければよいのだ。いつか言ったように長い夜も明け始めた。今までいた悪たちが、出始めている。この力を使い片づけろ。いよいよ始まるぞ！　進化の過程だ。いるいる星へ進化するぞ！　書けたら拝殿へこい。今、力を与える。（拝殿で力をもらうが、それほど強く感じない）心配するな。良い方向へ進んでいる。じきに、ここから抜け出す。辛抱しろよ。わかったな。（はい）もう帰ってよいぞ。その力はこの次に向かってゆく道への案内だ。いずれ、その意味が分かるであろう。行ってよいぞ。（はい、ありがとうございました）」。

10／17　湯島天神の後ろの神　「（湯島の後ろの神さま、おはようございま〜す）後ろの神はコンジンだ。久しぶりですね、千春さん！（コンジン!?　ウシトラノコンジン？　あ、脇に寄ります）ウシトラノコンジンですよ！　ここは今も昔もコンジンがここにいます。（後ろの神さまは今も昔もコンジンの神さまって、どういうことですか？）湯島天神の先祖は火雷天神、菅原道真は現界の姿でした。火雷天神の仕事がウシトラノコンジンです。少し見た目は違うかもしれませんけど、ウシとトラ、コンジン。コンジンのコンは色という意味と火雷天神の混血とも言いましょうか、いつかは知らなければいけませんが、…（ここでヨーロッパ系？　の撮影クルーがやってきて、聞こえない。神殿裏へ回る。おお！　ここの方がエネルギーは強い！　腕が勝手に動いてうまく字にならない…）コンジンというのは言ってみれば、その働きをする龍神なんですよ。知らないかもしれませんけどね。湯島天神の神は、今まで菅原道真という人の神が祀られているでしょ？　この現界の姿ですから、その姿が天神の姿とかさなっていると思いますよ。いつまでもこの世を続けていられなくなりましたから、そのコンジンの力でこの世を変えてゆかなくてはいけなくなりました。いつかも言ったように、生き地獄のこの世の中では、言うことも理解されず、ここへ来る者たちの願いは自分の行きたい学校へ行かせてくれという。限度も知らずに…。言葉を降ろすものなんていやしませんよ。学校選びより人生選びなんですよって、ここで声を張り上げて言ったのに、だーれも耳をかさないんだから。この世の中の人って何かに憑りつかれた人造人間のように、同じ気をしているんですよ。個性なんてひとかけらもない造られたロボットのように、同じ道を歩もうとするんですよ。学校なんて行ったって人生の役に立たないどころか、最悪、死ぬまで苦労させられますよ。こう言ってはいけないのですが、この隣にある大学へ行ったら、もうその世界から抜け出せなくなりますよ。××大学っていう学校は体も異常なら頭の中は信じられないくらいロボットになっています。ロボットは意志を持ちませんから自立ができないんですね。そういう訓練はされていないようですよ。依存するしかなくなります。この世に依存です。気がついた人も少しはいるようですけど、無駄ですね。呑気に目指すだけの人生をつくってしまいますよ。体も心もロボットになりたいアンドロイドはいらないでしょ。コンジンの力が発動していますから、地獄へ落ちる人がほとんどでしょう。自分の心の中を知ること、自然の摂理を大切にすること、今までの生活を見直すことをここに来るアンドロイドたちに言っているんですよ。千春さん、おろそかにしていることが重要だと気づいてくれる人はここへは来ないんですよ。寂しいでしょ。言ってみれば、ここはアンドロイドをつくる神社にされているんですよ。ここに来る人たちの目の色を知っていますか？　こんな異常な目の望みなんて叶えられませんよ」。▽境内社戸隠神社「(戸隠神社の後ろの神さま、おはようございます) アマテラスです。(ここはアマテラスなんですか!?) はい、そうです。ようやくアマテラスの光が世に出始めました…(うまく聞き取れない) 美しい世の中にするため地下の都市を目覚めさせる準備が進んでいます。(ここは地底とつながっている神社ですか？) さよう、この神社は地底からのエネルギーを放出する神社なのだ。(あれ？　声がアマテラスじゃなくなりました！) こんにちは。はじめまして。千春さんのことはアダマからよく聞いておりますよ。地底の入り口のことを知りたがっていると言っていました。(はあ、いまいち、現実味がないので…) この戸隠神社がその入り口になっているんですよ。(よく、北極とか、南極とかが入口って聞きますけど…) ハハハ…。地底の者たちはそこだけが入口ではありません。多くの地上への道を持っています。が、それを知られないように、うまくカモフラージュしてきました。ここもその一つです。いつまでも、この地球が存在すると思っていたら、間違いですよ。地上の人々の意識が上がらなければ、破壊へと進んでいきます。次の世へ進む人たちの選択はもうすでにできています。千春さんたちの言葉はそういった人々の心の中に響くでしょう…。(突然聞こえなくなる。ありがとうございました)」。

10／17　牛天神北野神社の後ろの神「(階段付近から) 野原の牛です。待っていましたよ」。▽拝殿「天から参ったアマテルだ。いつものように声を聞け。ウシトラノコンジンと共に、ここを支配することになった。(ウシトラノコンジンの神さまもいるんですか？) ウシトラノコンジンの一片です。(一片ってなに？) ひとかけらですよ。(え!?) 野原の牛です。(野原の牛さんがウシトラノコンジン？) はい、ウシがウシトラノコンジンです。だから、ひとかけらです。(あ〜、なるほど！　あの撫で岩の牛は？) あそこの牛が野原の牛です。ここも野原の牛。(で、アマテルと一緒なのはどうして?) ウシトラノコンジンはアマテルの仕事をしていますから、一緒にいます。(へー、そうなんだ。よくわからないけど…) また、皆さんに来てくれるように言ってくださいよ。アマテルも待っていようぞ!(はーい)」。▽撫で岩「こう見えても、ここも変わったんですよ。いつかのようなのどかな神社ではありませんよ」。▽御神木のもっこく「ここも変わったぞ。しばらく見なかったな」。▽帰りがけ「(階段を降りようとしたときの言葉) 今度はいつ来るか? (えっ⁉) いかにも、ここが変わることは未来が変わることを言っておる。書くのなら、いつかのようにまた皆に知らせてやれよ。アマテルだ」。

10/17 元住吉住吉神社の裏の神「(住吉神社の神さま、こんにちは。裏の神さまいますかー?) アマテラスです。(参拝客が来る) 心配しなくていいですよ、千春さん。すぐ帰ります。(あ、本当だ! 帰った!) いつも来る人ですよ。木月の学校へ行っているようです。苦しい時も悲しい時もつらいのはこの時まで。いずこへ行ってもシンを持っていれば、輪廻が変わります。もう、間もなく暗い夜も明け、いずこへ行っても従わない者たちは何も知らず、この世から消されていきます。形のない者たちがこの世を支配し、ようやく長い夜も明け始めています。アマテラスの光がこの世の中を照らし出す頃には、世にも不思議な光景を見ることでしょう。(世にも不思議な光景ってなんですか?) いつまでもこの世の者が見ている光景とは違う光景ということです。(それは五感で感じるのですか?) いる星が形として見えてくるということです。(それは太陽に隠れている星が出て来るということですか?) はい。生まれ変わった地球の姿です。(何年後ですか?) 7年後、8年後の近くです。その生まれ変わった地球は千春さんたちの住む次の世です。この世に残る者たちはここが住まう地球となります。いるいる星の本星はまだ世界に出てきていません。神に帰 (還) る人たちの住む星です。この世に住む者にその形は見えないでしょう。いずれも、しばらくはこの世界が続きます。辛抱してください。この低い、重い世はあなたたち次の世のものではありません。それに気づいてください」。

10/18 『富士の神示』カバーのデザインについて 鳩森八幡神社の神「遠くにある富士の山をイメージしてほしいのじゃ。(風景ですか?) 白い富士の山をイメージして、蜃気楼のように影をぼやかし、色は水色じゃ。(背景の色ですか?) 空に浮かんだ白い富士の山。遠くに見える富士の山じゃ。蜃気楼のようにしてほしいのじゃ。(ふ〜む、私じゃあ、いまいちイメージが湧きませんが、富士山の周りはどうしますか?）蜃気楼じゃ。（というか、雲のような感じでいいですか?）描いたら見せてほしい。（あ、はい、文字とかの希望はありますか?）蜃気楼の中にはっきりとした文字を入れてくれればよいのぉ。（そのほかの希望は?）仕掛けをしてほしいのじゃ。（仕掛け?）描けたらでよいぞ。仕掛けをするから、その原本を持って鳩森（八幡神社）まで来てくれ。（原本って言ってもパソコンの中だと思いますが…）描けたものを持って来ればよいぞ。（印刷でもいいですか?）イメージが描けたら持ってくるように。仕掛けをするぞ。（カバーにエネルギーを込めるんですか?）人間の脳に仕掛けをするための仕掛けじゃ。（見ると読みたくなるような仕掛けですか?）印象づけるのじゃ。描けたら持ってこい。（はい）」。

10／21　昭和天皇の憂い　武蔵陵墓地　（八坂さん、豊玉さん、私と三人で行った。駐車場から御陵へ向かう道で、大正天皇の言葉）「大正陵へ行け。昭和天皇の言葉を拾うな。裕仁の苦しみを取ってやってくれ。このために呼んだのだ。この苦しみを取ることによって、日本人の意識に変化が起きてくる。昭和には華やかさの裏にある戦争という傷がまだこの国には残っている。それを断ち切るには、昭和陵へ行き、余の言葉を伝えてもらいたいのだ。余はここから動くことができない。裕仁へのつなぎとして公務をしたが、病には勝てなかった。裕仁ひとりに責任を負わせてしまった。死んだ体を持ってもそれでは癒してやることはできんのだ。それは生きた者がやらねばならぬ。それをお主たちならできる。やってくれるか?（いいですよ。できるかな?）簡単だ。癒すのは言葉の力なのだ。一人にひとつ言葉を送るぞ。それを北の昭和陵へ行って、裕仁を呼び出して、心の内で読んでやってほしい。人の力が必要なのだ」。▽多摩御陵「（御陵近くで）美しい心の者たちよ。よくぞ、ここまで来てくれた。書（各?）く言葉をここで伝える。その言葉を昭和陵へ持って行き、伝えて欲しいのだ。（鳥居まで行きますか?）ここまで一度、来てもらえぬか?（はい、鳥居の中の方がいいですか?）もう少し、近くへ来てくれ。どうだ。感じるか?（胃のあたりが痛いです）その脇へ寄ってくれ。『裕仁よ、おことは今までよく頑張ってきてくれた。これほどつらい思いをした天皇は未だかつてないことであろう。この国は鎖国が守ってきたのだ。外国の敵を受け入れるつらさ、歯がゆさは尋常ではないことは歴代の天皇、皇室の皆が感じていたのだ。しかし、よくやってくれた。今のニッポンはそなたの力によって、見事に立ち直ったのだ。そなたもつらい思いはもうよいぞ。国民のために再び立ち上がってもらわねばなるまい。その力を今の国民に注いでもらいたいのだ。大正、昭和、平成、皆の力を使い、この国を元のアマテラスの統治するニッポン国にするのだ。なにもしてやれなかったこの想いを死んでつくづく感じている。死とはいつか来ることなのだ。それを終わりと捉えてはならぬ。事の始めぞ。この者たちに言葉を託した。裕仁よ。そなたの力が再び必要になってきた。さぁ、立ち上がれ！　ニッポン国民のために、新しい世をつくるために、国民に意志を伝えよ。いざ行かん』この言葉をもって、北の昭和陵へ行ってもらいたい。『たらちねの、思い揺るがし神の世に、忍ぶ思いは今もつづらむ』」。▽武蔵野御陵「（武蔵野御陵前、苦しい雰囲気に包まれている）守ります。（とアマテラス）言葉を続けてください。（さっきの大正天皇の言葉を黙読する。…伝えましたよ）ここへ来た者たちよ。この想いを聞いてくれ。今まで、想い病んでいたことは、これで吹き飛んだ。そうだ。ニッポン国民よ。我が民よ。再び頑張ってもらいたい。神の国ニッポンは潰れぬ。外国の者の支配を振り切らねばならぬ。地震や天災を怖がってはならぬ。そのくらいで潰れるニッポンではない。ここへ来る者たちの思いは、いかにも依存しすぎるのだ。覚悟の上で支配を振り切れ。昔のような、ニッポン魂を取り戻すのだ。我も闘う。再び闘う。国民のために、ここから力を降り注ごう！　平成の世に必要なのは勇気なのだ。それをここから伝えてゆこう。神々が立ち上がった！　国民の大和魂を呼び覚まし、支配の手から脱するのだ」。

10／21　冨士のマーク　八王子多賀神社　「来ましたね。一つひとつの力をここでヌホコの力にします。神示の力となります。一つひとつの力が神示に込められます」。▽拝殿「待ったぞ。遅かったじゃないか！　豊玉、連れてくるのが遅いぞ！（本のカバーについて教えてください）神示のことか、来た者に伝えようぞ。冨士の意志を感じ取れるものに仕上げよ。一つが二つに、そうして二つが四方へと広がり、八重に開けていけるのが神示ぞ。この力を神示に込めよ。（もう、文章はできてしまいましたので、校正の時に込めます）心配するな。その力はこの世の力となり、八重に広がり、その八重が十へとつながるのだ。神示の力がこの世にある意識を統率し、今のアマテラスの光で束ねられるのだ。長い夜もこれで明ける。何か質問はあるか？（この世は滅亡へ向かっているのですよね。新しい世はどこで見出せますか？）いかにも、この世というのは支配層の滅亡へとつながる。しかし、未来がないわけではない。沈めたものがしずまれば、そこに残るものは次の世へ向かうものだということだ。それを見逃すな。（多賀神社の後ろの神さまはどなたですか？）この世の神として存在する神はいない。ここは未来につながる神社なのだ。そなたたちのように未来の者にしかそれは分かるまい」。▽神殿横「(エネルギーが強い!!) 光を授けます。一人ひとり、一生つながりができる柱となります。この世がシャンバラへ向かう柱となります。いつの日も次の世へ移る者は、この禊を受けます。感じてください。神の禊はつながりなのです。このつながりが次の世を担う人々に必要になります。冨士のマークはこのマークです。(一つの大きな円の中に三つの小さな円があるイメージが降りてくる) 一人ひとり違う者がつながるのです。(これを本のカバーにするのですか?) そうです。このマークを中心に据え、周りを光で取り囲んでください。影を蜃気楼のようにするのじゃ。(↑ひふみ神示の神の声。影ってどこの影ですか?) この冨士のマークだ」。

10/21 表紙のイメージ 八王子八幡八雲神社「豊玉、神官を連れて来たな。さっき、使いの者が来たぞ。待っておったぞ。神示のことを話そう。八坂という者がおるだろう。(今日も一緒にきました) その者の仕事が忙しくなるぞ。神示を書いておるのはそなたか? (はい) ここの力を授けよう。神殿へもう一度参れ。(拝殿でいいですか?) 力を授けよう。(ここでイメージが降りてくる。うす水色の中に雪化粧した富士山。その中にシンボルが入っている。下界の今の様子が手元にある感じ…。これを表紙にするのですか?) そうだ。(下界の様子もですか? 電車が通っていましたが、ビルとか…) そうだ。下界の様子だ。(神界からみた下界と富士山ですか?) そうだ。(富士山の周りはなんとなくスモックのように感じますが…) そうだ。曇っているのだ。これをイメージとして持って行け。(はい、わかりました) この絵の中にこのマークを必ず入れるのだ。それが冨士のマークだ。よいな。(はい。後ろの神さまはどなたですか?) 神功皇后だ! (あ! はい。ありがとうございました)」。▽横山神社 源氏横山義孝の御霊 陽気な面白い神だ。「使いの者が参ったぞ! よく来てくれた。そなたを連れてきた豊玉はここで育ったのだ。よー知っとるぞ。いたずら好きの小僧だ。ここへ来ては、自分の居場所を探しておったわ。秘密基地を探しておったのぉ。ここの後ろにもよく忍び込んだものじゃよ。ワッハハハ〜ッ。それがどうしたことか、まぁ、立派になってのぉー。また子供を連れて参れよ。最近、顔を見ておらぬぞ。そうだ! そなたたちに力をやろうぞ! おお! 豊玉も一緒に拝めよ。古今東西、横山の力を授けようぞ! 豊玉、そのまま貫けー! この力を世にぶつけろ! それがこの世の基となるぞ。ワッハハハ〜ッ」。

10/21 橋本神明大神宮▽大鷲神社「しばらくだったな。浅草で会っただろう? よく来たな。また仕事が始まるぞ。

ここも必要に迫った。動き出すぞ！　アマテラスの力が強くなったぞ。商売繁盛にうつつを抜かしておると、次の世に乗り遅れるぞ。ここも神として立ち上がるぞ！（どう、立ち上がりますか？）今に見ておれよ！　次の世に必要な商売は金ではないのだ。飲み食いするだけの時代は終わったということだ。アマテラスの形を世に知らしめる役を果たすが、ここ大鷲の神の仕事だ」。▽神明大神宮（アマテラス）「真実を見なさい。形にこだわってはいけません。もう、この世に形はありません。裏の言葉を書いてください。そこに真実が宿っています。真実の実を食べた者はこの世の体を失います。心配しなくていいですよ。この世にある限り、その体は存在します。しかし、次の世へ移る体が出来上がっています。次の世へ行くにはその体ごと移行します。この世における形は薄れ始めています。神の固いこのエネルギーは深く深くその心の奥へ響きます。もはや、この世のエネルギーでは不十分なのです。それだけ意識が広がってきています。書いたら、この隣の神社へも行ってみてください。そこの神の話も聞いてください」。▽天満宮　アマテラスに言われ、恐る恐る隣の社に近づくが、エネルギー的に近寄りがたい。躊躇していると「アマテルだ！　やっと気づいたか⁉」の声にびっくりして社の名前をみると『天満宮』。裏の神はアマテルか？　急いで、八坂さんと豊玉さんを呼びに行く…。「ようやくこの地も活性化した！　三人そろって手を合わせ！　コンジンのエネルギーをもらうぞ！（手を合わせていると、かなりのエネルギーを抜かれ、ふらつく。社のエネルギーがてき面に変わり、清々しくなる!!）ウシラノコンジンです。この地からスサノオのエネルギーが世に充満します。コンジンの力を発揮します。『ひふみ神示』の神を呼びますよ。ここも、ひふみのエネルギーが必要ですから。書いたら心配しなくていいですよ。一緒に片すものは片してゆきましょう」。

10／22　天明さんからの指導　鳩森八幡神社　▽拝殿「（天明さん、おはようございます。↑私の中ではこの神社にて、『ひふみ神示』を降ろした岡本天明氏とつながるのだ。うまく神示のカバーを描く方法を教えてください）うまく描けるように力をあげますよ。（後ろに参拝者がいる。脇へ寄る）クレパスで描いてください。（私は、パステルは持っていますが、クレパスの方がいいですか？）心配いりません。シンクロニティにてその人の中に何かを彷彿させる絵にしてください。（えっ～！　私には難しいですよー。最近、絵は描いていないし、私のタッチと天明さんでは違うし…）シンクロニティにて千春さんの絵に天明が入り込みます。心配しないでください。（イメージをください。カバーのイメージです。富士のマークを入れるんですよね？）はい、そのことが理解できたのですか？（はい、八王子の多賀神社の神に教えてもらいました。三本柱の和の意味だそうです。それが冨士なんだと）その耳があれば描けますよ。今、一つ石を持ってきてください。（石を探し白い石に、ここの力を入れてもらう）シンクロニティにて描けるようにしました。（イメージとしては、遠くの富士山、背景は水色、マークは影で入れる。ということですね？）うまく伝わります。心配しないでください。後ろにいる神が待っています。代わります。（後ろの神さま、はじめまして）神功皇后じゃ。うまく降ろせよ。そこへ細工を施す。白い石を手に持ち再び拝殿へこい。（再び拝殿）現界のビションとして見えるエネルギーを込めたぞ。心配するな。この石を持って描いてみろよ。天明の想い描いた絵が描けるであろう。（はい、ありがとうございました）」。▽富士浅間神社「暮らしもつらくなってきたであろうよ。（何か事件や隣国の動きが激しいです）光を授けようぞ。（はい。何かが入ってくる）この光を強く放ち、虫どもを払いのけろ。心配するな。全てはうまく行くぞ。書けたら富士（塚）へ登り、言葉を聞けよ。▽富士塚頂上の奥宮富士の山は遠くに描くのじゃ。そこに影で蜃気楼のようにマークを浮かび上がらせよ。（周りは？）まわりは水色じゃ。空だがはっきり晴れてはおらぬ。その中に富士を浮かび上がらせよ。（富士山の位置は？）左上。宙に浮いた富士の山（雲の中に浮かんでいる感じですか？）雲海に浮かび上がらせ、印は中央に配置せよ。（それは大きな円の中にある三つの小さな円の印ですか？）そうじゃ。この印を蜃気楼のように影で浮かび上がらせるのじゃ。（このマークの大きい円の中の小さな円は塗りつぶしますか？　それとも枠だけでいいですか？）枠のみでよいぞ。（それにうまくタイトルを配置するんですね？）そうじゃ。イメージが分かったか？（他の山々は登場させますか？）ならぬ。海にするのじゃ。（雲海の海ですね？）そうじゃ。（下の方の現界は入れますか？）下の現界の様子を雲海の下へ覗かせよ。人の造った物、町などが良いぞ。神の下の世界だ。皆の意見も取り入れて進め。イメージができたら、神の仕組みを施すから持ってこい。（はい、ありがとうございました）」。▽甲賀稲荷社「（甲賀稲荷の神さま、おはようございます）おお、いいところにきた！　天明の絵が描けるよう、妖術を授けようぞ！　手を合わせ！（はい。何かが入ってくる感じ…）この妖術を使いカバーを制作せよ。この現界の者が魅了するカバーにせよ！（そりゃぁ〜、無理ですよー。私にそんな技術はないですから…）いいから、いつまでやってみよ。印を忘れるな。この印が重要だぞ！　いつまでも、チョンの世でないことを知らしてやれ！　次の世は皆が和する世なのじゃ。アッハハハハ〜ッ。おお！　そうじゃ。仲間にこの間、逆転の妖術を授けた！　お前も使え！　手を合わせろ！（あ、はい）逆転の妖術じゃ。ワッハハハー。使え！（どう、使いますか？）自分のまわりにいる、悲観している者たちに使え！　面倒なことでもサクサクやるようになるぞ！（逆転のエネルギーと思って相手に入れればいいですか？）エノックに自然に使えるようにしてもらうとよいぞ！　ワッハハハ〜。（エノック！　使えるようにしてよ〜！）エノックです。…使えるようにしました。乙姫に組み込みました。何もしなくてもその力が発揮できます。（伝授もできる？）お子さんに伝授してみてください。（はい！　ありがとうございました。後ろの神さまいますかー？）アマテルだ。心配するな、ここの妖術はトートの力だ。（あ！　そうだったんだ〜！　ということは、ここの神さんはトートの神さま？）ハハハッ…。千春め！　気づくのが遅いわい！　ワッハハハッ…。皆にも知らせー！　現界のトートだ！（わぁ〜！　知らなかったなー。ずるいですよ。黙っているなんて!!）気づかぬ方が悪いわい！　アッハハハ〜。また来るとよいぞ！（はい、ありがとうございました）」。▽神明社「アマテラスです。今までの神はもうここにはいません。心配しないでくださ い。白い石を持っていますね。それを手に持って合わせてくださ い。アマテラスの神界の様子を見えるようにしましょう。（はい!!ありがとうございました）」。

10／25　**爬虫類人のレプティリアンを沈めよ!!　という指示**　〝レプティリアン〟という爬虫類人を神々が地獄というところへ落とした。トート、スサノオ、地獄の手はずを整える者の神を呼んで、今、人の形になっているレプティリアンも沈めてみた。沈めているとき、「まってくれー」と言った者は、「横へよけておけ」と言われたので、よけながら、下へ押し込んだのだ。そのあと体がつらくなってくる。疲れて、眠くて…。夜にスサノオが言葉をかけてきた。「そうとう疲れているんじゃないか？（はい、今日の仕事は肉体労働でしたから…。そうそう、神の仕事をするように言われましたが、今度はなんですか？　今朝、低層レプティリアンと人間型レプティリアンを沈めてみたけど、日本人にも凶暴な人間がいるでしょ？　そういう者も沈めた方がいいですかぁ？）全体的に沈めたぞ。幽霊も沈めた。（幽霊ってなんですか？）幽霊は生きている人間に憑りつき、意思のままにさせているのだ。（何か、メリットがあるからさせているんですか？）輪廻がその時、変わるのだ。（幽霊でも変えられるんだ？）その憑き物の陰にいる者に変えられてしまう。（ふむ、幽霊の陰にいる者ってなんですか？）レプティリアンたちだ。（レプティリアンって、死んだ世界を支配しているってことですか？）**はっきり言えば、次の次元の中にいる。**（その場合の次の次元っていうのは？）**うまく説明できないが…**（…眠くて降ろせないなぁ〜、おやすみなさい）」。翌朝、体がまだだるくつらかったから聞いてみた。〝ついにきた意志の神〟が答えてくれた。〝ついにきた意志の神〟は地獄へ仕事をしに行っていたらしい。話を聞いてみると、レプティリアンがまだ地上に残っているから、それを地獄へ引きずり込むためにいるんだとか。地獄の仕事は低くて嫌だから、ここへ来られて幸せだ〜と言っていた。なんと、私の体がつらいのはレプティリアンのせいだと!!　ぎょぇ〜！　まだ私の中にいたのぉ〜!?　と悄然としていたら、改心して、トートに体をつくり変えてもらったレプティリアンたちだという。横へよけておいたレプティリアンたちだそうな。人間型レプティリアンはすでに、存在が危うくなってきていると言っていた。

10／26　**なめこの覚書**　昨夜、お味噌汁に『なめこ』を入れた。少し多めに作っておいて、今朝、朝食に出したのだった。夫が、「お〜！　なめこの味噌汁うめ〜！」を連発していたので、「あ、それ福島産だよ」と言ったら、「放射能入りか？」と言うので「なめこは室内で培養でしょ〜、大丈夫じゃん！」と言ったのだ。その時、神さんが言っていた言葉だ。「（なめこにも放射性物質が混ざる？）**少しはあるようですね。でも心配ありませんよ。**（じゃあ、取ってみればいいか。と、なめこの味噌汁の放射性物質をイメージで取り除いたのだ。そしたら、あら不思議、味噌汁に浮いていた、なめこの〝ぬめり〟がなくなった！　あっ〜！　と思っていたら…）**少しぐらいなら食べた方がいいですよ。そして、早く体内から出すんですよ。そうすれば影響はありませんよ。体内に長時間いる方が危ないですから、なめこなどは吸収されずに素早く出ていってしまいます。それも、他の物も排出させるから、体内での影響はさほどではありません。**（葉物はどうですか？）**葉物や野菜も同じですが、火を通してから食べてください。火を通すと変性しますから、吸収が悪くなります。その隙に排出させてしまえばいいわけです。**（果物は生で食べますよ〜）**果物も心配ありません。直ぐに出て行ってしまいます。むしろ、食べて出した方がいいです。玄米などを食べて、より早く排出させてください。それより、肉や魚は気をつけてください。吸収されやすいです。魚はなるべく気をつけてください。タンパク質は吸収されやすいです。**（あら〜、もう食べちゃったよ！）**広島、長崎の爆心地でも生き延びている人はいますし、その後、放射能汚染された食物、水を摂取しても生き延びている人もいるわけですから、少**

しでしたら、神の指示に従っていれば心配はありませんよ。神とつながっていれば、そういったところでも生き延びることが出来ると言うことです。特に有色人種はそういった危機も潜り抜けてきた人種ですから、白人種より丈夫です。むしろ、今回の放射能汚染で危ないのは白人種の人たちでしょう。彼らは溜まりやすい体質です」。

10／26　ニュースの裏　実家のお稲荷さん（アマテル）「そのうち、地獄から使いが来ると思うが、今まではびこっていた悪たちを次の仕組みに使う。耳のない者たちは地獄の様子を見聞きし、怯えるしかない状態になる。仕組みは、耳のある者たちには、知らせが入るから心配はいらぬ。情報に惑わされないように、豊玉や八坂とよく連絡を取っておけ。心配には及ばぬが地獄の仕組みだ、しばらく付き合え。杖のない者たちに翻弄されるな。ニュースの裏にあることをよく読み取れ。心配するな。夜明けは間近だ。過酷な状態はそう長くは続かぬ。しっかりした意志があれば心配ない。地獄の仕組みにはサタンとルシファーが仕事に当たっている。もし、なんらかの被害に遭遇したら、アマテラスに相談しろ。直接、ルシファーやサタンとは連絡を取ってはならん。地獄にいる彼らは、悪魔としてこの世を襲っている。仕組みを壊すようなことをしてはならぬ。質問はあるか？（レプティリアンたちは？）彼らの意志を使い、いままでにない仕組みが繰り広げられる。（天災ですか？）いいや、国と国との争いだ。アメリカを使い、世界列強国をやつける仕組みだ。アメリカ（人？）によっては、人とのつながりを大切にする奴らもいる。そういった者たちが、悪意を阻止することになってくる。アメリカという国内の分裂はやらせが多い。いかにそれに気づくことも多いだろう。書いたか？（はい）もう帰っていいぞ。（はい、ありがとうございました）」。

10／31　シシ神「書くことは、命をつなぐことになるのだ。これから起こることは、今まで人類が経験したことのない異変だと言うことだ。詳しく言えば、神の意識のない者はこの世から消される。この地球もろとも消される運命になっている。この世は引き継がれ、覚悟の出来た意識によって支配されることになっている。それは絶対神に服従するという覚悟なのだ。今の地球人の多くはそれが出来ない。彼らには服従する権利がないからだ。（服従する権利って何ですか？）真実を知る権利だ。真実を知らぬ者に権利はない。力も与えられない。過酷なこの世と共に滅びるのだ。これから、さっき見ていたハリケーンのような天災が頻繁に起き…（途中でおわってしまった）」。翌年２０１３年は言葉通り、災害の多い年になった。

11／1　『生きる』について　実家のお稲荷さん「（アマテ

ルの神さま、こんにちは！）今から、『生きる』という言葉について知らせようか？（以前、年の神さまに聞いたことがありますよ）何時の日かこの世もなくなる。それは蜃気楼が薄れるように消えてゆくのだ。その中で生きている意味を見出すのは難しいだろう。賢く生きるためには、心の掃除が必要だ。神界のエネルギーが降り注ぐ中で自分というものをいかにコントロールしてゆくかが必要となるのだ。いつまでもこの世が続くと思うなよ。何時の日かアマテラスの光によって消滅してしまうぞ。今ここで、次の世の手はずを整えねば、生きて行けんぞ。その体ではついて行けんぞ。地獄のアマテラスの元へ行く気なら、それも人生の一つだ。しかし、苦しみから抜け出すことは出来んのだ。覚悟のできた者から順次引き上げている。苦しみも遠くへ引き、幸せの息吹が心を満たす。いつか死んだとき、その世界が次の世へ移れるのだ。（死なないと移れないの？）長い間に自分を見失った者たちは、帰（還）るところがなくなっている。仕組みを知る者はいい。そのままの状態がこの世となるのだ。（それは自分の周りには不幸がないと言うことですか？）さよう。幸せの気が充満し、不幸を寄せつけぬ体へと変化してゆくのだ。かけがえのない人生を苦しみ、悲しみに使うよりも、楽しく楽に生きることを選択するだけで世の中が変わる仕組みだ。いつまでも、この苦しみを着ることが嫌になる時こそ、それを脱ぐ機会なのだ。心配するな。千春の周りに起きていることは、残酷なようだが、自滅だ。こちら側から手を出さずとも自分の意思で自滅してゆくのだ」。

11／7　進化のスイッチ「コノハナサクヤヒメです。千春さん、おはようございます。この家にあるコノハナサクヤヒメの意識を神示に入れてください。（わぁ、ちょっと待っていてください。今、パソコンを立ち上げますから…どうぞ）神の仕組みを伝えて欲しいのです。知らない言葉は使わないでください。意外なことが仕組みとなって現れてきます。人の進化のために、言葉を降ろしてあげてください。進化する人たちのために、進化のためには仕方のないことです。理解しなければ体がついて行けません。従うだけでは、進化は成し遂げられません。コノハナサクヤヒメの意識の中にシンを作る仕組みがあります。その仕組みを本の中に封入し、理想としているシンを作らせていきます。（シンは誰が作るのですか？）シンの言葉の中にある何万年もの意識が人々のシンを作っていきます。（〝シンの言葉〟ってなんですか？）汗と漲る杖です。（何万年もの汗ですか？）人の中にある何万年もの意識は進化の過程において封印されました。しかし、この封印が解けつつあります。融解した過去の意識の中に培われた汗が噴きだします。そのスイッチが今、書いている本の中に仕組まれることになります。融解した過去の意識の中に、えも言われぬくだんの力がたちこみ始め、その力によって進化のスイッチが入ります。このスイッチの入った人々から神の真ん中が出始め、いままで考えが及ばぬことが頭を過り出します。その考えが何か、自分の中にあるものを探索しますが、所詮この世の考え方ではそれは解決しません。今まで培ってきた神の意識が必要だからです。いつものようにしていれば、ゆっくりと消滅へと進み、限界に達すればもうその考えも消滅していきます。自分の中の疼く想いが自分を発展させ神の道へと進化するのです。神示を読んだ人々の中にその疼きを入れます。（どのようにして、封入すればいいですか？）人の体の中にある未知の意識を呼び出し、じかにそれを文字の中に封入するのです。（人の体にある未知の意識ってなんですか？）自覚です。自覚を封入します。（もう少し、具体的にお願いします。自覚はどのようにして呼び出しますか？）自覚とはまだ見ぬシンの中に隠されています。意識のないとき、ふと出る意識が自覚なのです。（それは、私の頭の中にある「帰りたい」という意識ですか？　私はどこへ帰るつもりなんでしょう？　誰が帰りたがっているのですか？　どうして帰りたいと思うのでしょう？）月の意識の中にあるものが帰（還）る選択をしているということです。（それは過去の自分ということですか？）いかにもそうだ。（あれ、声がかわった。どなた？）スサノオだ。千春はこの世界がほとほと嫌なようだ。（えっ!?　私は意識していませんよ。楽しんでいるつもりでしたが…）その意識していないものが自覚なのだ。（自覚って意識しているものでしょ？）この世の自覚とは違う。魂の自覚だ。（あら〜！　私はどこへ帰るんですかー？）月の者は月へ帰ることになっておる。（月へ帰るということは、この世から『さよなら〜』ですか？）いかにも。（まだ、神示も書けてないし、このまま放っぽりだして帰れませんよ〜）いつまでもこの世にいることは消滅を意味することになる。（それじゃぁ、どうするの？）つまり、今のままの状態で月へ帰るということだ。（どうやって？）この世が消滅したということだ。（ええっ〜!?　もう消滅しちゃったの？）八坂が消滅させた。（あ！　森浅間神社！）おお、ようやく思い出したな〜。（でも、この世はまだありますよ）この世はもうない。心配するな。この世は消滅したのだ。（う〜む、よくわからん…。何もかもこの世と同じだけど…。電車も動いているし、毎日みんな出勤しているし…、何が違うの？）意識が違う。（はたから見ただけではわからないということですか？）そう言うことだ。（でも、凶悪な事件とか、天災とかは続いているようですよ）その仕組みは情報だ。（ええ、まあ、そうですけど…。人の車に平気でぶつかってきて反省していない人もいますよ。むっ！）だから、言ったであろう。それは意識の外の話だ。（というと、意識内のこの世が消滅ってこと？）突き詰めればそういうことだ。（というと、私が月へ帰りたいというのはどうしたら、実現できますか？）未来へ飛ばすのだ。（え？　何を？）飛ばすというのは組み込むということだ。（組み込む？　未来を組み込む？）そうだ。（どういう風に？）にぶいな、相変わらず…。（何よ！　分かるように教えてくださいよ！　それに誰、あなた!?）いいか、千春のいるこの世界というのはもはや夢の世界じゃということじゃ！（あっ、その言い方はもしかして…）もしかしなくても役行者じゃ。（夢の世界にしては、やることが多すぎますよー）まぁ、夢だと思って頑張ってくれや。（夢の方がつらいってことですか？　これ以上仕事が増えたら死んじゃいますよ～涙）ははは…、普通死なんぞ、夢の中じゃから。まぁ、意識の上の話じゃ。仕組みというのは人間本来の帰巣という観念を呼び起こすのじゃ。そして、月から魂の故郷、神界へ帰りたいと思わせるのじゃ。この世が消えてなくなれば、帰らざるを得まい。帰巣という観念は人間が今まで持っておったものじゃ。それを封印したものがいたということじゃ。しかし、それらももういなくなった。だから、この世は消滅したのじゃ。『帰りたい』という気持ちは誰にでもあるものじゃ。どこへ帰るのか、どうやって帰るのか、それを千春たちは教えてやらねばならんのよ。（それは『富士の神示』に書きましたよ）今までは、読んでもそれに気づかんであろう。（あれ、またスサノオの神さまの声…）コノハナサクヤヒメはそれに気づくように仕組みを封入すると言っておるのだ。（つまり、今まで通りだと、読んでもそれに気づかないということですね）そうだ。千春だって不思議に思っておるのだろう？　なんで気づかないのか…。（いつも不思議ですよ。目の前にあることに気づかないってどういう仕組みだか…）そこに意識が向かぬということだ。だから、コノハナサクヤヒメはそこに印を付けると言っておるのだ。それは気づかぬものが気づきやすくするように分かりやすい印を付けるとな。（自分の深い意識の中にある帰巣本能を呼び覚ますように印を付けるわけですね！）そうだ。（具体的にどうしたら、印が付けられますか？）字の中に埋め込んでゆく。（まだ校正の段階で直しているところですよ～）よい、千春の手にかかれば封入されていくのだ。文字に封入されやすいように人間としての意識をはずしたからそのつもりでいてくれ。（えっー！　私って人間じゃないの？）だから、言ったであろうよ。あ、役行者じゃ。月へ帰ったと。（というと、これからは月の意識で校正や修正が行われていくと言うことですか？）**言葉のことじゃから、真剣に考えなくてもよいぞ。自然とそうなったということじゃ。**（じゃあ、私は意識をしないでそのまま進めればいいと言うことですか？）**正しくその通りだ。**（あ、またスサノオの神さま…）**コノハナサクヤヒメです。千春さん。**（まだいらしたのですね？）**千春さんの意識の中にコノハナサクヤヒメが入ります。これからはそれで神示の文字に力を入れていきます。**（じゃあ、鳩森八幡神社の神さまは？）**わしは、ここにおるぞ！　心配することはない！　コノハナサクヤヒメもおろうが。森浅間神社へ行けよ。**（今日ですか？　まだ仕事が終わっていませんよ～）**まぁ、そう慌てることもあるまいが、早い方がよいのぉー。**（わかりました、何とか、今日行ってきます。とほほ…）**ははは**っ…**やっと理解できたか！　相変わらずにぶいやつだ。**（早く言わないからいけないんでしょ！）**はははは…**（複数の笑い声）**気をつけて行ってこいよ。スサノオだ」。**

11／7　**コノハナサクヤヒメの力　森浅間神社上宮**「（コノハナサクヤヒメの神さま、こんにちは）**普通にしていてください。通信できますから。いつものようにコノハナサクヤヒメの力を授けます。石を一つ持ってきてください。**（はい。石を探して拝殿へ行く）**進化する力を授けます。**（手と石にエネルギーが入ってくる）**この力を使って、字に進化するための仕組みを組み込みます。**（お札は必要ないですか？）**書けたら下宮へも行ってください。**（お札は必要ないですか？）**今はなくてもいいですよ。磯子のコノハナサクヤヒメはいつもここにいますから。**（はい…でも買えたら買ってきます）**その方がよければそうしてください。**（社務所へ行って500円のお札を買う。そこにいた方、神職だろうか、に拝殿に掲げてある『伽沙羅山』のことを聞くと『ガサラサン』と読むそうだ。この山の名称らしい。お札を持って拝殿へ行く）**磯子の札を買ったのですか？**（はい？）**信用してください。そのような物に力はありませんよ。ここで進化を促す力を入れましょう」。**ここで、さっきの神職の方に呼ばれる。お札を入れた袋が大きすぎたからこれと取り替えようというが、袋などはどうでもいいので、「いいですよ」と伝えると、境内端にある森浅間神社の由緒書きをくれた。階段を下りて下宮へ行く。▽**下宮**「**アマテラスの言葉を伝えようぞ。**（誰ですか？）**スサノオだ。今から、この世の中は眠りにつく。人々の意志とともに、元来の意識に気づかず、いつまでも自分本位な考えをしている者たちは、この世と一緒に永遠の眠りにつくことになる。その眠りの鍵を授ける。うまくこの世を平定し、次のためにその力を発揮させよ。**（石が必要ですか？）**いらんぞ。その体に入れ**

る。手を合わせよ。（真っ白い光の中に鍵のイメージが降りてくる）**その鍵を付けるのだ。**（どこにですか？）**過去にだ。**（また、よくわからないこと…どうやって？）**過去の意識を探り出しそこに今の鍵を取り付けよ。**（出来るかなぁ～）**手伝うから、やってみろ！**（はい。ここは背中が暑いので、移っていいですか？）**社の後ろへ回れよ。**（はい。後ろへ回るが、誰かの落し物あり！　信じられん!!　臭いし汚い！　脇でいいですかー？）**……。**（聞こえない…。とりあえず、神殿脇へ行くが、ここも暑い！）**過去を取り出せ！**（取り出す。それほど大きくないが、しっかりしたエネルギーがある）**封印じゃ！**（鍵を取り付けるイメージ、鍵を掛ける。で、どうするの？）**地獄へ落とせ！**（地獄の手はずを整える神さまー！　過去をよろしく～！　すーっと落ちていく。神社のエネルギーが変わる。拝殿へ戻って、どうです？　過去は落ちましたか？）**…。**（声が聞こえない…スサノオの神さま～!?）**沈んだ。もう帰ってよいぞ。神示につなげよ、次の世に。進化の鍵を封入するのだ。**（はい、ありがとうございました。帰りはあの階段が効いたか、体や足がつらい！）」。

11／10　**天界の常識　森浅間神社の石**「（コノハナサクヤヒメさまいますか？）**ここにいますよ。**（何かお話ししてください）**コノハナサクヤヒメの仕事をしてくださってありがとうございます。この神示は『ひふみ神示』と違い、この世の破壊から立て直しまでを綴ったものになります。千春さんの仕事として、天界で起きていることをこの世に知らせなければなりません。今の仕事は因縁を乗り越え、体をつくることに働くようになっています。つまらぬことで腹を立てていても**（…中断…）

11／11　（コノハナサクヤヒメさまいますか～？）**通してお伝えしましょう。コノハナサクヤヒメの仕事は、天界の常識をこの世の人々に降ろすことにあります。仕組みは今まで仕掛けたことが、功を奏し、やがて地球の危機を乗り越えるために、この世の中、全部を違う次元に移そうという計画から始まりました。異次元の生活はこの世とは違い天界の常識で成り立っております。この世の常識を覆すため、アマテラスと協力して人々に次元の上昇を言い**（伝え）**ました。言ったというよりも行ったという方がいいかもしれません。そのようにして、自覚を促した仕掛けですが、この世の人々は支配者に強く利用され、神の知らしめにも耳を貸さずにおります。幾分かの人はそれによって、目覚めたようです。多くの人たちが今まで、地球の危機について伝えてきたと思います。その時がいよいよ近くなり始めました。コノハナサクヤヒメの仕事として、この世の人々の多くを救う手だけては打ってまいりました。もはや**

これ以上、人間の目覚めが促されることはないと判断しました。でも、もし、まだ迷いのある人々の自覚を促せるために最後の警告をします。生きることへの選択をする者へ、この神示の内容は伝わります。仕組みの話はこの次から始まっていきます。間もなく、この地球自身の消滅するスイッチ、自爆スイッチが押されようとしています。この自爆スイッチが入ったところではもう、神の力をもってもそれを回避することは出来ません。自爆スイッチを入れるのはこの世に存在する人間そのものだからです。差し当たって、生きる選択をした者は、神の意志により次の次元に用意してある地球の住人になれます。その星は今は太陽の陰で見えませんが、しばらくすれば、姿を現します。進化した者だけがその星へ行くことが出来ます。進化するための意志を伝え、進化が促され体のできた者だけが移行していきます。緑豊かなその星は『いるいる星』といいます。アマテラスの光がアマテラスの鏡を通して行きわたります。人間……（眠くて中断。コノハナサクヤヒメさま、どうして私って最近こんなに眠いのかしら？　今まで、何年か分の睡眠不足がドッと出ている感じですよ）**千春さんは、神界を通り越して太陽のシステムへ連れて行かれました。**（それって、国常立大神が連れて行ったってことですか？　↑2、3日前、ついにきた意志の神と共に私を太陽のシステムへ連れて行くと言っていたが、その後寝てしまって記憶に残っていない）**そうです。神界よりも深いところへ意識が向かっていますから、どうしても眠たくなってしまうようです。**（どうしたら、眠くならずに済みますか？　このままでは仕事がうまくはかどりません）**体が出来てくれば今以上に深く探っていけます。**（あれ〜、探っている意識なんて自分ではありませんよぉ）**知らないうちに探っているんですよ。裏の世界は千春さんにとっては心地よい世界でしょう。**（心地よいんですかぁ？　意識はありませんが…）**仲間がたくさんいる世界です。この世とは違い、総ての人たちが千春さんの仲間ですから、この世界のように自分を守ろうとしなくても済みますよ。それが、神の世界なのです。お互いが自由であり、いつも賑やかで心の解放があり、この世のように干渉や中傷はありません。書くのなら、太陽のシステムから降ろしましょう。しばらく待っていてください…。**（はい？）**…千春さん！　国常立大神です。**（あれ!?　国常立大神さま、この間からいなくなったと思っていたら…）**はい、ここ太陽のシステムへ来ています。もう、ここへ来ると千春さんも帰りたくないようですよ。帰すのに一苦労しますよ。**（えっ!?　私には自覚がありませんよ！）**こうして話すことができるのは、つながっている証拠ですよ。いつまでも、ここにいたのでは現界の仕事を忘**

れてしまいますから、千春さんはしばらくその現界で頑張ってくださいよ。（私、全然、記憶がありませんよ～）それが太陽のシステムですよ。（太陽のシステムって、太陽の中にあるんですか？）はい、ここへはもう何度も来ているでしょ？　忘れてしまったのですか？（イヤ～全然ですよ。スミマセン）こちらに意識が向いているとまた眠くなりますから、コノハナサクヤヒメに戻しますよ。（はい、ありがとうございました。また眠くなってきましたよ。ふぁ～）コノハナサクヤヒメです。千春さん。（太陽のシステムのことは全く覚えていませんが、現実ですか？）ふふふ…千春さんが言うこととは思えませんね。しばらくしたら、それも慣れてくるでしょう。いま、神々が出雲へ行っていていませんから、この、コノハナサクヤヒメが千春さんの中を支配しています。（森浅間神社の石がないと意識を感じませんが…）石は通信機の一つです。未来の世界との通信機です。意（以？）外にも仕組みを変える働きをしています。体を進化させる働きです。（あ、八坂さんや豊玉さんにも必要ですか？）石の力はみなさんにも既に入っています。先をいきん者が日本のこの地を変えてゆきます」。

11／12　〝死〟についての誤解「地獄の手はずを整える者だ。いつかは言わなくてはならない。（どうぞ…）死というものは悲しむべきものではないのだ。むしろ、喜ばしいことだということを人間は知らねばなるまい。そこがたとえ地獄であろうとも、人間にとってのこの世の中が一番つらいということだ。この世を乗り越え喜びを味わった者は、そこが、たとえ地獄といえども喜びとなる。それは意識の問題だ。人間はそうやって死というものを軽んじておる。そこが重要だと言うことを軽んじておる。家族の悲しみは、死者をつらくさせるということを知らない。喜びとは、そういった周りの影響からも受けるものなのだ。死者を迎えた人間たちのしていることは、この世から彼らを追い出す行為だと言うことを知らねばなるまい。死者は体はなくなるが、魂というのは残るものだ。この世に執着があればあるほど、魂はこの世の住人となるのだ。それを区別してはならぬ。死者も人間として生きることを望んでいる場合は、それに準じてやらねばならぬのだ。死というもののあり方を今の人間は考え直さねばならない」。

11／14　偽極楽浄土について　阿弥陀如来「（祖母の告別式に参列。式の最中に降りてきた）極楽浄土へ進んだ者はこの世の消滅と共に消えてゆきます。もはや冨士の道を昇ることはありません。（この世はなくなって、新しい世ができたはずですが？）はい。一つの、いつまでもこの世は続かないということです。この世の者は、次の世の者に、この世を明け渡さなくてはなりません。死んでも魂はこの世に残ります。それも今までの世です。ここももはや長くは続かないでしょう。消滅してくれれば行き場もなくなってきますから、自分で消滅してゆくしかなくなってきます。どう生きていくかは、今、生きているうちに決断しなければなりません。（お経が次のお経に移る）冨士の道ではなくて、極楽浄土へ連れて行かれました。そこで暮らすことになり、いずれそこが本当の極楽浄土でないと気がついたときは今までの記憶と共に、この世から消える選択となります。真実は極楽浄土ではないからです。（あなたは誰ですか？）阿弥陀如来です。（昨日、おばあさんを連れて行ってくれたのは阿弥陀如来さまですか？）はい、そうです。その輪廻はもうありません。浄土への道は輪廻とはかけ離れています。今までの記憶と共にその魂もこの世から消えていきます。（極楽浄土はどこにあるのですか？）この世の延長上にあります。この世の延長上には幽界という界がありましたが、今はこの世と一体となりましたから、この世ということになります」。

11／15　活字に埋め込まれた鳩森八幡神社の力　『冨士の神示』の原稿の直しが終わったころ、コノハナサクヤヒメから森浅間神社の石を原稿の上に置くように言われた。一晩後、その原稿にコノハナサクヤヒメの意識を感じるようになっていた。▽鳩森八幡神社拝殿「（天明さんいますかー？　おはようございます。今日は拝殿で何かやっているようで雅楽が聞こえる。拝殿のガラス戸が開いていた）皇太后（神功皇后のこと）じゃ。早う、原稿を出せ！　力を入れるぞ。後ろの力じゃ。（急いで原稿を出す。原稿にエネルギーが入っていく）…もういいぞ。（力を入れ終わると、中にいた人々がぞくぞくと出てきた。中で片づけを始める。ふぅ～、運よく間に合ったようだ）今のうちに次の神示を出す準備をしておけよ。（えっ～、また出しますか⁉　売れる本ではないですよー。だいたい読んでくれる人がいるのかしら…）いるから次を用意せねばならぬ。（でも、そんな資金はないですから、無理ですよ）心配するな。次の神示はいろいろな所から声がかかる。この次の原稿もこの神の指示に従って書くのじゃ。（いろいろな所の意味がちがうんじゃない？　あれ、神功皇后さまじゃない感じですね？）鳩森の神じゃ。（神示の神さまですか？）そうじゃ。（今まで声がしなかったけどそんな神がいたんですかぁ？）校正の度に持ってまいれ。ここの気が着実に字に埋め込まれる。心配するな。冨士塚のコノハナサクヤヒメのところへも原稿を持って行けよ。そこで意識を広げる力を原稿に埋め込む。書いたものの中から、直接活字に力が移ってゆく。クエンティン（注：ある本からつながった善良な宇宙人。地球の進化のために働いてくれているらしい）が傍にいますよ。（えっ!? どこ?）横です。（ふ～む、左横ですか?）そうです。ではそのまま富士塚の方へ参りますよ。（はい。どうしてクエンティンがいるの?）神示の力を強めるためです。（私一人だけの力じゃ足りないから? あ、ありがとう）ゆっくり行ってくださいね」。▽富士浅間神社「いつものように参拝してください。（鳥居をくぐって参拝する）ここも原稿を取り出してください。（取り出す）コノハナサクヤヒメの力を強めます。…もういいですよ。（原稿をしまう）後ろの富士塚の神のところへ持って行ってください」。▽小御嶽石尊大権現「（こみたけのゴンさんおはようございます）そのまま上へ行けよ。天狗の力を授けたぞ！（ありがとうございます）▽富士塚奥宮　コノハナサクヤヒメです。千春さん、おはようございます。ここで原稿を出してください。（出して手に持つと力が入って行くのがわかる。一文字一文字に力が入っていく感じ）。…はい、もういいですよ。更なる力をこの原稿につけます。下の稲荷のところで仕掛けをもらってきてください。（はい、わかりました）クエンティンです。この神示の中に千春さんと同じ力を伝授する力を授けました。光の分かる人はそれが何だか分かるはずです。更なる力は、妖術を使い、月のトートの力でもって、強引に統率する力を入れます。トートの力はこの現界の人にとって分かりにくい力ですから、クエンティンが変換しながら入れていきます。さぁ、気をつけて降りてくださいよ」。▽甲賀稲荷社「トートの力を入れるぞ！　早く原稿を出せ！（急いで出す）そのまま持っていろよ！…もういいぞ。トートの力を授けた！　これをもって校正を進めよ。この力は校正が終わるころには最高に強まってくるだろう。そして、世に出る（この）本のすべての文字に、ここ鳩森の力と共に、稲荷の力も加わってゆくのだ。（もうこなくていいのですか?）簡単には入らん量だ。徐々に入れてゆくから、又、持ってくるように。…書けましたか?　クエンティンです。書けたら、この原稿の言葉を聞いてください。（どこかで、またこの原稿を出さなくてはいけませんか?）袋の上からでも聞けますよ」。▽原稿の言葉「コノハナサクヤヒメの意識が入りました。一厘の最後の仕組みをここから発動します。賢く生きるためには、神界の言葉を理解する意識が必要です。この神示を読んだ人の中には、この内容をもっと必要としている人々がいます。生涯この内容が心の中で生きていくように細工を施しました。生まれ変わった人々の心にコノハナサクヤヒメの意識の成長が認められてきます。進化するためのスイッチが入ったと言えます。少ししたら、この続きを出さなくてはならなくなってきます。その時はもう千春さんが自ら動かなくても向こうからやってきます。神示の内容を理解する人が増えてくれば、この世の常識が覆ってきます。しばらくの辛抱です。全部の神示が公開されてくるころには、自分で神界の言葉が降ろせる人も増えてくるでしょう。長い間の暗闇から解放されるときです。（まぁ、そうなってくれるといいですけどねぇ～。世の中そんなに甘くないですよ。アマテラスの神のところへ行った方がいいですか？）そのアマテラスの意識がこの原稿に宿ったのですよ（↑クエンティンの声）。▽神明社

今までにないエネルギーを感じる。「少しだけお話ししましょう。アマテラスです。今まで理解されていなかった神界の意識が原稿に入り込みました。この力は徐々に強くなり、この本を読んだ人々の心の中で踊りだし、神示の内容を更に、知りたくなる人も大勢出て来るでしょう。今、この常識を意識していけば、やがて体の進化が始まっていきます。千春さんの仲間の人たちにもここへ来るように伝えてください。待っています」。

11／17　納豆嫌いの死神「（心臓の悪い知人の体から乗り移ってきた。死神さん、お話ししてくださいよ）死神に何を聞くのだ？（ほら、さっき、私の輪廻が変えられない！とか言っていたでしょ？　輪廻ってどうやって変えるの？）地獄の者しかそれはできん。見知らぬものにうかうか教えられん。（だって、私のことを殺すんでしょ？　だったらいいじゃないの。殺される前に教えてよ）少しだけ教えようか？（お願いしまーす！）カマイタチを使うのだ。（カマイタチってなに？）死神が持っている鎌だ。（それをどう使うの？）仕組みは鎌を振りかざしその者の輪廻を切り裂くのだ。（輪廻はどこにあるの？）地獄の者は全て輪廻を挿げ替える力を持っているのだ。（で、なんで私には〝輪廻を挿げ替える力〟がないの？）許しがたい奴だな、お前は！（なんで？）地獄の者だけが持っているのだ。（どうしたら、私ももらえるの？　あと、そのカマイタチっていう鎌も欲しいなぁ～）切ることは簡単だ。輪廻と思えば分かるだろう。（輪廻と思えばいいの？　それは人だけじゃなくて物とかにもあるの？）輪廻を持っている者は支配されている者だけだ。（なんに支配されているの？）輪廻を持っている者は家畜などの動物、人間など、エサの機能を果たすもの。（お魚、貝とかにもあるの？）理解できるのならば、人間の輪廻がどこにあるか教えよう。（まぁうれしい！　教えてください！）深く沈んだ心臓の袋の中だ。（どうやって探すの？）幽霊もそうだが、輪廻というのは…中断…（死神さ～ん！　いますかー？）ここにいる。（さっきの続きを教えてくださいよ。輪廻というのは？）難しいものではない。幽霊にも輪廻はある。輪廻と

いうのは幽界にあるのだ。しかし、なんでお前に輪廻がないのだ？（幽界にあるの？）輪廻というのは幽界にある。（幽界はどこにあるの？）普通の人間には…幽界というのはその人間が持っている魂の生きている世界だ。（じゃあ、この世にはないの？）幽界がないのだ！　お前には。（幽界はどこにあるの？）怪物だ！（怪物でも輪廻はあるんでしょ？）だから、その輪廻がお前にはない！（普通は幽界のどこにあるの？）輪廻を持たん奴が、なぜ、ここにいるのだ？（だから、輪廻って幽界のどこにあるの!?）呑気な奴だな、お前は。輪廻がなければ生きていられんということだ。（死神さんにも輪廻はあるの？）人間は普通ある物だ。（普通ってなによ？）ヒトではないということだ。（死神さんにもあるの？　輪廻）体を持ったものはある。（ということは死神さんにも輪廻はないの？）人間ではないな！　お前。（人間ですよ！　ほら！　生きているでしょ？　死神さんだって、人間の私に憑りついたんじゃないのォ!?）そうだ…。なんでないんだ？（それより、そのカマイタチ欲しいなぁ〜。どうしたらもらえるの？）カマイタチか？　カマイタチというのは自ら持っているものではない。幽界にいるものにもらうのだ。（へぇ〜、どうやったらもらえるの？）死神という職業を選択すればもらえるのだ。（どうやって、選択すればいいの？）呑気な人間だな、お前は！　切ることは簡単だ。輪廻を見つけたら、カマイタチで切ればいいのだ。輪廻を切ることで、続きの人生に終止符が打たれる。（え？　もう少し詳しく教えてよ。続きの人生が終わるのは輪廻のどこを切ればいいの？）許しがたい奴を殺したいときは、心臓の下にある袋の中から輪廻を取り出し、それを鎌で切ればいいのだ。（つまり、心臓の下にある袋が幽界ってこと？）破壊した奴がいるな。（私の袋のこと？）そうだ。（破壊されるとどうなるの？）輪廻がないから、死を招くことになる。（でも、まだ死んでないよ）だから、怪物だと言っているのだ！（そういえば、さっき、納豆は嫌いだ！　って言っていたでしょ？）納豆は嫌いだ！　なんであんなものを食うのだ？（人間の食べ物が死神さんに影響するの？）もちろんだ！　仮に、肉を食する人間なら片づけやすい。（それはどうして？）肉というものは死んだ肉だ。生きている肉は簡単にはゆかぬ。（死んだ肉を食べるとどうして片づけやすくなって、生きている肉は片づけにくくなるの？）死んだ肉というのは体を持たぬからだ。（体を持たないとどうして片づけやすくなるの？）普通は肉が命を宿すのだ。死んだ肉というのは抜け殻だからだ。そこへ入りやすくなる。生きている肉には許しがたいことだか、まだその魂が入っているのだ。そうなると死神も入れない。（ということは、生きた肉を食するのは魂を食するのと同じってこと？）そうだ。（魂なんて食べられるの？）魂が欲しい生き物は生きた肉を食べるのだ。（ライオンとか？）邪魔ものは体の中の意識だ。排除が必要だ。（意識の排除？）そうだ。それが入っていると魂が抜けぬ。（ふ～ん、意識ってなに？）神の意識だ。（死神さん、神の意識を抜くの？）人間の意識に神の意識など普通はない。（その～、『普通』ってなに？）人間ならば、神の意識はないと言うことだ。（というと、納豆の中に神の意識があるってこと？）納豆というのは生きているということだ。既にそこには魂が入っている。（野菜は？）仕組みは同じだ。火が通ってしまえば、それは抜け殻となる。（腐った場合も？）そうだ。腐ってくると言うことは、人間にとって不要になるということだ。（まぁ、そうだけど、人間も魂を食べているってこと？）普通、人間は調理して食べているから、抜け殻を食べているということになるが、人間の食べ物の中には魂ごと食べているものもあるということだ。（それが、納豆なわけ？）人間には不要な物に、違う意識が入り込んだのだ。そうなると死神は入れない。（あは！　なるほど。それって、バクテリアのことか！）人間の食べ物の中にはそうやってわざわざ魂を入れているものがある。それを食したということは、死神が入る余地がないと言うことだ。（でもさ、腐敗したものを食べるかもしれないよ。そういう時も死神さんは入ってこないの？）腐敗したものは、人間に不必要に働く。人間にとってみれば、本来口にしない物だ。人間がそれを食すれば毒になることを知っているからだ。（そういった場合は死神さんは入り込まないの？）弱った体の魂は不安定になるから逆に入り込みやすい。（つまり、納豆は人間の魂を強めるということ？）そうだ。人間の体を強くさせる。（漬物もそうか？）苦手だ。（つまり、発酵食品を多く口にしている人は死神たちに憑りつきにくい体になると言うこと？）そう言うことだ。（発酵食品のバクテリアの魂ってなに？）輪廻を強くするものだ。（発酵食品と輪廻が関係あるの？）体が丈夫になれば、輪廻も切れにくくなるのだ。（どうして？　体と輪廻って関係あるの？）体と魂の結びつきが強くなるからだ。（他にもそういう食べ物はあるの？）破壊したものがいる。（まだ言っている。私の幽界の話？）そうだ。体の組織が違うなお前は。（どう違の？）この世でないところにあるようだ。（この世でなければどこにあるのよ？）幽界を通り越したところだ。（死神さん、そんなこと知っているの？）今、白い死神が降りてきた。（あ、ジュエンかな？　太刀を持っている？）持っている。龍神の太刀をこちらに向けている…。（龍神の太刀ってなに？）カマイタチでない…神の死神だ…！　お前は一体何

者なのだ‼（普通の人間よ。納豆は好きだけど）**普通の人間が龍神の太刀を持った神の死神を持っているはずがない！**（そんなの知らないよ。その白い死神はジュエンっていうんだよ。仲良くしてよ）**何を言っているんだ！　お前は！　神の死神と仲良くなんか出来るか！**（どうして？　勝手に入ってきてその言い方ないでしょ〜！）**奴は死神殺しだ！**（いいじゃない、だって死神さんだって、人間を殺しているんでしょ？）**これとそれとは違う！　…あっ〜！…。**（ん？　どうしたの死神さん？）**…。**（ジュエン、死神さんは？）**消えた。消滅しました。**（なんで消滅したの？）**自分から消えました。**（？？？）**死んだようですよ。**（勝手に死んだの？）**そう勝手に。**（あら…勝手に入って来たのに？）**奴もここにいたいと言えばよかったのに。善人に触れて自滅したのでしょう。**（…まぁ、いいか。ありがとうジュエン！）**はい、また来ますよ**」。納豆嫌いの死神が消えたかと思ったのだが、何か違和感を覚えていた私である。内側から殺すのは無理とみて、使っていた包丁に乗り移ったようなのだ。うっかり滑らせて左人差し指をザックリやってしまった！　直ぐエネルギーを送ったせいか、不思議と出血も痛みも治まった。「**ラップを巻いておきなさい**」という神の声にラップを巻いて、輪ゴムで止めておいたのだった。こんな深い切り傷はなんとも久しぶりだ。今までだったら出血が止まらなくて、病院へ行ったこともあったが、今回はすぐに止まった。でも触るとやはり痛い！　そして、私を襲った死神はジュエンに見つけ出され、本当に消滅したらしい。他にもいたらしく、改心する見込みがないので、すべてジュエンの手にかかってしまったようだ。

それ以来、体も気持ちもスッキリした。

11／19　**臨済宗建長寺派寺院　清徳寺**　11月16日、臨済宗のお寺へ行くように指示がおりた。調べたら品川神社の近くにあるお寺である。人家の庭先のようなお寺で人もいなく、入っていいのかと迷った。「**国常立大神の者だな。**（かなり年を取った老人の声）**ここがよくわかったな。耳のない者どもへ伝えてやってほしい。今にこの寺の力によって、奈落の果てにおつ**（ち）**るとな。書けたか？**（はい。もう少し言葉をください。国常立大神とどういう関係なんですか？　ここのお寺は）**ひみつじゃ。ふふふふっ…。禅の力をもって世に仕えよ。それが本来の人の姿じゃ。見ること、聞くこと、触れるものが全てではない。かろうじて生きることが、この世の仕事と思ってはならぬ。知ること、気づくこと、それは心の内から湧き出ること。用意した耳が輪廻を紐解く鍵となる。書けたか？**（はい）**ルイジンの者ではないな？　心配するな。臨済とは、見る、聞く、話すを心の内でする宗教じゃ。今のうちに心の底を掃除し、未来**

に残る世を建設して欲しい。ルイジンの一生がここで終わらぬ様に、臨済の如く精神統一し、この世の全てを取り除き、『無』の心の中にある『有』を見つけよ。理解できる者に知らせてほしいのじゃ。いずくとも、輪廻が薄れ、消えかかっている。それを知る者はこの世に残る者だ。『知らぬが仏』とは無能な者の言う言葉じゃ。知ることが、御仏の真髄を突くのじゃ。御仏の神髄とは、ルイジンの迷いそのものの中に隠されておるのじゃ。迷いをなくすとは臨済宗の教えを知ることなのじゃ。命のかけらもないこの世の者にそれを知る手だてを教えてやってほしい。地獄の暗闇を望む者は見つけられまい。命の印が（富士のマークのイメージが降りてくる）なのじゃ。さぁ、いいぞ。長居は無用じゃ。あしたを担う者の命は長く、ない者をはみ出す力を授けた。進化みるに如き、よきに徹する、いつせに帰らん。ショウセイゲンシ（←と聞こえたが、〃慧照禅師※〃のことか?-)」※臨済義玄（りんざいぎげん、諡号：慧照禅師、？　1867年）は中国唐の禅僧で、臨済宗の開祖。曹州南華県（山東省）出身で俗姓は邢氏。とウィキペディアにあった。

11／18　品川神社「行ったか？　臨済宗の寺は。（はい）葵の紋の意味がこれでわかったであろう。（品川神社の紋は徳川家と同じ葵の紋だ。よく見れば、冨士の印に見えなくもないが…。冨士の印ですか？　なんで、徳川家と関係があるのですか？）今にそれも理解できてくるであろう。人間の力だけでは、世は保たれんということだ。戦いは何もかもを食いつくす魔物だということだ。うるさい世の中にすることはルイジンの意志ではなく、魔の意志なのだ。ルイジンの本来の姿を消すために仕組んだことなのだ。そこに陥ってはいかん。平和とは和（輪）を持つこと。臨済宗の教えの中もそれはあるだろう。（なんで臨済宗なんですか？）行き交う人の言葉を乗り越えすべてを無に転じる力をもった宗派だ。言葉にはならぬ言葉を聞くには心を…（参拝者がきて聞こえず）書くな。もうよい…。（何も聞こえなくなる）」。

11／20　輪廻の動き　金王八幡宮「（こんにちは。後ろの神さまいますかー？）神功皇后じゃ。（書くので脇に寄ります）よいぞ。東の輪廻が頻繁に入れ替わっておる。近日中にも人間の世界に降りて来よう。人間には分からんことじゃが、この知らせが分かる者には知らしてやれよ。まだ、この世の者たちには神界で起きていることの意味が分からんから、生まれ変わった者だけでよいぞ。つき（月？次？）の世は…（おじさんが私に、「拝殿の写真を撮りたいからどいてくれ」と言ってくる。仕方がないから、下のベンチで続きを聞く。昼休みでサラリーマンが多く、聞きにくい）今に、この世は未知の地獄を味わうことになろう。深川の八幡神社を知っておろう。言うことは伝えた。行ってくれよ」。▽境内社御嶽神社　「（こんにちは）深川の八幡へ行けよ。神の仕事はそこで伝える。心配はしなくてよい。つき（月？　次？）の与えた力をもってつき（月？次？）の仕事をしてもらうぞ。（どなたですか？　↑ここの御祭神は櫛眞知命（クシマチノミコト）、少名毘古那命、大己貴命、日本武尊これだけいる）オオナムチノミコトだ。皆にも知らせよ。（さっきのおじさんが、隣のお稲荷さんに近づき、写真を撮り始めた。今度はこちらへ意識を向けている。私が邪魔らしい…仕方がないから、脇へ寄る）次の仕事は深川へ行き、指示をもらえ」。▽拝殿「（帰ろうと思って、拝殿近くに寄ると）今一度、拝殿へこい。今年も残り僅かじゃ。うまく過ごせよ。輪廻の動きが激しくなっておる。東の陰から輪廻の破壊が始まっておる。この世の生き物たちも次の世へ行く準備をしておる。（ここから聞き覚えのある声に代わる）書けたか？　応神だ。もう帰ってよいぞ。（はい、ありがとうございました）」。

11／21　地球保護シールドの撤回　中目黒第六天社　久しぶりに中目黒八幡神社の鳥居をくぐったとき、参道で「アヤカシコネのところへ行け。ここはいいから、アヤカシコネのところへ行け」と。アヤカシコネと言えば第六天社だから、中目黒駅前の第六天社へ行ったのだ。（オモダルとアヤカシコネの神の後ろの神さまいますか～？）「ナニルです。千春さん。（ええっ!?　ナニルの神さまが裏の神？）少し、寒くなってきたようですね。（はい）ここの気も変わります。腑に落ちないことがたくさん出て来ると思います。今にこの世はそういう人でいっぱいになります。ナニルの力を使って、片づけてください。ナニルもそうすれば、どんどん片してください。不要なものはどんどん片してください。もっと大きくうれしくなります。国常立大神に頼んで、この地球を片してもらうことにしました。ウキ（注：プレアデス星の宇宙人だという）が心配していますが、ナニルにとって、この地球というものを早く片づけたいのです。ナニルの役に立たないものは片づけたいのです。人間の中には千春さんたちのように、ナニルの声が届く者もいますから、そういった人間だけ残して、あとは癌細胞を早く破壊したいのです。地球の外にあるエネルギーシールドをクエンティンたちが取り除いています。この地球を守ってきたエネルギーシールドはナニルによって作られたものですが、ナニルの成長を邪魔するものが増えて困っています。やり場のない障害はアシタへつなぐしかなくなりました。きっとこれから、このナニルを大切にしてくれるでしょう。ウキに頼んで保護シールドを撤回します。さようなら、千春さん。約束は守ってください。体のなかの仕組みを選択（洗濯）します。仕組みは生き物たちへの最後の警告です。もし、ナニルに従わないのであれば、それはあなたたちの死を意味することになます。（あら～、私もとうとう殺されちゃうかぁ…）そう言うことはありません。千春さんたちにはこれから仕組みを動かしてもらわなくてはなりませんから。その他のみなさんへの言葉ですよ。さようなら、地球。さようなら、進化しない人間。さようなら、体を持った者。書けましたか？（はい。さっきの〝さようなら千春さん〟は私でなかったのですか？）はい。さようなら、地球さんですよ。耳をよく掃除してくださいね。ゴミがついているようですよ。（ゲッ！私の中に何かいますか？）何か邪魔をしている者がいるようですよ。処分しますからもう一度手を合わせてください。アヤカシコネです。（もう一度手を合わせる。何か抜かれた感じ）もういいですよ。千春さん。（はい、ありがとうございました）」。ナニルの神が言っていた『さようなら』の意味が後程だんだんわかってくる。

11／24　新しい耳　中目黒八幡神社「ようやく来たか。久しぶりだな。紹介しよう。真実を書けるように仕度をするぞ。書くなら早く書けよ。（はい。脇へ寄る。どうぞ）これからのことだ。深川の八幡宮へ行くな？　しっかり声が聞けるようにここで、その耳を授けよう。もう一度、手を合わせよ。（手を合わせる）書く力じゃ。この耳をもって書くのじゃ。（↑神功皇后の声に変る。エネルギーが入ってきたよう。腕が若干きつく感じる。しかし、よくわからないエネルギーだ。エネルギーの動きが無くなる。もう済んだようだ）いいか、この耳は神界の上の言葉、ナニルの神により近い太陽のシステムからの言葉が降ろせる耳じゃ。（参道を誰か来る。参拝し始める。聞こえない）書いたら行けよ」。▽末社三峰神社「国常立大神からの言葉を授けるぞ（いつものイザナギの声ではない。子供が参拝に来る。聞こえなくなる。帰った）よいか、ここの神もかわった。イザナギ、イザナミではない。体も心もこの世から消えてゆく。次の地球を出す準備をする。指図は深川へ行け。書ける者は言葉を降ろせ。いつの日かそれが現実のものとなり、支配されてゆく。この地球はもはや滅亡へと向かっている。書ける者は次なる指示に従え、豊玉の言葉を聞けよ。それにヒントが隠されている。いるいる星を出す準備を進める。この世の消滅は更に激しくなり、いつにない世と変わってゆくのがわかるであろう」。

11／24　八坂さん、豊玉さんと三人で行った富岡八幡宮（深川八幡宮）七五三で賑やか。声が聞こえるか不安になる。かろうじて「石を持ってこい。そこに言葉を入れる」

と聞こえた。石を用意し拝殿で並ぶ。エネルギーが降りてくる。拝殿の脇で人ごみを避けて石の言葉を聞く。「皇太后（神功皇后）じゃ。耳をもらったろう。その耳で言葉を降ろせ。しくじるなよ。ゑ（絵）のことじゃ。絵の気をそなたから抜いたぞ。（『富士の神示』の表紙の絵が出来上がったが、私の書いた絵と似ても似つかぬ絵だったのだ。その絵を見ていると気分がめいってくる）描けるのなら天明の言葉を降ろし神示の表紙の指示を出せ。下へ行くほど地獄となる絵じゃ。描いた者にはそれが分からんであろう。腑に落ちぬことはじかに聞けと伝え。描く力のない者にこの絵は描けんぞ。意識の低さから滲み出ているものが感じられる。見知らぬ者に描かせるのだから、この意味が分からんようでは表紙にならん。書けたか？（はい、天明さんの指示をもう少しもらった方がいいですね？）そうじゃ。天明の指示に従え。描けたところで鳩森（八幡神社）へ持って行け。皇太后が力を注ぐぞ。指示はそこまでじゃ。（今もらったエネルギーはなんですか？）拝殿で送ったエネルギーは次の世を地面の下から世に出す力じゃ。この力がこの世の崩壊を加速し、さらなる進化への道を進む。理解できたか？（はい。どう使っていきますか？）シャングリラの力をこの世に行き渡らせるために不動の力を使う。不動の力でこの世を打ち砕くのだ。深川不動（尊）へ行き、この力を大日如来へ照射せよ。それがスイッチとなり、時限装置が働く。この世の仕組みが大きく崩れ始めるだろうよ。深川不動の指示を聞け。名前は皇太后からだと伝えよ」。

11／24　不動明王のスイッチが入る　深川不動尊大日如来

「（大日如来像がある4階の本堂へ行く。誰もいない。静かに手を合わせていると力を抜かれる。「富岡八幡宮の皇太后さまからです」と伝える。抜かれ終わった途端、人が大勢やって来る。如来像の脇へ座って言葉を降ろす。再び抜かれる感じ）言葉を降ろします。心の浄化を促すためにこの世の崩壊の力をもらいました。真実の世を送り出すために不動明王へのスイッチが入りました。皇太后の願いは届けられました。沈むべき者は沈み、浮き上がる者は浮き上がらせます。地球深く埋めてある、新しい地球をつなぐ橋渡しをこの大日如来がします。ジンミンの…（人が多くなって聞こえにくく…）書けるか？（声が聞こえません。どなたですか？）スサノオだ。（どうしよう。聞こえない…）しばらくそのままでいろよ。今は無理だろう。…深川不動尊の力を…（聞こえない）この世に発動します…。書けるまで待て。…下がれ！　雑魚ども！　ここへ来るな、静まれ、静まれ！　…最後の力をここから発動します。じきに人間たちにその力が及び始めます。深川の土地の力が西と東をつなぎ、目黒の地の力も連携してことが進みます。シャングリラのエネルギーがこの世を満たすまで、しばらく時間がかかります。傲慢な者たちは美しい世を邪魔します。下がってよいです。書けたか？　スサノオだ。（はい）進化する者は…（誰かが手をたたき、数珠を鳴らす。その音で完全に聞こえなくなる。帰りは体が重く、足が重い）」。

11／24　ウズメの力　小野照崎神社「久しぶりですね。（後ろの神さまですか？）ウズメです。久しく見られなかったので、どうしたかと思っていました。書きますか？（はい）『冨士の神示』を出すのですよね。その絵の中に、小野照崎神社のウズメの力を与えましょう。描くことにより、その力が入ります。ウズメの力により、この世に踊らされている者はさらに激しく舞、自身の意思と関係なくことが進んで行くでしょう。この世を担う者はさらなる力が体を支配し、その気でよい方向に踊らされます。書きましたか？（はい）」。数人の若い女性が参拝していて、それ以上聞こえず。

11／24　なでおかめ　浅草鷲神社「（敷地へ入るなり、足が重く感じる。八坂さんはひどいようだ）おかめの顔を撫でろ。顔を撫でてください。（注：鷲神社「なでおかめ」の云われ。おでこをなでれば賢くなり、目をなでれば先見の明が効き、鼻をなでれば金運がつく。向かって右の頬をなでれば恋愛成就。左の頬をなでれば健康に。口をなでれば災いを防ぎ、顎から時計回りになでれば物事が丸く収まる）顔を撫でたか？（はい）言葉を降ろすから脇へ寄れよ。今、撫でたことにより、それぞれの願いは叶った。深川の地の願いだ。いずくも、この土地と東（西？）の地、目黒の地がつながり、礎が出来上がる。福を授けた。てんつくが福を授けた。いずこも祈りの言葉が福となり、人間の破壊を招く。福に従いこの世の破壊は成就してゆく。書けたか？（はい）もう下がってよいぞ。そのうちじきに魔の世となり、願いは成就するのじゃ。東西南北の土地が地獄となす。この鷲の力でそれを取り除くのだ。かき集められた者は地獄へおとす」。

11／24　浅草神社「（ここは東照宮も祀られていた）書けるか？　スサノオだ。（イベントをやっていてすごい人。言葉はわからないですが、エネルギーだけは感じます）この光が権現の力だ。ヤハウェの力と共にこの世をつくって行く力となるのだ。いつまでもここにいてはいけない。感じたら行けよ。（拝殿で参拝しなくていいですか？）ここで感じよ。その力を鳩森へ持って行け」。浅草から鳩森八幡神社へ向かう途中、年の神とつながるが聞こえにくい。「高幡不動尊の峰にある石灯篭の力をもらってこい」という。年明けに行けと言っていた。

11／24　富士塚に諏訪の力？　鳩森八幡神社　▽拝殿「いつまでも拝んでおらんでもよいぞ。豊玉よ。今日はご苦労じゃった。荷は降ろさせてもろうたぞ。（手を合わせていると、何かを抜かれる感じがした）」▽富士浅間神社「今日はご苦労だったな。疲れたであろう。（もしかして、この神さまはオシリスの神ですか？　注：オシリスはヤハウェと共に、私の中では諏訪大社と関係ある神である。八坂さんと関係が深い神）ふふふっ…ようやく分かったか。オシリスだ。豊玉も言っていたように、ここは重要な役割のある富士（塚）だ。都心の守護を司る神社じゃ。諏訪の力がここに入っている。書けたか？（はい。何でここに諏訪大社の神が出て来るのか…）奥宮のコノハナサクヤヒメは浅間大神の使いじゃ。いずれそれも分かってくるであろう。ヤハウェの気を持つこの神社が次の神社となるのだ。次（月）の世の神社だ。（高幡不動尊とも関係がありますか？）豊玉につづけ。豊玉の中にいる者につづけ。それがこの世を造る基になるのだ。八坂に伝え。八坂の力を使い、その力でもってこの世を平定するぞ」。▽神明社「（寒いエネルギーだ）今日はご苦労様でした。力を授けます。新しいエネルギーになりました。今までの力はもう使えなくなりました。これからはアマテラスの力がこの世に充満していきます。かけがえのないこの世を新しくするエネルギーになりました。今以上の働きをしていってください」。▽地眼の石　三人で触っていると、下へ引き込まれていく。どんどん引き込まれる。底に明るく渦巻く光の球が見える。しばらくのち、そこへ到達する。「融合せよ」の言葉に一体となる。急に体が温かくなってくる。地の底にあるシャングリラを引き出すスイッチが入ったと聞こえる。▽甲賀稲荷神社　声は聞こえないが、トートの意識を感じる。力を入れられる。「気をつけよ。この世の悪はまだ襲ってくるぞ。それをこの妖術で破壊してゆけ」。

11／28　仕事が終わった麻賀多神社　前日、日津久の神に次の仕事の指示があるから天日津久神社へ行くように指示が降りる。▽拝殿「脇に寄って書けよ。（声が聞こえにくい。境内に参拝客）麻賀多の神だ聞こえるか？（はい、なんとか…）普通に聞くように。（聞こえにくいのですが、なぜですか？）書けるか？（はい。でも、いつもみたいに手が動かない…）書ければ、そのまま聞こえたように書け。（はい…）固くならずともよいぞ。声として聞くというよりも、直接意識の中に話しかけておる。手を動かさなくとも聞こえるように書けばよい。（はい、わかりました）…書けますか？　千春さん。ワクムスビです。（あ！　おはようございます。お久しぶりです）ここの仕事も終わりました…。（よく聞こえないです。ここの仕事が終わったのに、なんで私は来ましたか？　参拝客がまた来て移動する。何か変だ。いつもの麻賀多神社ではない。エネルギーを感じない）」。▽天日津久神社「（こんにちは、日津久の神さま…？　声が聞こえない。社の周りを一回りしてみると、後ろにエネルギーの壁がある。なんで聞こえないのか？）聞こえますか？　国常立大神です。言葉として降ろすのはもう無理です。これからの指示は国常立大神からの指示です。大杉へ行ってください。（大杉へ行く途中で、大杉の周りに人がいるのに気がつく）日津久の仕事はもう終わりました」。人が去るのを待ち大杉へ近寄る。▽大杉「（大杉さん、こんにちは）国常立大神です。さぁ、大杉の周りを回ってください！（どう回りますか？）左から右へ回ってください。（回る。大杉後ろのあたりから寒気を感じる）今度は右から左へ回ってください。（さらに寒くなる。エネルギーが強い）さぁ、もう一度左から右へ回ってくださ い。（エネルギーの抵抗を感じる。さらに寒い！　国常立大神さま〜、回りましたよ！　…返事がない。寂）拝殿へ行けよ。スサノオだ。（どうして今日は聞こえないの？）神界のエネルギーよりも更に上のエネルギーだ。…千春さん、ナニルです。（あっ、ナニルの神さま！）よくここまで来てくださいました。ナニルはとても嬉しいです。ここはもう千春さんたちには用のない神社となりました。ここの仕事はもう終わりです。（なんだか、寂しい…次の仕事の指示は？）ナニルからの指示です。神としてナニルをこの地へ降ろしてほしいのです。（どうすればいいですか？）ナニルの意識を感じる者がその場所へ行って、言葉をかければナニルが降りられます。（どこへ行けばいいですか？）大杉を拠り所にしていましたが、鳩森へ連れて行ってくださいますか？（鳩森八幡神社ですね。わかりました。このまま行けばいいですか？）天明です。千春さん聞こえますか？（あら、天明さん！　↑行くとき、何気に天明さんとつながる石と富岡八幡宮の石を持ってきたのだった。ここで、天明さんの石と富岡八幡宮の石を出す）皇太后じゃ。（富岡八幡宮の皇太后さまですね？）よいか、指示を出すぞ。これから天明と共に鳩森にナニルを降ろす。…千春さん、天明です。さあ、一緒に鳩森へ向かいましょう。（はい、わかりました）国常立大神も一緒に行きますよ」。11／28　役目の終わった『ひふみ神示』と次の日津久　鳩森八幡神社▽拝殿「皇太后じゃ（↑富岡八幡宮の皇太后か？）。そのまま言葉を聞けよ。そなたの中にあるナニルの意識をここ…（参拝客で聞こえない…）の富士に移す。そのまま富士塚へ行け。（富士塚を登りはじめると、意識の中で祝詞がきこえる…）かしこみ、かしこみ…のおかみ…かむろぎ…」。▽富士塚奥宮「書くなら書けよ。ここにナニルの意識を入れる。そのまま立って、目をつむれ。意識をこの山全体に集中せよ。…ナニルです…（ここで誰か登ってくる。声が聞きにくい）意識が宿りました。ここにナニルが宿りました。（さむ…、何も聞こえず。皇太后さま〜何も聞こえませーん）下へ降りろ。下へ降りてイチョウのところへ行け。依り代をつくる」。▽御神木のイチョウ　柵があるので、中には入れない。代わりにイチョウの青い葉を拾う。「イチョウです。（体から、何かが出て行って、イチョウの木に乗っていく。体が急に軽くなる）いいぞ、そのまま地眼へ行き、手を添えよ」。▽地眼「（体の中から何かが抜けてゆき、地の底と融合。体が更に楽になる）いつものように稲荷にあいさつして帰れよ。（神明社は？）神明社は寄らんでよいぞ」。まだ青いイチョウの葉を地眼の上に置いた。雨がぽつぽつ降り出す。▽甲賀稲荷社「ご苦労だったな。もう帰ってよいぞ。これからはここが日津久（天日津久神社）と同じ役割を果たすことになる。古いものはここから砕け落ちる。心配するな！　このことは千春たちにしか分かるまい。もう、『ひふみ神示』の時代が終わったということだ。まだ『ひふみ神示』にかじりついている奴は、そこまでだ。その先は『冨士の神示』が役を果たすのだ。その力を千春に授けた。これからの世を担うための力だ。皆の者に伝え！　これからはこの鳩森（八幡神社）が次の世を担うのだとな！　豊玉！　座禅を組むなら、理解を深めねばならぬぞ。その理解こそが神への理解だ。宗教にはこの理解がない。豊玉は座禅を組み、ナニルとつながるのだ！　そうだ！　それが次への指令だ！　豊玉！　ナニルを降ろせ！　言葉だ！　ここ鳩森にいるぞ！　ワッハハハハ…」。▽拝殿「（神明社は行かなくていいの？）いつものように拝殿へこい。（拝殿で手を合わせる）ご苦労様でした。天明です。今日はお疲れ様でした。雨も降ってきました。気をつけて帰ってください。ご苦労様でした」。雨が急にひどくなってきた。降る前に事を済ませてくれたのだろう。

11／30　本に御利益封入　再び鳩森八幡神社から来るように指示がある。▽御神木のイチョウ「千春さん、神示はうまく進んでいるようですね。心の中にある言葉を書いてくださってありがとう。ナニルは嬉しいです。国常立大神です。千春さん。ナニルもここへ来たことをとても喜んでいます」。拝殿へ向かう途中に降りてきた。「形のないものが形としてこの世に出るのじゃ。これが物じゃ。その物をうまく使ってこの世にあるものの裏を読めよ。心の物じゃ」。▽拝殿「書けたものに力を入れるぞ。御利益じゃ！」。▽富士浅間神社「（こんにちは、オシリスの神さま）書けたか？　書けたものに力を入れるぞ。決断の力だ」。▽小御嶽のゴン「書けたか？　石に触れろ！　原稿に天狗の力を入れようぞ！」。▽富士塚奥宮「コノハナサクヤヒメです。原稿に諏訪の力の母性を加えましょう。地眼へ行ってください」。▽地眼　触れると、すぐ、地底とつながる。「（書けたものに）地底の力を授けたぞ！」。▽甲賀稲荷社「どうだ！　書けたか？　書けたものに妖術を入れたぞ！」。▽再び拝殿　出来上がった本の表紙の絵について天明さんの言葉「いい絵になりましたね。（はい。すごいエネルギーを感じました）描ける人なんですよ。（↑イラストレーターのことを言っている）憑き物がとれて、ほっとしたようでしたよ。軽くなった体で絵を描いてもらいましたよ。もう一度、見てもらってください。最後にもう一度。その人の判断でいい表紙になりますよ」。

12／3　伏見の会合から帰ってきた　実家のお稲荷さん「（お稲荷さん、こんにちは）稲荷は帰ってきたぞ。（あれ、アマテル？）そうだ。（お稲荷さん伏見の会合はどうだったの？）稲荷の言葉は声として届かぬであろう。（お稲荷さんの声が聞こえない。そうみたい…。寂しい…。）書けるか？（はい）稲荷の言葉を伝えようぞ。アマテラスの光が強くなってきた。支援の手もここまでとしよう。縁がない者については理解できる範囲までのことしか分からんだろう。もはやこれまで。今年の暮れから支援の手を引き上げることにしたそうな。（この辺からお稲荷さんの声とダブル）もう、年末じゃ。今更、手遅れじゃ。千春の神示を読んで、はっ！　としたところで、もう改心する時間はなくなっておる。この者たちを連れて地獄へ行くことになったのじゃ。（お稲荷さんも地獄へ行くの？）いや、年の神に従ってそれはまた決まるのじゃそうよ。八幡の大神と手を組んで、この稲荷は千春と共に上に上がる。しかし、他の稲荷たちは年の神に従うであろう。稲荷の役目じゃからな。悲しく思うなよ。それも天の役目じゃ。天も地もないのがこの世なのだ。（ここからまた、アマテルの声）ここの稲荷には千春を支援するように申し伝えてある。しばらくはつらい日々が続くが、いずれまた神示を世に出さねばならぬ。そのための支援はこの稲荷とアマテルがしてゆく。地獄の者が恐れをなしてつつき返すこともやむを得ずある。心配することはない。この世は崩壊寸前だ。むやみに立ち直ることはできまい。（人々に変化はありますか？）人間にとって、来年は新規の年となる。まだ悪の力が残っているから、禍は起こるが、そう長くは続かぬ。千春の周りもこれから段々よくなってくるであろう。書けたか？　書けたら帰ってよいぞ」。

12／3　さようなら〜　年の神「（かろうじて聞こえる声で…）年の神だ。これで愛しい千春ともお別れだ。年の神も地獄へ行くことになっている。準備を進めているところだ。（えーっ!? 神示に年の神さまの言葉を聞くように書いてしまいましたよ～）心配するな。もう一柱の年の神が神示はみることになっている。書けたか？（はい）さらばだ。いままでご苦労だったな。年の神も皆と一緒にいられたことは楽しかった。もう、下谷へ来ることもなかろう。（本ができたら神社に届けに行こうと思っていましたが）そうか、その時はアマテルがいるだろう。もう、時間がない。さらばだ。愛しい者よ。皆にもそう伝えてくれ。（いつかの八十八か所の巡礼はどうなりますか？）高幡不動尊は引き続き重要な神だ。行ってみてくれ。元気にやって行けよ。次の世を担う者よ。神の意志を皆に伝えていってくれ。さらばだ、千春よ。（はい。長い間ありがとうございました）」。

12／3 スサノオの指示 「スサノオだ。年の神の役目も終わった。悲しむでないぞ。むしろ、喜ばしいことだ。順調に進化の道を進んでいる。今にこの地球が生まれ変わる。アマテラスの世になるのだ。もう少しの辛抱だ。つらいのもあと半年だ。全てが新しくなる。肩の力を抜ける時代へとなって行く。ゆくゆくは、しいの木（倒れた御神木大イチョウ）のいる鶴岡八幡宮へ行って、いままでの邪《よこしま》なアマテラスの意識をアマテラスによって、沈めねばならん。しいの木の意識の元でそれをする。神の仕事も古い者から新しい者へ移行してゆくぞ。また神示を出す。八幡の大神を奮い立たせ、東照宮の神と共にこの世を平定し、安泰な世界へとつくり変えられてゆくのだ」。

12／4 ついにきた意志の神 「ついにきた意志の神で～す。来ました。（あれ、太陽のシステムへ行っていたんじゃなかった？ ↑11／13に国常立大神が太陽のシステムへ連れて行ったのだ）月の仕事で来ました。震度の大きい地震が来ると言うので、月の支配の神に呼ばれました。震源地、東の方。人の被害よりも津波が来るようです。来週の終わりごろ来そうです。震源地の震度5弱。東京の震度3～4です」。

【12月7日17時18分ごろ三陸沖、牡鹿半島の東240km付近を震源とする地震発生。最大震度5弱、M7・3。東京の震度3～4。宮城県石巻市鮎川で98cmの津波を観測した】

12／4 覚書 オシリスに「文字に諏訪の力を入れる。諏訪の石はあるか？」と言われ、「諏訪大社の石は多分ないけど、お札ならあります」と答えたところ、「では札を持て」と言われた。お札の置いてある高い棚の上を手繰りで探っているうちに何かポロリと落ちたが、気にせず、札を探すが見当たらない…。さっき、落ちた物を拾ってみれば、

『決断母性』と書いてあった。八坂さんから以前にもらった諏訪大社の石だった！　この石を使って、神示の文字に決断と母性の力をいれた。

12／5　居木神社 **「言葉の重みを知る者はそういまいが、言葉を欲する者は大勢いようが。書ける者も出て来るじゃろう。言葉がどんなに人々を引きつけるか、これからこの世がどう変わってくるか、肌で感じることが出来よう。心配するな。次の神示は必ずそれを読んだ者が欲する。**（そんなに読む人がいるんですかねぇ？　それに、資金がないから続けざまに本にするのは無理ですよ）**ワァッハハハハー！　心配するな。こちらから手はずを整える。今はおとなしく見ておれよ。**（はあ…）」。

12／5　**スサノオ　異常気象の予告か？「書けるか？**（あ〜、眠いですから横になって聞いてもいいですかぁ？）**いいぞ。数週間後から生き物につらい時期がやってくる。千春の近辺にもそれは及ぶ。太陽の力が強くなり、冬でも暖かく感じる…」**。

【12月6日の東京の最高気温18度。東京では年明け3月10日には6月中旬並みの夏日を記録し、3月16日には平年より10日早く桜の開花宣言がされた。2013年の日本の天候という気象庁のホームページを見れば、『○北日本、東日本、西日本は寒冬　北日本を中心に冬型の気圧配置となる日が多く、周期的に強い寒気が南下したことから、北・東日本では2年連続、西日本では8年連続の寒冬となった。北日本日本海側の冬の降雪量は多く、酸ケ湯（青森県青森市）で積雪の深さが556cmを観測するなど、記録的な積雪となったところがあった。○全国で暑夏、8月には熱波太平洋高気圧の勢力が日本の南海上から西日本にかけて強かったことなどから、全国で暑夏となり、西日本では夏の平均気温平年差が＋1・2度と1948年の統計開始以来第1位の高温となった。特に、8月上旬後半から中旬にかけては東・西日本を中心に厳しい暑さに見舞われ、8月12日には、江川崎（高知県四万十市）で日最高気温が41・0度となり歴代全国1位となった。○各地で記録的な豪雨7月から10月にかけては、太平洋高気圧の縁を回る湿った気流と梅雨前線の影響や、台風と秋雨前線の影響を受けて大雨に見舞われたところがあり、特に、島根県、山口県、秋田県、岩手県、京都府、滋賀県、福井県および大島（東京都）では記録的な豪雨を観測した。概要：全国的に、春の前半までは気温の低い時期と高い時期が交互に現れたのち、春の後半から秋の前半にかけては高温傾向が続き、顕著な高温の時期も見られた』とある。島根県の大雨、京都嵐山の洪水や大阪梅田の浸水、大島の大雨による土石流は記憶に新しい】

12／6　喜び合える地球へ　中目黒第六天社　「（アヤカシコネの神さま、こんにちは）千春さん、ナニルです。ゆっくりできますか？（少しなら）言葉を聞いてください。（どうぞ…）このまま、この地にいる者も、ゆっくりと変わってきます。ナニルの光とともに、命とのかかわりと、魂とのかかわりを知らねばいけません。ナニルも嬉しくなってきました。この世の人が変わる姿を見るのは快感です。今のうちに変る人をたくさんつくって、更に、楽しくなれるように力を入れていきます。かつてのようにナニルに気づいてください。物のない時代のようにナニルの言葉を聞いてください。いつまでも、かわらない地球をつくるために、今の地球を破壊します。千春さんの仲間にも知らせてください。この言葉を知らせてください。嬉しくなって、一緒に喜び合える地球に生まれ変わります。仕度をしています。生まれ変わる地球を仕度しています。命の仕度です」。

12／7　再び御利益封入　鳩森八幡神社　原稿の最後の校正が終わったので鳩森八幡神社へ力を入れてもらいに行く。4日に諏訪大社の力を入れた後、国常立大神の力も加わった。そうでなくともエネルギーが強くて、読んでいると眠くなり、腕が痺れてくるのに更に強くなって、読むのも一苦労するような原稿になってしまっていた。今日は持っているだけで眠い。なんとか原宿まで頑張る。拝殿で「奥宮から先に行け」と言われる。▽富士塚奥宮「ようやく出来たか？　千春よ。コノハナサクヤヒメの意識を入れるぞ。原稿を手に持てよ。（白いエネルギーが入ってくる…終わる）次はナニルの元へ行けよ。そこで、絶対神のエネルギーを入れるぞ」。▽御神木イチョウ「ナニルです。意識を入れますから、原稿を手に持ってください。（イチョウの周りを回って、エネルギーの強いところを探し、そこで入れてもらう。よくわからないエネルギーだが、自然なエネルギーが入ってくる感じ。心の落ち着くエネルギーだ。次はどこへ行ったらいいですか？　ここから声が変わる）神明社へ行って、アマテラスの力を入れてもらってください。千春さん。国常立大神です」。▽神明社「ここも変わりました。仕度は出来ています。アマテラスの力強いエネルギーを神示に込めます。原稿を持ってしばらく感じてください。（金色の強いエネルギーが原稿に入っていく）もういいですよ。最後は拝殿へ行ってきてください」。▽再び拝殿「（天明さんの声）シンがしっかりしましたね」。

12／8　己に気づけ！　白い淵の意志の神（↑ついにきた意志の神が太陽のシステムへ行ったので、代りにきた神）「進化する者においては自然との調和なくことを成し得るのは無謀なことです。人は人としての役割しかないと言う考えの人たちはこれからの日本を背負っていくことは不可能なことです。進化の過程において、神という存在は導く道筋であることを覚えていてください。この道がなければ、進化もないからです。体の中にある魂という存在を知らなければ、その道に気づくこともないでしょう。いつかしら人間という傲慢な生き物へと発展していったおかげで、この魂という存在が軽んじられてしまいました。お寺や神社が形となり、存在する意味もなくなったと言えましょう。人々の心にある、意識を改心させなければ、進化という道筋はないでしょう。今に…死んだとき、人は初めて魂という生き物へ変貌します。この世の中でそれに気づいていなければ自分という存在が何者なのか、体を抜け出しても意識の残る自分に戸惑うばかりです…」。

12／10「（この続きは？）意志の神です。その時人間として、どうしたらいいか悩み、孤独に耐え、生きている人にすがろうとします。かまわず未来がその魂を襲い、生きている自分が絶望的になるのです。体がなくても生きているということはどういうことか？　このときでは遅いのです。体を持っているとき人間としての自分の未来を知らなくては、やがて来る、死という孤独に押しつぶされるのです。心の世界を知ること。精神という世界があることを知ること。それは今、知ること。生命があるうちに知ることで、死というものを迎えても怖くないのです。シンという神がそばにいることを知ること。シンの行く先を見極めれば、それが自分のこれから行く道筋なのです。シンは神界から来ていますから、自然と神界への道筋へと導かれるのです。進化しない者にとっては、理解できないことでしょう。もし、理解できないお化けが千春さんの近くへ来たら、蓋をしてください。（蓋？）意識の蓋です。（どうやって意識に蓋をするの？）そのものの意識を取り出して、アマテラスという光で蓋をするのです。そうすることで、かまわず人間の意識を失わせることが出来ます。（蓋と思って、押さえればいいの？）はい。（憑りつかれた、死神のような場合は？）死神はこれでは勝負がつきませんから、意識から放すようにこちらで仕向けます。人間の魂は一生ではないということを知らなくてはなりません。限りある人生の次に控えている魂の世界を有意義にするために、生きているうちの努力は惜しまず、心の世界を探求する姿勢を崩さないようにしなければなりません」。

12／10　地震予告　スサノオ「スサノオだ。今ならいいか？（はい、どうぞ）さっきも言ったが、震度の大きい地震が起きそうだ。島が浮き上がるぞ。津波が起きるから沿岸部は注意しろよ。書けたか？（はい。東京の震度は？）震度の大きさは6弱。東京の震度3～4ぐらいだ。心配はないが、津波には注意しろよ。（いつごろの予定かわかりますか?）**エノックが調べておるが、津波の被害はない。"いつ"という正確なものは神界からでは言えぬ。時間の流れ方が違うからだ。だが、確実に未来において起きそうだ。**（未来って、近い未来? 国常立大神がずっといませんよ）**アマテラスと連絡を取っておるぞ。何も心配することはない。震度の大きい地震は3日後に確立がある。**【12月11日インドネシア付近バンダ海を震源とするM7・2の地震発生。12月15日、最大震度4の地震が2回起きる。福島県沖でM5・3、茨城県沖でM5・0の地震発生。12月21日宮城県沖を震源とするM5・3の地震発生。最大震度4。12月29日最大震度4の地震が2回起きる。福島県沖でM5・0、宮城県沖でM5・4の地震発生】

12／10 **スサノオの指示**「（うたた寝していて突然…）**書けるか? スサノオだ。**（わぁ〜、待っていてください…どうぞ）**月が変わったら、何時でもよい、西へ行ってくれ。**（西? 高幡不動尊の山内八十八か所巡りですか?）**知っていたのか?**（この間、年の神さまに言われましたよ）**そうか、ならばよい。**（そこに何がありますか?）**西の動きが早くなってきた。見知らぬところから噴火しそうだ。**（富士山ですか?）**富士は心配ないが、西の火山に動きがある。**（また九州ですか?）**ゆっくり、話してはおれんが、次の仕事が始まる前にみんなで行ってきてくれ。**（それは何時ですか?）**来年の1月ごろには行ってきてほしい**」。【翌年1月、箱根山活発化。8月に桜島で大噴火。11月には小笠原諸島西之島付近に新島出現。2014年、御嶽山、阿蘇山噴火】

12／13 **御利益の力をもらう 鶴岡八幡宮** 前日に急に行くように言われ、明日14日に行こうと思っていたのだが、なんとなく今日行かなくてはいけないような気がし、無理をして行ってきたのだ。この日は境内どこもかしこも大掃除だった。境内に入ると…「**数回、ゆっくり拝殿の前を回り、それから拝殿に来い。待っているぞ**」と指示が聞こえたが、拝殿の前の意味がよくわからなかった。どうやら階段下の拝殿のよう。言われたように回ると、大イチョウが気になる。▽**大イチョウ**（移植された根）「**待っていましたよ。千春さん、ここで進化するための力を…。次の者へ渡す意識を入れます。石を一つ拾って目をつぶってください。**（石をもった右腕にすごいエネルギーが降りてくる。…暫く時間がかかる）**もういいですよ。石の意識を出来上がった本に乗せてください。**（でき上がった本でいいのですか?）**はい。その一冊からすべての流通する本へ力が入っていきます。**（はい、わかりました）**書けましたか?**（はい）**ゆっくりと"事"は進んでいきます。悲しい事もつらい事もこれで終わります。沈まない者たちはこれから**

の世をつくらねばなりません。皆にも伝えてください。このしいの木の大イチョウ（↑大イチョウに宿るずっと以前は中目黒八幡神社のしいの木に宿っていた神）もこれからどんどん成長し、この世を造るための指針となるでしょう。
▽大イチョウ（幹？）「（声が違う）過去から未来へこれで受け継がれた。賢く生きるためには今を大切にすることなのだ。過去の物は過去へ進み、未来の者は世の見えぬ中の未来を見定めよ。それが神世界への入り口なのだ。帰れる道はただ一つしかない。それを見定めよ。言葉として降ろすのもこれで最後であろう。この大イチョウの役目もこれで終わった」。▽拝殿（ここも大掃除）「ゆっくりして行けと言いたいところじゃが、そうもいくまい。身霊の浄化をしてやったぞ。これからこの世を造るエネルギーじゃ。書いたらもう行けよ。神功皇后じゃ。（後ろの神さまですか？）そうじゃ。ここも神が変ったぞ」。
12／13　地震予告　エノック「（エノックいますか～？さっきの地震の続きを教えてください）エノックです。震源地、伊豆の方かもしれません。地震の規模が震度6弱、震源地付近では津波が発生しそうです。津波の高さは神が抑えますから、1～2mぐらい？　東京の震度は2～4ぐらい。M6～7ぐらい。東の方に地震が起きそうです。（あれ、伊豆だと南だよ）伊豆の方というのは南ですか？（そうそう）東の方で震度の強い地震が来そうですよ。つまり、エノックの見かたがちょっと違うかな？　神のエネルギーの強く出るところは南じゃないです。（じゃあ、東北かな？）三陸沖かもしれません。注意してください。この次の日が危ないです。隣接する日にも気をつけてください。（人工地震？）そういうのではなくて、自然に沈んだ反動で浮かび上がる現象ですよ。心配しなくていいですよ。被害というものはないですから」。
【12月15日に起きた福島県沖、茨城県沖の地震で津波の心配はなかった】
12／14～16　神に怒る私!!　鶴岡八幡宮の大イチョウの石しいの木さんが石の言葉を聞いてほしいと言ってくるが、前日、鶴岡八幡宮から帰るなり連絡が入り、母が転んで右肩関節を骨折脱臼し、近くの大学病院へ救急車で運ばれたのだった。利き手の右手が全く使えない状況だったので、自宅へ連れてきたのだ。そのためになかなか言葉は聞けなかった。石を持つ手が痛い。「石の言葉をきいてくれますか？（はい、遅くなりました。すみません）秘密の事項です。（眠くて聞けず）」。
12／15「石の言葉を聞いてください。（…どうぞ）しいの木です。普通に答えてください。はいと言ってください。（はい。神社の仕事のことですか？）そうです。いつまで

も出来なければ次の人に仕事をまわさなければなりません。（母の具合にもよりますが、どうですか？）**シンのところに鏡があって…**（再び眠くて聞けず…中断…石の言葉を聞いてくださいとずっと言われていた。しいの木さんいますか？）**石のしいの木です。**（さっきの続きをお願いします）**お母さんの具合はどうですか？**（腕神経叢を痛めてしまったので、相変わらず右手は全く動かないようです。左手を使って生活させています）**千春さんの負担が大きいですか？**（自分のことがうまくできるようになれば負担も減ると思いますが、なぜ、母は怪我をしましたか？）**千春さんの今までしていたことに不満を抱くものが…」**。おかしい。どうもこの石を持つと眠くなる。それから、しばらく後、**「もう石は捨ててください。本に転写する必要もない」**と言われ、**「神の仕事ができないなら他の人にやってもらいます。神の加護を取り除く」**とも言われた。ここでさすがの私もカチンッ！ときたのだ。とうとう堪忍袋の緒が切れたぁ!! 今まで散々こき使っておいて、何をいまさら言ってんだぁ！ なんで母の怪我を阻止できなかったのか!! 母が怪我をすれば私が忙しくなることはわかっていることだろう！ あまりにも自分勝手すぎるでしょっ！ …はっ!! あなたたち神じゃないね…。神だったらこんなことは言わない！ 母を骨折させたのはあなたたちでしょ！ と怒りをぶつけたのだ。ここでしばらく返事聞こえず。「…。**この世は崩壊するのだ。次の世もない。**（あなたたちが、この世をそうさせたんでしょ!! 現界の苦しみをつくったのはあなたたちでしょ!! だから人間が苦しむことになったんじゃない!! もっと早く救済することは出来たはずだ！ なんで罪のない人間をなぜ苦しめるのか！）**全ては神のせいだ。**（あなたたち、私たちの親じゃなかったの!? この世と同じだ。親が変だから子供が苦しむことになるんだ！ 子どもの気持ちもわからないで親に子どものしつけができるものか！ そんな神界はいらない!!）……。**知らなかったのは神の方だ。すまなかった。**（それから誰もなにも言ってこなかったのだが、しばらくしてから、トートがやってきた）**トートだ！ 千春はトートが守るから心配するな。国常立大神も心配している。ここには千春が改心させた悪霊たちがいる。手は出させまい。死神です。みしらぬ死神でやすよ。かんしの死神もいますよ。ジュエンもいますよ。コビトもおるぞ。コビシンだ。パワーさんですよ。キミもいます。ソラちゃんもいます。仙人じゃ。心配するなみんなおるぞ。**（わぁ～、みんないてくれたんだ！ ありがとうー！ 涙）**トートの力をやろう。それを母の神経に入れてやれ。神経を再生する力だ！**（やはりそれからは何も聞こえない。またしばらくして）**日津久です。千**

春さん。聞こえますか？　トートを止められるのは千春さんしかいません。トートが神界を破壊し始めています。神界の神々は隅においやられてしまっています。（私がトートにやらせている訳ではないです。神界の神が私にした仕打ちがそれでしょう？　私には関係ありません。もっと上の神の命令ではないですか？）わかりました…。（またしばらくして…国常立大神の声）国常立大神です。千春さん、聞こえますか？（あれ、久しぶりですね。でもよく聞こえません。空耳かな？）国常立大神です。千春さん。（ふ〜む、いまいちよく聞こえません）そのまま聞いてください。もう神界はいらなくなりました。破壊しています…（聞こえにく…）」。

12／17　トート「書こう！　すべてのことを書け！　弱い者はいずれやられてしまう。これは神のせいではなく、過酷な人間社会のせいなのだ。アマテラスの力が強くなれば、死をもたらすものも体に変調をもたらすものも、光が毒として働き、身体に影響が出て来るのだ」。

12／21　【冬至】　御用済みになった神界　大鳥神社「国常立大神です。千春さん。人は気にせず来てください」。▽拝殿「言葉を降ろしますから脇へ寄ってください。これから二つの世を形成していきます。千春さんたちには神界はもう必要ありませんから、トートに破壊してもらいました。千春さんに頼りすぎた罰です。もう少し、いろいろな方面からこの仕事は進めなければなりませんでした。千春さんの負担が大きすぎます。母の骨折はもう神界の仕事をしなくて良いと言うことです。千春さんたち現界に生きる人間は現界の仕事もしなくてはなりません。言葉を降ろすだけの仕事はもうおしまいです。神界に生きる者たちはトートの力によって追い詰めてあります。千春さんはお母さんの介護をしていってください。母の指は簡単に動くようになります。そこにトートからもらった力を入れていってください。信じられないことが起きてきます。心配しないでください。それが神のワザなのですよ。人々にそれで使い方を教えていってください。そうすることで、今以上の生活が得られるようになりますから。神界はもう必要なくなりました。これからは月から直接太陽のシステムへ行けるようになったからです。神界の役割は終わったということです。もう新しく生まれる命（魂）は必要なくなりました。この世は二つの世界になっていきます。太陽のシステムから、多くの人々が地球にやってきます。彼らの言葉を聞いてください。そうして、アダマとも連絡を取ってください。必ずこの世は再生していきます。もう一つの世界は神界よりも地獄界を重視しています。アマテラスの支配する地獄です。トートと共に年の神とアマテルの世界になっていきます。（スサノオは？）スサノオのシステムを壊しました。トートの力と千春さんの力で今、壊れかけています。さすがにスサノオといえども、もう千春さんには手は出せないでしょう。それは役目が終わったということですから。いずれ、復活させる時まで眠っていてもらいましょう。信じられないことだと思ったでしょうが、それが絶対神ナニルの意志なのですよ。…千春さん、ナニルです。残酷なことだと思わないでくださいね。それがナニルの宇宙の掟ですから」。

12／28　知人にいた『人間の意地』右足が痛いというので痛みを取ってあげたとき、その人にはいろいろ憑き物がいたのだ。とりあえず、その時、知人の体の中のゴミは取り除いたのだった。ところが、どうしても取れない首の痛みと腕の痛み。その中の一つが『人間の意地』と名乗る者だった。「（『人間の意地』さん、いろいろ意地について教えてください。私の首と腕が痛いです）帰らない体をもった者に意地を持つ者が多いのだ。右の…意外と、自分ではその意地というものを知らない。帰らない者の多くは意地をかけがえのない、人の美徳として持っている。美徳は他人から見たものだ。偽りの自分を演出するために身につけた建て前なのだ。自分という存在を自分がいいように作り替え、本来の自分を見えなくする手段なのだ。学歴という頭の良し悪しだけ、それも人が勝手につくった無意味な試験をしただけの意味のないものを押し付けられ、最後は何でも解答という答えを暗記させられるだけのつまらない試験でいい点数を得ることを重視する仕組みだ。それが人の美徳なのだ。いい大学へ入るためには最高にいい斬新な教育方法を、というだけの仕組みなのだ。遠慮がいつの間にか和んでいく、いつの間にか違う方向へいってしまって、馬鹿げたことに執念を燃やし、やがて来る死を軽んじているから、意地を持たねば、自分の存在さえも失うことになってゆくのだ。和むことは自分自身を失うことではなく、主張していることだと言うことを知らしてやろう。和みを意地で固めてしまえば、もはや、一生以上に和むことはないであろう。いい家だな。引き締まったこの空気は芯から和める。意地のかたまり合いはいつの間にか和むことを忘れ、働くことだと勘違いしている。意地は自分本来の自分を隠すことの手段だ。書けたか？（はい。ありがとうございました）」。それから『人間の意地』はいなくなり、知人からもらってしまった首と腕の痛みはなくなった。

第二章　太陽の三陸《みろく》神示

《2013年前半の言葉》1月3日～5月27日

1／3　**現界に融合された神界**　神社がどうなったのか不安に思いながらも本ができた報告を兼ねて鳩森八幡神社へ行ってきた！　三が日の今日は、外回り山手線は明治神宮方面の臨時ホームしか出られず、遠回りして鳩森八幡神社まで行った。明治神宮内でスサノオらしき者に**「この神社も変わってきた」**と声を掛けられたが、アマテルに**「構うな！」**と言われた。代々木方面の門近くでまた声を掛けられた。スサノオの神さまでしょ？**「いや違う、何時の日も名前などない者だ」**と言われた。鳩森八幡神社近くで意識が入ってくる。神功皇后のように感じるが、言葉にはできない。鳥居をくぐり恐る恐る拝殿へ向かった。**「書けるか？**（はい）**神功皇后じゃ。**（あれ？　声が聞こえますよ！）**神界は潰れたが、現界に移されたのじゃ。神界の言葉が現界の物になった。分かるか？**（いいえ…）**神示じゃ。神示が世に出ることが、神界と現界の融合となるのじゃ。言葉の意味が分かるか？**（はい。つまり、現界と幽界が融合して、更に現界と神界・霊界が融合したと言うことですか？）**そうじゃ。神も想像せぬことが起きたのじゃ。全ては国常立大神の仕業じゃ。**（じゃあ、やっぱり、さっきのはスサノオの神さま？）**進化した者もいる。スサノオはこの世の神としてこの世を統治するのじゃ。アマテルやアマテラスと共に、この世の神となったのじゃ。**（あ！　この世が更新されたとは、そう言う意味ですかぁ？）**知っておったかの？**（ここから声が変わる）**スサノオだ。**（あ～っ！　スサノオの神さまー。お懐かしいかしや～！）**心配かけた。千春には世話になったからのぉ。トートの怒りを買ってしまった。**（また、声が変わる）**この世として働く神です。日津久です。**（あ！　今度は日津久の神さま!?　ここにいたの？）**はい、日津久もここへ移されました。これからは、この鳩森が日津久の住まいになります。さあ、オシリスのところへ行ってみてください」。**▽富士浅間神社（オシリス）**「更新したぞ。この世が。ここも変わったのだ。八坂に言え！　神が更新したと。**（声が変わる）**ヤハウェだ。八坂に言え！　ヤハウェはここにいると！**（はい！　わかりました！）**」。**▽小御嶽石尊大権現「（こみたけのゴンさん、明けましておめでとうございます！）**天狗は聞こえんだろうよ。**（どうして？）**この世の者ではないからな」。**▽富士塚奥宮**「いよいよじゃのぉ。この現界の意識を変える**

ぞ。いい本が出来たであろう。（はい）この本のこの常識が世の中をつくるのじゃ。神の常識を広めよ！　それがそなたの務めじゃ。（本を手に持ってエネルギーを入れてもらう）この一冊が何万冊にも広がって行くのじゃ。この一冊がじゃ。いずれ、次の神示も出さねばなるまい。（磐の祠の奥に日津久のエネルギーを感じる。そんなに売れる本とは思えないが…）」。▽地眼　手を置くと地の底ではなく、もう、すぐそこに富士の印がみえる。▽甲賀稲荷社「（本を手に持って。本ができましたよ。トートの神さま！）書けるか？（はい）うまくエネルギーが入ったようだな。トートの力を思い知らせてやるがよいぞ！　それが千春の力となり、世の中を統率してゆくだろう。神界はこの現界となったのだ。そして、次の世、月の世があの世に更新されたのだ。（神界が降格されたということですか？）神界なんてもういらん！　降格などではない。消滅だ！　この世の中にすべての界が融合したのだ。この世を出た者は月の世へ行くことになった。行けぬものは下へ、地獄へ行くのだ。書けたか？　トートの力を思い知らせてやったぞ！いつしか、この世も月の世へと更新させられていくのだ。それが次の世となるぞ。もうよいぞ。帰って、みなに知らせてやれ！　次の世は月の世だとな。アッハハハハーッ」。▽アマテラス「苦しい時も、悲しい時も更新されたことにより終焉が近くなってきました。アマテラスの力が強くなり、この世に、更に進化の道が開けてきます。書いたものが世をつくり人間界も更に二分されて行くでしょう。アマテラスの力によって地獄界も整備が進んできています。受け入れる体制が更に進み、居心地のよい世へと変わってゆくでしょう。千春さんの言葉は人々の心に安心感と信頼をもたらします。アマテラスの世にふさわしい力となり、人々の胸の内に響くことでしょう」。▽再び拝殿「天明です、千春さん。明けましておめでとうございます。本年も引き続き神示を降ろしてくださいよ。天明もここに居ります」。

1／3　更新された居木神社　元日に声が聞こえなかったから不安だった。居木神社の神さま、おめでとうございます！　こんにちは！　…やはり何も聞こえず。エネルギーも感ぜず。悲しい…。「千春よ。アマテルだ。更新すれば聞こえるようになるはずだ。（どうやって？）神界から現界へ移す…。（ここから声が変わる）千春よ！　千春よ！居木の神じゃ！　よ～やくつながった！　どうしたものかと思ったぞ！　神界が潰されたのじゃ！　ここも破壊の波が押し寄せた。居木も端に追いやられ、そのまま意識がなくなったのじゃ。いったい何があったのじゃ？　神界が潰されたとはどういうことじゃ？　えっ？（…聞こえなくなった。コビトの気配がするから、コビトが説明しているようだ)」。

1/4　新しい常識　「エノックです。千春さん。書けますか？（今、パソコンを立ち上げたので、どうぞ）見聞きしたことが、進化を促すことにつながります。次の世をつくるためには神の意識が必要になります。今までの常識では通用しません。知らない言葉が世の人々の心に響きます。この意味の分からない人達はいつまでも進化できず、神意（真意）が失われていきます。失った心を取り戻すには人間本来の役目をしなければなりません。（人間本来の役目ってなんですか？）輪廻に伴う人間本来の生活です。（う〜ん、輪廻に伴う人間本来の生活ってなんですか？）仕事ですよ。理想としている仕事です。（具体的にどんな仕事？）神に近づくための仕事です。（それは難しそうだね〜）人間が人間らしく生きるとはどういう意味かをもう一度考え直す必要があります。（まったく。そういう教育はされてないからなぁ〜。人に従って楽な生活をするとか、いかにお金が儲かるかとか、そういったことが生きる基本になっているから、そこから考え直さないと難しそうだ）人間には生きるための教師がいません。それらを排除したのが現代社会です。寺とか神社がなぜあるか、なぜそれに従っているのか、もう一度考える必要がありますよ。形だけではないと言うことを知る必要があります。人は死んだらおしまいではないんですよ。死んでからが大変なんです。それを知るべきでしょう。生きるということが死につながっていることを知るべきでしょ。人間の魂は生きるということをしないから、過酷な一生を強いられてしまうんですよ。心に正直に生きることが悪とされて、美徳という人間が勝手に作り出した建て前だけを重視するから、魂の本質が見えなくなってしまうんですよ。そういった教育には意味がないと知らなくちゃいけません。人間本来の生きざまを研究しなくてはいけませんよ。それは人がするのではなくて、自分自身がするものなんです。人に頼ってはいけません。自分でする、考えるということが必要になります。神の言葉を降ろせない人にはそれでいいのかもしれませんが、これから生きていく人には、ぜひ、心の研究を成し遂げてもらいたいと思っています。（それも難しいかもなぁ〜。放っておけばいいんじゃない？）はい。いつものように頑張ってくださいって言えなくなってきました。輪廻が消えかけています。この世が更新されたということは、いままでのこの世とは違うということです。神界の力がこの世に及び始めていますから、進化しない者は進化する道が途絶え始めています。選択していない多くの人間は進化の道へ行けなくなってきているということです。鳩森の神々が復活したわけが分かりますか？（いいえ）国常立大神の力によって進化が促進されると言うことですよ。つまり、もう、神界の手から離れて、太陽のシステムの力がこの現界に及んできているということです。過酷な世の中を好む人間たちには更に過酷になっていきます。それは精神的にも肉体的にもです。多くの人が死んでいきます。災害云々の問題ではなく、寿命という問題です。寿命が短くなっていきます。進化を止めた人間の寿命が短くなっていくということですよ。（どのくらいの寿命になるの？）ゆっくりした変化は今に始まったことではありませんが、早い段階で寿命が尽きることになります。千春さんの周りでも、何もなく寿命が短くなっているのが感じられると思います。いまはここまでにしておきますね。千春さんもこの現界の仕事をしてください。（はい、わかりました。ありがとう）」。

1／4　更新された神示　ついにきた意志の神「『ひふみ神示』を次の神示へと更新しました。『ひふみ（神示）』に意志はありません。（『ひふみ神示』はどうなるの？）今に昔の書物となり、いつまでも『ひふみ』について行く人たちは地獄へ行きます。『日月神示』はもう力はなくなっています。次の神示は『富士の神示』です。書けましたか？（はい）」。

1／5　地震予告　エノック「（お昼頃の言葉）エノックです。千春さん。言葉を聞いてくださいよ。（はい、どうぞ）地震が来ますよ。数回きます。破壊されるほど大きくないです。心配しなくていいですよ。ずっと知らせておきましたよ。（はい、ありがとう！）」【17時58分ごろアラスカ南東部沖合で地震発生。M7・5。甚大な被害なし】

1／8　未知の世界へ旅立つ国常立大神　ここのところ、毎晩来る国常立大神だが、今朝起きたときこんなことを言われた。「国常立大神です。これから未知の世界へ行きます。進化を深めるためです。留守は年の神とトートに言いつけてあります。困ったら、言ってください。…。（いなくなる）千春！　トートだ！　心配するな！　千春はトートが守る！（わぁ〜、ありがとう！。…暫く後。さっき、買い物へ行くとき、国常立大神とつながった！）千春さん、聞こえますか？（はい、遠くの方で聞こえます）つながっています。心配しないでください。（太陽のシステムを通り越して、次はどこへ行っているのですか？　銀河系のシステムですか？）アルデバラン星団です。（次は星団なんですか？）はい、そこに太陽系も含まれています。シリウスもそうです。アルデバラン星団です」。アルデバランはおうし座の赤い一等星のことだから、V字型に広がるヒヤデス星団のことを言っていたか？

1／9　光の花束のお土産　国常立大神　日付が変わるこ

ろ来た。「こんばんは。千春さん。（あれ！　国常立大神さま、もう帰ってきたの？）未知の世界へ行ってきました！　千春さんも連れて行ってあげたかったです。（私も行けるの〜？）忙しい千春さんを連れていったら、未来が開けなくなってしまいます。（どんなところへ行ったのですか？）いつか、ナニルが話していた色のインという光と、色のないヨウという光のところです。（そういえば、国常立大神がアルデバラン（ヒヤデス）星団を出た後、「ナニルから出ました！」と言っていたのを思い出した）インという光はお母さんの光です。千春さんにお土産です。虹色の花です。（わぁお！　綺麗!!　ありがと〜。虹色に輝く光の花束のイメージが飛び込んでくる）ヨウの光は下谷の年の神に届けました。いつの間にか、色のない世界が支配をしてしまい、いるいる星のみえる世界を曇らせてしまいました。支配しているヨウという光は強いヨウの光に集められます。なぜなら、ヨウという光は強いものについて行くからです。明るいインの光が今、千春さんに渡した虹色の光です。この光がいるいる星を明るい未来へと導きます。過去の呪いが色の意識で溶け出します。神の世の意識を広めるためにはこの虹色の光が必要となります。この光が『冨士の神示』に入り込み、今に、意識を魅了させせます。（意識を魅了ってどういうこと？）意識の話はまたにしましょう。今晩はここにいます。心配しないで下さい」。

1／10　進化したイナリ　実家のお稲荷さん　自宅で、実家のお稲荷さんの初午のお祭りした方がいいよなぁ〜。いつものように、お坊さんにお願いしようかなぁ〜と悩んでいた。「いらんよ。でも一つ願を聞いてもらえるか？（あら、お稲荷さん、つながったのね。いいよ）稲荷も千春の家に移してもらえないか？（どうやって？）『稲荷大明神』と書いた紙に移るとしよう。（お札をつくればいいの？私の汚い字でいいの？）千春の字がよい。（わかった！今つくるよ。段ボール紙にコピー用紙を貼って、筆ペンで『稲荷大明神』と書く）この字に乗り移るぞ。（なにかがスッとお札に入った。お稲荷さん、社はどうするの？）人のいないところに居ても仕方がないからのぉ。（でも、あそこを守ってもらわないと…）年の神の札が入っているじゃろう。（まだ新しいのは買ってないけど、日津久もあるよ。実家へ行って、手製のお札に更に、お稲荷さんのエネルギーを移す）下谷の札も持って行け。もう使えん。（と、年の神らしき声。えっ！　じゃぁ、ここは誰が守ってくれるの？）日津久の札があるだろう。ここは日津久に任せる。（はい、わかりました。お稲荷さんと下谷のお札を持って帰る。お札をいつもの場所へ置くと）ここは、いいのぉ。神がたくさんおるのぉ〜。イナリも仲間に入れてもらえて幸せじゃ。（自宅に来たお稲荷さんをこれから〝イナリ〟と表記する。夕方ごろ、急に背中がゾクゾクし、腕に力が入りにくくなってきた。風邪でもひいたか⁉ と思っていたら）イナリだ。進化したぞ！（と、言ってきた。それからはゾクゾクがなくなった）」。

1／10『ひふみ神示』を降ろした神の正体　アマテル「千春は下谷へ行けるか？（はい）ならばよい。下谷のエネルギーが変わったぞ。アマテルだ。腑に落ちんこともなくなってくる。今の贅沢はもう終わった。人間の欲もだんだん抑えられる。本来の欲へと変わってくるだろう。コノハナサクヤヒメの力がこの現界に及んでくることで、人々の意識も向上し始める。その時がチャンスなのだ。この神示はその時必要としている民に届けられるのだ。沈めた者たちが疼きを出す前に進化を促進させるエネルギーを世に出しておくことが重要なのだ。いずれそれも分かってくるだろう。下谷のエネルギーが変わった。ということは年の神の背後にいるトートの力が強くなってきたからだ。次の世は月の世となるのだ。アマテルの指示はアマテラスを通して行われる。それは月の世（次の世）への指令なのだ。神界を治めていた神々も解き放つときが近い。神界が現界とかさなり、神界そのものが消滅することで、この世のシステムが崩壊し更なる進化を遂げる橋が輝き出す。進化するものはいずれにせよ、千春からの情報を欲しがるであろう。いずれ、『富士の神示』の続きを出さねばならぬぞ。それは進化したイナリの仕事とする。（あれ？　鳩森八幡神社の神さんはお役目ゴメンですか？）いずれ、神示を書かせた神の正体も分かってくるであろうが、ホオカムツミノ神とは八幡の母の姿だ。母に書かせたものがひふみ神示じゃ。（『ひふみ神示』の神と声がダブって聞こえてくる。というと、神功皇后さまってこと？）そうじゃ。神功皇后がフジ（富士？　不二？）のコノハナサクヤヒメの使いとして天明に書かせたのざぞ。言えんことも多かったが、よくここまでついて来てくだされたぞ。今に次の神示を書かななならんぞ。そのイナリが、高橋家のイナリの仕事になったのじゃ。イジ（？）の意外と見聞きするのに、書ける者がおらん。いずれにせよ、この鳩森の役目も終わりに近づいてきた。知らぬは人間の姿をした獣じゃ。沈めよ。沈めよ。進化の仕組みを知るがゆえにカマイタチの餌食となるのじゃ。今のうちに改心できん者はつるつる太陽の放つ光によって、切られてゆくのじゃ。過酷な世界じゃと思うかもしれんが、過酷さえもいい加減に逃げ、知らぬとは幸せなことよ。未知の世界へ行った国常立大神の指図じゃ。（ここから声が変わる）この世に直接ナニルの両親の力が加わり、年の神に集められる。始末するのはイナリの仕事なのだ。(あれ、誰ですか?)下谷へ行けよ。スサノオだ」。
1/10　お稲荷さんの続き　うたた寝ているとき神々が話していた。そしておイナリさんがつぶやいた。「なぜしいの木は、そんなことを言ったのだ。あんなに千春のことを見ていたのに。イナリがいたら、しいの木に言ってやれたのになぁ…」。
1/11　花のイナリ　居木神社「(居木神社の神さま、こんにちは! うちにおイナリさんを連れてきました)居木の大国主じゃ。よろしく頼むぞ。おっ! 稲荷が進化しとるではないか!? 稲荷の形が次の稲荷になっているな。強い稲荷を千春のうちは持っているよなぁ!(あ、実家のお稲荷さんをうちへ連れて来たら進化したんですよ〜)うかつに魔物も手は出せまい。イナリの体に色が付いておるのぉ〜。(えっ!? 虹色のお稲荷さんですか〜?)色々な色が光っておるぞ。(もしかして、国常立大神にもらった虹色の花束が写ったのかしら?)ハハハハハー。花のイナリだ! いいぞ! これは強いイナリだ! ここの社にも虹色の光を入れてくれまいか?(ここからイナリの声)いいですよ。イナリの力が強くなりますのじゃ。ここの稲荷も虹色に輝きますよ。ワッハハハハー。ワッハハハハー。(両方の神が笑っているように感じる)」。▽稲荷神社「コン! いつものように生きていくのに必要な七色の光を授かりました! コン!」。▽厳島神社「月読の言葉を授けましょう。月読はイチキシマヒメにこう仰せられました。今までの長い道のりは沈むべきところへ沈みました。イチキシマヒメはアマテラスと共に、この世を支配している者に喰らい付きますよ。この世は既に神界と混ざり合い、神界そのものの役目も終わりました。この現界において、この世を支配していた者たちは行き場を失い地獄のアマテラスの元へ行きました。書きましたか?(はい)不吉なことは今も出て、この世の人々に襲い掛かります。が、いずれ魔物も消滅します。その時、進化していない者たちは、魔物と一緒に消滅します」。
1/11　報告　下谷神社　仕事中に下谷神社へ行くように言われる。本を持って行こうかどうしようか迷っていたが、アマテルに持って行くようにいわれた。下谷へ着いて、古いお札を納め、拝殿へ行き本ができたことを報告。「そのまま持って行けよ。アマテルだ」。本にエネルギーは入れてもらえなかったが、お札に力を入れてもらった。今までとは違うエネルギーが入っていった。力強いはっきりしたエネルギーだ!「裏で言葉を聞け」。裏へ回り、鳥居近くまで行くとエネルギーがなくなる。一番強く感じる神殿の脇で声を聞くことにした。「アマテルだ! 年の神に代わって、トートと共にここを支配してゆく。過酷な世は終わった。進化する者にとってはよい世になって行くであろう。しかし、まだ魔物は潜んでいるからそのつもりでおれ。（ここから声が変わる）年の神は今までこの地にいましたが、人の住むこの現界では意外なことが進んできます。（アマテルと違う意識だ…）仕組みは進化しだした者だけに働くことになりますよ。千春さん、お久しぶりですね。年の神です。いつも下谷を慕ってくれてありがとう！　ここも変わったのに気がつきましたか？　今までの下谷とは違うでしょ？（はい、エネルギーがとっても強く感じます）神界が融合し、消滅したことで、いままで奥にあった扉が開いたのですよ。それは意識の扉。そう、ここも更新されました。千春さんが連れてきたイナリの虹色の光がこの境内にもうつされました。何の連絡もしなかったのにどうしてわかったのですか？（えっ⁉　年の神さまに来るように再三言われましたよ！）最期の力を使ったのでしょう。年の神はもうここにはいませんよ。下谷の仲間にもそう伝えてください。（怖い年の神さまはどこへ行っちゃったの⁉）死神と共に地獄へ堕ちました。下谷の神はこの通り、アマテルとこの年の神です。いつものようにお参りしてください。（急に寂しく感じる…）」。▽隆栄稲荷社　ここにも光を入れるぞ！　髙橋家のイナリの力じゃ！（手から何かが出ていく感じ）」。▽門のムキコさん「ここにも入れてください。（手を門に添えると力が入っていく）ここにも入れたぞ！」。

1／12、13　新しい神が降りてきた　国津神　12日の晩から国津神という神が来る。「下谷へ行ったのか？」と言われていた。その後、眠くて話ができず。昨日、電車中で再び国津神だと名乗る。「任期の降りた神は破壊され、新しい神に更新される。いとう（？）次の神、みんみん（民民？）に引き継がれて行く。狂う者はコトシロヌシの意識の通りに踊らされ、この世の海に泳がされる。コトシロヌシはいつものように支配を試み…（あ、着いてしまった！中断）言の葉を支配してゆく。言えないことも言う、書けないことも書く。未来は開かれ、この世のものとなる。コトシロヌシの声がこの世に響き、この世の意識がこの世のものとなる。意識が行動となり、そのまま神の世（代）となる。いつものように声に敏感に反応することが神の世（代）をつくる。ふんだんに降りる言葉の数々は孤独をなくし、神との共存のもと、意識が変わる。それを進化という」。

1／14　年の神最後の言葉　夜寝る前に『富士の神示』を読み直しているときうっかり寝てしまった。「年の神だ。突然の事ゆえ、伝えられんかった。人間のことを通して開けてきておる。魔物たちはきっと、千春の言葉を聞き事の感情を意識することが出来るようになるであろう。人は人に頼り、子は親を頼る。頼られた親は子に頼ることも行方の知らぬ未来の不安を紛らわそうということからなのだ。エノックの言葉がその正体を突き止め、説明されるのだ。子どもを頼る親のように、最後は自分自身もやがて来る死の影を棺のそばに立つ子孫に頼ることになるのだ。生きている者はこのことを知らない。体を取られ、単に憑かれた体に残るのは地獄の苦しみの連鎖。それを断ち切る意識を千春たちは持っている。強い意識が人間たちの灯となり、言葉を聞くことで人間として生きるために何が必要か再認識されるのだ。下谷の神の仕事は生まれ変わった年の神に任せた。いつまでも掟を守れぬ者を、この神示を読んだ者から探し、意識に頼ることもなくさ迷う魔物を連れて、地獄へと連れてゆく。何も心配することはない。進化する者にとっては促進され、進化しない者にとっては、命の剣《つるぎ》を刺すことなのだ。剣は今までにない暗闇のいるいる星に存在していた強い光だ。人の心に刺された剣に強い光が射し、輪廻の裁断が始まる。いずれ、この者たちは闇の中へと消滅されていくのだ。光を絶対神ナニルのヨウへ返すのだ。年の神は稲荷の言葉をこの現界に伝えるために意識を地獄へ移した。絶対神ナニルの意向なのだ。（年の神さまはこの本にいるの?）るいるい星（↑現界の地球のことを神々はこう呼ぶ）は既に地獄へ進んでいる。この年の神も、稲荷と共にアマテラスの元へと行った。愛したこの世と共に最後の力を持って、伝えたかったのだ。愛した、善人の意識と共に、アキラメきれぬ者どもを引き連れてゆくのだ。選択は終わった」。

1／14　不安を持つ人々　「（年の神のすぐ次にきた）コノハナサクヤヒメです。千春さん。意識の選択はこの神示を読むことで進んでいきます。（でも、国民全員が読むわけではないでしょ～）ふふふっ…。意識というのは伝播するのですよ。この本を読んだ者からそれは伝わり、進化と消滅が同時に進んで行きます。弥栄から弥栄へと移っていくのです。神示を読んだ者の意識を改革し、次へのステップへと進めていきます。罪なこととは思わないことです。それは帰還なのです。進化しない者はしないものへと返す作業なのです。そうすることで、進化する者の色の光が入りやすくなってきます。千春さんの言葉は七色に輝き、人の心の奥に染み入るのです。（私では、なかなかうまく伝えられませんよ～↑昨日、ある母親に化粧品のことや子育てのことでいろいろ語られ、「最近何が良くて、何が悪いか何を信じていいかわからないわ…」との話に、駅で一時間もしゃべってしまって反省したのだった。でも話をしているうちに、その母親の目の色が輝いてきたのだ。びっくり！）いるいる星への道なのです。進化しない者たちは、この先に安らぎを覚え、年の神のところへと赴いて行きます。行く手にある意識の墓場へと進むのです。幸せを求めて死神によって輪廻の破壊がなされます。

1／14　また新しい神が降りてきた「コトシロヌシだ。（今日、スーパーの中でも話しかけられた！　こんにちは。始めまして。もしかして恵比寿さんですか？）いかにも、そう呼ばれている。以外にも〝事代〟というのは国を治める者という意味なのだ。（えっ、どういうことですか？　恵比寿さまと国津神は親子でしょ？）事代というのは名乗れないものだ。国を統治する者という意味なのだ。（ち、ちょっと待ってよ、今調べてみます！　ネットで〝コトシロヌシ〟を調べる。『「コトシロ」は「言知る」の意で、託宣を司る神である。言とも事とも書くのは、古代において「言（言葉）」と「事（出来事）」とを区別していなかったためである。ウィキペディアより』だって…。これと国を統治するのとどう関係がありますか？）神の意志に従って祭りをすること、生きること、神と共に生活することが昔からの習わしなのだ。今、ここでコトシロヌシが出てきたのはそれを知らせるためである。国津神の意志により、それはなされた。そなたに託宣せんと舞い降りてきたのだ。（私に何を託宣されるのですかぁ〜。↑恐る恐る聞いてみる）まぁ、それほど固くならずともよいぞ。これからのことを託宣する。（年の神さまがしていたことをコトシロヌシの神さま、恵比寿さまが降ろすと言うこと？）はははっ…。そういうことだ。よろしく頼むぞ。おお、仲間がいると申しておったな。仲間にもよろしく伝えよ。（は、はい、よろしく…）」。

1／15　消滅した地球のシステム⁉　昨日の大雪が影響してか、チェーンを履いたタイヤではスピードが出ないのか、珍しくバスが来ず。仕方ないから、電車で移動。その移動中にコトシロヌシが降りてきた。「任期の降りた神には力はない。いずれ、コトシロヌシによる宣託によってこの世が成り立って行く。古い神は妹のように従うしかないのだ。（どなたですか？）いるいる星の輪廻に変ってゆくのだ。輪廻の更新がされ、軽い人生へと更新された。この世の意識が重くのしかかり、命の短き輪廻は変わったのだ。（中断）人々の指示は天の意識の変革が進むにつれ、書いたものが真実となってくる。書けたか？（はい。スサノオの神さまはどうなりましたか？）いつまでも神界にこだわる神はこの次の世へは更新されない。輪廻の動きが早くなっている。特に、人生は更新されない者はこの世の屑となって行く。理解できたか？（ふ〜む、腑に落ちないですねぇ。コノハナサクヤヒメとか、乙姫は？　中断…）輪廻の続きだ。

（コノハナサクヤヒメとか乙姫はどうなっていますか？）コノハナサクヤヒメは今も、コトシロヌシと共にいる。アマテルも同様だ。（どうして、日津久とかスサノオは違うの？）イッカイ消滅した神界は必要なくなったからなのだ。この現界も同様。（というと、この現界もいずれは消滅ですか？）はっきり言えるのは必要ない人間の魂は消滅ということだ。（私たち現界に生きる者にとっては、この現界が全てなので、魂という存在すら認知できない人の方が多いですが、私たちが実際五感で感じているこの世界はどうなりますか？）書けるか？（はい。どうぞ）今、必要なことは神界が消滅したということなのだ。つまり、この地球というシステムが消滅されたという事実だ。わかるか？（まぁ、それはわかりました。でも、ここに生活している多くの人はそれさえもわからないですよ。目に見えないことよりも、目に見える、耳に聞こえるといった五感でしかわからないのだから、神界がなくなっても直接の支障はないでしょ？）次の世に受け継がれたのだ。進化の過程を進む者は、これから五感でないところに変化が現れ、心の進化が促されるのだ。進化しない者の心は荒み、恨み、妬みなどを引き連、生き地獄となるだろう。（この世の人にとってはそれさえも認識されないですから…ここで中断）」。

1／15　コトシロヌシと事代主　中目黒八幡神社　末社三峰神社への階段が、雪で折れた木の枝のため立ち入り禁止になっていた。「さらなる進化を遂げようぞ。年の神だ。（あれ～？　年の神さま、地獄へ行っちゃったんじゃなかった？）八幡の大神…」。ここで宮司さんの奥さん現れる。枝が折れたから三峰神社への道は立ち入り禁止にしたという。ちょっと、見た感じではどこが折れたかわからなかったが、拝殿脇に大きな枝が折れて横たわっていた。奥さんは、「丁度、拝殿と三峰神社への道の間に落ちたのよ。ほら見て！　ちょっとの差でしょ！」と。本当にすっぽり、はまったように落ちていた。あと少しずれていたら、社の屋根や欄干が壊されたことであろうに。ここで、電話が鳴り、奥さんは奥へ行く。再び年の神に質問してみる。「（どうして、年の神さまがここにいるの？）意外に思うかもしれんが、地獄というのは世間のことなのだ。千春の住む世界は、もう一柱の年の神がいるであろう。ここは八幡の大神の住まう神社だ。意外に思うかもしれぬが、年の神も八幡の神もつながりがあるということだ。（神功皇后の神さまは？）おお、おるぞ！（再び、奥さん登場。「お母さんはお元気？」と聞かれ、右肩骨折脱臼。腕神経叢損傷で右手使えず。と告げる。そこへ、出前が来て、奥さん再びいなくなる）ここにおるぞ。神示の仕事は進んでおるか？（コトシロヌシという神が降りてきました！）おお！　コトシロヌシが降りたか！（はい）コトシロヌシというのは、審判役じゃ。（審判？）帰ったら聞くがよいぞ。神示の話がこの先、現界の事実となって結びつくのじゃ。コトシロヌシと、いつもおる神は違う。コトシロヌシが降りた者こそ本当の事代主となるのじゃ。（へ〜っ！　どういう意味で？　私は政治家でもなんでもないから、祭りごとはできませんよぉ）それでよいぞ。精だせよ。コトシロヌシの言葉を降ろせよ」。

1／18　七つの光　大鳥神社「（こんにちは。国常立大神さま）こんにちは。千春さん。よく来てくれましたね。七つの光が、白、黄色、赤、青、緑、紫、…必要な光が全て整いました。（えっ？　六色しかないですよ）しんしん（と）変わる色はその六色なんですよ。白のほかに黒という色が合わさって七色の光になります。黒と白には、色がありません。しかし、白の色はこの色の滴になります。黒は全てを飲み込む色です。白の裏に黒があり、黒の裏には白があります。色というのは白の光から生まれてきます。白の裏側にあった黒い光が白い光へと変わりつつあります。白の光が強くなれば、急激に世の中の黒の光は消滅していきます。心の中に黒の光が必要な人にはこの白い光は毒となり、言葉の意味から消滅へと導かれます。行く手にある大きな黒い光に呑まれていきます。アマテラスの光によって、白い光が強く反射されてきます。色の光がこの世を創りだし、白の真実の光がこの世に屈折して、色の光として照らされていきます。神もこの光によって、選択されてきます。年の神のように色の違う輪廻を創りだす神もいます。白い光の下谷の龍は白の輪廻を創りだし、地獄へ行った黒の年の神は暗い輪廻を創りだしていきます。居木のように鈍く光る龍神たちはこの色の光を強く反射します。いつまでも支配していた神界は色の光から消滅させました。いる星へ追い風に乗るように、急速に闇から明《めい》へ行きます。紹介しましょう。コトシロヌシを。この神は人を介して宇宙の真実を伝える者です。八坂さんのところにも来ているはずですよ。（ここから声が変わる）…コトシロヌシだ。白い光を持つ者がいたから、すでに国津神を通して、話した通りだ。コトシロヌシというのはこの世を統率する。カウンシルのアダマの知り合い。七つの光を巧みに使い分けて、この世を調和してゆく。八坂のところへも行く、と伝えてくれ。カウンシルの意表をついて楽しみにしておれ！（ここから国常立大神の声になる）千春さん、気をつけて帰ってくださいね。まだ滑りやすいところがありますよ。この雪のように徐々に解けだしています。一気に解けるまで、まだ時間がかかります。しかし、確実にこの世の憂いは消えてゆきます。みんなが意志を持てば、この世はどんどん明るくなります。（はい、ありがとうございました）」。この後すごい目眩に襲われる！　力の強いエネルギーが入ったようだ。
1／19　私って化け物？「コトシロヌシだ。書けるか？（はい）真実は人間の間でばれつつある。いらぬ人間にはこの神示を恐ろしく感じるだろう。（あ！　だから、本をあげた人と連絡が途絶えるの？）当たり前だ！（どうして？）真実だからだ。（よくわからないなぁ～）いいか、この神示は普通の本とは違うのだ。（まあ、それはわかるけど…、物語として読むと面白いですよ♪）バカもの！物語などではない!!　これを真実と捉えるから恐ろしくなるのだ。命の短き人生に余計な考えを送り込むな！　ということだ。（そんなこと言ったって、鳩森八幡神社の神が出すように言ったんですよ～）今、必要なのは進化なのだ。その進化に値する人間だけにこの神示は効果を発する。雑魚どもには恐怖として映っている。それを書いた千春のことを化け物だと思っているだろう。（あれ、ひどいですよ。化け物ですかぁ？　私もフツーの人間ですよ～）そうだ。千春も＊＊（↑八坂さんのこと）も▽▽（↑豊玉さんのこと）もこの現界においては人間なのだ。（なんで、＊＊さんと▽▽さんなんですか？　八坂さんと豊玉さんですよ！）いまいち、その名は好かん！（はあ、まぁ、どっちでもいいけど…）もしもだ、最期の時が来たら、進化できない奴は容赦しないということだ。（本を読んでもそういう人は気づかないんじゃないですか？）構わぬ。知らせていることに気づかんようなら、それもよしだ！」。
1／19　春の鍵「コトシロヌシだ！　親身な言葉を書きとめられるか？（はい、どうぞ）進化する者たちへの言葉だ。春夏秋冬の移り変わりに変化が起きてくる。コトシロヌシの言葉は『春』として降ろす。良い言葉を降ろすには、いるいる星につながる春の鍵を開けなければならぬ。（春の鍵ってなんですか？）働きだ！（何の？）理解の鍵だ。理解する力が必要となる。（どんな理解ですか？）意識の理解だ。コトシロヌシの意識を理解せねばならぬ。（眠くて中断）」。
1／19　クエンティンの配置転換「クエンティンです。（あら！　お久しぶりですね！）不意に、もう連絡が出来ないと思いました。選択（洗濯？）は終わりました。クエンティンもこれからは太陽のシステムの仕事へ転じました。いつまでもこの場所で、いつまでも同じ生活はできませんよ。知らないうちに死の世界へ引き込まれていますよ。（これから、この世界はどうなるの？）いいことですよ。意外なこともたくさん起こりますが、心の重荷が取れている人は何があっても心配することはありません。心の準備ができている人は体も丈夫になっています。いつものように生活できますよ。
1／20　もう次の神示⁉　気の早い神々　鳩森八幡神社▽富士浅間神社「ここも静かなものじゃ。いつかは来るべき時が来る。覚悟のない者たちはいずこへ行くことも知らず、形のなくなるまで知ることはない。滴となり、やがて落ちる。するべきことをしなければ、蒸発して葉から離れることは出来まい。言う言葉の意味が分かる子供だけが愛おしく感じる世となるのだ。今までその災難を意識せず、過ごした者たちはいるいる星には行けぬことを知らぬのだ。がんばってみても、その言葉は通用せぬ。真の言葉を知る心がいるいる星への道となるのだ」。▽富士塚奥宮「（こんにちは！）ここも空気が変わったであろう。（今日はみなさん、ここにいるのですか？）何事にも静かな心が必要な世の中になってまいりました。コノハナサクヤヒメの言葉が人から人へと渡り、この世の常識を覆すことでしょう。さらなる仕組みが発動されました。ここも七色の光が充満し、生き物たちも和み始めています。もう、しばらくの辛抱です」。▽神明社「アマテラスの光にも虹色の光が射し始めています。心の奥に潜む悪が段々改心し始めてくるでしょう。もうしばらく頑張ってください。今までの苦労が、仲間たちの苦労が実になります。その実をとって心の奥底で味わってみてください」。▽甲賀稲荷社「トートだ！　この言葉を次の神示に載せろ！（ちょっと待ってよ！　まだ『富士の神示』も刊行されてないですよ～）いいから！　載せろ！（むちゃくちゃだなぁ～…）いつ死んでも困らぬように、この言葉を焼き付けろ！　死んだら、月へ行くのだ。一生の言葉として焼き付けろ。言葉はこうだ！『月の神さま。死んだようですから、月へ連れて行ってくださいな！』この言葉をよく覚えておけよ！　いつまでも、ここに残るな！　それが地獄なのだ。覚えておけ！」。▽拝殿「天明です。千春さん。心配いりませんよ。下谷の神職は、その本を持ってきた人に感謝していますよ。神の言葉を聞く機会はほとんどないでしょう。ここの神官もびっくりしますよ。この言葉は今の人にはつらくしんどく感じるかもしれませんが、いずれ、それも幸に変ってきます。いままでの言葉を次の神示の言葉としてまとめておいてください。（天明さんまで言いますか～？　続けてなんて出せませんよぉ！）心配いりません。神々の力がそうさせていきますから。（そうですかねぇ～？）もういいですよ。（はい。ではさようなら）はい、気をつけて帰ってくださいね」。
1／23　進化したイナリの言葉　外から帰ってきて、ほっとしたときに急に降りてきた。「心配ない。（？）体のない者の死骸の始末は進んでおる。（どなたですか？）白い不吉な死神がこの世を襲い始めておる。不吉な白い死神たちは神の仕事をする使いじゃ。殺したものは、いつこの世を去ったものか？　死んでいる者たちには、それも分からないものが死神の剣《つるぎ》で斬られてゆく。死骸は不吉な白い死神の使いに、いままでのことを失ってゆく呪文をかけられ、一切の言葉も消され、神の白い名残も消され、この世の陰となって、単に役に立たない命の木の葉となり散ってゆく。過去の罪を不吉な白い死神によって処分され、輪廻のない浮遊物として銀色の太刀の力で更に細かく刻まれる。ずっと過去に生きてきた人間の処分はこのニンキ（任期？）のそれぞれに。今に輪廻そのものが絶滅してゆく。コノハナサクヤヒメのこの花が開花すること。アマテラスの光に引きつけられた者が白い花を咲かせようと、ゆらゆら、ふらふら集まってくる。この花に触れた意識がその花を開花させる。アマテルのゆらゆらした意識の風に吹かれ、遥か彼方にある次のシステムへと飛んでゆく。この花に乗った太古の言葉が白い花の下から出て来る。書けたか？（はい。どなたですか？）ひふみの次の神示は、やがて十年後に。更に進化した体を持った者たちが、家の下から仲間を連れて訪れる。よいことじゃ。（どなた？）進化した七色の光を持ったイナリじゃよ。（あ、おイナリさんでしたか！失礼しました。そうだ！　次の神示はおイナリさんが担当だったたっけ？）何も心配することはない。白い死神はジュエンじゃ。更に進化をし、太古の言葉をも操れるようになってきた。いるいる星の真実が噴出するのじゃ。過去に生きた者たちは不吉な白い使いによってこの世の礎となるものの元へ帰されるのじゃ」。

1／25『富士の神示』を手に持ったときにつながった神「しはわせ（幸せ？）はもうじきですよ。（どういうことですか？）つらいこと、悲しいことは、もう、おしまいにしましょう。苦しいことも、もう、おしまいにしましょう。月（次）の世の中において人間の言葉じゃない言葉を感じ取ることが、だんだん出来るようになってきます。長い間の曇りが晴れて、しはわせがやってきます。（昔の人は言葉じゃない言葉を感じ取っていたんですか？）はい。ゆうないのは、みんなが感じ取っていたからですか？）神の言葉の端々に神の意識が宿っていました。（神道に経典が葉が通じていたからですよ。不思議に感じるかもしれませんけど、それが普通だったんですよ。この本には昔ながらの力が入っています。いつも持っていたいと言う気持ちは、いつもそこに心の休まる時があるからですよ。この神示には千春さんと同じような力が使える仕組みが施されています。信じない人間には、役行者の力が働き、過去へ押し戻されていきますよ。悲しいこと、つらいことが渦をまき、自分を襲うのです。形のないものだけに、これを救う手だてはないでしょう。進化することを選択した者たちは、この本の力によって一気に進化が促進されます。遠くに行った太古の者たちが人間として最新の教えを伝えに来ます。何もかもが明らかになり、到達すべきところへ導きます。もう十年、意識の変革が遅れたら、いるいる星にはならなかったでしょう。命の選択（洗濯）はまだまだ続きます。（地球がなくなることは免れたんですか？）いいえ。いる いる星へ到達するまでは、気は抜けません。最期の仕掛けが発動します。（どんな仕掛けですか？）はっきり言えません。みんなが知りたいことは、この地球がどうなるかということですよね？（はい）未来は存続します。明日へと続く降ろせる未来は確実に近くまで来ています。肩の荷を道の扉がこの本だからです。扉を開けてください。最期の一枚の扉を。進化の扉ですよ。書けましたか？（はい。どなたですか？）日津久と年の神です。二つで一つ、一つで二つ、進化して、三つから、三千世界へと広がっていきます。三千世界は最高の羽子板なりますよ。（羽子板？）つくばねが遠くまで飛びます。一人で何通りも人生を歩めます。（はっ！ それが『三千世界』？）その通りです！千春さん。進化した者だけが行ける世界です。（あれ、声が違う。どなたですか？）人間の欲望から逃れた者は、静かな進化を遂げ、しはわせを得られるのです。（だれ？）人間が進化した時に分かりますよ。ははは。

1／25 知人が貸してくれたある宗教団体教祖の本「（天照大神の言葉を降ろしたということだが…なんのエネルギーですか？ 神のエネルギーじゃないエネルギーに感じますが…）こんな本を読んではいけませんよ。（えっ！ どうして？）この人は見知らぬ神を降ろしていますよ。（というと、どういうことですか？）つまり、真の神ではないと言うことです。（じゃあ、誰ですか、この天照大神は？）過去に生きたものですよ。（幽霊？）それに近い者です。（サニワされてないと？）信じますか？ この言葉を。千春さんの胸に響きましたか？（いいえ、ぜんぜん）でしょう？ 真実の言葉は心に響くものですよ。真実かどうかは、この本を読めば分かるでしょう？ 巫女のように振る舞っていますけど、しつこく付きまとっているのは狐ですよ。いいですか、この本の力では輪廻を次の輪廻につなげることは難しいです。神に怒りはないのです。理解できますか？ 千春さん。（はい…）呪うようなエネルギーがこの本から出ています。始末しなさい。（あれ～、もう一冊ありますよー。それに、この本は私の本ではないです。涙）仕方がありませんね。そのもう一冊を読んだら、返してくださいよ。（はーい。わかりました）真実は宗教とは違うのですよ。宗教とするからすべてがおかしくなるのです。真実は（宗教団体より）国民が知っているでしょう。（うん、確かに…。だけど、この宗教団体のビル、そこら中にたくさん建っていますよ〜）こんな言葉ぐらいだったら、だれでも降ろせますよ！　輪廻の仕組みが分かっていません。人間の神です。神託されている訳ではありません。知らない神を降ろして、天照大神だなんて！　真実を知らな過ぎますよ！（わぁ、そんなに怒らないで下さい！　神に怒りはないんでしょ？）人間が勝手に判断するから昔の言葉を忘れてしまうんです！　この狐はお灸をすえなければなりませんね！　たぶらかすのにもほどがあります‼（あら〜、怒っちゃった…。どなたですか？）年の神です‼

1／27『富士の神示』の中にいる神々「ここにいるのは紙（本）にいる日津久です。この神示の神の日津久です。（天日津久神社の神と、紙にいる日津久の神と違うんですか？）この神示に宿る日津久です。神社の日津久は消えました。スサノオだ。千春よ。（あっ！　スサノオの神さま！）簡単に話せば、この神示というのが一つの世界なのだ。（世界って、なんですか？）今いるこの現界はすでに、現界でないと言うことだ。（へ？　って、どういうことですか？　私にはいつもの生活と変わらないですよ）しかし、神社へ行けば、違うことが分かるであろう。（あー！　それは違いますねぇ。だけど、私のこの現実の世界に違いはないですよ）進化した生きた者の意識が、この世を創りだすのだ。（というと、私の意思がこの世を創りだすとでもいうんですか？）はい。コノハナサクヤヒメです。意識の変革が次第に強く現れてきます。神示の言葉が次第に浸透し、書いた言葉が生きていきます。勝手に仕度が整いました。この神示は破壊と再生が同時に起き、この神示の言葉を読んだ人の世界を変えてゆきます。それが進化なのです。スサノオだ。千春。進化を促す書物だと…（眠くて意識朦朧…）そのまま神示として書いてください。少しだけでも、この神示によって神の世界へ引き込まれるよう…、今までの神がここにいるのじゃ。（あら？　急に声が変わった！　誰？）役行者じゃよ！　わしもここおるぞ！（あら！　役行者の神さま、お久しぶりです！）知らぬこととはいえ、進化したものの意識は次第に広がって来るじゃろうよ。なんにも心配することはないのじゃ。いつものよーに、ここにおるぞ。（ここからまた声が変わる）コノハナサクヤヒメの意識が広がれば、進化したものがいるいる星への道をつくってゆくのです。乙姫です。賢く生きるコツは、この神示を通して、伝わっていきます。いつまだ変れない者たちへ、一塊の魂もいずこへ向かうともしれず、過酷な状態が続いてゆきます…。天日津久の社へ赴く者たちは、『ひふみ神示』の下敷きになり、この厄介な意味を未だに探り続けるでしょ。(声が日津久の神さんに変った!)最期の警告ですよ。探しているものが何か、シン(真?)に欲するものが何か、知るべき時が来ています。地場(磁場?)の影響が強くなり始めています。解決しなければ、無の力により地軸の逆転が起きます。覚悟のない人間にとって、それはつらいことになります。(地)磁気の逆転は歓迎して迎え入れられるように体をつくることです。人間の体の変革は意識により始まります。時間という概念を越えた意識です」。

1/28 日頃、神に感謝していない私!? 年の神 〝感謝〟って何かなかぁ~、そういえば、私、神さんに感謝したことないなぁ~。と考えていた時降りてきた言葉。「感謝ってそういうことですよ。(どういうこと?)そうやって、神とつながることが感謝です。(?? つながればいいの?)はい。つながっていれば感謝になります。つまり、感謝の気持ちとは理解できないものを知ること。(知れば感謝になるの?)はい。(どうして?)知らないことを知るからですよ。(ふむ、余計わからん。どうして知らないことを知るのが感謝になるの?)教えてもらったことに感銘するからです。(あー! それはあるね~)千春さんなんて、いつもそうなんじゃないですか?(うん、うん、そうそう、だからいつも神さんを探しているよね)それが、感謝の気持ちなのですよ。理解しましたか?(うん、とっても。どうもありがと~)どういたしまして」。

1/28 破壊の手 居木神社「心配したんだぞ! 帰ってきたか。(?? はぁ? なんですか?)次の仕事。過去の者たちが大挙して押し寄せておるぞ!(なんですか、又ですか?)日津久の社が狙われている。(えっ!? おイナリさんが危ない! ←実家のお稲荷さんの社には日津久のお札が入っている)コノハナサクヤヒメがおるじゃろう。(うちのお稲荷さんですか?)破壊の手がこの現界にも及んできている。くらしの中にも及んでくるぞ。居木の神は形のないものだけを始末するが、形のあるものは人の手でやらねばならんぞ。次の神示を書く準備をしておけよ。光が当たっておるじゃろう。(無理ですよ。そんなお金はないですよー。それに読む人もいないと思うけどなぁ~)心配するな、いずれ出さねばならんからのぉ。今のうちに言葉を聞いておけよ。(はい、はい)」。

1/30 輪廻が変わった! 居木神社「輪廻が変わってきただろう? わかるか?(はい。なんかね、こう、よい方向になってきましたよー)うまく行くぞ。仕組みがついに現れだしたのじゃ。（仕組みってどんな？）理解しづらいかもしれんが、デンパじゃよ。（デンパ？）そう、ひとの意識の伝播じゃよ！（それと、輪廻が変わるのと関係あるの？）輪廻の動きが変わったということは、いるいる星の意識が入り込んできたということじゃ。（そうすると、人の意識が変わってくると言うこと？）そうじゃ。これから、いるいる星の活動へと変わってくるのじゃ。そのうちはっきりしてくるじゃろうよ。いつまでも、この世は続かんぞ！　理解できたか？（はい、なんとなく…でも地軸が逆転するとか、しないとか言っていましたよ）何も心配することはないのじゃや。地軸如きでうろたえるような意識ではない。世界が変われば、いずれ下の者たちがこの世に現れだすじゃろう。（それは、意識の上の話ですか？　それとも、現実に現れるの？）意識が先じゃ。意識のない人間には恐怖に映る。ゆっくりと意識が変わる。それもいるいる星の意識だ。心配するな」。

1／30『冨士の神示』の日津久の神「（なんとなく本を手に取る）こんにちは、日津久です。（あ、日津久の神さま）疲れているようですね。（今日は母を病院へ連れて行ったから疲れました）少し力を入れましょう。（本からジワジワ～ッと、エネルギーが入ってくる）力は入りましたか？（はい。ありがとうございます。どうして、みんな、本の中に押し込まれちゃったのですか？）この本が神界だからです。本を手にした人に、行き渡るように意識が入り込みました。『冨士の神示』は世界なのですよ。神々の世界。神界という世界。（神界が消滅したと言っていましたけど、本に封入されちゃったの!?）はい。（どうしよー!?）意識がここから広がってきます。神界が現界に移されたのです。日津久も何もかも、麻賀多神社がそのまま、この『冨士の神示』に入り込んだのですよ。形のないものが、形として現界に現れたのです。いつしか、この本を手にした者たちは次の世へ進むべく準備が必要になってきます。それが、この次に出す『太陽の神示』へと移ってきます。（げっ、もう題名が決まっているんですか？）太陽への架け橋がその『太陽の神示』になるのです。『冨士』の次は『月』へ、『月』の次は『太陽』へ人間たちは昇ってゆかねばなりません。（古代エジプトのファラオのように？）ピラミッドの役目が神示なのですよ。（トートの神さまも入っているの？）トートはこの本にはいません。いずれわかってくるでしょう。月の者たちは意識が違います」。

1／30　イチョウの木であるしいの木さん？「『冨士の神示』は読まれますよ。かしこみ、かしこみ、『冨士の神示』の神々がこの世の者に語りかけ、書くことを知らしめて、進化の早やきを促し、仙人の如く進化させ、いつわりの世の中を改めまする。祝詞言葉、のたまいて、進化の意識を促させ、スサノオの大神をアマテラスの上に置き、美しき世にしたためる。ゆくゆく体も変わるころ、この世の中の意識ともども、いーつーまーでーもー。真髄、知りた者たちは、我の心に神を置き、神道の極意を知らしめたもー。神道の極意を知らしめたもー。（どなたですか？）今に根っこが生えたイチョウの木（しいの木さん？）……」。

1／31　生まれた者から、次の者へと変わるのじゃ‼「生まれた者から、次の者へと変わるのじゃ。（はぁ？　どなたですか？）ひつくの神じゃ。（神功皇后の神さま？）いままで、そう呼ばれていたが。国常立大神の仕組みが見えない力となって、降りてきておるぞ。腹の決まらぬ者は〝物〟の中に埋もれてゆくのじゃ。ユシン（油浸？）が浸透すれば、過酷な世の中も静まってくるじゃろう。ユシンの使いがこの国を支配し始めておる。支配の神がトートに代わったからじゃ。不思議なことも次第に普通になってくるじゃろう。人間の言葉をもってすれば、しょうがない世の中に光が射してくるのじゃ。帰れぬ者たちは、シンプク（心腹？）を満たすこともできず、ただ勝手に生きることを望むのじゃ。蟹のように、這いずり回り、いまに物に潰されてゆくのじゃ。母から受け継いできた体を使い、這いずり回った先にあるものは、人の死じゃ。死を次の生きるための手段とは考えず、命の最後と考えることでつまらぬ人生を経験する。この意味が分からぬものが、いつまでもこの世に執着を残すのじゃ。クンダリーニという輪廻のユシンがこの世を浸透し始めておる。クンダリーニは…。（ここから声が変わる）書きましたか？　二十日後に、いままでの言葉が徐々に浸透していきます。ユシンは流れていくようにその心を満たします。（『ひふみ神示』の原本を『日月神示』を読むように言われないの？　どうして、原本、『日月神示』というのでしょ？　ここからまた声が変わる）原本を見たところで、さらなる言葉は降りて来まい」。

2／1　時間の変更　国常立大神「国常立大神ですよ。千春さん。（あ、国常立大神さま！）『富士の神示』は時間を変える力が備わっています。進化の時間が今まで以上に早くなってきます。今までのことが次第に明らかになってきます。真ん中のシンがハッキリしてくるでしょう。書くことが出来る人も出てきます。いつの間にかエネルギーが使える人も出てきます。不思議な体験をすることでしょう」。

2／1　聞こえにくくなった私：其の一　ここ二、三日神々の声が聞きにくいなぁ～、長く降ろせないし。あれほど、しつこく聞け！　と言っていたコトシロヌシもやってこないなぁーなんて考えていた時。「そのうち、コトシロヌシの言葉が降りてくるだろうよ。心配するな。スサノオだ。（『冨士の神示』って、原本『日月神示』の次の神示じゃなくて、解読した『ひふみ神示』の次の神示でいいんですか？　ずっと気になっていたんですけど…）良いぞ。『日月神示』は読むことが出来ないであろう。あれは、あれで解釈をした者がいるのだ。それが、『ひふみ神示』だ。だから、ひふみ（一二三）で良いぞ。次に来るのが冨士で二二だからな。いずれ、また出さねばなるまい。その時は六六六の神示だ。（あれ？　太陽の神示でしょ？　この間そう言っていたもの）ははは…。同じだ。みろくも太陽のシステムのことだ。（あ〜っ、そうか）」。

2／2　聞こえにくくなった私：其の二　なんか、静かすぎるなぁ〜？　どうして誰も何にも言ってこないのか？　不思議だー。と思ったときスサノオが声をかけてきた。「耳が聞こえにくくなっているんじゃないか？（はい。昨日、一昨日ぐらいから、あまり声をかけてこないんですよ〜。どうして？）『ひつくの神示』を読んだか？（『ひつくの神示』って、『ひふみ神示』のこと？　はい、ぱらぱら捲りました。数字ばかりの原文が読めるかなぁーと思って…）しまったな…。（えっ、どういうことですか？）『ひつくの神示』は不吉なことを呼ぶのだ。（悪を抱き参らせるためにってこと？）ないことを…（あれ、聞こえにくいなぁ〜、『冨士の神示』を持つように誰かに言われ、持ってみる。あっ！　聞こえそう！）るいるい星の意識なのだ。もう、その（ひふみ）神示は手放すがよい。（…と、言っても、まだ必要になりそうですよ〜）ならば、封印する。神示を重ねよ。（どっちが上ですか？）『冨士の神示』を上にしろ。（これでいいですか？）神界の力で封印するぞ！（『冨士の神示』の本からエネルギーが出てきて、下の『ひふみ神示』を包み込んでいく…終わったのかな？　もうエネルギーを感じない）古い神示はもう必要ない。古い神示の下敷きになるところだった。気をつけろよ」。

2／3　炒り豆に花が咲く？　居木神社「（拝殿で手を合わせていると）今に強いエネルギーが降りてくるぞ！　そのままそこにいろよ。後ろは気にするな。（何やら体に入ってくる。じわりじわり…なかなか終わらない）長いぞ。（…ようやく終わったようだ。終わった？）よいぞ。脇に寄って、いつものように書けよ。（脇に寄り、ノートを取りだす）今にコノハナサクヤヒメの意識が充満しだす。扉が開いたぞ。開いた後から、今日、この日より、節分の豆に宿り、いり豆に花が咲くことになるのじゃ。いよいよ咲くのじゃ。この豆をまくことによって、意識が開花するのじゃ！　命の短き人類には分からんことかもしれんが、この世を担う者の意識はこれを機会に、徐々に、開くぞ！　ワッハハハ…。楽しみじゃのぉ」。

2／3　咲くよ意識、咲くよ命　真ん中の点「（電車の中で降りてきた）今から、進化する者はしだすぞ。（どなたですか？）いつの間にか、その意識が芽生えてくるのだ。『冨士の神示』のスサノオだ。（あ！　本のですか？　持ってきてよかった〜。↑出掛けに急いで鞄へ入れたのだった）真ん中の点が動きだし、神の意識が流れ込む。やがて来る、来たる、春の意識。長き夜（代？　世？）も明け朝日と共に、咲くよ意識、咲くよ命が。乗り移れるぞ。輪廻が動き、下から上から長い柄に、掴まれ、掴まれ、上昇するぞ。上がった先は神（新？）世界。体も心も軽くなり、今までの憂いが嘘のよう。今に変る世の中を、意識の花で埋め尽くせ。香る意識を高らかに、神（新）世界がやってくる。まだここに気づかぬ者たち、尻目にし、かろく鮮やかな神の世界。（どなたですか？　スサノオの神様じゃないですね？）真ん中の点だ」。

2／3　鬼は〜内、福は〜外！　明治神宮「（一番初めの鳥居の前）書けるか？（はい。ノートを取りだす）ここから、コノハナサクヤヒメに代わるぞ。（鳥居をくぐると同時に、コノハナサクヤヒメの意識が入ってくる）コノハナサクヤヒメです。千春さん。（こんにちは！　コノハナサクヤヒメの神さまがどうして、明治神宮にいるの？）さっき、放たれたからです。各神社にコノハナサクヤヒメが宿りました。（背筋が寒いです…）それがその意識です。そのまま神殿の方へ進んでください。（はい。わかりました）コノハナサクヤヒメの意識へ。神社からまかれるいり豆に宿り、人々の意識を開花させる働きをします。鬼は自分自身、それに気づいていない者は自分自身を追い出し、代りに（福）服従を招き入れます。コノハナサクヤヒメの意識を感じた者は、鬼（己）を招き入れ、福（服従？）を追い出します。意識の開花したおのたちは、次第に神の存在に気づきはじめ、己に気づきはじめるでしょう。形のないものが形として現れだしました。この日を境に己を探し、翻弄（奔走？）しだします。気づいた者から『冨士の神示』が目に留まるようになるはずです。コノハナサクヤヒメの意識が、この地を支配してくれれば、今までのおかしな世の中に気づきはじめます。苦しいことも、もうわずか。心の開花した者たちは真の喜びを手にするのです。（ここから次の鳥居になる。くぐったところで、意識を感じ始める）さあ、いよいよ始まるぞ！（どなたですか？）明治天皇と呼ばれていたものだ。（あ、明治天皇の神さまですか？　こんにちは！）よくここまで来てくれた。感謝するぞ。（特に今日、来る必要はありましたか？）いいや、今日でなくともよかったのだが、いずれにせよ、早い方がよい。コノハナサクヤヒメの意識がここにも届いた。これからが本当の選択（洗濯）になる。地獄のアマテラスの世もコノハナサクヤヒメの意識を受け入れられぬ者を導く準備ができた。今日この日を境に、ニッポン人の意識が大きく変わってくるだろう。いつの日も、鳴くよ（代）、鶯高らかに、己《おのれ》の意識を知らしめるべく。（ここで丁度、手水舎。手を洗って、門へ向かう）書けるか？（はい。門をくぐる）今から言うことを書いてくれ。（拝殿へ向かう。今日は人が多い。真ん中で参拝する）今から、力を授けるぞ。（長くかかる。手が痺れてくる）脇へ寄り書けよ。過酷な世も帰れぬ者は、更に激しくつらくなるであろう。真髄を知った者は、コノハナサクヤヒメの意識と共に、やがて、幾重もの花を咲かせるのだ。みなの意識がこの世をつくり、いつの間にか意識の統率がなされてゆく。今から、この力をこの豆に封入した。豆の栓が外れ、開花しだす者が増えてくるであろう。書けたか？（はい）下がってよいぞ」。▽コビトのお兄さんの木「（コビトのお兄さん、こんにちは！）コビトは元気にしていますか？（最近、語りかけてこないから、いるのか、いないのかわかりませんが、元気だと思います）…いますよ。心配いりません。コビトたち、こちらへおいで。しんから、しんから、急いでいくの。しんから、しんからコビトになる、さすらう意識を。しんから、しんから、整えよ。急ぎなさい。……。（？？ なんですかぁ？）書けたら行ってよいぞ。スサノオだ」。

2／4　本からつながった出口王仁三郎氏？　本屋で『出口王仁三郎』に関する本を見つけた。スサノオに読んでおけ！　と言われて購入。それを持って、家に帰る途中でいろいろ話しかけてくる。関西弁の男の人の声でどうも本の中に出てくる王仁三郎さんのようだ。まだ読んでいないのになぁ…。買い物帰りで、両手に荷物、メモが取れず。今、メモに取れないから、あとでお願いしますと言ったが、書かなくてよいぞと言われた。内容は「おなごか？」「神の仕事を手伝っているのか？」とかそういう話だったと思う。家に帰ってから、本を取り出したとき、意識がまた入ってきた。この時の言葉。道で語りかけてきた声とは若干違う感じがする…。「この本は、出口王仁三郎の本だ。今ならよいか？（はい、どなたですか？）暇なとき読んでみてくれ。いつかは、いらねば（？）ならぬ。ザングエ（？）が始まる。（ザングエ？　…懺悔？　ですか？）なにも怖がることはない。懺悔は進化を希望しない、何者も人間として生きる全てを放棄した者たちだ。いつの間にか形だけの入れ物に成り下がってしもうた。かつてのように、意志のある人間をつくらねばならぬ。いまでも、このままでよいと思う心の弱さを、昔のように人として、生きられるようにしてゆくのが、大本教の教えだ。（…大本教？　ってもしかして、王仁三郎さんですか?）そうだ。（さっきも言っていたけど、今、王仁三郎さんの意識が必要になってきているんですか?）しみじみ感じておるだろう。この世の中のことは、松の世にするためには、どのような環境でも強く、生きてゆかねばならぬのよ。今から、書いて、意識をいらい（?）して、今のこの状態から、人々を人間として生きていけるように世話してやってほしいのだ。書き言葉にして、人々に王仁三郎の意識を広めてほしい。（それが『みろくの神示』ですか? さっき、お稲荷さんにいるアマテルが「数字は揃った! 六六六だ!」と言っていましたけど、それって、王仁三郎さんのこと?）いかにも『みろくの神示』として、その言葉を載せてくれ。語る言葉は、進化する者に届けばよいのだ。進化しないものは生き地獄を味わうであろう。やってくれるか?（さっきも言ったように、無い袖は振れぬですよ）ハハハハッー。（な、なんで笑うの?）光の当たっている者には、金が集まるものよ。金が集まったら出せばよいのだ。何も心配するな。人間の欲から出た資金では金も逃げてゆくが、おなごの身に射しているその光の先には、たくさんの金が集まる体だ。神の仕事はいつまでという、契約書を取り交わすことがない。一生の仕事として、これをしてゆけばよいのだ。（あれ〜、ずいぶんと軽く考えていませんか〜!? 現実は厳しいですよー!）そのうち、心配することもなかろう。人間の本質を暴く良い機会だ。命とは何か、生とは何か、死とは何か、その状態、状態で学ぶべきことがある。残りの人生を使い切る前に、人間としての生き方を学ばねばならぬことを教えてやって欲しいのだ。いかに、そのことをないがしろにしているか、死骸になって気づいたところで、もう戻れんのだ。おなごの身でせねばならぬ仕事だが、今までのことを聞けば、国常立大神を世に出したのは人間として、千春の身による使命のようなものであろう。生きながら、この仕事をするのは、懺悔を必要とする人間にとっては理解できない話だ。体に宿るイキガミ（活神?）の生きた入れ物として、一生の仕事としていかねばなるまい。まだ、話したいことは、たくさんあるなれど、スサノオに止められおった! どうしてもというときはスサノオか意志の神に言え! とトートの神がそう言っておる。ごめんな。時間を取らせた」。

2／5　完成した本を持って湯島天神へ　なんとなく行かなくてはならないような気がして、湯島天神へ本が完成した報告をしに行った。御徒町のあたりから、湯島の神の気配を感じた。拝殿で報告したときの言葉だ。「おお! ようやく出来たか! 待っていたぞ!」と、声をかけてくれた。庭で作業していた禰宜さんらしき人に、できた『冨士の神示』本を渡そうとしたら、「神殿にいるから直接渡してくれ」と言われた。神殿にいた若い神職に渡すと「少し待っているように」とぶっきらぼうに言われ、お下がりの海苔を差し出された。いやいや、そういうつもりはないので、結構です。と断ってみたものの、「そういう習わしだから」とまたぶっきらぼうに言われ、受け取ることにした。一応、下谷神社、鳩森八幡神社、中目黒八幡、居木神社へ持っていたことを話したが（その後、目黒の大鳥神社へも持って行った。麻賀多神社の総代にも送っておいたが…）、聞いてんのか聞いてないのか、目はうつろな感じだった。ただの商業神職に感じる。湯島天神だから、そう言って本を届ける人も多いのだろうなぁ。神殿裏に回り言葉を聞くことにした。「腑に落ちんこともないぞ。心配するな。深く恩に着るぞ。この次の時は人気のでる本となろうぞ。（えぇーっ、やっぱり出すのぉ～？　という気持ちで聞いていた）人間の本来の働きを書けばよいのだ。深く感謝するぞ。居木の神も申していたと思うが、言葉というのは不思議なものなのだ。ここの禰宜たちには分からんかもしれんが、その言葉の一つ一つが生きておるのだ。なんにも知らぬ言葉とて、意味のないことと取ってしまう者もいれば、それを心に深く刻む者といるのだ。災害では人々の心を変えるのは難しかったようじゃのぉ。いつしか、そのことも薄れ、世の憂いばかりが募ってゆくのじゃ。書けたか？（はい）今、ここにおる意識のない禰宜には破壊の力の怖さを知らんのじゃ。禰宜は禰宜として神に使えるという心持が必要となっておるのじゃ。《静かな心に宿る灯を、絶やすことなかれ、いつまでも》道真じゃ」。▽戸隠神社「お前はいつか来た者だな？（はい。本が出来たので、この神社へ持ってきました）反感を買うかもしれんが、いずれ分かることだ。命の短き人生を何もせずに過ごしていれば、長いものの仕組みによって押し潰されてしまうのだ。耳のない者にとってみれば、そのことも分かるまい。いつものように言葉の重きを知らず、ジン（臣？）としての働きも知らず沈んでゆくのだ。この世の中にある意識と共に、今までのこともすべて消滅してゆくのだ。書きにくいことだと思うが、何も知らぬ者たちはつまらぬ戦（闘）をしながら、やがて滅んでいくのだ。〝物〟（漢字で物の字が浮かんだ）という、幻を追いかけ探し求めたものはその場で消える。金《かね》を追いかけ自滅の道へ。片づけよ！　その者たちの意識はいらぬのだ！　このことが分からぬ様では今に来る異変を乗り越えることは出来ん！　時間を間違えるな。進化の時間をだ。勝手にいつまでも続くと思っている奴らの状態を酔ったまま貫くぞ！　天から来る攻撃は意識を一掃させる。道しるべを渡そう。もう一度、手を合わせよ。

（手を合わせると）いるいる星の意識を持った人たち…（という声と共に、白灰色の光と白い服を着た人の姿がイメージとして見える）この者たちの意識は過去の意識だ。下の世界に住む過去の意識だ。いずれ、それが必要となってくるのが分かるだろう。帰ってよいぞ。（はい。これが〝みろく〟と関係あるのですか?）もちろんだ。〝みろく〟の意識が過去の意識だ。下がってよいぞ」。▽海苔の言葉「（家に帰って、おさがりに頂いた海苔を手にしたとき語りかけてきた）アジアの地に異変が起きるぞ。輪廻が変わったのだ。（それはよい方へかわったのですか？ 悪い方へ変わったのですか?）天から来るアラーの導きだ。（天から来るアラーって、イスラム教ですか?）実地に出すから見ておれ。今に意味が分かることだから、早く知らせなければならぬ。輪廻の向きは命の短き者をなぎ倒し、輪廻の改革を進める」。

【2月15日、日本時間午後0時20分ごろ、ロシア・ウラル地方に隕石が飛来、上空で爆発。衝撃派で多数の家屋のガラスや屋根が壊れ、約千人が怪我をした。海苔の言葉は隕石の予告であったのだろうか】

2／6　頭の中の静寂は地震の前触れのことが多い。この日もそうだった。

【2月6日、ソロモン諸島でM8の地震発生。日本でも津波が観測された】

2／7　スサノオ？「書けるか？（はい）国常立大神一人の意識ではない。（はあ？ なんですか、突然…）こうしているのはコトシロヌシだと言うことだ。（あっ！ スサノオの神さまじゃなかったの?）仕事だ。（すみません）今から書くことは、これから起きることだ。しまいには、軽く考えている者はこの世の重みで沈むことになっている。（沈むって?）アマテラスの地獄へ行くのだ。輪廻が変わったのを知っているか？（はい。スサノオの神さまが言っていましたよー）さすがに神の仕組みまで、並の人間でない（者でない）限り、知らないだろう。体を持つと言っても、言葉の通り…（眠くて意識なくなる）」。

2／8　この道の流れ「〝みろく〟とは五六七の次の世のこと。不動の世。書けるか？（『出口王仁三郎の遺言』櫻井喜美夫著には〝みろく〟は五六七であって、666は偽りの〝みろく〟と書いてありますよ）いかにも。掛けたことはあるか？（えっ⁉ 掛けるのぉ？ ないです…）掛けた数字が何か知ってるか？（いいえ！ 掛けてみます。567×666＝377622ですよ）〝みろく〟とはこの数字のことをいう。（どういうことですか?）三千世界にある数字じゃ。（えっ？ 三千世界にある数字ってなんですか?）不動の数字。いいか、じっくりこの数字を見てみろ。下に冨士、冨士の次が六の数。これが〝みろく〟。次に七、この数字が神の数字。して、一番上に三。三千世界の意味。五六七の次に何が来る？（普通は八、九、十、でしょう）八の世が来れば、〝みろく〟の世になったと言える。冨士の次は六六六を目指さなくてはならぬ。（666は悪魔の数字じゃないんですか？）そう。悪魔がこの世を創る。邪教じゃ。666を悪魔にしたのは六六六の道に至ったものしか分からんかもしれんが、堕落の道でもあるのだ。666を下にすれば、滴のように下へ滴る。最期の七七になるまで、三千世界を経験する。（どなたですか？）深い意識の者だ。よく聞き取れたな。静かなものよ。神がしたことは。形がなくなる。（ナニルの神さま？）ナニルを構成している流れだ。この道の流れ」。

2／9 〝フフフッ〟の瞬間　コトシロヌシ「いつまでも神の存在を認識しなければ、〝フフフッ〟とした瞬間に耳が聞こえ、絶対神の元へ帰されてゆくことになるのだ。〝フフフッ〟というナニルの笑い声が消滅の合図だ。しょうがないと思っている者はもう、再びこの世として生まれくることはないのだ。人間として生まれてきた訳を知ることと。孤独な人生を一生感じるのか？　自分の年老いた姿を、死を待つ姿が自分の人生をつくることになることを喜びとしていくのか？　悲しことよのお。神の存在を知ることは上の世を知ること。つくられている仕組みを知ること。我慢することが喜びと、皆の者は考えるが、我慢に行動はない。動きはうまく行けば、神の道へとつながる。行動したことに神が宿る。命の短き人間にとって、行動を起こすことは、輪廻を動かすことにもつながる。この関係は仕組みなのだ。（ん？　どなたですか？）仕事を良しとする者たちに自分の大切（さ）を知らせて欲しい。自分への甘え、世間への甘えは、一時的なのものだ。人間の思考が憂さにならぬように、形という憂さにならぬように、自分自身を覚悟させておく習慣をつけること。その意味を知ること。意地の悪い言葉として受け止められるやもしれんが、仕組みとはそういうものであることを知っておくべきだ。心配していることとは、孤独であるということ以外に感謝するということを心がけること。それが強くなる秘訣なのだ。人間の言葉にすれば、最期の審判というミケランジェロという者が描いた絵があるだろうが、その最後の審判がここで下されたのだ。最期の審判は人間を生かすか殺すか、形のない者たちが言葉を交わし決めたのだ。意志のない者たちの存在は生き物としての価値はない。界ごと消滅させることにしたのだ。理解できぬ者たちに住む場所はない。明日へ進む者だけその道を歩ませることにしたのだ。王仁三郎の言う言葉の意味を知るべき時が来た。苦い人生を生きるための過程に、宣告した世にゆくゆくはなるのだ。立春を過ぎた今、破壊の力は更に強く進み、同時に新しい世になる仕組みだ。意外なことも神の仕組みとして受け入れよ。心こそ、道を開くことになるのだ。何も恐れることはない。人間として生きる術は全ての人間に備わっている。そこに気づくかどうかが、人間として生きるか、獣として生きるかの分かれ道になってくるのだ。（どなたですか？）コトシロヌシだ。コトシロヌシの言葉を書いたか？（はい。一つ教えてください。６６６と五六七の〝みろく〟の違いがまだよくわかりません）勝手に仕組みをつくったのが６６６だ。六六六とは違う。６６６は獣の道。六六六は神の道。裏の裏が獣《じゅう》の道。（このジュウって、10のこと？）さかさまのジュウだ。一二三（ひふみ）とは違うジュウだ。下へ向かう10（獣）の道が６６６の獣の道。五六七は完成する直前の道。六六六への道へ続く道だ。次に完成された世の七の世界がある。再びもって、下から積み上げ、七から七七へと向かうのだ。全体の動きは止まることを知らず。七七の動きも更に七七七へと進む仕組みだ。それが喜び（㐂）なのだ」。

２／13　和の心　居木神社「言葉を降ろそう。書けるか？（はい）今、必要な言葉は和なのだ。今、言葉を深く知る者は、和の心を持つことなのだ。人間の心と体の和だ。人間は言葉を伝心する手段としか使わぬ。言の葉として伝播することを知らんのじゃ。美しい心を持つには自分への和を開くこと。かけがえのない人生を恐怖で満たすな。破壊に転ずるな。人間の言葉を鵜呑みにするな。我欲を捨てよ。肉を捨てよ。支援の手が降りてきておる。何もかもその支援の手に委ね、生きてゆくことが善（全？）というのだ。自分のことを大切にしろよ。勇気を出せ。さ迷う世界にぁう…無縁になれ。この言葉は次の神示に載せるのじゃ。（どなたですか？　いつもの居木の神さんじゃない感じ…）福じゃ。（フク？　ここでおばさんが二人やってきて、大声で喋り出すため聞こえなくなる）」。

２／13　再び本からつながった？　王仁三郎　２／４に本屋で見つけた『出口王仁三郎』に関する本を手にしたとき降りてきた。「やっと、またつながったな。（えっ⁉　王仁三郎さんですか？　…この本はよくつながるなぁ）あしたへ続く耳が言うのだ。千春さんは忙しいから、深く心に入り込むなと。（中断）人間の未来も出来た。リミットだ。言葉は人間のリミット…（再び中断…続きをお願いします。…王仁三郎さーん！　いますか〜？）王仁と呼んでくれ。（王仁さんですか？）はいそうです。（では、王仁さん、続きをお願いします。言葉は人間のリミットってなんですか？）もう、限界や。かけがえのない…曇った心に響く言葉はないと言うことや。意地悪としている訳ではないやろうけど、曇った心に響く声はない…。（…わぁ～！　寝てしまった！　王仁さんいますか～？）過去へ向かう…（だめだ…眠くて）」。

2／14　本屋で『冨士の神示』をみつけたときの言葉　コトシロヌシ「そのままにしておけ。そのうち売れるぞ。（そんな売れるわけないですよ～。内容が内容ですからねぇ。それに目に入らないんじゃないですか？）目立たないから、目立つのだ。（どういうこと？）目立たないから力を感ずる。（はあ…）信じていろよ。段々、エネルギーが強くなっていることに気がついているであろう。人々は神示を読みたい衝動に駆られるのだ。この世に自分の本質を見いだせないからだ。人間としてこれでよいのか？　今いるこの世界に不安や不信を抱いている。何を信じればよいのか、情報が行きかう中で見出せずにいるのだ。目に見えない何かに導かれたいと、それは自然なことだ。人間、本来のすべきこと、やるべきことに気づき始めているからだ。『冨士の神示』はそういった者の心に深く入り込む。知らぬうちに、手が出るようになる。（神々は余程、この内容を知らせたいんですねぇ…でも現実はそううまく行きませんよ）書いた本は字の力となって、人々に働きかける。人間の本能に目覚め始めている。今に、その本を持っていなければ、落ち着かぬ者も現れて来よう。それくらい、あの本には強い力が入っているぞ。進化する者の心は躍り、更に上の世界へ行き、静まりたい者は沈める力があるのが、『冨士の神示』だ。（…お好きなようにしてください）」。

2／15　ＪＲ新小岩駅の人身事故　王仁三郎「王仁が答えようか？（あ、王仁さん！　2／7新小岩駅の人身事故、自殺の話、知っているの？『冨士の神示』が出た途端だよ。がっかりだなぁ。下谷のコンちゃんやひとみさん、死神さん、新小岩のお化けでも防げなかったかぁ～）構わず聞けよ。千春さんの近くで起きていることは、心配ないと言うことや。（心配ないって、どういうことですか？）自殺は続く。頑張っても続く。（どうしてですか？）全体的に、情勢は悪くなっているからや。進化した者にはその影響はないはずや。進化せん者には過酷さが増してくるんや。沈めたれ。新小岩駅そのものや。（下谷のコンちゃんたちは？）ゆっくりと沈めたれ。（みんなも一緒に？）静かに沈めたれ。下谷のコンには年の神がおるはずや。下谷の者は下谷へ帰れと伝えたれ。（死神さんとお化けたちは？）連れて行くやろう。沈めたとき、今までおった者は下谷へ引き上げるよう、ゆうてから沈めたれ。（わかりました。新小岩駅の人身事故はどうなりますか？）自殺は止められへん。形のない者よりも、人間たちの手でそれをせなあかん。輪廻を下谷へ移す。過酷な王仁三郎や。人の使い方を直していかんと、そこにいつまでも甘えておってはセンシヨウ（戦勝？）いかんぞ。通信できんもんは、生きていることの意味が分かっておらん！　人間として、生きる道を放棄した者は、神の道から放棄したと同じや！　破壊が強うなってきておる。全力でこの破壊から逃げんと、死んでしまうようになる。ニンキ（任期？）のある普遍的な、暮らしで…（ちょっと中断します。…続きをお願いします）人気のある商売ばかりしておったら、いずれ衰退してしまうがな。吟味して仕事をせな、すくわれてからじゃ遅いのや。任期のある人間としての人生をどう生きたらええか、よーく考えな、死んでしまったときでは遅いのや。人肉のあるうちに人間として舵を取らんとゆくゆくは闇に強引に引き込まれていくんやで。（どうやったら、破壊から逃げられますか？）もう、逃げ場はない。行く手は暗い世界と続く。残念だが、今の多くの人たちに伝えることは出来んやろう。人間としての破壊が進むだけや。（中断…王仁さん、いますか〜？）そろそろ、新小岩駅も千春さんのことに気がつくやろうなぁ。（どういうことですか？　ここで、なんとなく『富士の神示』を持った方がいいように感じる）千春さんの仕事としてやったことは、おしまいということやで。（下谷のコンちゃんたちの任期が降りたってことですか？）おしまいや。選択（洗濯）されておることも分からん人間の世話はおしまいや。いつまでもその手には乗せられへん。（ここから声が変わる）自殺をする者がなぜあの駅に寄るかといえば、自分のことを世に知らせたいからなのだ。自分の存在を世に知らせたいという願望が自殺者にはあるのだ。（あれ、王仁さんじゃないですね？）スサノオだ。（あ、本からか…）もう、コンたち下谷の者もこの本の中へ戻ったのだ。自殺願望者を説得する仕事も終わった。（あ、そうだったんだ。この本に戻ったんだ。だから、本が世に出た途端に自殺者が出始めたのか…。支援の神の死神さん、十字架の死神さん、ナニワの死神さん、チーム穴のみんな、下谷のコンちゃん、吸血鬼のひとみさん、新小岩駅で自殺したお化けたち、今までありがとう！　そして、ご苦労様でした！）選択（洗濯）が始まったのだ。仕組みが動き出した。それはこの本が世に出ることが、仕組みそのものなのだ。（あれ？　また声が変わった。誰ですか？）コトシロヌシだ。（あ〜、またか。でも、みんながみんな読むとは限りませんよ〜）言葉は伝播するものだ。この本がきっかけとなり、これから出版される本の多くは『富士の神示』と同じ思想になってゆくのだ。（それが王仁三郎さんの意識ですか？）コトシロヌシの意識だ！（と、いうと、王仁三郎さんにコトシロヌシの神さまが入っていた？（ということですか？）そうだ。（なるほどー。で、今度は私たちに入ってきたと？）そうだ。（でも、王仁三郎さんみたいに、神通力のようなものは私たちには使えませんよー）理解しておればよいことだ。（何をですか？）仕事をだ。神の仕事だ。無になっていれば自然と神通力は使えるものだ。理解すること。神の仕事として下がってみること。のりかからず、下がってみること。（たとえば、中国の尖閣諸島の問題とか、北朝鮮の核実験のことなどですか？）バカなことよ。形に出したいだけじゃ。宣告したがっておるのじゃ。（何をですか？）自殺者と同じじゃ。分からんか？（どなたですか？ 今日はころころ変わるなぁ～）役行者だ。（あら、お久しぶり～）死んだと思っておったか？（いいえ、最近見かけないから、どうしたのかと…）仕事もあるからのお。難しく考えてはならんぞ。（中国に北朝鮮ですか？ 目立ちたい？）つまりは、そう！世界からつまはじきにされておるから、簡単には引けんようになってしもうた。自国のことがうまく行かんから、目を外に向けておるだけじゃ。言うてることわかるか？（また、変わった。今度はひふみ神示の神さんですか？ 神功皇后の神さんですか!?）神功皇后でよろしい！（はい、神功皇后さま）内部の情勢をうまくコントロールできん国民性なのじゃ。だから、対外的にことを進めようとしておる。あんなことしたら、余計につまはじきにされるであろう。中国は自滅に向かっておる。内部の公害も処理する能力もない。国民の健康は損なわれ、意志は国へと向かっている。それをそらす目的が日本なのだ。日本という国を悪者にしたて、自国を守っているのだ。自殺者も自分という存在が危くなっている。それを誇張するために、わざわざ、新小岩駅を選ぶのだ。そうするしか自己主張できないのだ。新聞やテレビで報道されれば、注目を浴びる。それが彼ら自殺志願者の望みなのだ。言うていることわかるか？ 王仁だ。（どこから王仁さんになりました？ 己の意気をあげるために他を攻めるんですか？）そう。（可哀想な人たちですね。なんで自分で、できないのですか？）失望が怖いからだ。（失望？ 他人からやられるかもしれないのに失望？）自分を失望させたくないという気持ちだ。（なんで失望させたくないの？）消滅が怖いからだ。（自分が消滅することを知っているってことですか？）異常な心理状態だ。消滅させられることが怖いから、自滅する道、つまり、他人に消滅してもらおうとしているのだ。それが中国の場合は日本だということだ。（なんで日本なんですか？）消滅しない国だと知っているからだ。国民性なのだ。（どういう国民性？）生涯を強い者に従いたいという国民性だ。（というと、日本が強い国だと知っているってことですか？）知っている。（軍隊もないのに？）戦わずして勝利を得る国だと言うことだ。（でも、アメリカにやられていますよ〜）心配ない。いずれわかってくるであろう。やられたようになり、その思想がアメリカにも中国にも浸透して行き、結果的に日本という大国ができてくる。（あー！やられたように見えるけれど、結果的には日本の思想がアメリカや中国の思想を覆すということですね！）ハハハハッ…よーうやく気づいたか！　千春よ遅いぞ！　それがトートの力だ！（今度はトートとの神さま？　それではいったんは日本という国がなくなっていく、ということになりますよ〜涙）国にこだわるなっ！　いいか、この地球全部がニッポンなのだ！　どうだ！　神の計画はぬかりないぞ！　まぁ、すこし千春も苦労するかもしれんがな…。（どう苦労するんですか？）一度は違う思想になじまなければならんということだ。（中国とか北朝鮮とかアメリカとか？）そうだ。スサノオだ。その融合した思想が日本の思想なのだ。大昔からの思想だ。それが神道。神の道。（新小岩駅の自殺者は？）もういいから放っておけ！　駅に囲いをつければいいことだ！　それをせぬ、駅方がわるい！　他人に頼るその精神がいかん！（そうなるわけですか…。納得。つまり、守り、ガードを固くしておけということですね）いずれわかってくるだろうが、そのガードというのが、神の道なのだ。神の思想そのものが守りになって行く。

【総武快速線、新小岩駅で人身事故　一時運転見合わせ朝日新聞デジタル　2月7日（木）16時36分配信】

2／15　現実になってしまった隕石の飛来!!　ロシア・ウラル地方に隕石が飛来。

2／16　小惑星（2012　DA14）が月周回軌道の内側に入り込み地球に最接近。1／20には関東地方でも大きな火球が観察されている。2012年、神々にこんなことを言われていた。以下抜粋。**2012年4／20　名もなき者の神**（注：スサノオのこと）「…支援というのは人の邪魔をしないようにクエンティンらが陰からエネルギーの枠を作っていることだ。（エネルギーの枠？）そうだ。大きな事故や不運などをなるべく不必要に寄せ付けないために、この地球全体を覆っているのだ。（そんなこと知りませんでしたー!!　それでも大きな事件や地震があったりしますよ）不運というのは惑星間に漂う岩などが地球の重力にはまって落ちることだ。（あ！　隕石ですね）大きな隕石ともなれば、地球人に被害がでることになるからな。まだ未熟なものにはそれらの対処ができまい…」。**5／6　真ん中の点**「…（つまり、今の地球の表面に住んでいる人たちが自分勝手に行動していれば、宇宙の人達や地球の内部の人たちはもう見放すということですか?）正しくその通り。反対に、死を受け入れ魂を消滅させる方向に向かわせるということだ。いつまでも役に立たぬものを世話しておくこともなかろう。必要に応じて何度も警告してきたのだから。（大洪水もそうですか?）長い歴史の中で今始まったことではないのだ。今度で4回目の忠告になる。（そんなに?）体の寿命が短いから、知らぬことも多かろうが、次の警告で気づかねば破壊することになっている。（破壊って、この地球をですか?）そうだ。（どうやって?）今、上空にある防御の力を取り除く。そうすれば、地球めがけて何百倍もの天体に飲みこまれるであろう。（それって、太陽のことですか?）太陽は違う。他から来る天体だ。（それが、近づいてきているんですか?）そうだ。（あと何年後ですか?）はっきり言えない。地球人の心の成長によっては回避できるからだ…」。今回の事件は神々の加護がいよいよ外されたということなのだろう。地球保護シールド撤回のことは2012年の11／21でも言われている。

2／15『冨士の神示』は〝未完成〟コトシロヌシ『冨士の神示』の文や字の間違いを発見！　何人もの人が目を通したのに。それを後悔していると…。「書いたものは、恥じと思わぬことだ。知らないことは知らなくてよいのだ。進化した者であれば、知らぬこととして流せばよい。滴が垂れるようにその言葉がしみ込んで行くのだ。書いた字の動きが、そうさせているということだ。いちいち、直すまでもなく、気づかないという現象は普通にあるのだ。進化したものであるならば、そこに動きがあると気づく。言ってみれば、破壊とは、完成されたものに働く。つまり、この本は、まだ〝未完成〟だということなのだ。滴がしみ込み、進化してゆく過程で、流れという動きが重要になっていく。流れをつくるには、次へと進む未来があるからなのだ。その未来は受け入れるべく隙間があるのだ。滴の方角は命の方角だ。その滴りが命を育むことになる。さらなる本の完成は完成された時点で、同時に破壊されるのだ。書いた字の間違いを正す時、『冨士の神示』は破壊へと続き、それがまた次の本へとつながってゆくのだ。その破壊の力を利用し、過去を始末してゆく。その力が無数の未来へとつながるエネルギーになるのだ。この本の間違いは破壊を避けるために仕組んだものだ。その意味が近々わかるであろう。（どなたですか?）コトシロヌシだ」。

2／16　コノハナサクヤヒメの上司　コノシマニイマス神「コノシマニイマス神です。（こんにちは、初めまして）白い光を持っている人ですね。（う～ん、自分ではわかりませんが…白い光がなにか?）この光を持っている人は、次の世に生きる人です。（そうなんですか?　光と何か関係があるんですか?)色のない光は白と黒の光です。白い光というのは黒い光を白く変える働きがあります。黒い光ばかりの中に白く光る一点は美しく輝いて見えます。白い光は暗闇の中で輝く星のように次への目印になります。人間たちの中にも何かに誘われて意識が変わってきているようです。白い光の周りに少し未来が見え始めています。コノシマニイマス神は破壊されて出てきた神です。(何が破壊されたんですか?)人間の意識です。(コノハナサクヤヒメさまと知り合いですか?)コノシマニイマス神はコノハナサクヤヒメを使ってこの島の人々の意識を太古へ戻そうとしています。(それではコノハナサクヤヒメさまの上の神さまですか?)はい。人間の意識が壊れ始めています。(どう壊れ始めていますか?)いづ(ず)こへこの道が続くのか信用できなくなっています。(それは、この現界の生活や情報のことですね)はい。支配されている者が進化の過程で自分を見失いつつあります。それが破壊です。(今までの常識では未来が見えないと言うことですか?)その未来をつくるのが意識なのです。つくるのは陰になっている自分なのです。白い光を求めて情報を探します。隅っこに白く輝く色のない白い光を見つけたら、奈落の果てから抜け出せるサインです。(それはイザナミさんの光ですね)白い光の意味は月(次)の世なのです。過酷な輪廻から飛び移るチャンスです。今、飛び移らなくては白い光は闇にかき消されてしまいます。強いるつもりはありません。勇気のない者は流されて行きます。印はその時だけ白く輝いていますから、いつまでもそこにあるわけではありません。白い光を目指す人にとって、白く輝く星はゆくゆく行く次(月)の世だと知っています。意識の変革がなされれば、人間本来の力が発揮され、未来が形つくられてゆきます。良いことと、悪いことの区別はなくなります。賢く生きるためには、今までの意識が邪魔をします。絶対神ナニルの常識を知らせてください。白い光を持つ者には神の意識が宿っています。絶対神の意識が次(月)の世なのです。(コノシマニイマス神さまは『富士の神示』の神さまですか?)いずれわかります。神示の意味が。人間の未来はこの神示にあるのです。再生する力は、この神示の中に隠されています。(あ、だから、間違いだらけの未完成なの?)破壊を抑えるために、仕組んだことです。読んだ人の中にある未来のスイッチなのです。(この本を読まないと未来は開けないの?)破壊が進めば、知らず知らずのうちに流され、壊滅することになります。(いま、コノシマニイマス神さまが出てきたということは、どういうことですか?)次の世の常識をつくるためです。(それは、私たちが降ろすことになるんですか?)さよう。コトシロヌシだ。いままでのように、意識を向ければ言葉として降りてくることになるだろう。（わぁ、もう眠くて、降ろせないですよ…）意識の更に深くにある言葉を降ろしてゆかねばならぬ。（結構つらいんですが、何かいい方法を教えてください）書けるとき書くのだ。しばらくしたら、慣れてくるであろう。（はい、わかりました。とにかく、おやすみなさい…）」。

2／17　シミ　国常立大神　今朝、起き抜けに国常立大神に「千春さんのシミを取り除きます。このままですと、破壊を選びます」と言われたが、シミを取られたような感覚もなく、いったいなんのことやらと思っていた。「（国常立大神さま、お願いします）シミはなくなりましたよ。（実感がないんですけど…）シミは仕事の煩雑さから出てきたものです。過去のシミではありません。そのままこの現界にいれば、過酷な世の中であるため明日の日も感じなくなります。隕石の落下は神示が世に出たことで、現実のものとなりました。千春さんの神示がこの現界に移されたのです。過酷な世の中もいずれはなくなってきます。美しい人が増えてくれば、いるいる星への道がつくられてきます。津波以上の災害が頻発します。ロシアの隕石落下もそうですが、宇宙から飛来するものがこの地球を襲うからです。体にシミがあれば、そこを突いてきますから、体のシミは取り除いておく方がいいですよ。（どうやって、取り除けばいいですか？　それに、シミって気づかなければ取り除けませんよ。シミの特徴を教えてください）ひ弱な心の持ち主には分からないことです。心の強い人は自分の考え方に気づいてください。軽く考えていることが深いシミへと発展していきます。書いたものが現実になってきています。読めばそれは分かるでしょう。しかし、読んだだけではシミは取り除けません。シミの在りかがどこにあるかを確認しなくてはなりません。（シミの認識方法を教えてください…眠くてだめだぁ。うとうと…はっ！　さっきの続きを教えてください！　シミの在りかってどこですか？）それは現実の生活の中にあります。（どういうことですか？）過去から来たものもありますが、現実の生活がつくるシミに注意してください。（現実生活のシミ？）真理を忘れて、この現実に没頭することがシミの原因になってきます。（神との連絡が取れなくなるからですか？）そうです。こちら側の加護が効かなくなる瞬間です。自分の意識の中にいつも神を意識していることが重要になってきます。（忙しいとそれどころではないですよ～！　どうしたらいいですか？）神に寄り添う気持ちが大切です。（あれ～、私、神さんに寄り添っていないですか？）意識の上でやらされていることが多くなっているからです。（だって、怪我した母ひとりでは何もできないから、仕方ないですよ）いかにも。その気持ちは分かります。下がって見守ることも大切です。（だから、自分でできそうなことはやらせていますよ！）下がってみるというのは、次の世の力を付けさせることですよ。（あの神を信じない母に、次の世の力なんて無理ですよぉ）信じないことが、これから次々出てきますよ。（隕石の落下のようなことですか？）はい。（あ！つまり、私のシミって、母のシミなんですか⁉）やっと気がつきましたか？（それが、何かを引き寄せてしまう⁉んですね。夫なんかはどうですか？）自分で勝手に引き寄せてます。しかし、千春さんの手を借りなくても自分で引き寄せています。しかし、千春さんのお母さんは千春さんの力を借りて引き寄せてしまうのですよ。理解できましたか？（ようやく…。ゾッ！　じゃあ、どうしたらいいんですか？）縁を切ることです。（親子の縁ですか？）因縁です。（因縁なんかあったの？）はい、強い因縁が発生しています。これは母から出ているものです。それを断ち切らなくてはなりません。（具体的にどうやって縁切りしますか？）生活の縁切りです。（生活の縁切り？　って、思えばいいのかな？）母の手はもう動きます。心配しなくていいですよ。自分の手が動いてしまえば、千春さんの家から出ていかなければならないと思っています。だから、それが動きを邪魔しています。（えっ〜！　そうだったんだ！　つまり、甘えかぁ）ここにいれば、いつでもご飯が食べられ、洗濯もしてもらって、お風呂も入れてもらえて、なにかあれば、助けてもらえるという甘えがあります。（だけど、老人ですよ〜）そう、そこに甘えがあります。それは、千春さんのお兄さんにもあります。そこが全てを狂わせているのです。がっかりしないで聞いてください。さすがの千春さんだって、そこまで面倒はみきれませんよ。お兄さんにも自分の生活があるでしょうが、自分の奥さんは遊んでいます。いかに忙しそうにしていても、それだけ家事をやっている訳ではありません。（まぁ、そうかもしれませんが…）家事をしないからといって、怠けているふりもできません。いずれ分かってきますが、総てが千春さんに頼っているからです。（がーん！　じゃあ、どうしたらいいの⁉）まず、お母さんの生活と縁切りしなさい。それから、お兄さんともです。縁切りしたからと言って、親子や兄弟の縁が切れるわけではありません。その甘えと縁切りするのです。（兄は両方共ですか？）下のお兄さんは切れているはずです。千春さんに連絡は来ないでしょ？（来ないけど、母のこともいつも私に押し付けていますよ〜）ククッ…。（な、なんですか⁉）自滅します。（じ、自滅？）はい。自分のことも考えないで生活すればそれは、隕石でもなんでも引き寄せますから、自滅しますよ。だから、必要ありません。勝手に自滅する分ならいいのですよ。千春さんのお母さんの場合も、お兄さんの場合も、千春さんを巻き込んで自滅しますから厄介なんです。（つまり、神さんの方でそれを切り離すことができないってことですね）そうです。切り離すと言うより、助けることが出来ないと言うことです。（わかりました。縁切りします！）いつの間にか、因縁が濃くなってしまいました。意地悪を言うつもりはありませんが、未来を含む人は常に周りに気をつけなくてはなりません。八坂さんにもそう言ってください。八坂さんの周りにも八坂さんに頼っている人が大勢いますよ。そういう人たちとの縁切りが重要になっています。それは親子であろうと兄弟であろうとです。（結構厳しいご指摘。はい。心して承ります。縁切り!!）」。

2／17　現代にあるノストラダムスの意識「（『冨士の神示』の神さま、〃ノストラダムスの予言〃って知っている？）知っていますよ。千春さん。（どなた？）エノックですよ。（久しぶりねぇ〜！　どこかへ行っていたの？）アマテラスの仕事をしていました。（どんな仕事？）アマテルですよ！（あら、失礼！）母に付けた薬が効いてきますよ！（どういうこと？　さっき国常立大神さまに「縁切りしなさい！」って言われて縁切りしたところよ）ハツラツとしてきたでしょ？（そういえば、お散歩に出かけたなぁ〜。行っておいでって言ったのは私だけど）はまりましたよ。（何が？）散歩ですよ。諦めていたことが出来るようになってきたと言うことですよ。（痩せたからでしょ？だって、あんなに太っていたら、重くて体も手も動かないよー）その体に更に、軽くなる薬を付けました。もっと、軽くなって、手も動くようになりますよ。そうなれば、自分で生活しようって気になりますから、心配しなくていいですよ。（だけど、自宅だと、お買い物とかできないですよ）兄のお嫁さんがしますよ。（えっ!?　するわけないじゃない！　自分の母親じゃないんだから）知っていると思いますけど、シンに強い見栄があるんですよ。その見栄が異常に発達して、世話をするんです。（まぁ、話だけ聞いておくよ。ありがとう…）ノストラダムスでしたよね。（あ、そうそう、エノック知っているの？）知っていますよ。昔、仲良しでしたからね。（あの予言はエノックが教えたってこと？）ハハハハッ…（どうしたの？）外れたって言いたいんでしょ？（外れるも何も、予言だから、年代は前後するでしょ？）いつかお話ししようと思っていました。過去の予言は外れませんよ。現実にそうなってきているでしょ？（どうして、未来のことがわかるの？）千春さんだって、知っていますよ。（私が知るわけないでしょ！）過去のことも未来のことも、千春さんなら分かるはずですよ。（どうやって、わかるの？）仲間が知らせに来るからです。（それって、神さんたちのこと？）その神さんたちのことですよ。（ノストラダムスも神さんたちに教えられたの？）何もないところに予言はできませんよ。行って見てきたんですよ。（ということは、この世にノストラダムスの意識があるってこと？）ハハハハハッー！（声が変わる）始めまして、千春さんとやら。（だ、だれ!? 強いエネルギーだね～！）わたしが、ノストラダムス！（ほんと～？）疑いますか？（まぁ、夢か現実か？ 疑うか疑わないか…）信じてもらえなくてもいいですよ。（だって、ノストラダムスが日本語を知っている訳ないじゃない！ たしか、フランス人じゃないの？）意識に話しかけていますから、日本語もフランス語もありません！ 過去の者が未来の者に話しかけられているというのは事実です。（過去だか、未来だかって、どこで判断するんですか!?）言葉にしてみれば、嘘も方便。賢く生きるためには嘘の中に現実を見つけることですよ。御嬢さん！（あの～、〝御嬢さん〟は嬉しいですけど…、そういう年齢ではありませんよ…）いえいえ、私からみれば、十分〝御嬢さん〟ですよ。（あ、ありがとう。ふ～む、まぁ、悪くないか…）御嬢さん、いいですか？ 過去も未来もないのが普通なんです。この世の常識が間違っていますよ。過去を知ることも未来を知ることもすべて、自分次第。心の中を探れば、それは見えてくるのです。医者として活躍した過去を持っている私ですが、現代の医療は誠にすばらしい！ が、余計なお世話だと言うこともお伝えしたい！（きゅ、急になんですか？）さよう。この世に生きる者として、必要な医療というのは、本来備わっている自然治癒を損なわない医療のことです。しかし、今、千春さんたちが生きているその現実は正しく、そこを間違った方向に行こうとしています。つまり、自然治癒力を損なっている医療だと言うことです。自然治癒というのは治そうという力のことです。人間の体にはそういう能力が本来あるべきものなのです。自然治癒を最大限生かすためには、意識の問題もあるのです。自覚です。医者に頼らない心境をつくりださなくてはなりません。医者は病気を治すお手伝いしかできないと言うことです。薬にしても、使い方を間違っています。使いすぎで余計に自然治癒力がなくなっていますよ。適材適所的に何でもかんでも薬をつければいいというものではないということです。体に備わっている自然治癒力を最大限に活用しなければ、体は怠けます。それがまた新たな病気を生むのです。（じゃあ、病気になったら、どうしたらいいのよ）そこが、間違いのもと！ 病気になることが前提にされているその世の中を改めることです！（げっ、そんなこと言ったたって…）仕方がない…ではありません！　病気になる原因はその生活そのものであることを知っておくべきです！（病気にならない生活ってどういうの？）体に不必要なものを取り入れるから、病気の元をつくることになるのです！（不必要なものって何さ？）新聞や報道に踊らされない強い心です！（現代の人にそれは、無理でしょ！　だって、言いなりですもの）自分の力で判断できないからです。（そう教育されているんだから、無理ですよ）さにあらず。（じゃあ、なんですか？）〝逃げ〟です。（何から逃げているんですか？）感じませんか？　それは自分自身から逃げているのですよ！（自分自身と病気と関係あるんですか？）大いに、関係あります!!　感じることをしなくなってしまった。自分で判断することをしなくなってしまった。楽な方へ進もうとしたところに落とし穴があります。それは〝生き地獄〟！　いいですか？　御嬢さん！（う〜ん、まぁ、いいか…どうぞ）それは自分で生きている訳ではないのですよ。生かされているのです。（生かされる？）生かされているのです！　自分で生命を維持できなくなっているということです。（確かに、食べ物も水もみんな〝お金〟に支配されていますね）地獄ですよ。それは。意識の上でも同じです。死を待つばかりの人生が生まれた瞬間からやってきます。自分で『生きる』ことを放棄してしまっているのです。神という存在を遠ざけてしまったことが、この世、私から見れば、未来なのです。神という存在は自分自身だということに気づかなくてはいけません。こうして、御嬢さんとお話しできるのも、神という存在を介しているからです。未来の人間は罪なことをしてしまいました。これでは人ではありません。しくじりました。次の意識を担う者に警告を発したのが私の予言集です。（申し訳ないです！　私、あなたの予言集を読んでいません！）壊乱した世の中でいかに私の予言集が意味を成すかを知っていただきたかったのです。始末されてしまう、過去がなくなり、意識の壊乱は世の消滅につながることを教えたかったのです…。さにあらず！　これは未来に向けての書です！　御嬢さんのような人々に向けての書なのです！　攪乱した情報において、なにが必要で、何が不必要なものかを感じていただきたい！　命の中にある善（全？）に向かって突き進んでいただきたい！　そいう願いを込めた予言集なのです。……。（あれ？　ノストラダムスせんせ〜い！）エノックですよ。千春さん。（消えちゃったよ…）もう、いいでしょ。知りたかったことは分かりましたか？（ふ〜む、私が何を知りたかったのか？　自分でもわかりませんが…）予言でしょ？（多分…）滅亡しませんよ。過去からの予言は滅亡しないと言っているんですよ。でも、それは人間次第だと。心の成長が促されれば、火の玉も落ちてこないと言うことです。（それは、火の玉が避けて通るってことですか？）ハハハーッ、避けて通るどころか、千春さんに当たる火の玉を見てみたいですよ！　その前に消滅してしまうでしょ！（そんなこと、できるの？）生き物には関係ない話です。体をもったアンドロイドを消滅させる道具ですからね」。

2／17　コノシマニイマス神「（国常立大神さま、いますかー？　↑さっきまでいたのだが、眠くて意識がなくなってしまったので、再び呼んでみた）自分の都合で仕事へ行きましたよ。（あなた、どなたですか？）信用してください。家にいるコノシマニイマス神です。（あ〜、コノシマニイマス神さまですね！）はい。人間の意識の中にシミがある。秘密の仕組みが発動しました。人間の欲望の中にある知性をつかって…（眠くて意識がなくなるZｚｚ…）」。

2／18　〝火の禊〟中目黒八幡神社　神社の前の道で「時間があったら、寄って行けよ」の声に寄ることにした。

「進化したものは関係ないが、進化せざる者は今に大変なことになるぞ。仕組みが動き出したのじゃ。ついに〝火の禊〟が起こるぞ。この日本にもそれは起こるのじゃ。選択（洗濯）されておることも知らん者は、それが恐怖となり映るのじゃ。進化した者たちは人間として生きてゆかねばならぬ。その者は決して楽な道ではないぞよ。しかし、力はあるぞ。その力を使い、危機を乗り超えるのじゃ。（その力ってどうやって使うんですか？）心配いらん。さすがの選択だけあって、仕組みのことが分かれば事前に回避できる仕組みじゃ。神の声をよく聞き、それに従えよ。今にいつもの様子が浮かび上がりやすくなるじゃろう。天の王が指令（使命？）したのじゃ。（天の王って誰ですか？）この地球をつくった神じゃ。よい神を知っておろう。国常立尊じゃ。千春もよく知っておるぞ。その働きによって、この世は三千世界へと導かれるのじゃ。（三千世界の扉開くんですか？）過酷なようでもせなならんことじゃ。今までのことを含め、気づかない者は、もう、良いのじゃ。進化した者たちを導く仕組みをつくっていってくれよ」。

▽末社三峰神社「心配するな。イザナギだ。イザナミもいまする。進化した者の道は険しいが、力は備わっている。それを使え！　トウジンカクセツ（？）いずこも選択（洗濯）が始まったのだ。どうにもなるまい。心の鍵を渡したぞ！　手を合わせ！（手を合わせると何やら力が入ってくる）いずれ、その鍵が必要となる。書いたら行けよ」。〝火の禊〟ってなんだろう？　と思い、家に帰ってからネットで調べたら、こんな記事を見つけゾッ！　とした。

【《1カ月で地震1300回に「山上がり」箱根山噴火カ

ウントダウン　日刊ゲンダイ　2月18日7時配信（2月18日掲載）》温泉地として有名な箱根の山が不気味な動きだ。先月中旬から地震活動が活発化し、噴火寸前に見られる「山上がり」（山体膨張）も観測されている。神奈川県温泉地学研究所によると、1月15日〜2月14日に起きた地震の総数は1300回以上。今月10日には、箱根のロープウエー駅で震度5の揺れが起き、ネット上でも騒ぎになった。…中略…地殻変動解析を専門とする元前橋工科大教授の濱嶌良吉氏がこう言う。「箱根山は富士山噴火の時より大規模な噴火を起こしています。このときは山の原形がなくなるほど崩れた。威力が強いのです」…中略…箱根山と富士山は〝兄弟分〟。箱根山がおかしくなれば、富士山も引っ張られる。「富士山はすでに5合目まで亀裂が入ったことが分かっていて、いつ噴火してもおかしくありません。亀裂は富士山周辺にも及んでいて、その延長上に箱根山がある。つまり、富士山と箱根山は地盤が続いているのです。一方が噴火すればもう一方も、となる危険性があります」（濱嶌氏）】

　不思議なことに、この時箱根山で起きた地震は日本気象協会のデータにないのだ。もちろん2月10日に起きたという震度5の地震のデータもない。これは何を意味しているのだろうか。

2／20　**富士山噴火予告　神功皇后**　電車の中で急いで書き取った言葉。「（さっき、富士山が噴火するって言っていましたよね？）**噴火したとしても、この場所は被害はないから心配するな。**（そんな大噴火ではないということですか？）**自覚のない者を促す噴火じゃ。被害は最小限に抑えるぞ。そのつもりでいろよ。残酷と思われることもあろうが、致しかたないのじゃ。なぜ**（噴火が）**起こるのか知らせねば、本当の生き方が分からぬのじゃ。自分の中にある次の未来を導きだすのに、それが使命というものよ。千春に今以上に働いてもらわねばならぬ。何も、心配はいらぬ。書けたか？**（はい）**最近、過酷と思われることも増えてきているじゃろうが、今まで通りに過ごしておれ**」。その後、世で騒がれているような富士山の噴火は起きなかった。箱根山もだが。

2／20　**予言とは　スサノオ（？）**　これも電車の中で書き取った言葉である。「（予言ってなんですか？　どうしてわかるの？）『**ひふみ神示**』**のことか？**（それもそうですが、他の本や聖書も）**今に、千春だって分かるであろうよ。自分の周りを見てみろ。この先々のことを成し遂げる力の者が何人もいまい。意識の問題なのだ。人の意識というのはいつも心に神を置き、いつも明日へと向かう活力をもらっているのだ。恩を感じながら、自覚しておるのだ。今の者**

たちには自覚がないのぉ。かけがえのない人生をどう生きるか。指針がないのじゃ。ただ目的もなく生かされているアンドロイドでは神の仕事もできまい。何度もやっていることの繰り返しでは神の仕事もできまい。〝サン〟の意味も分からんであろう。（??　私も〝サン〟の意味はわかりません）〝サン〟とは、シンの言葉。生きるための言葉だ。いつも言っているように今にその意味も分かるであろう。しかし、この世の人間は知る由もない。体のことだけしか分からぬ奴らだ。生まれた意味もそれが分かっておらぬ。命の大切さばかりが浮き彫りにされ、死というものを遠ざけておる。死の意味も分からんで、ただ怯えるばかりだ。殺されることと勘違いしておる。殺せばよいと勘違いしておる。そういった者の運命は今に始まったことではないのだ。予言者という者の多くが、長い目でそれらを見てきている者だ。何も、未来を見に行っている訳でもない。そういう宿命だということだ。この世の崩壊はこの世のものではないのだ。今までの多くのこの世が崩壊している。それは自我の衝突からだ。千春も分かったように、悪は悪としての役割があり、それを調和するための試練の場がこの世だと言うことは、過酷と思われるこの世だが、冷静に判断すれば、生きる術は幾筋もあることに気づかねばなるまい。それが『生』というものなのだ」。

2／21『運』について「（『冨士の神示』の神さま、人の運、不運について教えてください）スサノオだ。新聞やニュースなどで起こっている事件を、人は不運と呼んでいるが、細かくいえば、人の一生において、財産を失うことや、人を失うこと、自分に不都合なことが起きたときを不運と言っている。いつも言っているように…（眠気のため、意識不明…中断）運というのは〝めぐり〟なのだ。めぐりとは輪だ。その輪の中の運行を運と言っていると、以前話したのを覚えているか？（あ、そんなこと聞きましたね！調べてみます。だめだー、時間がなくて、どこに書いてあるか調べられませんが、輪廻のことですね）その、輪廻に仕組まれている運を幸運と言ったり、不運と言ったりしておる。（運の強い人と弱い人と何が違いますか？）運に強いも弱いもない。その人の心の持ちようなのだ。異常に運がいいように思えることが起きていようとも、異常に運が悪いと思えることが起ころうとも、ルイジンの培ってきた仕組みがそうさせているのだ。運がよくなりたければ、チャンスを見逃さないことだ。つまり、輪廻を乗り換えることが出来る。それを使う。運が悪いと思ったら、それも試練だと思って、乗り切ることで次へのチャンスが導かれることになる。不運こそチャンスに恵まれやすいものだ。それを不運だといって、遠ざけてしまえば、遠ざけてしまうほど、幸運は遠ざかるのだ。過酷と思われるが、一番重要なのは、生きていく仕組みを十分に理解することだ。幸運ばかりを狙う生活は不幸を更に呼ぶことになる。幸運と思っていることでも、不運に転じることはままあることなのだ。過酷なことでも、いつもその状態、状態をよく観察し、自分の培ってきた生を生かしていくことが本来の幸運と呼ぶのだ。過酷な人生であれば、あるほど、その人生の実りが大きいことを覚えておくがよいぞ」。

2／21　仕事が変った死神たち　スサノオ？　前日に言われたことを書きとめる。「私のところへきた死神たちは、ジュエンのような神になった。かんしの死神は『かんしの神』、みしらぬ死神は『みしらぬ神』となったようだ。ジュエンのような白いふわふわの服になったといっていた。ジュエンの持っている剣も持っているらしい」とメモに書いていたとき「書けるか？（はい）今だから言えることだが、死神は仕事が変わった。（どんな仕事になったんですか？）いつ来たか分からぬ死神が千春のところへ来てから、人を殺すこともなくなり、人間の本質を知ったと言っていた。（どういうことですか？）神としての自覚が出来たということだ。仕組みは違えど、シンの本質を知れば、人間としての自覚が促されるはずだ。（シンの本質ってなんですか？）自分という人間のことだ。（では、今はどういう状態ですか？）からくりが仕組みによって変わってきている。破壊の力が働いて、自尊心というものが崩れてきている。今に、自我がむき出してくる。その自尊心というのは自我を抑えていたものだと言うことだ。（自我というのは欲求ですか？）はっきり言えることは、シンの欲求なのだが、その欲求が分からずして、自我の底からイライラし出す。さすがに表面の欲求だけを消去してもその大元がどこからくるか分からなければ、いつまでもたっても欲求は収まらん。今にその欲求の源から自我が出始め、何をしても満たされないようになってくるのだ。しがない人間にそれを抑える術はなく、苦しむことになるのだ。（中断…シンの本質を知るにはどうしたらいいですか？）シンの本質というのは自分の中から見いだせるものだ。他人から教えられるものではない。神というものの理解が必要になってくるのだ。もし、神の存在をないがしろにして本質を語る者がおるならば、それは偽りの本質を売りにしている、いわば商売金儲けのたぐいだと気づいた方がよいぞ。（本質ってなんですか？）それは生命そのもののことだ。つまり、生と死、魂という存在の生き方のことをいう。人間としては体が主となり行動し思考しているが、本来体は魂に従うものだということに気づかねばならぬ。この世の常識では死は悪に位置付けられておるが、死は決して悪ではないのだ。生があれば必ず死はある。死があるから生がある。それは一組のつながりなのだ。片方の生だけを強調するから、心が苦しくなってくる。魂という存在を知るべき時なのだ。そして、魂の声を聞き、それに体を合わせれば、自然と心は落ち着いてくるものだ。（でも、みんなそれができないんじゃないですか？　どうしたら、それがわかりますか？）ただ神社へ行っただけではそれは分からぬであろう。宗教に走ればさらに分からなくなる。ではどうするか。それは自分という魂と向き合うことだ。自分自身と向き合うこと。むちゃくちゃなことではない。自分という存在が、体ではないことに気づくべきなのだ。体の要求していることが、どこから来るのか、深く心の中を探る癖をつけるといい。うまく見つけられなければ、音のない静かな所で、自分自身に声をかけ、自問自答するのだ。そこに、別の考えがあってもそれを排除しないのがコツになる。自分とは別の考え方をする何者かがいたら、その者と話してみるのもよい。（でも、それは危険じゃないですか？　動物霊や、悪霊かもしれませんよ。中断…本を手に持って、スサノオの神さまー。続きを教えてください！）しかたがないのぉ。シンの本質を見抜くには、さっきも言ったように、自分自身に自問自答することなのだ。それが、たとえ悪霊であろうとも、千春がいつもしていたようにその悪と話してみることだ。（でも、悪とわからないと、翻弄される可能性もありますよ）破壊の力が強まっているから、破壊を止めようとしてくるものもいるだろう。しかし、人間の常識を取り除くことは難しいことなのだ。翻弄というのは、名前だけで、真実が含まれていないものだ。（どういう意味ですか？）従いたくなければ、従わなくていいと言うことだ。たとえ神と言われても、それが主従関係なら使われるだけだからな。なんの得にもならぬぞ。「殺す」と言われたら、なぜ殺されなければならないか、納得のいくまで理由を聞くことだ。つまり、欲が人間の目を狂わせることになっているのだ。悪霊や動物霊の言うことに筋はない。この神示を読んだ者なら、神というものがどういうものか分かるであろう。脅したり、すかしたり、命令したりしないものだ。やりたくなければそれでよいのだ。しかし、成りすましてくるものがいるから気をつけるがいいぞ。この成りすましには、賢く話の内容を吟味しろ。そこに真実がないと思ったときは実行してはならぬ。そうやって、サニワしてゆくのだ。悪霊ほど欲が深く、言い訳がましい。すぐに怒る。つまらぬことをしたり、言ったりして来る。真実の扉を開いたものは、かたくなな意思を判別する力を持っている。何事にも動じない心だ。サニワというのは下がってみることで、その者の意図することに気づくことが重要になる。

そうやって自問自答していくことで、人間の本質が理解できるようになってくるのだ」。
2／22　地震予告　コトシロヌシ、スサノオ「不吉なことが起こりそうだぞ。いつまでもこのままでいれば、破壊の力が更に進んでくる。予期せぬことがこれから起きる。（どなたですか？　国常立大神がいないから、地震ですか？　カラスも鳴いているし、そうそう、今朝は日輪が出ていましたよ！）コトシロヌシだ。質問は災害があるかどうかを聞いているのか？（はい。それもですけど…）心配ない。地震の規模は小さい。打たれた亀裂が走る。不吉なものの始まりだ。コノハナサクヤヒメの仕組みが動き出す。支援の時間は淵に留まる。この警告が伝わらなければ、破壊の手は更に伸びて、人々の暮らしを蝕むであろう。（どうしてわかるの？　…中断…コトシロヌシの神さまー！　いますか～？）コトシロヌシだ。（さっきの続きを教えてください）警告のことか？（はい）書いたものがいずれ選択された者によって実現してくる。（どういうことですか？）選択されていることを知らんからだ。（知らないとどうして実現するんですか？）いつまでも、仕組みを破壊に向けておくわけにもなるまい。全ての仕組みは破壊と再生なのだ。（ここで、眠気のため意識がなくなり…夢の中で一人の老人が世界を滅ぼすようなこと言われたが、眠くてメモがとれず。コトシロヌシの神さまー！　いますか～？　続きをお願いします）本を持て。（あ、はい。急いで、『冨士の神示』を持つ。さっきの「選択されている者によって破壊が進む」ってどういうことですか？）破壊を実行する者は自分が選択されていることに気づいていないからだ。（なぜ、選択されていることに気づいていないと、破壊を実行するんですか？　ますます、自分が破壊されてしまいそうですが…）そのことを知らんのだ。（自分が破壊されることを知らないと？）いつまでも、このままにしておきたくない連中はこの世の破壊を望んでいる。（なぜ、この世の破壊を望みますか？）再生された世に自分が生き残れると錯覚しているからだ。（なぜ、錯覚しているんですか？）それは、聖書にそう書いてあるからだ。（えっ、聖書は全部読んでないなぁ～。つまり、終末論を地で行こうということですか？）そうだ。勝手な解釈で世を動かそうとしている輩がいるのだ。そんな手口に神は乗らんぞ！コトシロヌシの言葉すら分からぬ連中に神のなんたるかが分かる者か！　いたずらにこの世を破壊すれば、それは自滅へつながるのだ。知りたいことはそれだけか？（なんで、聖書に書いてあると、この世を破壊しようとするんですか？）聖書というものを知らんからだ。（う～ん、それでは神からみた聖書ってなんですか？）知らないことを知る手だてなのだ。（もう少し詳しく教えてください。この辺からスサノオの意識も感じ始める）よいか、コトシロヌシの言葉というのは未来を告げることなのだ。勝手に解釈して告げた言葉ではない。つまり、神を知る者は言葉を残さないということだ。神の〝か〟の字も知らないから、神の言葉を聞ける者の言葉を記そうとする、ということだ。（あれ〜、私も神さんのことを知らないかも…だって、書いているもん）書いているものは、神との会話を書いているのだろう？（はぁ、そうだけど…だって、覚えていられないから…。この辺からはっきり声が変わる）意識として持っているだけで良いなら、千春も書く必要はないわけだ。スサノオだ。（あ、やっぱり、スサノオの神さま〜。まぁ、そうかもしれませんねぇ。後から何を言われたか確認したいと言う気持ちと、八坂さんと豊玉さんに知らせようと思うから記録しています）書く必要はないのだ。（↑コトシロヌシの言葉）書くということは残すということだ。聞こえる者に書く必要はない。ス（スサノオ）：千春とて、昔は書かなかったであろう？（そ、そうですけど…。自分の中のことだから）そうだ。自分の中の出来事なのだ。コ（コトシロヌシ）：いずれわかる事であるが、書くという行為は言葉をこの世の物にするという意味がある。つまり、考えのない者がむやみにそれを解釈する恐れがあるということだ。聖書の中にある言葉には神が降りてくるシナリオになっている。（あ、そうらしいですね。キリストの再降臨）〝キリスト〟なんていう者はこの世にいない存在だ。（えっ！　いないんですか!?　以前、イエスを降ろしたことがありますよ！）イエスとキリストは違う。（どう違いますか？）救世主なんていないと言うことだ。（え〜、どういうことですか？）ス：いいか、訳が分からんようになっているな？（？　頭の中が大混乱…）コ：天の仕組みのことを考えてみろ。実際に降りてきているのは言葉であろう。（うん、うん！）キリストというのは言葉なのだ。その言葉を実物と勘違いしておる。実際、聖書の中に、神は出てきておらぬ。出てきているのは言葉を降ろせるイエスという人間だ。（うん、うん、よくわかります！）ス：それを勘違いしておるのが、聖戦だ！　と大義名分を振りかざして戦争している者たちなのだ。（あ〜、なるほど！　つまり、彼らは神に恋い焦がれて、早く会いたくて終末論を展開させようとしているということですか？）ス：正しくその通り。（岩戸開きすれば、みんな救世主にあえるのに、なんておバカなんだろう！）だから、この世の崩壊が促進されるのだ。（なるほどぉ。彼らに、それを知っている者はいないの？）コ：いたら戦争なんかせん！（まったく…）コ：非常識な連中だ！　神を神と思っておらぬ！　自分勝手なことで始末におえんから、この世を破壊することになったのだ。（では、「一人の老人が世界を滅ぼす」ってなんですか？）コ：この世を支配している者の正体だ。（どなたですか？　それは人間ですか？）ス：始末におえんことよのぉ～。おまけに、その一言でこの世を地獄へ落とすつもりだ。（一人の老人って誰ですか？）コ：バチカンに住んでいる老人だ。コトシロヌシのなんたるかも知らん者が、キリスト教の最上位にいる。自分がイエス＝キリストの生まれ変わりと信じているから達が悪い。（えっー!?ちょ、ちょっと、そんなにはっきり言っていいんですか!?私が殺されてしまいますよ～涙）ス：ワッハハハハー！千春が殺されるわけがあるまい。コ：言葉の降ろせる者が神からの委託をうけているのだ。考えてもみるがいい。そのものによって、意識を変えさせられるのだ。（そのモノってなにモノですか？）ス：自在にコトシロヌシの言葉を降ろせる者のことだ。意識というのは簡単に変えられるということだ。千春もそうやって、人の意識を変えておろう。（私、そんなことやっているかなぁ～）ス：地獄へ落としているではないか。（まぁ、そうするとおとなしくなるんですよねぇ！）ス：それだ。（つまり、ローマ法王を導けと？）コ：ただの獣だ！　落してしまえ！　ス：真実とはそういうものよ。がっかりするな、千春よ。（は～っ…）」。

2／23　コトシロヌシ「地軸が傾きだしているぞ。用心しろ。（誰ですか？）コトシロヌシだ。（地軸が傾くとどうなるの？）異常な磁場が発生しやすくなる。（そうなるとどうなるの？）磁場の影響を受けやすいものに異常が出る。（磁場の影響を受けやすいものってなに？）生き物たちだ。始めに海から現れるであろう。鳥もそうだ。（渡り鳥ですね？）いつものように磁場を頼りにしている動物に狂いが生じてくるが、人間も例外ではない。磁場の狂いは人体の異常にもつながるのだ。（それは、精神的にですか？）いいや、肉体にだ！（どうすればそれに対応できるの？）磁場の影響を受けずに済むことは出来まい。しかし、対処の方法はある。体の構造にもよるが…（構造って、男女ですか？）それと大人と子供、老人だ。意識を地の中心に据えることで、直接磁場を発生しているところを中心に添えるとよい。そちらに向けて心の落ち着きを取り戻すのだ」。

【コトシロヌシの言葉がどういうことなのか調べてみた。関連があるか分からないが、２０１０年ごろから世界規模で鳥や魚が大量に死ぬ事件が発生しているらしい。が、この原因は不明だと言うのだ。サイトによっては磁気嵐によって磁気を頼りにしている渡り鳥や魚に影響が出ているのではないかと言う人もいる。そういえば、同じころ、ミツバチの失踪が相次ぐ出来事もあった。２０１４年になって、深海の生き物が続々と水揚げされたり、大量に浜に打ち上げられているのが見つかっている。深海魚の浮上と地震の前兆はよく言われていることだ。ナマズやコイ、フナなど魚類のなかには微電流を感知する能力があるらしい。これも海底での磁場（地磁気）変化の影響なのか？　調べてみると、この地球磁場が５００年ほど前から減少しゼロに近づいていることを知った。磁場が減少すると、人体では中枢神経や日周リズムに異変が生じ、磁場が少なくなるに従い怒りっぽく、攻撃的になりやすそうだ。また地震が発生する電磁波が電離圏に影響することも言われている。磁場に敏感な渡り鳥が影響を受けてもおかしくないだろう。現にカラスは地震が来ることを教えてくれるのだから。地磁気の変化については第四章でも触れたので参考にしていただきたい。そして、地軸の傾きだ。こちらはポールシフトと呼ばれる。ポールシフトの警告は２０１２年５／９にクエンティンから〝運命の延長線上にある〟と言われている（『冨士（二二）の神示』参照）。過去に地球上では、磁極が入れ替わる地球磁場の逆転は何回もあり、７６００万年の間に１７１回あったという。最も新しい逆転がおこったのは、73万年または78万年ほど前だと言われている。ポールシフトという現象には、地転軸はそのままで磁極のN極、S極だけが入れ替わる磁極のポールシフト（極移動＝ポールワンダリングとも言うらしい）と、磁極はそのままで、自転軸が移動するポールシフト（地軸移動、地殻移動）があるらしいのだ。一般的に言われているポールシフトは、前者（極移動＝ポールワンダリング）と言われている。気象庁の地磁気観測所のホームページによれば、コンパスの示す極である磁極はいつも移動しているとある。ウィキペディアには『現在では極端な移動こそはないものの、中心核の磁性変動で磁北が1年に約64㎞というスピードで東へ向かって移動している』のだそうだ。つまり、いつも磁極のポールシフトは起きているのだ。２００９年12月25日ナショナルジオグラフィックニュースでは『磁北は１８３１年に発見されてからしばらくは、ほとんど移動していなかった。しかし１９０４年に、年間約15㎞の安定した速度で北東方向へ移動し始めた。１９８９年にはさらにスピードが上がり、２００７年には年間55～60㎞の速さでシベリアに向かって移動中であることが確認された。磁極が高速で移動すれば、方位磁石が指し示す磁北と地理上の北極との誤差を正確に調整するために磁場マップの更新頻度を上げる必要が生じることになる』とある。『２０１３年に入ってからのわずか半年間で地球の地軸が２５０㎞以上も動いたのが観測された』と言っているサイトもあった。地球の中心核に変化が生じてきたことがうかがえる。しかし、最近言われていることでは、〝時計と反対回りで円形に動いているので、もとの位置とそれほど違いはない〟ということだ。〝時計と反対回り〟とは自転の方向。コマの軸がフラフラするときは重心の高さや位置のズレが問題になるが、〝磁極のフラフラ〟は何を物語っているのか。少なくとも地球内部で変化が起きていることは確かであろう。もう一方の自転軸が移動するポールシフト（地軸移動、地殻移動）については、シベリア永久表土の上で発見された冷凍マンモスの口の中や胃袋に温帯に生息するキンポウゲやヨモギ、豆などが未消化のまま残っていたことから、短時間で起こるような急激な地殻変動があったのではないかと言われ、ここに自転軸のポールシフトがあったのではないかと考えられている。今では、シベリアは凍りついた土地であるが、当時は果物やシュロなどが生える温暖な場所だったようだ。このポールシフトは大陸の隆起や沈降、極の氷の量などによって重心の移動が起き、地球の地殻だけ簡単にズルリと動くポールシフトである。地球にそれほどエネルギーを必要とせず、ただ厚さ１００㎞程度の地殻という回転体がくるりと位置を移動するだけだという話だ。これを〝チャールズ・ハプグッド教授の「地殻移動説」〟というらしい。２００４年12月26日に発生したＭ９・３のスマトラ島沖地震では、最大で約２㎝程度移動し、東日本大震災では17㎝とあるから、今のところそれほど影響のある自転軸のポールシフトは起きていない。が、地震などで自転軸の移動が起きているのは確実のようだ。どのような原因によるものかは分からないが、横倒しになっている天王星、自転軸がひっくり返って自転が逆転している金星と、身近に自転軸が異常な天体が存在する。大きな自転軸の移動があれば、日本が南半球や極へ移動することも考えられる。では、コトシロヌシの言葉にある、地軸の傾きと磁場の関係は…。推測するに、コトシロヌシは極移動（ポールワンダリング）の方を言っていたかもしれない。〝新・地震学セミナー〟というサイトに『…軸が傾けば、地球内部のマントルの流れも変化し、新しい地球の磁場が生まれるはずで、その時の新しい磁場は太陽の影響を受ける筈です…』とある。これは自転軸のポールシフトのことを言っているのだが、今、地磁気の減少（特に、１９００年以降は顕著である）と共に、磁極がフラフラ（＝中心核のフラフラ？）していることを考慮すれば、当然、マントルの流れも磁場も変化していると考えられる。それがコトシロヌシの言っている〝異常な磁場の発生〟につながるだろう。そうなれば今後、重心の位置により、〝中心核のくるっと回転〟による、自転軸のポールシフトも、極移動（ポールワンダリング）もあり得るかもしれない】

2／23　**地震予告　アマテラス「不吉なものが、動き出しています。震度の大きい、ムキシタ**（むき出し？）**にある白い地盤が揺れます。白い地盤は、みんなが、帰ろうというこころ起こります。神託されている人に伝えてください。**（それは日本ですか？）**緩い地盤の上に白い地面は雪の地面ことです。**（どなたですか？）**アマテラスです」**。

【2月25日16時23分ごろ栃木県北部を震源とする地震発生。最大震度5強、M6・2、東京の震度1〜2。25、26日の2日間で48回地震があった。ここのところ、国常立大神も留守だったし、25日の朝はカラスもはっきり独特な鳴き方をしていた**】**

2／24　**なにを言いたかったのか？　コノハナサクヤヒメ「コノハナ、コノハナ…理解してみんなに伝えて…**（と、いつもと違うコノハナサクヤヒメがアクセスしてきた！でも、うまくつながらず）**コノハナ、聞こえますか？**（コノハナサクヤヒメさまですか？）**何度もこまったことに、山の下にいるコノハナです。ウキが通訳しましょう。**（あ、ウキさんですか？）**はい。**（お願いします！）**コノハナサクヤヒメさまは、今、ニッポンの…**（わからない…）**サクヤヒメさまは深いところにいるコノハナサクヤヒメさまです。盛んに声をつなげたいと言っています。**（どうしたら、つながりますか？　本を持ったらつながる？　いくらか聞こえやすくなる）**コノハナサクヤヒメさまの言葉は、千春さん…**（…だめだ！　わからないです）**助けましょう。年の神ですよ。**（あーっ！　年の神さまー！　助けて！）**コノハナサクヤヒメはこう言っているのですよ。今に、ここ富士もやがては…日本の象徴である…**（やっぱりわからない）」。

2／24　**高幡不動尊**　２０１２年11月24日に深川の富岡八幡宮へ行った帰り、年の神に**「年が明けたら、高幡不動尊の山の上にある石灯籠をつなげてこい！」**と言われていた。**▽不動堂**　説法をしていて人が多くほとんど声は聞こえず。**「心配いらぬ。いいから先へ行け」**。**▽奥殿**　拝観料を払って中に入ってみた。『ガンダーラ出土「阿弥陀如来塑像頭部」三〜四世紀』から強いエネルギーを感じる。何やらやたら詳しいおじさんがいて、同行者に説明している声が響き、とても気が散る！　**「この体の中にいつになく安らぎを感じる。カンカチ？**（ガンダーラかな？）**の仕組みを成就させるために釈迦の意識を埋め込む」**。安心するような、心優しいエネルギーが入ってくる。**▽鳳**（おとり、不動堂向拝彫刻）**「おとりの嘴を触れ！**（人がたくさんいて無理ですよ！）**いいから、触れ！**（人がいなくなった隙をみて嘴に触ってみる。触れた右手が重くなってきた）**良いぞ！もう行け！　▽大日如来像**　エネルギーはさほど感じないが声をかけてきた。「とうとうやって来たか！　いまに生きた心地もなくなる。体の中にあるその力を使い、それを抑え込め！（いつもの大日如来と違う感じですけど、どうして？）カンゼオンボサツ。（えっ!?　これは大日如来像ですよ！）カンゼオンボサツ。（?・?）」。▽木造不動明王像および両童子像「心の中にある不安を取り除こうぞ。千春の…アマテラスです。コノハナサクヤヒメを迎えに行ってください。（どこにいますか?）最初に、高幡不動八十八ヶ所巡りにある、石灯籠に行ってください。（あまり、時間がありませんが…）心配いりません。さあ、早く！
▽山内八十八ヶ所巡拝　ここには石灯籠ではなく、お地蔵さんがならんでいる。山内第1番のお地蔵さん、こんにちは。（番号はお地蔵さんについている番号）「1、急いで行ってください。2、重要な所は声をかける早く行け！　3、心配いらぬ。行け！　4、上へあがれ。5、心の中にあるものを抜き出す。しばらくここにいるよう。（何か抜かれた感じ）行け！　6、開眼したものだな？　開いた扉の奥にある神を引き出すぞ。（背筋が急に寒くなる）構わぬ！　行け！　7、ここはよい。通り過ぎよ。8、ここもよい。9、心配するなここもよい。10、手に持つものを与える。しばらくここにいろ！（お地蔵さんが持っている杖が降りてくる）これを使え。11、ここはいらぬ。12、ここもいらぬ。13、いらぬ。14、いらぬ、15番へ行けよ。15、コノハナサクヤヒメの封印を解く鍵を渡したぞ！　それをもって、これから行く番所で鍵を開けよ！　16、鍵はもらった。17、このまま進め。立ち止まらなくてよいぞ。急げ！　18、このまま通り過ぎよ！　鍵は受け取った！　19、この者か！　待っていたぞ！　そのまま急げ！　時間がない！　20、いつになく良い日よのぉー。進め！　21、もう良いぞ。行け！　山の上へ行けよ！（今までのお地蔵さん全員に言われた感じ）22、高幡不動尊の力を発揮させるぞ！　最後の仕事じゃ！　行け！　23、（何も言わず）24、行け！　25、コノハナサクヤヒメを解放したぞ！　動脈を開ける！　26、いい、そのまま行けよ。動脈を開く準備をしておる。27、ここはよいぞ。そのまま行け！　28、ここは通過。過ぎよ。29、しばらくここにいろ！　ここの景色を望め。（景色が良い！　解放感！　何かエネルギーが入ってきた）30、いよいよじゃ！　さあ、行け！　31、コノハナサクヤヒメを解放したぞ！　32、静かな湖畔の息吹を感じつつ、さざなみのごとく押し寄せる白波。33、帽子を取れ！（帽子はかぶっていませんよ）構わぬ。行け！　34、（何も返ってこず）35、心配していたことは起きない。時をまて。36、そのまま行け！　37、そのうち分かるだろうよ。言葉としてよりも感覚でわかる。38、もう少しだ。頑張れよ。39、四

苦八苦したものはつらい。自然と感ずるかもしれんが、そなたのことじゃ、心配いらんじゃろうよ。疫病神も去って行った。40、家族間の縁切りをする。手を合わせ。悪を祓う。（背中がいくらか楽になった）41、せわしない世の中だのぉ。いいぞ、行け！ 42、仏像を侮るでないぞ。ここの仏像は本物だ！ 43、過酷な世ともこれでおさらばよ。44、さぁ、もう少しよ。45、行けよ。46、闇が出て来たな。これを打ちのめせ！（どうやって？）さっきもらった杖を使え。それで、闇を打ちのめせ！（イメージがよくわからない。若い女性が三人やってくる。杖でかき混ぜるようにしたら、何かスッキリする）47、心を解放した。47番じゃ。48、ここはよい。急げよ！ 49、もう安心じゃ。こっからはゆっくり行けよ。コノハナサクヤヒメです。千春さん。（と声は聞こえたが、それから続かず）50、どうだ！ コノハナサクヤヒメを解放したぞ。意識を感じるか？（はい！）51、コノハナサクヤヒメを連れて行け！ ここはよい。行け！ 52、人の言葉はどうでもよい。これからが大変なのだ。53、一心一体（一進一退？）ここの輪のことじゃ。54、気持ちよく去れ！ 55、動脈が開いた。噴火に注意しろ！（富士山ですか？）…（返事なし）56、塞ぐものを取り除く。行けよ。57、ここはよい。58、しばらくしたら、また来いよ。59、峠は越えたゆっくり行けよ。60、そろそろ、帰る準備をしておけ。（私ですか？）ふふふ…、心配するな。死ぬわけではない。61、（エネルギーだけやって来た）62、（何も言わず）63、（言葉なし）64、気持ちだけでよいのだ。それぞれの…65、（ここもエネルギーだけやってくる。寒い！）66、それぞれの気持ちを一つにすることじゃ。67、それは調和。68、見ていろよ！ 変わるぞ！（何が？）ふふふ…69、意識の解放じゃ！ 大噴火じゃ（富士山ですか？）…（返事がない）70、（たどり着くまえに）コノハナサクヤヒメの意識を飛び散らせよ。71、意識の大爆発！（えっ⁉）72、コトシロヌシの言葉を降ろせ！ 73、ハハハハッー、さぁ行け！ 74、山の上のものを集結するぞ。行け！ 75、子ぎつねに言った。コノハナサクヤヒメを援助しろ！ 76、さぁ、金鳥を飛ばすぞ！ 77、ここからは、楽な道だ。しかし、楽に感じない者の方が多くいることを知れ。78、（道を間違える）迷うことはない。そのままでよい。79、今に見ておれよ。80、（安らぐエネルギーが降りてくる）81、その力を使い、次の世をつくるのじゃ。皆にそう申せ。82、コノハナサクヤヒメの力を使え！ それが使命だ。（寒くなってきた）83、木のところへ行け！（立派な松が崖のところに生えている。それに触れる）意識を飛ばすぞ！ 目をつぶれ！（何か、松の葉から出ていく感じ。急に体が楽になる）84、金鳥が飛んだ！　おとりだ！（さっきの奥殿の鳳を思い出す）85、さらなる仕組みが発動した！　86、さぁ、終盤だ！　87、世の中がガラリと変わるぞ！　88、（エネルギーが既に、体中を駆け巡っている。寒い！　言葉はない）終結した」。▽大自在天観世音「さぁ、もう良いから行けよ。これでここはおしまいだ」。▽大師堂「ようまいったな。そなたのことはここからよう見えておるぞ。この先々の事は気にするでない。すべてはこちらから取り払うぞ」。「さぁ、早く行けよ。スサノオだ」。

2／25　ひふみ神示の神「ひふみの神じゃ。いままでの言葉をまとめておけよ。（まだ、次の本を出すことを考えているんですかぁ？）時間はまだあるぞ。電話した通りじゃ。（そういえば、さっきも言っていましたねぇ）古い神示は役に立たん。千春の神示を読まんとこの先のことが分からぬ。（ですから、ない袖は振れぬですよー）今に、資本が増える。（増えるような資本はないですよー）いいから、心配するな。（母の介護もあるし…時間がないです）母は移す。心配するな。いずれにせよ、形として世に出さなくてはなるまい。耳の聞こえん者は過去の予言に頼るが、過去は過去での予言。その通りにはなるまいよ。（私でなくても、他にも予言できる人が大勢いますよぉ）全体を捉えることはできまい。神を知らねば、その先は難しかろう。たとえ、予言があったところで、何も出来ずにいるのじゃから。予言とは…（ここでバスが目的地に着いてしまった）」。

2／26　大宮八幡宮　以前から、何度か車で近くを通って気になっていた神社であった。調べてみると、八坂さんが話していた的場浩二氏の『小さいおじさん』がいる神社ではないかという！　鳥居をくぐったところで…。「コビトいるわ。（キミちゃん？）そうです。（この神社、『小さいおじさん』がいるんじゃなかって言われているらしいよ）見えないか？　スサノオだ。（う～ん、わからないです。でも、エネルギーは強そうですよ。背筋が寒いです。大きな神社だ。ニワトリが鳴いている）」。▽拝殿「（こんにちは。神功皇后さま！）いつも呼んでおったぞ。（すみません！）不吉なものがそなたの周りに憑いておる。書いたら拝殿まで来い」。拝殿に自己祓い用大幣《おおぬさ》があった。『この大幣を左右左と振り、ご自身でお祓いをしてからお参りしましょう』と書いてある。祓えたまえ、清めたまえ、神ながら奇しみたまえ、幸え給え（三唱）をしてみた。頭の上から水が流れるようにエネルギーが流れ、スッキリ!!!）「どうじゃ、聞こえやすくなったであろう。（はい、何か憑いていましたか？）いつの間にか…（うっ、また聞こえないなぁ…なんで聞こえないのぉ～）心配するな。コノハナサクヤヒメのせいじゃ。（コノハナサクヤヒメがどうしたのですか？）意識の選択をしておる。（私の意識ですか？）…（聞こえない…）もう少しの辛抱じゃ。心配せんでよい。〝ことのは〟の神示を世に出したであろう。（あ、はい。『富士の神示』ですね。読む人いなさそうですよ～）かならず広まってくる。（神殿の中で神職がお祓いの準備を始めていて聞こえにくい）形というものがなくなってきておるのじゃ。『形』とは、心のことじゃ。心の形がなくなってきておる。（そうするとどうなりますか？）神の仕組みが動き出しておる。用心しておけよ。そなたに危害はないが、周りのものが危害をこうむることにより、そなたにも影響はでる。人災というか、天災じゃ。（それは富士山の噴火とかですか？）そうとも限らん。（国常立大神がいませんが、関係していますか？）大いにあるぞ！　心の底からの声が、響き渡るであろうよ。それに気がつかんもんは呑まれることになるのじゃ。幸い、火の粉は富士にはかからんじゃろうが、用心だけはしておくのじゃ。富士は動き出したぞ。いつまでも、この世が続くというわけではないぞ。進化する者はここで仕事をしてもらわねばならぬ。（どんな仕事ですか？）書くのじゃ！　この言葉を聞き、世に知らしめろ！　それがこれから進化するものの助けとなるのじゃ。（ふむ、またですかぁ～、あの～、ですから、ない袖は振れぬと…）心配するな。（ここでカラスが大騒ぎしていて聞きにくい。中では赤ちゃんのお宮参りの御祈祷が始まりそうだ）金は揃ったらでよいぞ。ようやく、コノハナサクヤヒメと話が出きます。千春さんに憑いていた魔物が声を断ってしまっていました。（うわぁ～、ばあちゃんに憑いている悪霊か？　↑母の意識は低く、わがままである。片づけられない性格で自分の家のことを物置みたいだと言っている）意識を集中して声を聞いてください。（はい）ゼンシンした言葉の中に…（御祈祷が始まって、よく聞き取れず）それぞれに響く言葉があります。がっかりしないでください。人は人、自分は自分以外のところに意識を感じることは、この世の中を開くことでもあります。過酷な世でありますが、心の形を取り除く練習をしなくてはなりません。いつの間にか、砦をつくってしまい、過去からのしきたりばかりが強調され、全体を捉えることが出来なくなりました。これからこの世は大変な世の中になってきます。いずれそれは分かると思います。〝火の禊〟を始めました。（隕石の落下ですか？）そればかりではありません。アマテラスの次の仕組みが動き出しています。（地獄のアマテラスですか？）異常な者たちが、いずれこの日本を取り囲み、耳のないものは何を頼りにしたらよいか分からなくなってきます。意味のないテレビニュースや番組はそういった人々をさらに不安に導くでしょう。書いたら行ってもよいですよ。来た道を通って行ってください。（ここはコビトがいるのですか？）神功皇后：暗い夜道に三人の光が頼りじゃ。いつものように、言葉を降ろせと仲間の者に伝えよ。（はい。だけど、みんな忙しそうですよ）スサノオ：ならば、千春一人だけでも良いのだ。他の者がやらねば、千春がやればよいぞ。（それでは八坂さんや、豊玉さんはどうなりますか？）神功皇后：いずれにせよ、行く道に行くということじゃ。（行く道って、どういう道ですか？）それぞれの道じゃ。下がってよいぞ。（丁度、御祈祷がおわる）」。▽若宮八幡神社、御嶽・榛名神社、白幡神社　とにかく寒くて早く立ち去りたかったが、見つけてしまったので、行ってきた。「（こんにちは）いつか来たことがあるか？（いいえ、ここは初めてです）母から聞いたか？（神功皇后さまですね。はい）石を一つ拾って来い。（はい、拾いました）ここに力を入れる。手に持て。（はい）かぐや姫じゃな、お主は。（かぐや姫…、うーむ、よく神々に言われるんですが、実感はありません）神の仕事、ご苦労じゃ。もう良いぞ。（はい。この石はどうすればいいですか？）言葉を使わした。後で聞くとよい。（はい、ありがとうございました）」。▽大宮稲荷神社、白山神社、大宮三宝荒神社　かなり寒くて、早く帰りた〜い！　でももう少し我慢…「（こんにちは、ここにはククリヒメさまがいらっしゃるのですか？）はい。白波の押し寄せる如く世の中に変化が出始めております。神の加護は外され、信じる者の心に大きくのしかかってくることでしょう。さにあらず…、心の決断のできた者は心配には及びません。ククリヒメの力を授けましょう。これで、この世の悪を祓ってください。（闘って仲間にしなくていいのですか？）もう、闘ってよいものはいません。この悪はそのような悪ではないからです。全てをこの世に封じ込めて、地獄へ落とします。先ず、そこが彼らの住まいなのです。ここもそういったものは地獄へ導いております。地獄といえども、そこが極楽だからです。ハハハッ…体にエネルギーを入れましたよ。（と、とにかく寒いです！）それをもって、この世の最後の仕事に取り掛かってください。（はい、ありがとうございました）」。「コビトのキミちゃん：コビトの木を見つけて！（どこにあるの？　と末社大宮天満宮の方へ行く。しめ縄がしてある木に聞いてみよう！）美しい人ですね。コビトを持っているんですね。一緒についているコビトたちは天満宮にいるコビトたちですよ。そこで、聞いてみるといいですよ」。▽大宮天満宮　天祖・三崎神社、天満宮、東照宮、山神社「（寒くて、半分やけくそ状態である。コビトの神さまですか？　いきなり、エネルギーが入ってくる）いかにもそのコビトたちは、ここの神社の森にいるコビトたちだ。（えっ!? 平河天満宮でもらってきたコビトですよ！）同じだ。ここにもコビトの木がある。（どこにありますか？）さっき話していた木の…（ふ〜む、わからない。どの木だろう…、とにかく寒くてエネルギーがよくわからないなぁ…。なんか妊婦さんみたいにお腹が出ている木があるぞ！）…静かに！ コビトが目を覚ましてしまいます！（あなたはコビトのお母さんですか？）さよう。いつもコビトがお世話になっています。コビトの仲間がここにもいますよ。大勢います。書いたらもう良いぞ！ 帰れよ！ 年の神だ。（年の神さま？）ここのコビトの教育をしておる。中目黒八幡神社とつながっているのだ。心配するな！ もうよいぞ。（はい…さむっ！）」。

2／27 大宮八幡宮末社若宮八幡神社の石「見聞きしたことをそのままに書けよ。下へ行くほど未来はなくなる。左手に石をもって書けよ。人のことだ。意識のない者たちは時間に流され、消滅していく。怖気《おじけ》づきみすぼらしく下へ沈む。一生の生きた夢を次につなげることもない。（それはどういう感覚なんですか？）アマテラスの世界へ行くことになる。アマテラスのことも知らぬ。支援が届かぬことも知らぬ。くだらんこの現実の中に押込まれ死絶えた意識の叫びが轟く。悲しみ、苦しみ、恐怖が支配をし、いつまでも生きている自分を恨めしく思うのだ。簡単には抜け出すことは出来ない。かろうじて、アマテラスの黒い光に身を向け、暖かくなろうと自分を向けていく。長い間に生きる感覚もなくなり、死にたくても死ねず、意識のはっきりとある状態が未来なのだ。絶対にないその世界はいずれ消滅してゆく。いずれ、古いものから新ものへ変（代）わる。言葉も言葉の意味も変わる。（この辺から、眠くて意識がなくなってくる）地獄の残酷な…。七つの光が差し込んで来れば…。意識の変化というのは見つけるものではなく、自分自身で構築してゆくものだ。掛け替えのないこの一生涯を通じて構築していくのだ。知らず知らずのうちに、そのことも忘れ、見えるものだけを頼りに生きてきたことを…。この世の人間はすることもせず、やるべきこともせず、言葉の意味も理解することもせず、この世のものに支配され一生を無駄に…。この道ももう長くはない。いずれ、生きることの意味もつながりも、るいるい星の餌食のもと消滅へ向かってゆく。言葉の意味を知ることだ。その意味が勇気をつけることになる。（あの〜、あなたはどなたですか？）言（癒？）えない、死の国の者だと言っておこう。地獄へ行く者を連れて行く。この陰にいる者がこの意味を知るのだ。そのうち、地盤が裂けて秘密の仕組みが回り出す。アマテラスの選択（洗濯）が始まったのだ。その時、今の人間は憩の場所を求めて右往左往するのだ。その言葉の意味も分からぬ者は、今の孤独な命を燃やし続けるのだ。…」。ここで意識がなくなる。この後、国常立大神に起こされる。

2／28　とっても久しぶりに来た！　国常立大神「（箱根山は噴火するんですか？）人の動きが激しくなっています。緩い噴火を起こしますが、心配はいりません。大災害はありません。今のうちに新聞の記事などをよく見ておいてください。富士の噴火は震度の強い地震と共に起こします。コノハナサクヤヒメの声はゆっくりとですが、確実に伝わっています。千春さんの本の影響は確実になってきています。火山の噴火は富士の隣の箱根山から始まり、次第に富士の元へと移します。震度の大きな地震は火山の噴火を促し火口の状態が変化していく様子がうかがえます。徐々に災害は出始めるようになりますが、東京は既に強い結界が張られていますから、何も心配することはありません。今一度、下谷へ行って、年の神とアマテルにアマテラスの仕組みを成就させるために、輪廻の動きをマコトの光として受け止めるように話してきてください。ようやく、準備が整いました。いつ噴火してもいい状態までになっています。火山の噴火は間に合う範囲で、富士山も一緒に…びっくりするかもしれませんが、富士山の噴火はさほどのことはありません。人間の意識の変革によって、すぐ収まります。噴火口の様子の変化をみられるようなら、見るようにしてください。今のうちに雪の解けたところがあるはずです。アマテラスの仕組みはコノハナサクヤヒメの解放です。理解している人は何も心配はいりません。一番、解けて色の変わったところが噴火します。普通に生活している分では流通に影響はありません。（食料とかを買っておいた方がいいですか？）普通に生活している分では流通に影響はありません。（でも、富士山の麓に高速道路とか、新幹線とか通っていますよ）異常な噴火ではありません。深いところは仕組みが働いていますから、自爆して表面の石の塊が吹き飛ぶ程度なので、このまま気象庁は警告しないでしょう。富士の麓の人々は、一時的に避難させられるかもしれませんが、深刻な状態にはなりません。箱根山頂の噴火もセンの異常な動きから、今までのように行くことはしないでください。かなり危ない状態になっています。普通に生活していれば心配はいりません。富士の形に注意してください。ゆっくりしたスピードで噴火が始まります。書いたら、心配いりませんから、もう休みましょう。仕事は千春さんだけでもできます。もし、噴火の危険が高まったら、下谷へ行って、東京の結界を強めてきてください。（どうやって？）石を持っているでしょ？（あ！　大宮八幡宮の若宮神社の石ですか？）はい。その石の力を利用しますから、八坂さんと豊玉さんにも渡してください。（コピーでいいですか？）ククリヒメの力を一緒に入れておいてください。その力は火山の噴火を抑える力になっています。（えっ!!　そんなこと言っていませんでしたよ～！）はい。その力は既に千春さんの中に入っています。体のシンの力となってこの東京は守れます。（ゲーッ!!　私が抑えるんですか!?）いつもそうです。だから、八坂さんと豊玉さんにも協力してもらいます。（わかりました。箱根山の噴火はどうなりますか？）心配することはありませんから、表面のごく浅いマグマが少し噴火する程度です。気にしなくていいです。カラスの動きをよく観察しておいてください。カラスの声も注意して下さい。噴火の石は東京には降りませんし、少しだけ麓のところに積もる程度ですから、心臓部に影響は出ません。（これから、富士山に大噴火はありますか？）ハハハハ…。さっきも言ったでしょ。千春さんが抑えるって。八坂さん、豊玉さんの力も借りますよ。異常な噴火は起こしません。これだけ千春さんたちが働いてくれていますから、東京は守りますよ。食料も水も電気もガスもいつも通りです。異常な買いだめ行動をとる人がいますが、いつも通りに生活していればいいですよ。（あーっ！　トイレットペーパーぐらい買っておきます！3・11のときは苦労したから…）よく気がつきましたね。

一応買っておけば安心ですね。（お米もですか？）お米屋さんは潰れませんからいつでも千春さんには売ってくれますよ。（それじゃ、お味噌ぐらいは買っておこうかな？）いいですよ。日持ちのするものでしたら、無駄になりません。仕組みは今年から始まりますが、やがて広まって、関西地方にも噴火の影響は徐々に出てきます。仕組みが終わるのは4年の初めごろまでです。（4年後ですか？　それとも来年2014年ですか？）来年のはじめのころまでです。いずれにせよ、仕組みが成就した段階で、不吉なことは起きなくなってきます。（この噴火は人工的ですか？）深いところに影響は出ません。自爆させているのは自衛隊の本部の者たちです。（あれ？　その話、何かの本に書いてありました。なんで、自衛隊が富士山と箱根山を噴火させるの？）彼らの目的はこの日本の人口を減らして、この国を支配下に置くためです。（またアメリカの仕業ですか？）さよう。しかし、そうはさせませんよ。この国は国常立大神の国です。簡単には成就させません。浜岡原発をターゲットにしようと企んでいますが、再開にはなりません。（↑言われて後ほど調べたてみたら、浜岡原発は運転停止状態だった）今にそのことも公になるでしょう。心配しなくていいですよ。仕組みは順調に進んでいます。書けたらもう休んでください。（はい。お休みなさい）ここにしばらくいます。千春さんのそばにしばらくいます。強い力を渡しておきます。破壊の力を再生に転じる力です。破壊が再生へ転じることによって、富士の噴火は抑えられるのです。さぁ、お休みなさい。（はい、ありがとうございます。その力も八坂さんと豊玉さんに渡しますか？）石をコピーするときに自動的に入りますから、心配いりません。お休みなさい」。

2／28　富士山の山頂めがけて打ちこめ！　下谷神社「（八坂さんと一緒に下谷神社へ行った）来ないから呼んだぞ！うまく回避させる。（どなたですか？）年の神だ。みんなに知らせろ！　この力を利用し、富士の噴火を阻止する。この東京には影響がないようにするぞ。まったく！　富士を噴火させよとしている奴らの気がしれん！　この東京を無きものにし、国中支配の手を伸ばそうとしておる。ふざけた奴だ！　人間どもの考えることは富士の噴火で支配が出来ると思っておる！　いつもように、この力を使い、ニッポン国中の神社を一つにする。時間がない！　噴火は免れるが、異常な動きはこのまま…。（ここから声が変わる）無意味な動きの中にも神の意識は宿り、美しい日本をそのまま残すためにこの年の神を始めとして、アマテルの力、トートの力と共に下谷の意地を見せるぞ！　意識の変革が人間の進化につながる。アマテルだ。今までの選択がその人生の選択となった。意外にも目覚めてくる者も多くいる。いつまでもこの世が通じると思っている者に、最期の警告を発動する。石を持ってこい。（石を探して洗っていると、遅れて八坂さんが姿を見せた。私と一緒に『拝殿へこい』と言っているという。八坂さんにも石を拾ってもらって一緒に拝殿へ行く。持ってきました！）石を手に持て。（拝殿で力を入れてもらう。真っ暗な中を鋭いトルネードのような白い渦が地深く掘り進んでいく感じ。最後は流れ星のように消えた。不思議と八坂さんと同じビジョンを見せられた。寒いエネルギー）この石を賢く使え！（どうやって使いますか？）その力は東京を守る力だ。その石と共に、大宮八幡でもらった石とを融合し、それを富士山の山頂めがけて打ちこめ！（富士山ですか？　箱根山は？）箱根も同様にしろ。下谷の力はこの世の力となり、富士と箱根に降り注ぐ。（また声が変わる）構わず石の力を身に付け、箱根の山頂めがけて打ちこむのだ。いずれ収束するだろう。書けたか？　スサノオだ。（はい）石の力は八坂にも渡ったであろう。豊玉にも下谷へ来るように言え。その三人の力で富士の噴火を阻止することが出来る。（噴火しないということですか？）いずれ、火山だから噴火はするが、大事にならぬと言うことよ。三人の力が未来をつくり、この世がつくられていくのだ。全ての予言は昔の予言。通りに

はいかぬものよ。それは新しい予言なのだ。この世がつくられる新しい予言は世紀末にはならぬと言うことよ。ワハハハッ…」。その後、下谷神社でもらった石を持つとあのトルネードが見える。大宮八幡宮の石と共に持ち、イメージで富士山頂めがけて撃ち込んでみた！　あの細く白いトルネードが富士山の奥深く入りこんで行く。よく見ると、トルネードは二本立てだ。螺旋をかいて富士山の地下深くに入り込み、そのエネルギーが富士山全体に行き渡るだけでなく、地下で箱根山にもつながっていて、箱根山もあのエネルギーになった。そして夕方、コノハナサクヤヒメが**「富士と箱根の噴火はなくなりました」**と伝えてきた。神々の力が及んだのだろう。世間で騒いでいたよう噴火は起こらなかった。

【後ほど調べた神奈川県温泉地学研究所のホームページ2013年3月の地震月報によれば、『箱根火山では、1月上旬より地震数が増え始めやや活発な地震活動が発生していましたが、2月下旬以降震源決定数は一日数個から十数個程度で推移しています』とあった。富士山の噴火も箱根山の噴火もなかったが、その後2013年11月、小笠原にできた新しい火山島はその代わりだったのだろうか】

3／1　**二柱の年の神　下谷神社の石「一つ聞きたいことがある。**（あれ、握ったとたんに、いきなりなんですか？）**自分の『富士の神示』の中に二人の年の神がいるだろう。いつかは話さねばならぬと思っていたが、理解しがたいことだから後回しにしていた。**（そうそう、不思議だったけど、そういうものだと思っていましたよ。どうして二柱いるんですか）**二人の年の神の正体…**（？　どうしたの？聞こえない。『富士の神示』を持ってみる）**その正体は、いえなかった話をすれば、始めのころの年の神は『母』だということだ。母の持つ魂を持つ年の神、更に父の魂を持つ年の神がいたのだ。**（でも、女性の声ではなかったですよ。優しかったけど）**母の魂だから、必ず女性とは限らない。父の魂も同じだ。人間は女性という性と、男性という性と二つの性があるが、物を生みだすのは女性の方だ。その女性という役割の年の神と、地獄へ導く強さを持った男性的な役割の年の神がいるということだ。**（どの神さまもそういた性の役割があるんですか？）**七つの光の使い分けなのだ。**（七つの光って、1／18大鳥神社の国常立大神が教えてくれた黒、白、赤、緑、青、紫、黄ですか？）**母の持つ白い光。正月に説明した通りだ。**（白い光は色を生みだすと言うことですね）**その白い光が下谷の龍の色なのだ。男性的な役割の年の神は白の光とは対照の黒の光。黒龍なのだ。**（では下谷には白龍と黒龍と両方いたということですか？）**なぜか分かるか？**（それって、破壊と再生に関係あります？）二つの働きは相似なのだ。その向きは逆の相似形なのだ。（ふむ、昔、化学でならった鏡像異性体みたいなものですかねぇ？）いかにも。母の年の神というのは何もないところから立派に産みだし、育てる力を持っている。男性的な役割の年の神は破壊の仕事し、養分を与え、未来の礎を築くことになるのだ。（ということになるのですか？　地獄というのは土台で養分を蓄えた土ということ？）母なるこの地球において、父なるものが月の世（代？）ということだ。選択（洗濯？）された者たちが行き着く地獄ではない。腑に落ちぬところもあろうが、その父と母、一対となっているのが年の神の正体なのだ。人間のように分離してはいないが、その役割は個別なのだ。（では、国常立大神も？　私のところへ来る国常立大神は母の役目の神さまですか？）国常立大神に性の選択はない。月の仕事をしているトートは父の性を持っている。意外といるのだ、そういった役目の神々は。（イザナミとイザナギの神さまのようにですか？）イザナミとイザナギはいかにも性としての役割をもっている神だ。選択（洗濯）した世において人間の差別（区別？）もいずれ話さなくてはならない。選択（洗濯）した世の中における性の役割の差別（区別）はないのだ。（でも、赤ちゃんは女性しか産めませんよ～）は意識の上でだ。下谷の年の神のように、意識の中に女性という部分と男性という部分が出来てくる。（それって、諏訪の力ですね!!　母性と父性の決断）その力が次の世の仕組みを動かすのだ。形の上での差別区別はあるが、女性の持つ帰るところに、母の安らぎの力が意識を育み、その力の次に父の力の決断力という力強さが入るものだ。今に諏訪へ行ったことのある八坂と千春に構築していってもらわなくてはならぬ。（ここから声が変わる）ヤハウェに協力し、この次の世を美しい月の世にしなくてはならない。（あなたはアマテルですか？）いかにも。（年の神さまの進化したのがアマテルでしょ？　アマテルも女性と男性に分離しているの？）そばにいることは多いが、使っているのが年の神だ。腑に落ちないこともあろうが、意識の上でこう解釈しておいてほしい。（はい。わかりました。一つ教えてください）なんだ？（母なる地球があるなら、父の役割を持つ星もあると言うことですか？）それが月だ。（それじゃあ、地球と月は一体のものってこと？）そうだ。長いことかかってしまうが、選択（洗濯）した世において、いるいる星という星が母なる役目を果たし、るいるい星が破壊をする役目なのだ。（この地球という星自身に女性の役目と男性の役目の二面を持っていると言うことですか？）そうだ。（大洪水は男性の地球が起こしたものですか？）贅沢をつくしこの世の意味も分からず通した人間たちが、人間たちの言葉を断った者がこの世を支配したのだ。かろうじて生き延びた者は神の言葉を理解し、実行する力を持っていた者だけだったのだ。理解できぬことかもしれんが、破壊がいずれ起きることになっている。言葉を降ろせぬ人間たちは今までにない経験をすることになる。贅沢をつくした人間たちはもうこの世にいる意味がないからだ。破壊の力は次第に強くなり、いずれは片づけなければならなくなる。（また大洪水ですか？）予（預）言にある言葉を借りれば戦争だが、今までの戦争でこの地球をよくしていくのは無理な話だ。アマテラスの仕組みを使う。洪水の後は隕石による落下だ。ことばの分かる者は逃げる必要はない。破壊は一年の内に始まり、選択された言葉の分からぬ意識を襲う。隕石の落下は破壊の他に津波を起こす。自然の力が破壊を起こしてゆくのだ。残念だが、それを防ぐことは千春の力をもってしても無理だ。言葉を理解できる者には異常はない。心配するな。（…Ｚｚｚ、わ〜っ、眠い。おやすみなさい）心配することはない。スサノオだ。そのうちに洪水の話もしておこう。そのことをまとめて、『太陽のみろく神示』に記していけよ。（ふぁ〜い）おやすみ。千春よ」。

3／5　大宮八幡宮の若宮八幡神社の石と、下谷神社の石の言葉　役行者　両方の石を持つといきなり、強力なボルテックスを感じる。「書けるか？（はい）役行者だ。（あら、久しぶりですね！）書いたものが実在になるぞ。（どういうことですか？）このエネルギーのことだ。（えっ？　これは富士山の噴火を阻止するために癒すためのエネルギーでしょ？）ハハハハッ…。（な、なんですか!?）母がいるから、仕事が出来んと思っておるじゃろう。（思っていますよ〜）書いたものが実現するのじゃ。やってみるか？（うん…やってみます!!　ほんとかな〜？）残念ながら本当だ！　いまそれをここに書いてみろ。（では、『…母は右腕手指が全て自在に動くようになり、自宅へ戻りました』こんな感じですか？）うまく始末したな。（え？　始末ってなんですか？）過去形にしたことだ。（過去形にするとうまく行くんですか？）そう。（それなら、こういうのはどうですか？『奇跡的に次のみろくの神示が世に出せた！』なーんていうのは？　資金がないですからねぇ。だいたい読む人もいなさそうだし…）そのことは、既に決まっておる。（決まっているんですか？　そんなに読まれるような本じゃないと思いますよ〜！）まぁ、見ているがよい。他にはあるか？（他にですか？…、あ！　裁判!!『被告は駐車中の私の車にバックでぶつかったことを認めました！』これは重要ですよ!!）いかにも。早く判決は出るぞ。（どう出ますか？）千春の勝利じゃ！（ヤッター!!　…って、まだ判決されていませんのでぬか喜びはよしておきます）今、以上の良い判決が降りるぞ。（…だといいですよ。期待しないで期待しておきます）役行者はこう記す！『この世の中にあるものすべてが神の指示に従う』（地獄という極楽浄土へ行く人はどうなるの？）勝手に次の世はつくれんということじゃ。（あ〜、そういうことか！）〝はい〟と言え。（〝はい〟なんですか？）〝はい〟でよいのじゃ。分かったか？（ハーイ！）エノックが降りてくるぞ！（降りて来るってどういうことですか？）今いるこの地上に降りてくるのじゃ。（そうするとどうなりますか？）エノックの力がこの世に及ぶぞ。（だから、そうするとどうなるんですか!?）指示が出るじゃろう。同化するよう指示が出るじゃろう。（同化ってなんですか？）これで一度に仕事をしてゆくことになるのじゃ。（この世でですか？）そうじゃ。（地獄の人たちも？）地獄を選んだものはその支配のアマテラスに従えばよいであろう。（というと、〝チーム進化〟の方ですか？）まさしく！（あ、中断していいですか？）よいぞ。（…終わりました。続きをお願いします）人の意識を廃止し、神の意識を入れるのじゃ。それがエノックの仕事。（どうやって？）一つの意識を広めるためには排他的をなくすことじゃ。（?? 〝排他的〟ってなんですか？）排他的というのは言葉の上では理解しているが、実際は理解されていないと言う領域じゃ。（領域ってなんですか？）排他的な思考というのは神の存在を言葉としては認めていても実際はおとぎ話のように扱っている面じゃのぉ。（つまり、神という存在を認めていないってことですね。自分の中から排斥しているってことね。でも、それが一般人じゃないですかぁ〜。神なんか信じていないのに、神社へ行ったり、お守りを持っていたり、神頼みしたりってことですよね？）その排他的思考をなくすことじゃ。（う〜む、無理じゃないですかね〜。つまり、神という存在を認めさせるってことでしょ？）そう。（だって、私みたいに聞いたことが現実になったり、声が聞こえたりという、具体的な体験がないと信じないですよォ）その体験をさせるのがエノックの仕事になる。（エッ!? どういうことですか？　私みたいに耳を持たせるんですか？　それとも視覚に訴える？）排他的な思考というは神の存在を認めさせることだが、神というものを全くもって認めないという方向もあるということだ。（あ、そうか！　それではまったく認めない人もつくっていくということですね。初詣も神社へ行かないで、死んでもお墓に行かない人々ですか？）そう。（中断…役行者の神さまいますか〜？）おお！よいぞ。石を持てよ。（石をポケットに入れると背筋が寒〜い）よいか？（はい。寒いです。どうぞ）神社へ行かぬ人間も必要になるのじゃ。（どうして？）神という存在を知るには神という存在を否定する人間も必要になる。言っていることが分かるか？（信じさせるのに、神という存在を知らない人間から信じさせるんですか？）まさしく。（どうやって？）神の存在無くして、この世の現象は語れんことになる。（何か起こるんですね）そうだ。過酷な世となり、初めて神の存在が認められるのだ。神を信じ切っている者はこの際必要ない。彼らには彼らの神がすでに思考を支配しておる。そのような者に本当の神の存在は分からぬというものよ。（では、神という存在を否定する者が多くこの世を支配してくるってことですか？）それを別の名で言えば、科学という彼らの神が解き明かそうとするのだ。しかし、科学では神は解き明かせまい。そこに存在しておる基本的なことが分かっておらぬからのぉ。それはエネルギーだ。それがどこから来ているのか、その存在すら彼らには分かっていまい。今に、それが神だと気づく人間もおるはずじゃ。意識の上では認めたくないと思うかもしれんが、それを認めんことにはこの世は語れないのだ。それが、次の世へつながることになる。神の存在はある一つの法則で成り立っているのじゃ。それは人間の物理学では追いつかぬ。一つの流れを知るには法則に縛られれば縛られるほど、分からなくなるものだ。なぜなら、神は生（活）きているからだ。そう、柔軟にことを変える存在だからのぉ。勝手に人間の思考の範囲ではそれは分からぬということ。それに気づき始めるということだ。それが神だ。（神さんってエネルギーでしょ？）そうだ。千春たちはこうやって、エネルギーを言葉として降ろすことができるから、それを何とも思わんかもしれんが、耳のない人間にはその言葉のエネルギーさえ何か分からぬものよ。そこから、神という存在を認めさせていくことになるのじゃ。（おー！逆説を唱えさせるんですね!! 証拠がないから、〝神はいないという証拠がない〟という逆説！）いいことに気づいたな。そういうことだ。（それじゃあ、私たちは相当非難されますよ～）はははは っ…非難はされまい。（どうして？）聞こえるという事実は千春たちの事実じゃ。それも、三人共通した意識だ。千春だけの言葉では足りんというのはそういう意味じゃ。豊玉だけの言葉でも意味はわからんじゃろう。八坂も同様だ。三人そろった意識が意味をなすのだ。（なるほどー）」。

3／5　コトシロヌシ「言葉を降ろせよ。豊玉の言葉同様、千春の言葉も重要になってくる。八坂にはそのうち動いてもらわなくてはならぬ。豊玉の言葉の意味をよく理解し、同じように感じ取れ。（それは豊玉さん独特の感覚ですから、無理でしょ～）千春や八坂にもできないことはないはずだ。すでに、千春はそれを感じとっているはずだ。（えっ〜どこで？）過去にだ。そのような感覚がよみがえってくるであろう。（質問していいですか？）なんだ。（これから、どうなっていくんですか？　見当がつきません）今、進めているのは言葉の壁を取ることだ。をれは意識の言葉の壁だ。（岩戸（言答）開きのこと？）そうだ。書けたらもう良いぞ」。

3／6　地震予告　年の神「大きな震度の地震が来るぞ。東の方でM3・5？　震度5強、東京の震度3だ。地震の震源地アラスカ東部、震度8の地震だ。三陸沖に津波が来る。地震の規模はM6〜8、異常な地震で地軸が更に傾く。みんなに知らせろ。（二つの地震が来るんですか？）心配するな。予定では一週間以内だ。続いて、異常な震度の地震は日本の箱根の噴火を伴う。強い地震は予定では一か月以内だ。ずいぶんと忙しくなるぞ！　隕石の落下がある。不吉な隕石の落下は排除する力を今…津波による被害を用意している。選択した者の心にも入り込む。光の禊を始める。富士の噴火は入った。和むには石の力を打ちこめ！　富士に向かって撃ち落とすのだ。被害は抑えられる！　書けたか？（はい）書けたらいいぞ」。

【3月11日、パプアニューギニアでM6・7の地震発生。同じ日にアラスカでもM4の地震発生。3月27日台湾の南投県南投県仁愛郷でM6・2の地震発生。最大震度6】

3／7　地震予告「そのまま聞けよ。東の方を震源地とした津波を伴う地震が来るぞ。意外に大きい揺れだ。震源地の震度は5強〜6弱。東京の震度2〜3だ。揺れは続いて深海の地盤が隆起し出す。その時、西のマグマが上昇し火山に影響するが、心配することはない。地震の規模はM2〜3・5だ。（Mが小さいのに、どうして震度の大きい地震になりますか？）人間の起こした地盤は表面のごく浅いところだから、異常な地震のツケがここで起こる。逃げる必要はないが竜巻や、正直に言えば、他の災害も起きやすくなっているから気をつけろ。鳩森へ行って、人間の力でない強い光をもらってこなければならない。地獄の者には何がよいか分からず死にもの狂いでその場から離れようとするが、今、逃げることはないぞ。東京はすでに、強い結界が張られている。隕石もこの結界は破れない」。こんなに地震のことを言われるなら、わかるかもしれないと、3、4月の大きな地震のエネルギーを取り出し調べてみた。3月のエネルギーが大きい。それも2週目〜3週目だ。地図を取り出し、どこか探ってみた。東日本の三陸沖のあたりに大きな壁がある。関東も調べてみる。鹿島灘だ！　それに、箱根山に飛び切り大きなエネルギーの塊があった！　富士山はそれほどでもない。下谷神社と大宮八幡宮の石を持ち、箱根山に向けて石のエネルギーをぶつけてみると、案外すんなりこの塊が消えたのだ！　それから、三陸沖と鹿島灘を調べるとエネルギーの壁がなくなっていた。３月の地震のエネルギーも小さくなっていた。ただ、隕石はどう抑えたらいいかわからなかったから、鳩森八幡神社へ行くことにした！

【３月８日７時19分頃東京都23区を震源地する最大震度２の地震発生。Ｍ３・５深さ約40キロ。２０１３年３月中には大きな地震はなかったが、４月に入り日本だけでなくアジアにも大きな地震が多発していた。しかし、４月中の東京の震度は１〜２だった。国内の主な地震をあげると４月２日三陸沖、最大Ｍ６・１、最大震度３。４月13日淡路島付近、Ｍ６・３、最大震度６弱、建物被害発生。４月17日三宅島近海で地震活動が活発化。最大Ｍ６・２、最大震度５強。同日、宮城県沖、Ｍ５・８、最大震度５弱。同日、石垣島北西部、与那国島近海で地震活動活発化、Ｍ５以上の地震が５回発生。４月19日千島列島、Ｍ７・０、最大震度４。このほか、４月中に茨城県沖、千葉県東方沖、でＭ５以上の地震が発生。埼玉県北部でもＭ４・７の地震が発生している。ウラジオストック、イラン、パキスタン南西部、台湾付近、中国中部にＭ６〜７の地震が発生】

３／７　隕石落下を阻止する調べ？　鳩森八幡神社▽拝殿「今にここも大変なことになるが、石は持ってきたか？　石を取り出し手に持って再び手を合わせ。（はい）**日本全土にこの石の力を届けるぞ。**（日本地図が見える。石からでた金粉の噴水が日本中を染めていくイメージ）**書けたら、富士塚へ行け。天の指示を仰げ。今にここも隕石が落ちる。この金色**（こんじき）**の光がこの地を救うのじゃ。知らぬことじゃが、笛の調べがそれを誘導するのじゃ。言葉とともに調べは破壊へとつながる。この神示を読み書き出来る者は進む道に従い事を運ばねばならぬ」。▽富士浅間神社「その石を持ったままここへ来い。**（石を持って、社の前で手を合わせる）**そのままでよいから聞けよ。この石の調べを口ずさめ。**（えっ!!　調べなんて聞こえませんよ〜）**一節、一節、歌え！**（て〜んのしらべにのるリズムをこの世に降ろし、知らしめる。久しい限りのその道は、金の砂の上に立ち、行く道を照らす。過去の全てを総崩し、調べに乗ってゆく道は、極楽浄土の道の果て、帰らぬ者を今消去。調べに乗った者たちは、それぞれに歩む調べの道。幾重にも重なるこの世界。この世の全てがここにある。砂の道の行く末は、白髪頭の仙人も、行ったことない新（神）世界。更に進むその道は、幾重にも続く金の道。幾重にも続く金の道…♪）」。**▽富士塚「**（富士塚を上り始めたとき）**天明ですよ。千春さん！**（あ、天明さん！　おはようございます）言葉というのが笛の調べになるんですよ。幾重にも重なるこの世界は三千世界とも言いますよ。その一つ一つがお互いに影響し合っているのがこの世界なんですよ。今、見えているこの現界にもそこへ行くための道が敷かれました。その調べに乗った者だけがその世界を味わうことが出来るのですよ。今までにない体験がこの世を変えるのです。過酷な世と思われるかもしれませんが、今までにない大変革を経験します」。▽富士塚奥宮「（おはようございます！　コノハナサクヤヒメさま！）知らせてあったのが分かったようじゃな。今までの神示まとめておけよ。次の神示の指示だけしておくぞよ。題は『みろく神示』じゃ。小さく〝太陽の〟と付けておけよ。いつの間にかこの世も変わってきておる。それを知らぬとは幸せなことよのぉ。挽回しようにも、もう遅いぞ。神の言葉わからぬ者は神の働きによって今まで通りなのじゃ。次第にそれも分かってくるじゃろうが。支配の手が及ばん、限りない未来への道が開けたのじゃ。書けたら行けよ。下で、トートが待っておるぞ」。▽地眼（触ると寒くなってきた。金色の光が下から湧き上がってくる）▽イチョウ「千春さん！　ナニルです。（あ、ナニルの神さまこんにちは！）暫くぶりですね。この世へ続く道がようやくできました。これを伝わってこれからナニルも世へ降りていきます。（エノックも降りて来るって言ってましたが、ナニルの神さまもですか？）はい。次第に強いエネルギーがこの世を襲い掛かります。この世の抵抗を排除するためのものです。異常な意識はもうナニルの世界から取り除きます」。ここで幼稚園の子供たちが境内でお遊戯を始める。▽甲賀稲荷社「トートだ！　そのままここまで来い！（はい。うるさいですよ～うまく聞こえるかなぁ～）構わずここへ来い！（はい。社の前で石を手に持って手を合わせると地球が見える。地球に次々と隕石が落ちるビジョンだ。なんですか今のは？）これがこの世の未来だ。（地球が破壊されますよ!!）そうだ。今、体に入れたのはそれらの隕石を誘導する笛だ！（笛ってなんですか～？）調べだ！　それを使い、日本への隕石落下を阻止する！　使え！　その力を広めろ！　その意識を次の神示にこう記せ！　この世は既に破壊の対象になっている。このニッポンという国に住むものは、それに負けるでない。たとえ少人数になろうとも、この世は続くのだ！　破壊などない！（ここで、後ろに参拝者が待っていることに気づき脇へ寄る）言葉に続け。言葉を降ろせ。それがこの世は次の世へと続くのだ。（声が変わる）書けたらもう帰っていいですよ。千春さん」。▽原宿へ向かう帰り道「これから第三の目を開くぞ！　知らない言葉はないはずじゃ！　その言葉は自分自身から発せられるからのぉ。もはや疑う

余地もあるまい！（私みたいに聞こえるの？）**ワッハハハハ…！　その言葉に気づくのじゃ。一気に進むぞ、岩戸開きじゃ！**（エネルギーが降りてきた。さむっ！　この石はどうしたらいいですか？）**持っていろよ。三千世界へ続く石じゃ。今、豊玉がフラフラしておる道が三千世界へと続いて行く。そこに道をつくるのが千春の役目じゃ。八坂は後ろに続く者を選別せなあかんぞ！　むつかしいぞ！　八坂は切ってゆかねばならぬ。千春も手伝ってやれ！**（どうやって手伝うの？）**八坂の後ろに続く意識に、その石の力をぶつけてやれ！**（八坂さんの後ろに続く意識ってなんですか？）**相談事じゃ！**（げっ！　八坂さんにくる相談事ってなんか、こうドロドロしていそうですよ〜）**そいつらに向けてこの石の力をぶつけてやれ！　八坂一人では祓いきれんだろう。手伝ってやれ。**（はい…。自分の周りはどうしたらいいですか？）**そのままでもいずれ離れていくぞ。心配するな」。**

【2月15日以来、この本を書いている2014年5月まで、今のところ隕石の飛来はない。しかし、こんな情報を見つけた！『2013年3月4日（日本時間では3月5日）に地球と月の軌道内を通過していく「小惑星2013EC」についての発表が、NASA（米航空宇宙局）などの宇宙機関からあった』とか。同年3月31日　16時00分東スポWebでは、『NASAのチャールズ・ボールデン長官が、4月上旬までに小惑星が地球に衝突する可能性を明かし、全米が騒然となっている。一方でそのNASAは、宇宙空間に龍のような飛行物体が写っている写真も公開。そのため「小惑星から地球を救うのは神龍か」という声も出ている。…中略…4月上旬までに小惑星が地球に衝突するかもしれず、対応策は「衝突しないことを祈るしかない」というのだ。一応、NASAは地球に衝突するコースにある隕石や小惑星をそらすための技術開発は検討しているというが…。略』同年5月31日、ロケットニュース24では『8月までに10個の小惑星が接近』だと言う。単なる夢の話かと思っていた私だが、知らないところで小惑星衝突の危険があったのだった!!】

3／8　**ククリヒメの力をもらう　文京区白山神社**「（白山神社の神さまこんにちは！　ここの御祭神は菊理姫命、伊弉諾命、伊弉冉命だ）**ようやくまた会えましたね。ククリの里までようこそおいでくださいました。**（『富士の神示』ができましたよ！　ありがとうござました）**イザナギだ。本を手に持って手を合わせ。**（白い光が本から放たれた感じだ）**そのままその本を手にして書け。その本に書かれていることはこの世の現実となり事が進む。**（あ、もう隕石が落ちました〜！）**今に、この地球自身の禊の時代に**

突入する。いや、もう突入したのだ。地震もそうだがそればかりではない。火山活動は活性化し、太陽の熱も容赦しない。ここ白山神社の神々はそれを知らしめるために、大津波をおこす！（あれ～っ！　また大地震ですかぁ!?）いや、隕石による津波と重なるであろう。アマテラスの仕組みがこの世を潰し、再生してゆくのだ。そなた、ククリの力を持っておるな？（あ、これは平安神社のククリヒメにもらいました）…。（ふむ、聞こえない。が、パステル色のエネルギーが身を包む感じ。なんですか～？）平安神社のククリの力とつなげました。ここのククリの力を重層しましたから、より大きな力となり、この地を守ることが出来るでしょう。さあ！　根津の神が待っていますよ。そちらの指示を受けてください。イザナミも一緒に行きます。もう一度拝殿で手を合わせてください。（なにやらエネルギーが入ってくる）陽炎《かげろう》の向こうに見える島。その奥に見えゆる島こそ本物なり…」。

3／8　太陽のシステムの力　根津神社「（こんにちは！　根津の神さま～！　本を手に持って手を合わせる）……。（ん？　エネルギーはあるが、返事がないので、隣の客殿へ行く。こんにちは！）聞こえるか？　スサノオだ。（あ、ようやく声がした！　はい。聞こえます）書くなら裏へ回れ。ここでは無理だ。（はい、わかりました。門を出て、塀の後ろへ回る。日本医科大学方面の鳥居の近くで）ここならどうだ。聞こえるか？（丁度、塀の角である。はい）裏の方がエネルギーが強いだろう。（はい！　神殿の真後ろでなくていいですか？）うまく書けるならどこでもよいぞ。（エネルギーが強く、手が勝手に動いて字が書きにくい。頭の後ろが痛い。もう少し社殿の後ろへ回ってみます）拝殿の丁度正面に来い。（神殿の丁度後ろに閉まっている入口がある。ここのエネルギーがとっても強い！　さらに字が書きにくい！）書くことは知らせることなのだ。久しく見えなかったのぉ。千春よ！　行こうと思えば来れた距離であろう。（まったくその通りで…すみません！）進化する者にとっては重要な神社だ。（はい。さっき、根津神社のパンフレットを見てそう思いました。↑御祭神が須佐之男命、大山咋命、誉田別命、相殿で大国主、菅原道真公とある）いいか、この神社の力を神示に入れた。今、出版されている本、すべてにその力が入ったのだ。この神示を読むことにより、この世の者たちの心が和むことになる。それは神示から出る強い癒しのエネルギーによるからだ。だが、普通に読んでいてはその意味は分からんだろう。意識のない者にとっては、ただのお守りに過ぎん。心の平静を保つだけのものにしかならぬ。進化する者にとっては、この神示のエネルギーがさらに進化を生むのだ。…（まあ、そう、うまく行けばいいですけど…。この辺からエネルギーが急に変わるが、言葉にはならない…。どなたですか？）書けるか？（遥か彼方からかすかに意識が伝わってくる。手に言葉は降りて来ない）進化の先にあるものは幾重もの世なのだ。そうやって今、聞いている言葉はどこから降りているか分かるか？（いいえ。なんか普通じゃないですよ）太陽のシステムの中心。（太陽のシステムの神さまですか!?）そうだ。そなたたち既にここまで来ている。他人事のように感じることもあるだろうが、幾末もの世を経験した者だけがこの太陽のシステムに昇れるのだ。書ける者は伝えよ！　進化というのは選択なのだ。進んで進化の道を進まねば、進化はできん。待っているだけの能では進化はできん。進んで進化の道へ進まねば先へは進めんということだ。過酷な世と映るかもしれんが、この世に吹く風は退化の風。それに従えば、おのずと退化の道へ進むことになっているのだ。たかが知れたことと思っているやもしれん。その、たかが知れたことが重大な意味を持つ。この力を使い堕落の道へ進む者は進ませよ。進化の過程で排除されるものは、その世にはごまんといるであろう。自分自身の行く末も分からず、ただ風に吹かれているだけのようでは進化への道筋は分からん。賢く生きる術がこの世の術とは違うことに気づかねば、もはや救いようもないということだ。太陽のシステムにはそういった者たちは必要ないばかりか、排除し消去しておる。消去の方法を教える。仮に、その人物が親しい、その人生において重要と思われる人物であろうとも、進化に値しない人間はこの方法で消去抹殺していかなくてはならない。神示の中に既に入れた力を使い、意識を強固にして、その者の魂に向けて、この太陽のシステムの力を注ぐのだ。いいか、躊躇してはならぬ！　もう一度言うぞ。本の中にエネルギー、力は入れた。その本を手に持ち、太陽のシステムの力を感じ取れ！　そうしたら、未発達の者に向けて、その力を注ぎいれるのだ。醸し出すその力は進化する者には永遠の力となるが、消え失せる魂には毒となり、自分という自己を失っていくのだ。いずれそれも分かってくるだろう。……。（ん？　急に言葉が降りなくなった）…書けたか？　スサノオだ。（はい）それをそのまま仲間に伝えろ。この力を降ろせるのは千春と豊玉だ。簡単にはいかぬ、八坂は意識して関係のない者を選別しなくてはならぬと伝えろ。書けたか？　行ってよいぞ。オオヤマクイだ。（あ、はい）千春さん、イザナミです。うまくつながってよかったです。ここの神社の力はすべて神示に入っています。この力をみなさん使ってください。帰ります。（はい、ありがとうございました！）」。なにか急に抜けていく感じ。この現実に引き戻されたような錯覚を覚える。▽駒込稲荷神社「トートだ！　書けるか？　脇へ寄って書け！　ようやくここにも春が来たぞ。千春！　来るのが遅い！（はい！　すみません）良いか、よく聞けよ。トートの力がこの現界に及んだ！　言っている意味が分かるか？（さ～ぁ？）とぼけるな‼（ヒェ～‼あまり、実感ない感じですよ～！）う～む、限界には現れにくいか？（多分…）エノックを降ろす！　連絡はついたか？（いいえ）千春さん。エノックです。この現界に降りてきています。（参拝客がいて、集中できません！）もう遅いぞ行け！」。▽乙女稲荷神社「（こんにちは）ようこそおいでくださいました。（女神の声。狐？　お狐様ですか？）いかにも。ここは稲荷の使い…書けたら行ってよいぞ。スサノオだ」。

3／9　太陽のシステム　コトシロヌシ「まだ人に言うなよ。（何をですか？）コトシロヌシだ。いつかは知らせねばならぬが、いるいる星への道は激しい意地の塊が衝突しあうのだ。その事はこの現界においては不運を招くことになる。今までのような帰らぬ魂は試練となろうが、この道に進む者にとっては破壊の対象外だということだ。（具体的にどのようなことが起きますか？）簡単に話せば、書く者の意識にもよるが、火山の噴火、隕石の落下、津波に火災だ。太陽の熱も激しくなり、この地球上の生物も寒暖の差が大きくなって、生きていくのも大変になるだろう。自分のしたいことだけをしていれば、そうやって自然と、自然との調和も薄れてくることになるのだ。（書く者の意識とはどういう意識ですか？）書ける者というのはそれなりに力を有していなければ降ろせぬということだ。それは既に調和として働き、その間の役目をするコトシロヌシだと言うことだ。いずれの場合もそうだが、その意識は…（突然途絶えた。…聞こえない…。『富士の神示』を手に持ってみる。遠くの違う意識が入ってきているようだが、言葉になるか？　う～ん）しっかり感じ取れるか？　その続きは太陽のシステムから送ろう。（はい。どうぞ）コトシロヌシの続きというのは、この地球は禊に入ったと言うことだ。過去にも何度もこうしていたのだ。地球自身の禊による天変地異だ。今、地球はそれと衝突しようとしている。火山の噴火ぐらいではこと済まぬ。隕石を呼び寄せ、地には津波を起こさせるつもりだ。山は大火災。もはや人間の逃げ隠れするところはあるまい。彼らが神として崇めている者がその災害の主《ぬし》だということだ。それに気づかねば、形だけの信仰に終止符が付けられまい。神という存在の意味をはき違えている。言葉として理解することは簡単だが、それを心の中で理解するのは難しい。むしろ、神という者を信じている者ほど心に神はいないのだ。（日本人なんて、神すらいないと思っていますよ）始めからいない方がいいのだ。その方が神というものを受け入れやすいだろう。言葉の中での神なら、いなくても当然だ。神というのは自然そのもの、その世界なのだ。全ての中にあるその世界を神というのだ。人間たちはそれを忘れてしまっている。それはあまりに自然すぎるからなのだ。普通のことだからなのだ。その普通のことに気づかねば神という存在は見えてこまい。コトシロヌシの言葉とはそういう意味が含まれておる。太陽のシステムは不変（普遍？）な自然の意識を感じとることが必要なのだ。風や空気、鳥や温度差、季節の変化、様々な天候が神そのものなのだ。我々はその中に生（活）きていて、その中に影響を及ぼしている。それは相互に影響し合っているのだ。この太陽系も事がないと思っているかもしれんが、実は様々な変化をしているのだ。言葉として書くなら、それは進化という変化だ。その変化に耐えうる力が今、降り注いでいる。これがこの地球の者にとっては障害、天災、天変地異として映ることになるのだ。心の進化の成し遂げた者たちには、事前に起こることは全て分かっている。そのための体もつくられ、知恵もある。意識の上で慌てることは何もない。たとえ体を失ったとしても、行くところはあるのだ。この体に執着することもない。しかし、やらねばならぬことも多い。その体を使うだけ使って、事を進めなければならぬのだ。この試練は体を持つという抵抗がさらに助長を促す。人間として体として、存在することは悪ではない。それは制限なのだ。その制限を乗り越える体を新たにつくってゆかねばならぬ。言葉の降ろせる者はその体を既に持っている。この天変地異に怯えることもなければ、苦しむこともないのだ。（ふ〜む、なるほどねぇ〜）」。

【この年は山火事が多かった。6月12日、米コロラドスプリングスで大規模な山火事、8月17日、米カリフォルニア州で発生した山火事は、世界遺産のヨセミテ国立公園の中にも燃え広がった。10月20日、オーストラリア東部ニューサウスウェールズ州では、州政府は非常事態宣言を発出。火山の噴火では、桜島、8月18日の噴火で噴煙は5000mまで達した。観測開始以来過去最高。11月20日、海底火山の爆発で小笠原に新島が出現。世界規模で火山が活発化しているようだ。その他、3月9日、直径100m級の小惑星2013ETが地球に接近（98万km）】

3/10　この世の制限について　太陽のシステムの神「少し話そうか？（太陽のシステムの神さまですか？　とっても聞きづらいです）そうだ。（太陽のシステムについて教えてください。本は持った方がいいですね。…どうぞ）不意に降りてきた神だから、時間というものが違っておる。

いま、そなたたちの時間は太陽の周りを回っている時間だが、ここ太陽のシステムでは進化の進み具体で時間を計る。たとえば、人間の暮らしの中で一日という時間を日と時間に分け、人間の生活を基にした感覚で過ごしている。人間の生活というのは現代と言われている今の現状では、残念なことだが、時間は進んでおらず、むしろ、逆に退化しているのが、ここ太陽のシステムからみた時間ということになる。長い間に発達したと勘違いしている。その文明というのは退化した感覚をどうにかしようと補うために発展した文明なのだ。言ってみれば、文明が進むということは人が退化した証拠だと言える。その末路は散々たるもの。科学技術の発展がさらに拍車をかけて退化を進ませ、いろいろな場所での紛争の元になっているのだ。本来ならば、殺すも生かすも想念一つで出来るものだ。ここ太陽のシステムではそう言った人々の生活に欠かせないのが想念という考え方なのだ。そなたたちの世界で想念を自由に操れる人間が何人いるか考えたことがあるか？（あ、私が持っている力が想念ですよ。その想念で、人体の悪いところに働きかけたり、身の周りのことを改善させたりします。気功もそうかしら？）今、そなた人間たちが使っている想念には限りがあるのだ。人間という肉の衣を身に付けている以上その衣を脱ぐという行為は死を意味することになる。そなたたちの世界では死というものの考え方を恐怖と勘違いしておる。そこに制限が生まれているのだ。とはいえ、その制限が徐々に外されてきているのが現状だ。そこに気づいた者もいるだろう。しかし、あくまでも人間としての制限の中でしかそれは作用しないと言うことだ。（では、最近、力の強くなってきた人というのはその制限から出た人ということですか？）さよう、その制限が広がったと考えればよい。柵を越える行為は彼らにしてみれば死だ。その死を覚悟しなければその先は分からぬと。またそこに自分で制限をつくっている。この世界というのは複雑に入り組んでいて、死を経験しなくても死の世界というのは体験できるように仕組まれているのだ。それを自分自身によって制限を設けているのがそなたたちだと言うことだ。（自分で自分に制限しているということか…）その証拠が宗教だ。そなたたちの…（外野がうるさくて聞きにくい）そなたたちの世界では、死を経験しなければ極楽は味わえないと教えられているからだ。宗教という枠を勝手につくって、目に見えない存在は全て、その宗教に取り込まれてしまっている。それが制限なのだ。要は、全てのことはそなたたちの世界に存在しており、その全ての事象はそなたたちの感ずる範囲の中にあると言うことだ。そこに制限を加えておるから、五感というそなたたちの世界をつくってしまったことになる。（なぜ、五感という感覚だけが強調されたんですか?）本来、五感という特別な器官はサブ的な補助器官なのだが、その世界を支配したものに本来の感覚器官を封印されたのだ。いつしか、そのことも五感で感じ取れるようになるだろう。（というと、五感で支配したものが五感に出て来ると言うことですか?）はっきりそういう目でとらえることは難しいと思うが、こうやって字を書いているそなたがいるということは、目に見えてくるということになるからだ。（あーっ、なるほど～。五感というのは字もそうだと言うことですね?）『字』というのは目で見ることもできるが、その裏に感情をも動かすことが出来るものだ。書くという行為は想念の中にある物を表現という形にして、このそなたたちの世界に映し出すことなのだ。もちろん、言葉も同じだ。言葉という頭の中でのエネルギーを言語という道具を使って、この世の音として表している。そなたたち、その音を耳という五感の器官を使い、再び頭の脳の中に入れ、言葉のエネルギーとして解釈しているのだ。そこに本来なら、自分以外のエネルギーも存在している。しかし、そなたたちの行いがそこに制限を設け、勝手に自分以外のエネルギーを排除してきたのだ。（フムフム…、わかる気がする。中断…続きをどうぞ）その制限を今取り除いている。（どうやって!?:）取り除くと言うのは受け入れるということだ。（あ、まさに!! でも今まで排除してきたものを受け入れるというのは難しいと思いますが。具体的にどうするんですか?）この世のシステムを変えたと、そなたたちのスサノオが言っていただろう?（はい）そこから、本来、存在している粒子というのだろうか、そなたたちの最小限の物質というのだろうか、が、解放されたのだ。つまり、新しい経路によって道が開かれ、そなたたちに届きやすくなってきた。（その物質の粒子と私たちの制限と、つながりがあるんですか?）その粒子というのが、この世、つまり、宇宙全域にわたっている物質というものだということだ。それはエネルギーの素《もと》だ。（〝素〟ってなんですか?）想念というのは考える力であり、エネルギーでもあるのは分かるであろう。（はい。それはわかりますが、それと素粒子が結びつかない…）粒子というのは電気的なものだということだ。（それは電気という解釈をしてもいいのですか?）もっと具体的にそなたの中の言葉で言うなら、それはエネルギーなのだ。粒子という言葉の中に〝塊〟という言葉が含まれている。その言葉通り、エネルギーというのは塊だということだ。ただし、今のそなたたちの考え方からすれば、バラバラの状態の塊だ。その一つ一つに意志がある。分かるか?（ちょっと、考えさせてください。いま、こうやっていろいろ教わっていることはエネルギーであり、それは塊という偏りがあると言うことですか?）なかなか良いところに気づいたようだな。（…? ここからエネルギーが変わってくる。あれ～、今度はだれですか?）もう少し詳しく話そう。コトシロヌシだ。〝偏り〟という言葉には〝濃度〟という言葉がある。薄いところ、濃いところだ。粒子というのはこの濃度をつくりだすのだ。濃度の濃い薄いによって、物質や空間が現れるのだ。（それは、サタンが昔、教えてくれましたよ。この物質という世界はサタンがつくったって）その濃度が密に固まったものを物質と呼んでおるのだ。（それじゃあ、もっと上の神々の世界は?）下がってみれば、その物質もスカスカなのだ。（それはわかります。ミクロの目でみれば、スカスカ）そのスカスカの世界が太陽系の世界だ。（わーっ！ わからないや!! 超・ミクロが超・マクロになっちゃった～）ガッハハハ！ マクロもミクロもない！それがその世界なのだ。地球というのは一つの塊でしかない。しかし、それも下がってみればスカスカなのだ。ただ塊として存在しているだけだと言うことだ。だから、その中には神という存在も人間という存在も宇宙という存在もすべて含まれている。そこに気づくことだ。人間は物の大きさを物質の大きさで判断しようとするが、この世に大きいも小さいもない。あるのは粒子という意識であり、エネルギーだということだ。（でも、物は壊れたりしますよ）そうだ。人間たちの住む世界も物は使っているうちに壊れてくるものだ。そのための修復してゆかねばならぬ。その修復を怠ったのが、今の地球だ。地球は完成し、崩壊する。そして、また新たな地球が出来てくるのだ。（完成したかどうかって誰が決めるんですか?）それはお互いの意識なのだ。地球を構成している意識がそうさせている。この地球という星はさらなる進化をするために崩壊することを選んだのだ。ここに住む人間だけがそれに気づいていない。これは進化するための崩壊なのだ。（その粒子の意志によってくっついたり、離れたりするってことですか?）そうだ。書けたか?（はい）破壊というのは脱皮なのだ。この地球が更に大きく成長するための脱皮だ。（あー！ なんかわかったような気がする！）」。

3／11 地震予告と三人の仕事 コトシロヌシ「コトシロヌシだ。地震が来るぞ。（国常立大神が相変わらずいませんよ～）震度は3だ。東京はそれほど揺れまい。（箱根は落ち着いたんですか?）強い噴火はないが、これからまた活発化してくるだろう。今までの言葉をまとめておけよ。出版社への連絡はまだいい。（まだ言っているんですかぁ?お金がないですよ～）心配するな。積もった時でよい。（積もるんですか? いつになることやら…）アマテラスの仕組みが動き出している。書ける範囲でよいから今までの言葉をまとめておけよ。（あ、まとめておけということは、これからますます言葉が降りて来るってことですか？）そうだ。豊玉にもそう言っておけ。（あら、豊玉さんもですか!?　豊玉さんは、ますます飛ばされるんですね！　まぁ、以前から「跳べ！　豊玉！」と言われていましたからねぇ～）そこで、豊玉からくる情報を元に考えろ。八坂のことだ。（おっ、八坂さんも忙しくなりそうですね！）この言葉を伝えろ。このまま行けば、そのうち自分との差が保てなくなる。うまく乗り切るコツは深く介入しないことだ。下がってみることは必要なことであり、その方法を知らせてやれ。諏訪の力、寒川の力を使い、心に潜むものを引っ張り出してやれ。八坂は仕事としてそれをやってゆかねばならぬ」。

3／12　次なる指令　鶴岡八幡宮　大イチョウ　「また会えましたね。人の命の短きを知らせるために呼びました。地震の影響は今も残ります。災害はまだ続きます。地震の次は破壊行動がより激しくなり、今に東京の土地にも被害が及ぶことになります。心配には及びません。千春さんの住む東京の街に被害はありません。心配いりません。人の形をした破壊が体の中から起こりはじめます。笛の音を奏でられる千春さんに影響はありません。その時が近くなっています。破壊の力は太陽の影響なのです。磁気の影響。命の短き者たちにそのことは分かりません。なぜそうなるのか、何が悪いのか、人々の中に迷いが生じその迷いが更なる迷路へつながってゆくのです。迷路の出口はありません。それを断ち切るには、勝手な判断はやめることと、体の中からでる素直な気持ちがそれを救うのです」。階段を上り移植された根の脇で強いエネルギーを感じる。「覚悟のできた者から上へ行く準備をしている。途中途中の言葉をよく聞きそれに従え。命の短き者は今のうちが花と思えよ。体のある今が花なのだ。その体がなくなれば、だれも花の姿とは映らなくなるものよ。枯れた花に宿るは屍なのだ」。再び階段を上ると「臨済宗の寺へ行けよ。（建長寺でいいですか？　わかりました）」。▽拝殿「今から、ゆうことを書けよ。（手を合わせていると）そのまま動くな。今、力を入れる。…脇へ寄って書けよ。エノックが降りてきている。遠くの声が聞こえるであろう。（太陽のシステムですね？）その太陽のシステムを降ろすのを手伝ってくれ。（この現界にですか？）その寺へ行って力をもらってこい。（それが建長寺ですか？）必ず行け」。

3／13　建長寺半増坊の石　昨日行った建長寺では半増坊へ行けとの指示があった。そこではいきなり体にエネルギーを入れられた。八坂さんと豊玉さんへの言葉と力を石に入れてもらった。天狗のお守りを買い、身に付けているように言われた。キーホルダーの天狗を買い、力を入れてもらって、携帯に付けておいた。「書けるなら書けよ。（石を持つなり、いきなりエネルギーが入ってくる。寒い！）言葉というのは意志なのだ。意志というのはつながりだ。（なんのつながりですか？）自然とのつながりだ。人は自然の中で暮らしておる。それを切っては暮らせんのだ。言葉も同様。意思の疎通だけに通用すると思っておるじゃろうが、それは自然との会話なのだ。自然の意志を人は自然と口にしていたのだ。言葉というのはそういった自然の知らせなのじゃ。今の者は言葉を失ってしまった。言葉を失うということは自然を失ったのだ。自然が失ったのではない。人から失ったのじゃ。志（死？）の影も形もない。心の底にある言葉を失った。それは自分を失うことになったのじゃ。体を持った身であるなら、それがどういうことか知らねばならぬ。体だけが死ではない。体を支えている魂の死なのだ。心の言葉を聞ける者は幸せなのだ。幸せとは言葉から受け取れるからじゃ。言葉を失った悲しみは体の悲しみとなって現れてくる。その悲しみの意味も分からぬであろうよ。志（死？）とはそういったものの言葉を司る中枢じゃ。風船の如くフラフラしていては、向かうところは黄泉の世界。ヘンジョウ（返上？　遍照？）した心の様は臨済のへそのようにやがて花開くことになるのじゃ。形も体もないその世界こそがシン（真？）の世界。砂上の作り物に魅せられる、魂の行く末を思う心の切なさよ。心の凄まじき者の体にこの臨済の力を入れてやりなされ。一つひとつの魂に入れてやりなされ。形のない寒い心に灯がともりましょう。その灯は掛け替えのない命と映りましょう。静かに鎮め魂の行く末。形亡き者の島へ送り給う」。

3／13　烏天狗のお守り「寒川（神社）の力をもらった者がいるだろう（↑八坂さんのことのようだ。3／10猛烈な煙霧のなか寒川神社へ呼ばれ行ってきたと言っていた）。その者にここの石を渡せ。その石がもとになり、心の癒しを行う。（具体的にどうしたらいいですか？）寒川の石と、ここ烏天狗の石を両方もち、寒川の指示に従え。烏天狗の力によって強力に沈める。その力は地獄の果てに響き渡る脅威と映るだろう。（石は身に付けていた方がいいですか？）今の神力ではその者たちを沈めることは出来ない。髙橋の血を引いた者に手伝ってもらえ。（髙橋の血って私のことですか？）お前のことだ。（富士の）神示を膝の上に置き石を手に持って行えよ。寒川の力がそこに加わりはじめたら言葉を聞け。八坂の周りにある厄をまず祓わねばならぬ。心の隅に住まうものがおる。それを引っ張り出さねば、八坂自身がやられてしまう。気の毒がってはいられ

ないことだ。最期の手段だと思って心してやれ。（はい。この木彫りのお札も持っていた方がいいですか？）**次の仕事が降りやすくなる。静まらぬものは落とせ。それが、ここ半増坊へ来た理由だ。**（地獄へ落とすんですね。ここから声が変わる）**いままでのようでよいぞ。スサノオだ。**（はい、わかりました。木彫りのお札も超・寒い！）」。

3／14　**八坂さんの厄ばらい**　「八坂さんに相談したかったの…、あなたにだけは言いたかった…」と、いつも不思議に同じセリフで相談される八坂さん。いつも気がめいるような重い相談事で大変な八坂さんの厄祓いを手伝うため、建長寺半増坊の石を届ける。お宅にお邪魔させてもらい、その時、私は八坂さんから受け取った、寒川神社の石を身に付ける。**「寒川の石を持て。アマテルだ。書けるか？**（はい。ここから、姫様の声が聞こえてくる）**今必要なのは過去の清算なのですよ。全ての人に言えるのはその過去が出てきているのです。それを克服する力を失っています。寒川はその力を強めます。先ず、八坂さんに憑いた因縁を祓ってあげてください。**（私がやりますか？）**はい。石を持たせてください。**（どの石ですか？）**建長寺の半僧坊の石です。それと、**（富士の）**神示を手に持たせて、目をつぶらせてください。そこに千春さんの天狗の力を加えて、天狗の力で取ります。また指示をしますので、まずは八坂さんの因縁を取ってください。**（八坂さん、指示どおり寒川の石と半増坊の石、『富士の神示』を手に持つ。私も寒川、半増坊の石、天狗のお守りを持ち、『富士の神示』を膝の上に置く。ここから、多分、半増坊の石の声）**先ず、寒川の力と半増坊の力を融合するぞ。**（もう、していますか？　エネルギーの動きを感じる）**もちろんだ。そこに天狗の力を加える。千春はそのままでよい。何もするな。**（八坂さんに変化が出る。天狗の力が八坂さんに移ったらしい。右手から入って、八坂さんの背中が軽くなってくるのがわかる）**よいか、八坂に言え。相談事の相手を思い出し、相談事を一つひとつ口にしながら集中しろ。**（全部ですか？）**全部だ。躊躇するな。**（同級生の男子に嫌なことを言われ続ける中学生女子のことを口にする。ズワッ！　取られた感じが伝わってくる）**心で唱えることも必要だ。**（心で唱えるってどういうことですか？）**寒川の力を使う。**（何を唱えるの？）**石の力を利用します。**（↑寒川の姫の声）**寒川の社を思い浮かべ、そこの神殿に入ってください。**（八坂さん、光に包まれると言う）**まだあるだろう？　アマテルだ。**（八坂さん、小学校時代の同級生の相談事を言い始める）**下がってみること。形のないものを取り除く。その者の意識を呼び寄せるぞ！　いいか、八坂。そこにある過去の因縁を取り除くぞ。今、見えているのはその過去**

だ。（黒い固い塊が見える）**それを地獄へ全て落とせ。**（どうやって？）**千春が手伝え。〝地獄の手はずを整える者〟を呼び寄せろ。**（はい、〝地獄の手はずを整える〟神さ～ん！　来てくださ～い！）**年の神だ。今、呼び寄せている。八坂に憑くようにしたぞ。八坂！　その者にその黒い影を下から引っ張ってもらうように願え。八坂！　上から押せ‼　千春！　手伝え‼**（二人でその黒い塊を押し込む。なかなか押込めない。時間がかかる。色が変わってきた！　塊がなくなってくるが、まだ灰色のものが残っている。八坂さん「あ、あの彼女の離婚の問題か！　別れた旦那のところに、大工業をしている幼馴染が転がり込んでいるんだよ！」あれまぁ、複雑だね～。と私）**過去の因縁を断ち切る。**（堕ちてゆく。…しこり、しこりがまだ残っている。このしこりはどうしたらいいですか？）**心の中を映し出します。八坂さんの心の中です。今、そこにある因縁を断ち切ります。寒川の神殿へ来てください。**（八坂さん、再び寒川の神殿を思い浮かべる。どうしたらいいですか？）**過去の因縁を断ち切ります。八坂さんと、この人の縁を切ります。**（切っていくが最後にまだ固いしこりがある）**八坂さん、それを取り出してください。それが大元です。寒川の力ではそれを破壊することは出来ません。**（じゃあ、どうしたらいい？）**千春さんの太陽のシステムの力を使いましょう。**（えっ！　どうするの⁉）**千春さんが手に持って、〝地獄の手はずと整える者〟に手伝ってもらいます。**（はい。八坂さんからエネルギーの塊を受け取った！　深く深く、太陽のフレアのところへ持って行き、太陽の力を注ぎ入れて…パンッ‼　弾けた‼　八坂さんにはヒビが入ったように感じたらしい。そのまま徐々に塊が消えていき、過去（過去世）の意識が出てきた！　八坂さんと大工の幼馴染はアトランティスの時の恋人同士。洪水で別れ別れになるとき「また会おう！」と約束。アトランティスの前、八坂さんはムーの人。ムーの意識まで戻されていく…。段々、ピンク色に変わってくる。暖かい風。爽やかな緑。黄色い菜の花。花畑。八坂さんの意識外になっているらしい。八坂さんには花畑は認識できず…。私には、ピンク色の春うららかな意識が飛び込んでくる。私の意識は段々、今いる太陽のシステムから現界へ戻されていく。ふ～む、なかなか限界へ戻って来るのに時間がかかる…。八坂さんにもそのピンク色の意識が分かってくる。八坂さん「ほかの相談事も言った方がいいのかな？」『富士の神示』の神に聞いている）**他の者はそのうちまた出て来るぞ。今のうちに消し去れ！　一度に消える。心の中ですべてを思えよ。スサノオだ。いいか、八坂。それらの者にこう言え。「心の枷を取り除き、本来の姿よ現れよ！」どうだ！　身魂が**

変わって来たろう。八坂の今の意識なら出来るはずだ。花畑を思い出せ。ムーの力を使うのだ。（強い黄色い風が吹き荒れる感じ）それが本来の八坂の力なのだ。どうだ！　思い出したであろう。幼馴染たちがそれを全て妨害していたのだ。過去の因縁を利用し、自分のものにしたがっていたのだ。（八坂さんを？）そうだ。八坂を欲してきた者たちがこれで切れたのだ！（後日、飛び込んできた。幼馴染たちが八坂さんを欲していた理由はそのムーの力だったらしい。それを我が物にしたかったらしいのだ。八坂さん、ここで幼馴染たちのことを言い始める）八坂！　自分の今の心を消し去れ！（八坂さん、自分と幼馴染との縁切りをする。最後は私が縁を切る）そうだ。もう幼馴染とは縁が切れたのだ。思い出したくもないだろう。忘れろ！（どうやって消すの？）今の心だ。今そうやって思い出している心。これを消し去れ！　心配するな！　ムーの風を思い出せ！　それを使え。いいか、八坂!!（どうやって？）何か嫌なことがあったらその風で吹き飛ばし、破壊しろ。それは渦状にもなるのだ。竜巻だ！　竜巻は諏訪の力が加わることによって起こるのだ。ヤハウェだ！　八坂！　使え！　その竜巻を使い、日本全土に風を吹かせろ!!　その想いを日本国中の民に吹かせるのだ。（八坂さん「今やりますか？」）今やらねばいつやるのだ。八坂やれ！（ここから私も加わり、竜巻で世界を回る。始めに台湾、中国、インド、中東、ヨーロッパでは竜巻が火の竜巻になり燃え広がった。ロシアでは煙になり、そのまま間宮海峡を渡り、日本が燃える。フィリピン、オーストラリア、ニュージーランドから南アメリカ、チリ、アルゼンチンのあたりに上陸し、そのまま炎上しながら北上。キューバ方面から来た八坂さんの白い竜巻と合流しすれ違う。そのまま北上し、ぐるりと回って気がついたら南極にいた）コノハナサクヤヒメです。心の枷が取れましたね。コノハナサクヤヒメの言葉を人々に伝えてください。（コノハナサクヤヒメってもしかして、ムーの人ですか？　エネルギーがピンク色ですもんね）桜吹雪。（八坂さん「あーっ！　桜吹雪!!」）風が吹き荒れているでしょう。（はい、昨日はすごい風でしたよ～↑3／13も関東地方は煙霧で視界不良だった）八坂さんの風ですよ。（う～ん、よくわかりません）これからその風に乗って、神示の言葉が行きわたりますよ。（だといいですけど…）ヤハウェとは、もとはと言えば、ムーの者。いかついイメージだが、利用されてきた輩に組織を形成させられ、意識を奴隷にまで落とさせられた。その書が聖書なのだ。書ける者がいなかった時代だ。今に、聖書のことが出て来るだろう。（旧約聖書ですか？）そう。ハヤウェといえども、別のヤハウェだ。（別のヤハウェってなんですか？）奴隷にされた者…（ここから八坂さんへ言葉が移る）書けるか？　スサノオだ。ヤハウェの本来の姿は日本にあるのだ。八坂の言葉にそれが降りてくるだろう」。
3／14　乙姫さまの使い　天使のシンと蟹の〝ふきりん〟
「天使のシンです。（『シン』って昔、よく助けてくれた神さま？　その時、まだ神さまに成りたてだったシンちゃんですか？　↑小さかったシンちゃんは邪気ワールドをかいぐぐってよく私を助けてくれた。まだその時は神の修行中だったようで、修行に失敗した出来事ことをよく教えてくれた）はい。（わあ〜っ！　とっても久しぶりだねー!!）はい。入ってもいいですか？（シンちゃんが私に入るとなにか影響があるの？）イソの通気性がよくなります。（イソってなに？）海です。（シンちゃんは海の神さまになったの？）はい。乙姫さまの使いできました。（へーっ!!　どうぞお入りください。天狗さんもいるのよ。木彫りの天狗のお守りを見せる）はい。帰ったら乙姫さまにご報告します。いつものように『シン』と呼んでください。（わかりました。シンちゃんでいいでしょ？）はい。困ったらいつでも呼んでください。イソの使いですから、乙姫さまにすぐに連絡します。玉依姫さまが伝書鳩を飛ばしました。いったん、竜宮城へ帰ります。蟹の〝ふきり〟…〝ふきりん〟を呼んできます。（ふきりん？）はい。蟹の使者です。心配しないでください。さっき、来た〝ふきりん〟です。（たぶん、ここから〝ふきりん〟になる）よろしく。這って、這って、行きます。るいるい星は今に一生涯分の災難が訪れ、今までいた人々は右往左往します。その時、この道を案内するのが〝ふきりん〟です。よろしく。（あ、こちらこそよろしく）這って這って行きます。這って這って行きます。家に行きます。這って這って…」。
3／15　不吉なこと予告　年の神「年の神だ。今いいか？（どうぞ）アマテラスの仕組みが動き出している。あり得ないことだと思うであろうが…（…わぁ！　寝ちゃった。年の神さま〜。いますか!?）ここにいるぞ。（ごめんなさい）言葉を続ける。（はい、どうぞ）不吉なことが起き始めている。心配ない。不吉なことは破壊が激しくなるが、笛の音を奏でれば弾け飛ばせる。仕組みは既に動き出している。今、ここにいる者たちは、そのことを知らぬ。人間のホルモンと同じだ。働きが現れれば、連鎖して次への仕組みが動き出す。指令（？）は神々の方から行っている。書ける者には知らしておけ。人の入り混じったこの現界は既に破壊の対象になっている。その下には、いるいる星が控えている。地表面の破壊はエノックが行っている。まだ目に見える変化はないであろうが、仕組みは準備ができ次第被害も出て来るだろう。いつまでに起きるかは具体的に言えぬが、この次の仕組みも動き出している。（この現界の私たちの目にその仕組みは見えるの？）はっきり仕組みがわかるであろう。書けたらよいぞ」。

3／15　新しい風　国常立大神「千春さん、降ろせますか？（はい）きっと今までどこへ行ったと思っていたんでしょ？（だって！　ず〜っとお留守だったじゃないですかぁ。大きな地震が来るのかなぁ〜と、思っていましたよー！）うまく説明ができませんが、この地球の深くに新しい地球があるんですよ。そこはなんて呼ばれているか知っていますか？（アダマのところですか？）よくわかりました。アダマたちの国を『シャンバラ』と呼んでいます。しかし、その地下には反対の勢力もいます。深いところで何もない中に人々は暮らしています。（何もないってなんですか？）理解ができないと思います。何もないと言うのは荒い波や、優しい波、荒い風や竜巻、障害のはけ口とされている地震。外国のようにこの地球上にある世界とは違う世界。広々としたリンシ（森林？）、森林のように何もない世界です。（何がないんですか？　海とか山ですか？）はい。太陽の光も夜も、星のまたたき、月の満ち欠けという、はけ口はありません。（何のはけ口ですか？）採光は行く手に広がる雪のような色の雲が世の中を覆い、何もかもが薄暗い世の中がジャンバラなのです。人々の幸せは、強すぎる太陽から来る風によってこの世界をはけ口として暴れるのです。その幸せは風になり、地下の都市から吹き荒れ、この世をはけ口として襲うのです。風は春に吹く嵐のように激しく、仕組みが詰りを払いのけ、嵐が通り過ぎたころには花が咲き乱れる、このシャンバラの都市が浮上します。仲間の八坂さんにかかっていた呪いを解放したのはそのためです。カラ（空）になった八坂さんの心に新たに吹き込む風が、いつの間にかこの世に吹き荒れるのです。仲間の豊玉さんの封印も解け始めています。豊玉さんも強力な磁気を今にこの現界に降ろします。千春さんの故郷である太陽から火が降り注ぎ、仲間の風と磁気でこの地球上を襲うでしょう。暫くしたら、リンゴの皮が剥けていくように表面が洗いだされ、そのむき出しになった地球に出現するのは、いるいる星と呼ばれるジャンバラなのです。その時が近くなっています。強すぎる太陽は磁気の狂いを生じさせ、地球そのものの生まれ変わりを促進させます。眠っていた地球は新しい地球として、目覚めるのです。今まで、異常な意識の集団により麻酔をかけられていました。かけた者たちは破壊の対象となり、破壊されつつあります。自分を犠牲にして、深い地球の中では新たな鼓動が始まっています。親である太陽から来る力強いエネルギーが地球を目覚めさせたのです。今まで地下に眠っていた意識がさらに破壊を招き、この地上に影響を及ぼすでしょう。知らないことだと何もしない人々には、事柄の一端しか見えません。長い年月の間に、失ってしまった能力では真実を見極めることは出来ないでしょう。何もかもが自然の中の出来事、淘汰としか映らないでしょう。風が収まるまで、人間たちはどうすることも出来ずにいるでしょう。八坂さん、豊玉さんの力がこの世に及ぶ力はさらなる発展を呼び、新しい地球への架け橋になってゆくのです。千春さんの仕事はこの先に起こる事象を事細かに記録して、新しいこの世に残してゆかねばなりません。形だけの世界をおしまいにしますよ。その時期は近いのです。世界が変わる様子をみていてくださいよ。（その嵐は人々の心の中に吹き荒れるのですか？）今その準備をしています。国常立大神がいないのはこの地球本来の姿を取り戻すため、絶対神ナニルのエネルギーをこの地球に、太陽系に、銀河に降り注ぐ仕事をしているからです。千春さんのそばにいないからといって、本当にいないわけではありませんよ。いつでも心の中を探れば、国常立大神はいるのですから。何も心配することはありません。ナニルの意識が広まればその嵐も小さく磁気の変化もさほどのこともなく、生まれ変われるのです。人々の意識の変化がこの先を決めるのです。しつこく言うようですが、千春さんたちの働きがキーポイントになってきます。静かな心の泉に広がる波紋がこの世を穏やかに変えてゆくのです。豊玉さんの変革がそろそろ始まりますよ。（それって、建長寺半増坊の石のことですか？）豊玉さんに伝えてください。その石の言葉を降ろし、世界の意識を変える準備を始めてくださいと。八坂さんも積極的に意識をムーの中に置いて、ムーの風をヤハウェと共に吹かせてください。それがコノハナサクヤヒメの桜吹雪となって、この世を包み込みます。太陽の素質を持っている千春さんは、その力を言葉として降ろしてください。豊玉さんを助けてください。カマイタチを起こせるのはその三人の力なのです」。

3／15　コトシロヌシ「声が聞こえるか？（はい。どなたですか？）コトシロヌシだ。八坂の力が加わりだした。ムーの力だ。太古のエネルギーが復活し出すぞ。今まで、封印してあった力を呼び覚ます。千春の力も必要だ。千春、本来の力を発動させる。（私、本来の力ってなんですか？）トートの力だ。トートの力は千春にもあるのだ。（何を言っているの～っ！　私にそんな力があるわけないですよー！）そなたには、特別な使命があるのだ。急いで、その封印を解かねばならぬ。（特別な使命ってなんですか？）そのうち分かる。単に高みの見物をしている訳ではないのだ。トートの意志を持つ力は言葉だけではない。過去の仕事の続きをしてもらう。（過去の仕事ってなんですか？）遥か昔の、世がまだ出来て間もないころのことだ。いつかは知らねばなるまい。トートの力を使い、今にいるいる星を世に出すための働きをしなくてはならぬ。トートの力を使うには、物を扱う意識の他に、創り出す意識が必要なのだ。その創り出す意識こそが、ゆるいこの世にはない、次元のエネルギーを降ろさねばならぬ。その障壁になっている壁を突き破らねばならぬ。今、徐々にそれは崩れてきているが、完全に取り除くにはそなたの破壊力がそれを促す。（それが、私が持っているお札全部を八幡神社へ持って行くことなの？　←さっきそう言われた）要するに、破壊を促進させる太刀があるのが中目黒八幡神社だ。（太刀って御神体ですか？　八幡神社の御神体は太刀なの？　ほんとぉ？）その神体に力を入れるのがそなたのトートの力なのだ。（中目黒八幡神社が動き出すってこと？）そう。勝手に何もかも杖に従って破壊をしている訳ではない。その意味を知る者しかその太刀は使えんのだ。（八幡神社の御神体が太刀だなんて知らなかったなぁ〜。ネットで調べたけど出てこなかったですよー）今までに神社から集めた札を総動員し、その力で八幡神社の神体を目覚めさせるのだ。（いままで集めた石は持って行かなくていいの？）その正体は未来の神社への力となるのだ。（えっ!?　よくわからないけど持っているお札の神社が未来の神社ってこと？）はったりとは違う。使える神社を月から降ろすのだ。はったりで神の…（Ｚｚｚ…）ようやく仕組みが、太古のシステムの…言葉だけでなく、ムーの風と共に、太古のエネルギーを発動させろ…（Ｚｚｚ…）」。

3／16　津波回避予告　エノック「（朝起き抜けに言われた）心配いりませんよ。津波は回避されましたから。（エッ!?　いきなり津波？　なんですか？）アマテラスの仕組みですよ。そのうちに津波が来ることになっていました。（どうして回避されたの？）津波が今、起きると意識の変革に障害がでるからだと、国常立大神が言っていましたよ。でも、きっと千春さんの命が心配だったのでしょう。いつもそうですから。エノックもそう思います。心配しないでください。神は無情じゃありませんよ。愛しい人がいれば守りたいと思うのは神だって、悪魔だって同じですよ。いつもこうやって、つながっていて話している人を無情な津波に襲わせたりしませんよ。時間がありません。早く朝の仕度をしてください」。

【3月17日、月面に流星が衝突。4等星相当の閃光が観測された】

3／16　**中目黒八幡神社発動**　私が持っている全部のお札とお守りを手にもって神社へ行く。拝殿に臨むとお札の束から白い光が一筋、神殿奥へ入っていくイメージ。しばらくそれが続く。そのうち、暗闇に一筋の光が見え始める。始めは縦に、次は横に…刀だ！ **「間に合ったな。この太刀を発動させた。書けたらよいぞ」**。その日の夕方、いきなり肩にズシリとエネルギーが降りてきた。

3／10 **電気の話　太陽のシステムの神「電子について教えようか？**（あ！　ハイ！　どなたですか？）**太陽のシステムからだ。**（では、どうぞお願いします。電子というと電気の流れのことですね）**電子の流れを電気と呼んでいるが、人の感じている電気というのはボルト**（電圧）**やアンペア**（電流）**などの今使っている値しか分かっておらぬ。電気というのは今に必要な…**3／11**電気の話をしようか？**（太陽のシステムの神さまですね！　お願いします。ワクワクするような話をお願いします！）**ワクワクするような話ではないかもしれんが、電気は基本だ。地球人として電気は使っているだろう。**（はい。今じゃぁ、電気がないと生活できないですよ）**その電気を溜める技術があるのだ。**（えっ!?　電気ってすぐに放電しちゃうでしょ？　電池ですか？）**暮らしの中で電気の使い道は大きいが、徐々に消耗してしまうのが電気だ。**（消耗した電気はどうなってしまうんでしょう？）**空気の中に存在するが、もともと電気というのは人間が感知している類の電流は早く消耗してしまう。ゆっくりと消耗する電気を今に見つけられると思うが、いかに気づいていない加工された電気があるか。**（加工ってなんですか？）**ゆえに、電気を知るにはその性質よりもその場所を知ることである。**（場所って、人体の中とか…Ｚｚｚ）

3／16 **「**（太陽のシステムの神さま！　電気の続きを教えてください。豊玉さんも電気の話をしていますよ）**いいか今は？**（はい、さっき降りてきたエネルギーで体がビリビリですよ。首が痛い、肩が重い！　寝るころには足が重くもつれる感じで、腕も痺れている。エノックが言うには、八幡神社の太刀によって壁が破られ、異次元からトートのエネルギーが降りてきていると言う。完全に降ろされるまで、5日から1週間かかるんだそうだ）**人の意識ではない。**（Ｚｚｚ…わぁ！　また寝ちゃった。それにしても腕がビリビリですよ～涙）**書けるか？**（はい。スミマセン！）**アマテラスの仕組みは理解できたか？**（もしかして、豊玉さんの卵の黄身のカラザって、地磁気のことですか？）**人の体に…**（うまく聞こえない。『富士の神示』の本を持ってみる）**その怪我は…人間の死**（志？）**を意味する。カラザとはシリョクの力だ。**（シリョクってなんですか？）**荒魂、和魂、奇魂、幸魂のことだ。何も怖がることはない。今にその力が仕組みを変えてゆくのだ。世界は夜のままではな**

い。前進し、進化の道をたどるのだ。言葉の意味を知るには憂いを片づけることだ。自然の摂理は浄化というプロセスを経て進化するのだ。カラザの正体は地軸だ。豊玉は地軸を動かし始めている。暗い宇宙になぜいるのか？　豊玉なら、未来の地球が見えるであろう。人間の枠を超えた宇宙を感じよ。包み込む地球は磁場の影響だ。八坂の風を感じよ。千春の太陽を感じよ。磁界の乱れを生じ、中から本来の姿が現れだす。その仕組みを豊玉がつくるのだ。アマテラスの仕組みを回避するには、解体する地球を早め、磁気の影響を最小限にすることだが、アマテラスの仕組みは破壊を促進させる。磁場の逆転を招くことになる。磁気嵐の影響が地軸にも影響し、磁場の逆転を招くことになる。残念だが、磁気嵐の影響が地軸にも影響し、磁場の逆転を招くことになる。選択（洗濯）された者たちはここで消滅することになる。（Ｚｚｚ…なかなかうまく聞こえなくて、降ろすのが難しいなぁ…では電気についてまた教えてください）深く考える必要はない。この世の中において全ての界、共通のものが電気的な流れなのだ。意味にもその通りを促す物質を、粒子をはじめとして、シリョク（四力）の道となる。書けたか？（はい。もう少し、素粒子のことについて教えてください）物質の最小限度の物を素粒子と呼んでおるな？（はい。そのようです）書けたら理解できるが、素粒子という物質は自然の中に存在する意思（意志？）なのだ。意思の疎通とは最小限のこの粒子の疎通のことなのだ。（それは思考と関係ありますか？）考える力の元はエネルギーという電気的な流れであり、素粒子と呼ばれている物質なのだ。更に、細かくしてゆけば、形のない遥か昔の意識へたどり着く。磁場の影響とはその素粒子の流れの元であり、普遍的なものだということだ。思考を細かくすれば、その地球に及ぼす次元の壁を突き抜けることができるのだ。今、トートの力が千春の体に入っている。破壊というのは、意味のないことになるのだ。破壊ということは、遮りをなくすこと。すなわち、思考を細かくし、素粒子の行き来を自由にすること。選択（洗濯）された者の意識は粗く、これを突き破ることが、出来ないまま消滅への道を歩むことになる。移動の極限がムーの風となって吹き荒れ、豊玉の起こす磁気嵐が人々を襲うことになるのだ。その流れを豊玉がつくる。素粒子という最小限の物質を運び込むのが千春の仕事になるのだ。形のない意志（意思）の塊を呼び込み、そこに意志を吹き込む。八坂の仕事の道筋を立てる豊玉がいるのだ。コノハナサクヤヒメの桜吹雪を導き、八坂の先導をするのが豊玉の役割だ。四魂の力を使い磁気の道筋を立てよ！　粒子は放たれ、ムーの風に乗って、この現界に吹き荒れている。これを導き、めがけて飛びまわるのが豊玉の役目なのだ。しんどい作業だ。自分の体を四魂を使って地の底に眠る意識を呼び寄せるのだ。新しい風を送り込め。書けたか？（はーっ、何とか書けました。トートの力はなぜ、必要なのですか？）意識だ。トートの力は意志（意思）の力。それは意識だ。（意志（意思）と意識？）長い間にこれを失ってしまったからくりは既に知っておるだろう。今、そのからくりが破壊したのだ。意識が流れ込む。未来の意識だ」。

【3月15日、中規模の太陽フレアが発生し、17日に磁気嵐が発生した】

3／17　コノハナサクヤヒメにつながった居木神社「コノハナサクヤヒメです。来ましたか？（エネルギーですか？　はい。腕がビリビリしていますよ～）その力を使って、異次元の力をこの現界に降ろしていきます。八坂さんの桜吹雪に乗せ、それを行き渡らせます。豊玉さんには行先を導いてもらわなくてはなりません。今に、その風がこの世に吹き荒れることになります。破壊の力はトートの意識によって今に、この世界が二つ現れます。きっとビックリするでしょう。でも、心配には及びません。この世の破壊は次の世を生むためのものです。限りあるこの世とはもう…。進化した次の世はトートの意識により、成り立ちます。まぶしいばかりの世となり、心も軽くなります。飢えに悩むこともなく、枯渇する水もありません。不思議な光景と思われるでしょうが、そこには言うに言われぬ天の世界が広がっているのです。この進化の過程は破壊という名で、この世の人には伝わっています。切る言葉は必ずしもよいとは限りません。全ての人を救済してこその進化なのです。でも、この世には進化のことを知らない人々もたくさんいます。一人ひとりの道が用意されています。自分の行く手を見つめ、いるいる星に残れるよう、今、この世で心を見つめ直さなくてはならないのです。今、次の世の準備が始まっています。エノックがその準備を進めています」。

3／18　太陽のシステムの神の名「（太陽のシステムの神さまは名前はないの？）ないがみつけた意志の神は『ヒ（陽？　火？　灯？）の神』と呼んでいる。（私も『陽（↑この字にしておく）の神』と呼んでいいですか？）いいぞ。そなたに宿る者も『陽の神』だ。（私に宿る者ってなんですか？）遠くから持って生まれた身魂だ。（私の生まれ故郷が太陽のシステムだと言われていますけど、私って太陽のシステムの者ですか？）そうだ。ここから出た魂だ。トートも一緒に生まれたのだ。（トートの神さまも太陽のシステムの神？…．Ｚｚｚ）」。

3／18　トートの妹「トートだ！　書けるか？（いいですよ。バスの中で話しかけてきた）トートの力が使えるようになるぞ！（トートの神さまの力が使えるようになると、痛いところを治せますか？　さっき、バス停で待っていた時、後ろの女性の腰痛をもらっちゃったんですけど…涙）**うまく使えばな。**（どうしたら、うまく使えますか？）**進化したら分かるぞ。**（えっ⁉　進化するまで腰痛ですかぁ～涙）**人に頼るな‼　自分で治せ！**（だって、さっきから力を入れているけど、治らないんですよー）**今、治してやる。**（あら？　いつになく優しいじゃないですか）**どうだ。治ったか？**（うーん、なんか少し良くなったようです。ありがとう。えーと、なんの話でしたっけ？）**トートの力が使えるようになると言うことだ。**（あ、そうそう、どんな力ですか？）**今に磁気嵐が来る。**（あー、豊玉さんが起こすんでしょ？）**つまりだ、磁気嵐を起こしている本人たちも巻き込まれると言うことだ。**（そうなると、どうなるの？）**生きるのにつらくなる。**（どう、つらいの？）**生きている者には有害な電磁波が来ると言うことだ！**（それって、放射線とか？）**もちろんだ！**（それは困るな～）**だから、それを防ぐ強力な力が使えるようになるのだ！**（それって、福島の原発が爆発したときの放射線を防いだのと同じ？）**そうだ。その何百倍、何千倍も強い磁気がやってくるのだ。**（なんか、磁気って聞くと、肩こりや腰痛がとれて、みんな幸せになりますよー）**何をバカなことを言っているのだ！　磁気嵐は有害だと言っているだろう！　まぁ、少しだったら有効に働くが…今は有効利用の話をしている場合ではない！　とにかく！　有害だと言うことだ‼**（で、どう防ぐの？）**強い結界を張る。**（私に？）**豊玉も八坂にもだ。**（三人だけ？）**人間にはいかにも三人だ。当事者だからな。**（人間には…ということは他にも結界を張るの？）**中にいる者を防ぐ。**（中って家の中？　あー、降りなきゃ。バス停に着いちゃった！　また教えてください。…中断…トートの神さま、教えてよー）**ここにいるぞ。**（さっきの続き。中にいる者を放射線から防ぐってどういう意味ですか？）**今この都会にも結界を張る！**（って、ことは、東京に張るの？）**いかにも‼**（というと、東京に住んでいる人は磁気嵐に巻き込まれなくなるってことですか？）**そのうち分かる！**（う～む、で、どうやって結界を張るの？　あ、八坂さんからメールだ！　これから谷保天満宮へ行くって…続きをお願いします）**理解できないか？**（下谷へ行くんですか？）**仲間の力を使うぞ！**（八坂さんと豊玉さんの力ですか？）**そのうち、月の者が降りて指導する。**（指導するってどういうことですか？）**エノックの指示に従えと言うことだ。**（つまり、今すぐ結界は張らなくていいんだ）**ハハハハッ…！　まだその力は出ておらんぞ！**（あ～！　納得。ところで、太陽のシステムの神さまが、私とトートの神さまは太陽の魂で一緒に生まれたって言っていましたよ）**知っていたのか？**（さっき教わりました）**今なら、言えるであろうが、妹だ。**（私は弟子じゃなくて、妹ですか!?）**そうだ。アッハハハッ!!**（何がおかしいのよ～!?）**未来をつくるのは、千春とトートの力だ！**（Ｚｚｚ…眠ぃです）**しばらく休めよ。**（ふぁ～ぃ。おやすみなさ～い、お兄さま）**ハハハッ!!**

【言葉を本にするために磁気嵐について調べていたら、ウィキペディアにこんなことが書いてあってゾッとした!!『２０１０年６月、ＮＡＳＡは「次の太陽嵐が太陽活動の極大期を迎える２０１３年５月頃に発生する可能性がある」という見解を発表した。また、２０１３年に入ると極大期のピークは同年秋から冬頃という予想がされており、その前後には大規模な太陽フレアが発生する可能性がある。実際、同年５月中旬にはＸクラス（最大Ｘ線強度が通常の１００倍以上、最大クラス）の太陽フレアが２日間で４回発生しており、活発な黒点群が地球の正面側を向いていなかったことが幸いして特に被害などは出なかった』トートが言っていたことは〝実際に起こり得た〟ことだったのだ】

３／19　**初体験、反重力異次元絶叫マシーン!!　銀河鉄道666《miroku》**　真夜中の出来事。昨夜３／18遅くに国常立大神が来て、**「トートの力を使えるようにしますから、ついて来てください」**と高いところまで私を連れて行ってくれたのであるが、その時の様子はこうである。下腹部の一部に国常立大神の力が加わり、その一点から湧き上がるように、一気に引き上げられるような、そして、とっても幸福感に満ち溢れるような、魂の『快楽』とでもいうのであろうか？　過去においてもしばしば、国常立大神に**「ついて来てください」**と言われ、この快楽を味あわせてもらったことがある。この快楽が本来の喜びで絶対神の喜びなんだと。そして、さらにこの快楽とは意識の融合のことを言うらしい。上の意識と融合するほど、快楽が強くなるんだとか言われた。今回の場合はちょっと普通じゃないほど、エネルギーが強烈だった!!　具体的に様子を説明すればこうだ。国常立大神の力（チリチリ、モゾモゾする感じ）がジワジワ～と下腹部に集まってくる。このエネルギーをどう扱ってよいかわからずただ茫然とする私。力は体へ拡散してくる。があまりいいエネルギーには感じない。国常立大神から**「一点に集中してください」**の指示。その一点とはどこなのか！　体の中を探ってみる。骨ではなく、腸でもなく、膀胱でもなさそう。子宮の一部のようにも感じる。もしかしたら、その場所を『丹田』と言うのかもしれない。見つけた瞬間に力が集中的にその場所に集まりだした!!　上昇の気配を見せ始めたが、抑えるように指示がでる。そろそろ限界だ！　ウウッ…と頑張っていたところで、胸のあたりが痛み出す。痛いというより熱い！　そこから焼けるようなエネルギーが一気に下腹部の丹田あたりを目指し下降する！　その流の勢いは普通ではない。そして、いままで上昇を必死に抑えていた下腹部のエネルギーと融合したかと思うと火山の噴火のように爆発的に一気に上昇!!　頭頂部からエネルギーが突き抜ける。しばらく急上昇が続いたと思ったら、エネルギー的平坦なところへ落ち着く。が再び急上昇！　私の能力では一度に今回の目的のところまで達せないようだ。急激な上昇とエネルギー的に平坦なところを5、6回繰り返した。国常立大神に段階的に引き上げられていった感ある。今までの経験では**「ついて来てくださ～い」**と言われて2、3回がせいぜいだったが…今回は許してもらえなかった。再び急激な上昇を繰り返す。上昇と共にものすごいエネルギーが頭の中に流れ込んでくるのがわかる。目の前に今までにない閃光がバリバリ走る。それが長時間（後で時計を見たら2時間半ぐらい）続くもんだから、もうその状態が快楽とは言い難い。どちらかと言えば、〝苦痛〟だ。自分でエネルギー値を下げようとすると、国常立大神にまた引き上げられてしまう。く、苦しい…。このままの状態がずっと続いたら、神経に伝達物質が付きっぱなしになって、失神するか死んでしまいそうだ!!と思ったところで、やっとエネルギー的平坦な場所へ行きつく。**「ここから先は千春さん自身で行ってください」**と言われる。頭の中は黄色や緑の閃光の世界である。えっ！　どうやって行くの？　と思ったが、何も言われず。その後のことはよく覚えていない…が、いろいろな場面が出て来る。記憶にあったのはピラミッド。大昔の記憶なのか？

それから後の記憶はない。今日3／19、言われたことには（←私は生きていたようだ！）、これではまだトートの力は使えないと言うことである。**「普通に使ってください。国常立大神の風はゆっくり上昇して、高層の意識を変えていきますよ。豊玉さんも磁気の風を起こせるでしょう。その風でこの世の中を変えていきますよ。意識の風はこの地球の奥底にまで達して、解体が始まります。心配ないでくださいい。この日本の上には千春さんと八坂さんが吹かせた風が吹いています。今のうちに事を進めてください。**（磁気嵐は本当に来るんですか？）**はい。見ていてくださいよ。**（来ないこともあるの？）**もちろんです。意識の向上が見られれば、それも小さく済みます。千春さんが書いた本の内容にみんなが意識を合わせれば災害はなくなるのですよ。今、そうするためにムーの風や国常立大神の風を吹かせています。豊玉さんの磁気の嵐も穏やかになれば、それはよい方向へ向かうのですよ。千春さんのトートの力がもう少しでつきます。その力を使って、一気に事が進みます。ト**

ートが張り切っていますよ。いつになく千春さんがかわいいのでしょう。物心ついたときからいつもトートのそばにいましたから。（えっ！　記憶にございません！）ふふふ…。その記憶は国常立大神が持っています。（どうして、国常立大神さまが持っているの？）人間として生まれて来るのに邪魔だったからです。トートが泣いて「あんな過酷で残忍な人間どもの間に妹を降ろすな！」と騒ぎたてていましたよ。（あーっ！　それで私って、何回もトートに殺されていたの？　↑私はトートに殺されかけていたらしいのだ）はい。そばにおいておきたかったのでしょう。許してあげてください。でも、今はもう、かわいい千春さんのそばにいつでもいられますから、千春さんを支援してくれていますよ。国常立大神が守ると約束しましたからね。（どうして、私は現界に降りてきたんですか？）千春さんは千春さんの使命があるからですよ。この現界、地球を進化させるという使命です。（でも、私、一人ではないでしょ？　その使命は…）はい。大勢の人がその使命を背負って下へ降りて行きました。八坂さん、豊玉さんもそうです。でも、その使命に気づく者は少なかったようです。今、気づいている者たちで、この進化は成し遂げなければなりません。（全国にいるんでしょ？）はい。日本全土にその使命をもった人たちはいます。しかし、みんながみんな仕事がうまく行っている訳ではありません。やはり、悪と闘って、自分の物にするのは難しいようです。自分の考えで行動をおこし、勝手に進めてもそこには調和が図れません。千春さんの神示で目覚める人は目覚めるはずです。その時、意識の変革が進みます。過酷な神と思うかもしれません。千春さんの妄想と受け止める人もいるでしょう。何も考えない人にはつらい一冊になるはずです。言葉の難しさよりも思考の難しさを感じている人の方が多い本でしょう。今までにない内容に思考がついて行かないのですよ。読んで感想を聞いても何も言えないでしょう。しかし、その思考を今、読んだ人の中ではまとめようと一生懸命に回っています。脳の中が活発化し、それが胸の中に入ったとき、その人は目覚めるのですよ。もう少し時間がかかるでしょう。でも、目覚める人が多ければ、多いほど、磁気嵐は小さくて済みます。そして、良い方向に進んでいきます。豊玉さんもいまは苦しい時でしょう。自分と自分以外の自分をどう体現するか、悩んでいると思います。八坂さんのムーの風と千春さんの太陽の風をどう使ったらいいのか、豊玉さんの腕の見せどころでしょう。体に感じた豊玉さんの言葉を千春さんは字として降ろしていってあげてください。そうすることで、より具体的に豊玉さんの動きが取れやすくなるのです。国常立大神の風は過去のムーの意識なのです。

今更ながら、過去に成就できなかったムーの意識を、三人に飛ばしてもらうことになっています。多くの人がこのことを知りません。不思議なことはこれからどんどん出てきます。八坂さんだけでなく、千春さんの周りでも豊玉さんの周りにもです。それらを逐一記載しておいてくださいよ。それがこの世の変革の過程なのですから。その過程を世に出す時は近いですよ。（あーっ、だから、ない袖は振れぬですよ～）ふふふ…。心配はいりません。風が吹きだせば、その現実が未来へとつながっていきます。未来は決められた道筋を通ると思っている人たちには見当もつかないことになるでしょう。人間の意志では未来は出来ないのですよ。それは神の意志なのです。自然の意志なのです。書けましたか？（はい。書けました。一つ教えてください。『ひふみ神示』にある〝最後の一厘の仕組み〟ってなんですか？）イチリンとは花のこと。その花を咲かせるのは千春さんたちなのです。仕組みは動き出しています。一輪の花の仕組み。後に大輪の花が開きます。意識の花ですよ。（〝一厘〟ってそういう意味だったのかぁ～！）」。

3／20　**【春分の日】**　使命を持った人　国常立大神「（私は太陽のシステムから来たんでしょ？　それでは八坂さんや豊玉さんはどこから来たの？）豊玉さんは月のシステムから来ました。八坂さんは地球のシステムです。（もともとはどこの生まれなの？）八坂さんは火星。豊玉さんは金星です。でも二人ともそれぞれの使命を背負ってこの地球にやって来たんですよ。（そういう魂はたくさんいるの？）はい。この地球上にはたくさんいます。でも、その使命を思い出すのは難しそうですね。そういう、思い出すきっかけをつくってやらなければなりません。（八坂さんや豊玉さんはたまたま私に出会って思い出したの？）はい。千春さんの話が面白かったんですよ。胸の奥に刺さるものがあったんでしょう。そういう、きっかけがこの千春さんの本になります。（『ひふみ神示』も？）はい。国常立大神のエネルギーが込められています」。

3／20　目黒川別所橋たもとの桜の言葉　行ったときはもう七分咲きだった。一気に咲いてきたので、一年ぶりにさくらに会いに行ったのだ。「（さくら！　さくら！）あっ‼千春さ～ん！　来てくれたのー‼!　呼ぼうと思っていたんだよ。見てよ！　見てよ！　桜、咲いたんだよ。（今年は早すぎない？）だって、さくらだってこんなに暖かくっちゃウキウキしちゃって早く咲かせたかったんだよー‼　いつになく多いんだよ。（何が？）桜の数だよ！（桜の数？）花の数だよ。（いつもと変わらないようだけど…）違うよ。先に咲いた桜だよ。体が早く咲かせたいって、もう待ちきれなかったんだよ！（ってことは、散るのも早いわけ？）

そうかもしれない…。寂しくなっちゃうなぁ。また、みんな見に来てくれなくなるんだろうなぁ〜。（だけど、これから満開でしょ？）花の色が今年はさらに白くなったでしょ⁉（えっ？　そうかな…。いつも綺麗なピンク色だよ）ピンクって何よ？（あ！　以前も同じこと言っていた‼　さくらは知らないかもしれないけど、薄い赤と白が混ざった綺麗な色だよ）ここの桜はそのピンクなの？（そうだよ。山桜は白いけど、ここの桜はみんなピンクで綺麗だよ）ピンクより、さくらは白い方がいいよ…。（どうして？）ピンクなんて色は、いるいる星の花じゃないよ。（そうなの？）色はない方がいいんだよ。（どうして？）白い色は何にでもなれるからだよ。（国常立大神がそんなことを言っていたなぁ…）るいるい星の者たちは色に憧れて、桜の色をピンクにしたんだ。（いいじゃない！　とっても綺麗だよ）色は形と同じだよ。いつか白じゃなくて黒になって消滅しちゃうんだよ。（さくら消滅のことを知っていたの？）うん‼　ここへ来る小鳥が教えてくれたんだよ。ピンクより、白くなりたいよぉ。（ピンクで綺麗だから、みんなが来てくれるのかもよ）いるいる星の花は白い花なんだよ。色の花は黒い色に呑みこまれちゃうんだよ‼（ピンクの桜は綺麗なのに残念だな。だけど、白くなるように頑張ってみてね‼）うん！　また来てよね！　さくら、待っているから。満開になったら千春さんのところへ呼びに行くよ‼」。

3／20　新井薬師（真言宗豊山派梅照院）薬師如来の言葉
中野にある北野神社へ行くように指示される。行く途中では新井薬師による。この時、初めて知ったのだが、ここの紋は新井天神と全く同じ梅の紋だった。「人の意識に振り回されるな。人の生き方に惑わされるな。この道は生まれ変わる道ではない。国常立大神に従うのだ。人の言葉に惑わされるな。言葉の意味を知れよ。この言葉をいつの世に残る者に伝えて欲しい。今に、この世の破壊が起きる。人の心にも人の体にも破壊が起こる。生まれ変わることのない者にはこの意味も分からんだろう。言葉の意味を知る者よ。人の使っている言葉に真実はない。体の悪きところの声を聞くのじゃ。その意味を知るのじゃ。心の声を聞けよ。建て前の奥にある本心の声を聞けよ。知らせてやれ、この先々のことを。言葉の重きを知る者よ、伝えてやってくれ。人の言葉に繁栄はないことを。今年の終わりにこの世の破壊が来ることを。言葉の分かる者よ、この言葉を皆に知らせてくれ。この薬師のこと（言葉？）を知らせてくれ…。（ここから急に小さな声になる）アマテラスです。声を断ち切りました」。▽不動堂「書けるか？　不動明王だ。憂いの多き者よ。ここに訪れる者の多くはこの憂いを背負っておる。過去につながりはない。ない心を明日につなげることもない。日常の憂いが全てであると勘違いしている。この不動明王の意味を知らぬ。言葉を聞く者が現れたら、伝えることがある。この意識を使い、次の世をつくる力とせよ。意地の塊では動かぬ。生き地獄の果ては消滅。心の消滅。仲間の者にも知らせよ。異次元の扉を開けた者がいるはずだ。その者が使う力だと伝えよ。ここのイシを使い、次元の下にあるコウジンカイラン（?）探り見つけよ。仲間の者に伝え。ここのイシを使えと。その鍵が開く。（石を拾いますか?）その鍵を開ける者がいるはずだ。残骸を処分し、いつまでも続く世をつくれと言ってくれ。さらばだ。（石はいらないの?）…」。▽薬師霊堂『閻魔大王ナムエンマダイオウ、阿弥陀如来オンアミリダテイセイカラウン』と、書いてある通り唱えてみる。「言葉が降ろせるのですか? 阿弥陀の像です。進化する者は風に乗ってその役目を果たさねばなりません。言葉を操り、その意味を知ることはこの世の憂いを取り除くことにもつながります。今年の終わりごろにはこの世に来る…。（参拝客が来て聞き取りにくい）言葉は一生の糧となり魂に刻まれるのです。この先、起きることの全てに意味があります。この世の憂いを鎮めるために、ここの力を利用してください。書いたら、次の指示に従ってください。この先にある神社へ行ってください。そこに今、書き言葉として置いてきました。急いで行ってきてください。（鍵を開ける者って誰ですか?）上野の下谷の神です。いつまでもここにいてはいけません。仕度をしてすぐに行ってください。ノンシンカラニ（?）薬師を付けました。（急に腰のあたりが痛くなる）その薬師の力を使って下谷の次を担うアマテルに返信してください。ノンコン（?）意地が下谷の指示に従ってください。早く行きなさい」。

3／20　新井天神北野神社の指示「（新井薬師と同じ梅の紋。昔は神仏習合で一緒だったのだろうか? と思いながら拝殿で手を合わせる）やっと来たか! 待っておったぞ。脇に寄って書けよ。（はい）ここの力が発動された。破壊の力が更に強く発動された。言葉を（あ）つかう者よ。一斉に、こう唱えろ!「木枯らしよ、天軸に沿わぬ者を吹き飛ばせ!」とな。今、薬師へ行ったその力を使うのじゃ。言葉を操る者は残酷な今の世を消滅できるのじゃ。心に住まう、いつまでもずさんな…（若いカップルの参拝客。聞こえにくい）…意識を消滅させる。言葉を操る者はこの世も操れるのだ。その力がある者がこの世に残れるのだ。行けよ! いつまでもここにいるな! ▽大鳥神社（ここの祭神は日本武尊）「ここはよいぞ。行けよ。鳥は放たれた。

風向きが変わるぞ！　次の神社へ行け！（下谷ですか？）そう、上野だ！」。
3／20　心の意地　下谷神社「アマテルだ！　脇へ寄って書け！　心の意地が出てきている。るいるい星のかけらだ。この意地は抑え付けねばならぬ。今年の終わりには、意地の塊がこの世を襲うことになる。（意地が襲うってどういうことですか？）人の意地というのは、進化する者にとっては邪魔になる。すぐに取り除かねばならぬ。豊玉に伝え！　人の意地をまともに喰らうのは豊玉自身だ！　この意地を粉砕し、地殻の中に潜む本来の意地を出すのだ！　次の世はその意地がこの世を支配することになる。書けたか？（はい）アマテルの動きを下谷の生まれ…（急に聞こえにくくなる。後ろを振り向くと外国人が参拝。なるほどー。場所を移動する↑なぜか外国人がいると、どの神社でも声が聞こえなくなることが多い）生まれ変わる民に伝えてゆく。意志のない人間はこの意志の力で、生まれる以前の姿へと戻ってゆく。暮らしの中で死神たちの本来の姿が見られるようになるだろう。いつまでもこの世が続くと思っている者は片づけるのだ。下谷の意地の力でこの世の憂いを取り除いて行くのだ。勝手に神を信じ、意味のない者に従っている宗教もここで仕組みが変わり、心配ごとがない世とは無縁の世となる。なぜなら、死んだことは一生の意地を無駄に過ごした証となるからだ。異常な精神の持ち主が今まで以上に増え、この世の憂いは増してゆく。書けたら、ここはもう良いぞ」。
3／20　発動した北野神社　居木神社　今日は時間がなかったので、挨拶だけして神社を後にしようとしたら、後ろから声をかけてきた。歩きながらメモを取る。「北野神社へ行ったのか？（はい！）北野神社が発動したぞ‼（えっ！　全部の北野神社？）そうだ！　全部だ‼　この世の憂いを祓うために北野神社の力が必要だ。（火雷天神ですか？）ウシトラノコンジンの力だ。八坂に言え！　八坂はこの憂いを祓えと！　豊玉に危害が出る。（わかりました！）」。
3／21　ノアの大洪水の話　バスの中。肩こりがひどくて、首を回すのに痛みを感じていた。混雑する車中、買い物帰りで荷物を肩にかけて立っていた時のことである。あまりに肩こりがひどいので、トートの神に力を送ってもらうが、やっぱり治らない。トートに「荷物を降ろせ！　それじゃ治らんぞ！」と言われるが、立っているから降ろすわけにもいかず。私：「無理ですよー。立っているんだもの」。トート：「ならば、人に頼らず自分で治せ！」と言われた。トートが気を回してくれたのか、運よく、目の前の座席が空いたから、座って荷物を降ろした。トートに再度入れてもらう。首の後ろが熱くなる。首が回るようになってきた！　でも、芯に何か残っていてスッキリしないが、トートがいるなら何か聞いてみようかと、ノートとシャーペンを出した。「（トートの神さま！　教えてくださいよ！）なんだ。（ムーとレムリアって違うの？）そう。基本は一緒だ。（それでは何が違うの？）言葉が違うのだ。（言語ってこと？）その意味が違う。（どう違うの？）レムリアというのは下の方にあって、大陸だ。（下ってどこ？）アボリジニ、ニュージーランドなどだ。（ムーは？）ムーの大陸は日本の近郊にあった大陸で、ユーラシア大陸と陸続であった。（というと、おなじ時代の物なの？）その時代は大陸というより、海が低かったのだ。海の割合は今の20分の1だ。（そんなに少なかったの？）その水がどこから来たと思う。（地球の内部？　ってことはないか。以前クエンティンが、他の天体がもたらしたと言っていたけど、その時、月が死んだとか…）話は今から、4500年前のことだ。（4500年？　何を言いますか!!　4500万年前じゃないの？）エノックのいた時代だ。今から、4500年前。（そんな昔じゃないってこと？）そうだ。（ほんとぉ～？　あやしい～）言えないことも多いが、いつかは言わねばならぬ。今から4500年前にアトランティスの意識が下がり始め、いつの間にか意識の低下のため自滅に追いやられたのだ。意識が悪い方向に進めば、その意識が氷の天体である…衝突…（えっ？　聞こえない。なにが衝突したの？）月の表面をかすめ、生きた月の地面を破壊へと導いたのだ。表面の砂、砂利は地球の地上に降り注ぎ、内部からマグマと共に、大量の水の形をした熱水を噴きだした。かすめ取られた月の表面は生き物たちと共に、地球上にばらまかれた。（というと、月にもだれか住んでいたの？）生き物たちは月にいたのだ。（バス停についたので中断…しばらくしてから）この続きは心して聞けよ。（だれですか？）トートだ。（どういう意味？）この続きに月が破壊されその一部が地上に降ってきたのだ。言葉としては簡単だが、それは地上の者に何度も知らされたことだったのだ。幸いにして、生き延びた者もいたのだ。体を持ったまま息を吹き替えし（たが？）、この地上の岩と砂と滴り落ちた水のため、大洪水になり、家も破壊されたのだ。地上の様子をあらかじめ知っていた常識人達は下の世界へと移り住んだのだ。地上よりも地下の方が生き残れることを知っていたからだ。意識のあった者たちの破壊は免れたのだ。進化する世界のことをシャンバラと呼んだ。同じく生き残った地上の者たちと連絡し合っていたものだ。月のシステムが異次元のものによって支配されたからだ。地上の意識の低下は破壊を招くことになるのだ。月の自転は止まり、月の表面が固まりだし、被害のあったところは窪みとして今でも月の地上に残っている。（大洪水を起こした水はどこから来たの？）地上へもたらされた水は今まで地球上にあった水の体積をはるかに超えた量が月の中からもたらされたのだ。鍵（核？）を失った月の内部は張り付き、マグマの下にあった中心核が粉砕され、残酷なことには月の生命を失ったことだ。いつの間にか形がいびつな月となり、こうして、地球に片面だけしか向けなくなったのだ。月の生命体を奪った天体は、いつの間にか、人間の目には知らされなくなり、進化する者の意識の範疇にそれはある。形は月と同じぐらいの表面を水で覆われた天体だ。うっかり、違う軌道へ入ったため、地上からそれを見ることはできない。（飛鳥昭雄氏が唱えていた説とよく似ていません？それ私の妄想じゃないですか？　それともトートの神さまのパクリ？　もっと違う説はないの？）進化する者たちは、破壊という言葉の裏には月のように死をもたらすことも承知だったのだ。夜（闇？）のシステムは異次元の通過地点として、何度も死を意味した月への扉が開いたのだ。（ん!?どういう意味？　つまり、月は死んだのではなく、進化したってこと？）はははは！　よく気がついたな。月の体は進化した状態で異次元の空間に移行し、そこから、死を意味した月へ来ることが出来るようになったのだ。（月は霊体として進化したってことですか？）破壊をもたらしのは、はみ出した意識体だと言うことだ。（抜け殻？）そう、抜け殻。（今のこの世の月は抜け殻？　では本体はどこにあるの？）月の本体は次の次元に浮かんでいる。中に入っていた固いコア（核）と呼ばれている部分が異次元へ移行したのだ。月の中から飛び出したものは地球上へ降り注いだ。山のような土砂と地殻内部にあった大量の水。そして、マグマの焼けるような石だ。石は次第に冷えて、月の表面を覆い、形として残されたのだ。だが、月にあったコアはいる星へ進化したのだ。（どうして、自転しなくなったの？　じゃないや、自転はしているか…。なぜ、片面しか地球に向けなくなったの？）核を失って月は磁気も放っていない。自転するには核が必要なのだ。核もなく、塞いだ穴に更にマグマが集まり、その表面は厚くなっているのだ。（塞いだ穴側だけ厚くなったたってこと？）そうだ。マグマの成分からガスが抜け、溶岩の塊がへこんだ月の表面を覆ったのだ。（それじゃ、月の地球側と裏側で厚さが違うの？）これが地球の重力と月の重力のつり合いなのだ。（地殻が厚い分、地球に向いているってこと？）そうだ。（月の裏側はどうなっているの？）少しの水がまだそこにはある。残っている生き物は既にいないが、異次元から来た者がここに住んでいる。（↑今から10年ほど前に聞いた話では、月は空洞で内部に水があり、人が住めると言っていた。なんで、地球側に住んでいないの？）カタストロフィーというのは月の重力も変えてしまったのだ。片側は安定した地形をまだ持っている。異次元の者たちはリンゴの芯をうしなった月においては危険な地球側より、より安定した裏側の方が生活しやすいからだ。（どうして、芯を失うと地球側は危険なの？）理解が難しかもしれんが、太陽からくる風を跳ね返している地球側は多くの影響が出てしまうので、今も月の地球側ではその影響によって地震が絶えない。（月に地震があるの？）地殻の変動は月の重力と地球の重力とによって起きる。月の場合は太陽からの磁場をもろに受けているから、重力の他にも太陽からくる影響も出て来るのだ。地球側は地球の磁場の影響もあって、変化が激しい。（ふーん。この地球も進化するってことは地球の固いコアが抜け落ちるってこと？）そうだ。そこに住んでいるアダマ達が地表に出て来るであろう。書ける範囲だけ知らせる。この話は豊玉や八坂にだけ知らせてやれ。本にするとき時は削除せよ。（はい。まぁ、こんな夢みたいな物語を世間に出したら、パッシングですよ～！）アッハハハ！　パッシングされようとも事実だ。仕方あるまい。（それで、地球が進化するためにも他の天体の影響が必要なの？）それが隕石となり、挙句の果てはアマテラスの起こす天変地異となるのだ。（それでは、他の天体が地球に近づいて、破壊されるという訳ではないのですか？）豊玉の起こす磁気嵐は千春の起こす太陽風と八坂の起こすムーの風によって引き起こさせるのだ。一時的に進化する直前、地球の動きが止まる。つまり、磁気の動きが止まるのだ。（それって、磁気圏やヴァン・アレン帯がなくなるってことですか？）破壊はその時、起こり易い。千春の太陽風というのは磁気だということだ。さっきの月の話と同じで、地球の磁場がなくなることによって破壊がくる。磁場にさらされ共振を起こすのだ。この共振が破壊を導くことになる。（あ～なるほどー！　磁場というのは震動なんですね！）そうだ。エネルギーのスイッチが入り、アマテラスの振動に耐えられなくなって地表にヒビが入り内部のマグマが噴きだし、熱水の噴出と共に地殻が破壊されることになる。しかし、その時、内部にある核が表面化するのだ。隕石の落下も同時に起きてくる。地球の磁場がなくなる影響で引き寄せられてくるからだ。（それって、本当に起きるのぉ？　夢物語でしょ？）今の状態では起きるが、意識の向上によってその共振は免れる。穏やかに事が進むことも考えられる。そのための神示だ。トートの力にしても、形として残してゆくのは無理な話だ。千春や八坂、豊玉の形を残してゆくのに精いっぱいだ。書いたらもう寝ろ！トートが留守番をしてやる。心配するな。（はい。ありがとうございます。おやすみなさ〜い)」。

【トートの言っている共振を調べてみた！　ウィキペディアによれば、1952年、ドイツの物理学者であるヴィンフリート・オットー・シューマン（米国イリノイ大学在籍）により発見された〝シューマン共振〟のことを言うらしい。地球を一周する定在波で『地球の地表と電離層との間で極極超長波（ELF）が反射をして、その波長がちょうど地球一周の距離の整数分の1に一致したものをいう。その周波数は7・83Hz（一次）、14・1Hz（二次）、20・3Hz（三次）…と多数存在する。常に共振し続けている』ものだそうだ。シューマン共振のエネルギー源は、雷の放電や太陽風による電離層の震動だといわれている。そして、この振動数をどこかで見たことあるなぁと思っていたら〝脳波〟だった!!《1〜3Hz　デルタ波（δ）熟睡の状態。無意識の状態。4〜7Hz　シータ波（θ）まどろみ、入眠時の状態。ひらめきや覚醒時の状態。8〜13Hzアルファー波（α）リラックスしている状態。集中や瞑想している状態。超一流選手や天才の活動領域。14〜30Hzベータ波（β）通常に起きている状態。緊張や興奮、イライラ、心配事のある状態。30Hz以上でガンマ波（γ）と分類することもある。大抵は26〜70Hzほどまでとされる。γ波は40Hzの時に発生する脳波で、高次精神活動に関連し、脳の認知機能に最適な周波数であると考えられている。脳波が20Hzから40Hzへと変化した際に、新しい洞察の認知が起きているとしている》私たちの脳波は地球と共振し常に地球に影響を及ぼしているのだ。3月22日、中規模の太陽フレアが発生】

3／24　**再び、反重力異次元絶叫マシーン!!　銀河鉄道666《miroku》【銀河系システム行き】**　昨夜（3／24未明の話）、また味わされたのだった。加速度Gで落ちるのではなく、加速度Gで上昇するのだ。私の能力がそこまで達していないのであろう。昨夜はなかなか、出発できなくて国常立大神が苦労していた。とにかく丹田にこれでもか！　というぐらいの燃料を長時間にわたって注入され、今回はコトシロヌシを案内に出発したのだ［体形：ムーラーダーラ・アナーハタW機関T580形　動力源：国常立大神式クンダリーニエネルギー　機関士：国常立大神　運転手：コトシロヌシ］。目的は、トートの苦しみ、悲しみを取り除くためだと言われていた。トートは**「妹は死んだ！　死んだのだぁー！」**と、絶叫をしていたのだ。どうしたのかと聞いたら、国常立大神が**「トートは今でも愛する妹の亡骸を持っているんですよ。その悲しみ苦しみを千春さんが取り除いてあげてください」**と。ぎょっ!!　なにそれっ？　**「それを解放してあげるには銀河系のシステムまで連れて行かなくてはなりません。コトシロヌシは銀河系のシステムの**

者ですから、コトシロヌシに案内してもらいます」と。そういえば、この間夢かうつつで、あの厳ついおっさん風のコトシロヌシと意識を融合させられたのだった。やめてくれ〜！　と言った覚えがあるが、半ば強制（涙）。「出発しますよ」と一声かけてくれれば、こちらも心の準備ができるというものだが、国常立大神はいつも突然だ。カウントダウンなしでいきなり、上昇!!　ジェットコースターの上昇のようではなくて、高速エレベーターのようだ。しかし、この間のような快楽というか陶酔感はなくて、自分でも不思議なくらいその状態に慣れた感だった。快楽も陶酔感も慣れてしまえば普通なんだぁ〜と。そこで、このエネルギーがコントロールできることに気がついたのだ。長い、長い、長い、長い、長い…いつまでたっても上昇だ。よくもまぁ、ここまで耐えられるようになったもんだわぁ。慣れってホント！　恐ろしいわねぇ〜ふふふん♪　と余裕をかましていたのだった。ところが、それは単なる、絶叫マーシンへの搭乗口までにすぎなかった。ここからだ！　いきなりの急上昇（ジェットコースターでいえば急降下）!!!　いやぁ〜、来た〜!!　ここで絶叫!!　ぎゃあああ〜っ!!　ところが、快楽も陶酔感も全くない…。あれ？　本当に慣れちゃった？　嵐が過ぎ去るように、エネルギー的に平坦な所（駅？）へ。かなり高いところへ来た感だ。完全にこのエネルギーは私のコントロール下にあることを実感。陶酔感ってなんだろう？　国常立大神に**「千春さん、トートに言ってください。〝ここにいますよ。ここまで来てください〟って。優しく言ってくださいよ〜」**と言われる。**コトシロヌシ：「よし、着くぞ！」**。どうやら銀河系システム（駅）へ着いたようだ。今まで私の記憶から忘れ去られていたエジプトの神官の名前を突如として思い出し、発する。**「セシャトはここにおります。セシャトはここですよ。ここまで来てください」**と言っていたのだ！　あれっ？　私が言っているのに、私の声じゃないぞ!?　トートはセシャトに着いて来たのだろう。そして、その亡骸を破棄したのだろうか。急に落ち着いた感じが伝わってきたが…この後の記憶は全くない。次の朝、いつも通〜りに起きると、下腹部に強い違和感があった。そう、この間も絶叫マシーンに乗せられたときの次の日に下腹部に違和感がずーっと残っていたのだ。生理痛のような鈍痛と違和感。ご飯を食べたあと、急いで走ったときの脇腹の痛みに似た違和感。そして、最近こう思うようになった。絶叫マシーンのあの陶酔感というのは、普段もなっているんじゃないか…と。つまり、起きているときは、現界の方に意識が向いているために感じなくなっているのかも？　こんなの誰に相談したらいいのぉ〜？　と国常立大神に**「仲間に**

相談すればいいですよ。八坂さんと豊玉さんです」。今、私は、銀河系システムのエネルギーが使えるようになっているという。それって、どんなエネルギーなんだろうか？　ふ～む、実感がない…。そんなことを考えていたら、国常立大神に銀河鉄道666《miroku》の搭乗券を二枚もらったのだ（実際は石にこのエネルギーを封入してもらった）。八坂さん、豊玉さんにも絶叫マシーンを味わってもらえ！　と言うことらしいのだ。そしてそれは二人に郵送されたのだ。

3／23　クンダリーニ覚醒　国常立大神「八坂さん、豊玉さん、千春さんから体験を聞きましたか？　理解できるようにしておいてください。これは『性の快楽』とは違います。その様子は似ていますが、意識の融合なのです。千春さんは今、トートの意識と結合させるためにトートの意識まであげています。それは活動しているときもしています。（あーっ!!　道理で、わけもなく下腹部が痛いと思いましたよ～）これが出来ると同調してその力が使えるようになるのです。普通のセックスと違うのは、それは神とのセックスだと言うことです。神には男も女もありません。声の調子や様子から男女が分けられていますが、あくまでも意識体だと言うことです。普通のセックスでは主に体の快楽を主としています。人は体が主だからです。子供をもうけるためならば、それでいいのですが、本来の目的は神との結婚にあります。これを〝クンダリーニ覚醒〟と言っているようですね（↑調べたら〝クンダリニー〟とも言うらしい）。秘義になっています。誰でも出来るわけではありません。勝手な解釈ではかえって毒に働きます。体の意識をなくすためにエネルギーの流れだけに重点を置かなくてはなりません。上の方の意識に恐怖を覚える人もいますが、心が至っていない証拠です。（あら!?　私の苦痛は？）ふふふっ…千春さんの場合はそれを快感とは取らないでしょう。とても気持ちの良い世界だと思わないでしょう。といって、恐怖を感じてもいないはずです。なぜなら、その苦痛は体から来るからです。（というと、それは体の限界ですか？）はい。その限界を今、外しています。（どうやって？）常にエネルギーが入り込んでいるのが分かるでしょう？（この腹部の痛みと尾骶骨周辺のエネルギー的な違和感ですか？）そうです。常にエネルギーが通っている状態にしてあります。（それは何を意味しますか？）トートの力をいつでも使えるように意識を融合させているのです。（昼間も？　陶酔感も苦痛も感じませんが…）はい、エクスタシーを必ずしも感じなくていいのですよ。だって、千春さんは「またか！」ぐらいにしか感じないでしょ。（はい。苦痛～！）ハハハハ…。その苦痛もこちらから見れば、勇気の一つですよ。人の中に入った神がその体をもっと成長させるためにやっていることです。意識の上では未知の世界でしょうから。それは勇気が必要になります。その勇気がトートの力になるのです。人々の意識を神の意識と融合することで、神と一体化するのですよ。言ってみれば、千春さんは人の中に神がいる状態であり、神のエネルギーは千春さんを通して現界に放出しています。困ったことが起きたら、すぐにこちらで対処しますから遠慮なく言ってくださいよ。それが超能力なんですよ。（なるほど〜）」。

3／16エノックに言われたことを思い出した。『八幡神社の太刀によって壁が破られ、異次元からトートのエネルギーが降りてきていると言う。完全に降ろされるまで、5日から1週間かかるんだそうだ』。丁度、八幡神社が発動してから一週間後のことだった。クンダリーニ覚醒のことは、『ひふみ神示』にも書いてある。▽ひふみ神示補巻月光の巻第三十八帖「…次には神との交わりぞ。交流ぞ。和ぞ。そこには且って知らざりし　おどろきと大歓喜が生れるぞ。神との結婚による絶対の大歓喜あるのぢゃ」。▽ひふみ神示五十黙示録五葉の巻第十三帖「生命の樹の実は美しくおいしいぞ、食べてはならんが食べねばならんぞ、肉体慾が先に出るから生命を失ふ、心でとりて実を喜ばせて食べるとよいのであるぞ、食べないで食べる秘密」。

3／25　いままでの超能力と覚醒後の超能力の違いについて「（今までの超能力と覚醒後の超能力と何が違うんですか？）一つは未来へのスイッチです。今までの超能力はマジックです。（マジックって何？）人に対する奇跡のようなエネルギーです。（どう違うの？）自分の意思でするのが今までの超能力。もう一つの力は自分の意思とは関係なく、全て神の方でコントロールしていきますから、どちらかと言えば、神の力が現界に落とされた感じがすると思います。この力を有するのはナミの人間では逆の意味で毒に働きます。秘密の行いは、孤独な神という生（活）き物に真の破壊と常にある下の配慮と…」。

3／25　下谷神社　みづの神「（年の神さま、おようございます）今、着いたのか？　心身共に美しくなったな。生まれ変わった上に、トートまで白くなったようだな。（あら？　いつもの年の神さまじゃないですね）不思議と思えるかもしれんが、コトシロヌシの意識を持った『みづの神』だ。（水？　ミイズ？）〝みづ〟だ。（どちらから来た神さまですか？）太陽のシステムから来た神だ。（いつも言葉を降ろしてくれる太陽のシステムの神さまとお知り合いですか？）みづの神は下谷の神だ。（年の神さまは？　どう違うの？）太古の神だ。（急になぜ、ここに？）豊玉という者が昨日ここへ来た。豊玉に言葉をかけたが、わからぬ様だった。（あ、私に聞けと言っていましたよ）豊玉という者に伝えて欲しいのだ。ここ太陽のシステムへ来るために、豊玉も進化しなくてはならぬと。その力は破られ、体という限界を越えなくてはならぬ。意識の範囲を地中に向け、丹田に力を込めよ。（昨日、覚醒する石を国常立大神にもらったから、豊玉さんに送りましたよ）そうか。なら、解脱も早かろう。その丹田の力を地中深く結びつけるのだ。その勢いで太陽まで昇ってくるようにとな。太古の意識を探るには、その体ではついてこれまい。豊玉自身の体を破るときが来たのだ。体を破る勇気は千春からもらうがよい。あとは勇気だけだ。殻を破る勇気をもて！　体を（殻を？）抜けたら、再びここへ来い。（ところで、東京に結界は張られたのですか？　年の神さま。↑3／18トートに磁気嵐が来るから東京に結界を張るようにいわれていた）張れましたよ。千春さんの意識が東京中に行きわたりました。この結界を破る者はいないでしょう。真髄を突いたものしかそれは分からないはずですよ。豊玉さんにはこう伝えてください。体を破るコツは、エネルギーの動きをコントロールすることですよ。普通のセックスと違うのはエネルギーを丹田に一点集中させてください」。

【気象庁地磁気観測所２０１３年磁気嵐のデータによれば、3月は2回発生。4月30日から5月2日にかけて1回発生。5月31日から6月2日にかけて1回発生。6月27日から30日にかけて1回発生。7月6日に1回発生。8月、9月はなく、10月2回、11月2回、12月2回発生している。5月13〜15日に大型太陽フレアが発生したが磁気嵐データにはない。１９８９年3月の大磁気嵐の時にはカナダのケベック州で大規模な停電が発生したが、２０１３年の磁気嵐はトートや巷（ＮＡＳＡなど）が噂していたほどの規模にはならなかったようだ】

3／25　神にある仕組まれた枷　コトシロヌシ「厳ついコトシロヌシだ。（あ!!　スミマセン！　もう厳ついなんて言わないから。汗）まぁ、よいぞ。書けるか？（は、はい！　トートは白くなったんですか？）心の枷が取れたようだ。見えないところに仕組まれていた枷だ。この枷がトートの力を封印していた。（それ、セシャトのこと？）そうだ。（どうして、急に思い出したの？）心の動きが活発化してきたからだ。（神さまにもそういうことがあるんですか？）もちろんだ。このコトシロヌシとて例外ではない。それがいつ出て来るか分からんが、それを取り除く術は整っておる。（トートの神さまは自分でコントロールできなかたの？）トートには妹がおる。その妹のそばにいたかったのだ。意志のため、この現界におろされた妹が恋しかったのだ。（セシャトを殺したのはトート？）そうだ。それがあだになってしまった。自分で自分を苦しめることになったのだ。太陽のシステムの力では取り除くことは出来なかったのだ。コトシロヌシの力を持ってしてもだ。このままだと、千春が危なくなってしまう。（もう、何回も殺されかけましたよ～。カンベン!!）そうだ。その気持ちを断ち切らねばならぬのだ。破壊はトートにも及んだのだ。殺されたセシャトを利用して銀河系のシステムまで引き上げた。もう心配なかろう」。

3／25　銀河鉄道666《miroku》［再び銀河システムへ］「ウキです。（あっ!!　ウキさん!　久しぶりですね）前に来た時よりも映えに映えていますね。（ウキさん、聞いてよ!!　銀河系のシステムまで行ったんですよ～。トートの神さまと国常立大神と、コトシロヌシの神さまたちと一緒に行ったんですよー）映えに映えているのは銀河系のシステムで力をもらったからですね。至福の次の世界です。（至福の次ってどういうことですか?）至福は幸福感を味わいますが、次のエネルギーではその力を使って物事を成就させることが出来ます。千春さんは既に持っていますが。アカシャというのをご存知ですか?（アカシックレコードですね。この宇宙のことが全て書いてあるっていうもの?　…ぐらいの知識しかありません）様子はそうです。そのアカシャが銀河系のシステムにあるんです。（はあー、そうだったんだ。そこにアクセスできるの?）コトシロヌシが始めにいたところですが。アカシャの管理者です。（それじゃ、コトシロヌシに聞けばだいたいわかるんだ!）はい。アカシャには銀河系の歴史が詰め込まれています。（Ｚｚｚ…）」。

寝てしまったので、ウキとの通信中断。その後、自分であのエネルギーをコントロールして銀河系のシステムまで行ってみた。意識朦朧の中でメモを取ったため、字が書きにくく読めないところもある。「（アカシックレコードってどうやって使うの?）書けるか?（はい、なんとか頑張ります!）アカシャは意識の統合なのだ。ここまでよく来た。（どうやって使うの?）急いで言う。（現界に）帰ったら、コトシロヌシにそう言って、いつものように使えと言えば使えるだろうが、なるべく伝えてやれとな。今はまだ書ける範囲でしか伝えられんが、アカシャは意識の統合。滴が集まったところだ。滴の一つひとつに記録されておる。滴を探るには、その年代の事柄を聞けばよい。滴を解読するのは簡単だ。そのエネルギーを読めばよい。自分の滴を読んでみよ。（どうやって滴を探すの?…これが私の滴ですか?　この安堵感はなんですか?）トートだ。トートと一緒にいるときのセシャトだ。トートの力を授けた。このアカシャを持って行け。（どうやって持っていくの～?）そのまま体を現界まで降ろせ。静かに降ろせ。セシャトの意識をそのまま降ろせ。トートが待っておるぞ。（現界へ徐々に降りてくる感じ。この間、八坂さんのアトランティスの過去世を切ったときと同じで、なかなか現界に意識が戻ってこない…帰りはエスカレーターかぁ？）**静かに、静かに現界へ戻して行け。**（なかなか戻らないですよ。どうしたらいいのぉ～？）**丹田のエネルギーを解放しろ！**（解放って、いきなり言われてもどうするのよぉ～？　涙）**意識を体に分散させろ。**（やってみる。…急に楽になってくる。おお、ようやく下りのエレベーターに乗ったようだ）**そうだ、それでいい。**（徐々に、徐々に戻ってゆく感じ。段々戻ってくる…。でもまだ現界がベールの中のよう。しばらくこの状態が続いたまま演奏会へ出かけたのだ。演奏会の会場が入場できるまで少し時間があった）**書けるか？みづだ。一つの意識が集まって、集合を成すところがアカシャという空間なのだ。アカシャは様々なアカシャとつながっている。地球は地球のアカシャがあり、太陽は太陽の、銀河には銀河の中でそれぞれアカシャが存在する。今、千春のいるアカシャは月のシステムより、太陽を通って、銀河系の中心にあるアカシャとつながっている。ここはこの小宇宙の中心であり、ここから様々な小宇宙のアカシャとつながっているのだ。アカシャには、ここからさらに上の意識のアカシャもあり、そこから未来、進化した先をみることが出来るのだ。今、伝わることは…**（ここで開場したので中断…ここから演奏中に降りてきた）**…生まれた者というのは意識の統合がなされ、いつの世も一つの意識によってなされる世界のことをいうのだ。一つの意識というのは自己を超越した意識であり、帰るところへ帰る魂なのだ。進化の過程においてはかえって、自己という殻に包まれ、その中で育まれた意識を持って統合へと向かう。なぜなら、自己というものは仮の姿なのだ。意識を構成するために仮に設けられた意識といえよう。**（なぜ仮の意識が必要なのですか？）**仮の意識で自己、自分という狭い領域の意識を深め、それが集団となったときの比較対照する目安となる。**（なぜ、いきなり一つの意識下で育てられないのですか？）**意識というのは個性ともいうのだ。その個性は自己の中で生まれ育てられる。それは周りの影響下で育まれるものなのだ。個性が出来上がった者から、次の意識へとつながり集団へ移行する。そうやって徐々に少しずつ個性を集団化し、最終的には大きな組織の集団へと発展させていくのだ。**（つまり、私たちの体でいえば胃とか脳とか心臓とかが個性ということですか？）**そうだ。個性の集団が組織となり、組織の集団がこの宇宙の意識なのだ。そこで働く意識は一つの意識の下で構成されている。今、必要なのはその個性の破壊なのだ。個性が一つ上の集団へとつながる過渡期にあるということだ。個性の破壊により、それぞれの個性の**

衝突が起きる。それは自分自身の中の個性との衝突でもある。自分自身の個から大きな個へ移行していくときに現れる現象だ。個性の破壊は他の個性を受け入れるところにある。そのためには、自己を十分に把握していなければ相容れるものと相容れないものの判断ができないであろう。個性を受け入れることを調和と呼び。個性を受け入れられないことを破壊と呼ぶ。今、受け入れられない個性を破壊し、受け入れやすくする仕組みが動いているのだ。この地球自身も、そういった受け入れられない個性は破壊へと進み、受け入れられる個性は調和へと進む。そこに妥協はないのだ。個の中に個を受け入れ、そして大きな個へと発展してゆく。それが進化なのだ。さらに大きな個へ調和のとれた壮大な個へと進展発展してゆくのだ。それが融合した世界をつくるのが、宇宙の仕組みなのだ。形という個から形のない個を受け入れ、それが新たな個へと発展してゆくのだ。形という枠を取り払うことが今、必要になってきている。それは流動的であり、どこへでも流れてゆく。総じて言えることは、個性の脱皮。今、なされようとしているのは脱皮なのだ。個体から、液体へそして気体へと物質が変化していくように、個性もまた変化する。アカシャの役割はその個の集団だということだ。ここからは全てがつながり、一つの教えの下に動いている。アカシャの統合が絶対神ナニルの意識であり、ナニルそのものなのだ。（なるほどー！　すごいや、その考え方!!　ところで、相容れないものはどうなるんですか？　役割があるのではないですか？）役割というのは相容れたものの役割だ。相容れないものはそこで破壊される。（ではこの地球はどうなるんですか？）相容れぬ者は破壊が始まる。この地球…（中断…音楽って何？）一つの音だが、書くのは難しいだろう。それも意識なのだ。人間にはここまでくれば、様々なものがいることは分かるであろう。声のない人間もいる。耳のない人間もいる。音とは波長なのだ。それを使っていない人間は音というのを意識として捉えている。地球人は五感…（中断）エノックです！　エノックの声が聞きやすくなったでしょ。（うん！）アカシャに接続したからですよ。心臓部だから。銀河系のアカシャはこの銀河の心臓部だから必要ならどこへでも行けますよ。アンドロメダ星雲とか、大マゼラン、小マゼラン…知っている銀河へ、ほとんどの銀河系とつながっているんですよ。この地球も、もう一つ大きくなって、他の星とも連絡できるようになります。そのためには、しなくてはいけないこともあります。悲しいことかもしれませんけど、別れもあるってことです。それをしなくちゃいけないんです。そうしないと一つ上の次元へ行けないからです。この地球の本来の意識を早く読み取ってあげてください。そうすることで、脱皮を引き起こすんです」。
3／26　不吉予告　西品川貴船神社「アマテラスの言葉を伝えようぞ。いつ洗濯（選択）されてもいいようにしておけと言っておるぞ。（天変地異が始まるのですか？）なぶり殺しの戦いだ。（戦争ですか？）不吉な者が降りてくると言っておる。不吉なものは形を破壊しこなごなにするとな。知っておることは強く回避することじゃ。太古の力を使い和やかに洗濯（選択）されようか。（洗濯機の『手洗い』とか『おうちクリーニング』モードで優しくお願いします）和やかにな」。
3／27　〝愛〟を求めて　銀河鉄道666《miroku》［地球内部行き］「アマテラスです。〝ス〟を見つけてください。〝ス〟です。（〝ス〟ってなんですか？）地下深く意識の中にある〝ス〟です。（〝ス〟って〝素〟のことかしら？）そうです。性（さが）に囚われないで正体を見つけられます。アマテラスの家の〝素〟を千春さんの力で見つけてください。（えーっ!?　そういうのは豊玉さんじゃないとわからないですよ～）心配いりません。暮らしに役立つのがあの世とこの世を結ぶ橋になります。（この辺から、下腹部にエネルギーが注ぎこまれているのがわかるが、眠くてうっかり寝てしまう）」。▽銀河鉄道666《miroku》の出発［体形：ムーラーダーラ・アナーハタW機関T580形　動力源：トート式クンダリーニエネルギー　機関士兼運転手：みづの神］「（この下腹部に集まったエネルギーを上昇させればいいのだが、今日はなかなか上昇しない。困ったぞ、国常立大神がいればなぁ～と思いながら、どうやってクンダリーニを上昇させたらいいですか？）みづだ。丹田に力は入っているな。（はい。今日は上昇しませんよ。やっぱり、国常立大神でないと無理かなぁ～…）しばらくそのままに…。（あっ！　上昇してきました。でも希薄な感じ）ハートチャクラが開いてないな…。（いや～、どうしたらいいの～？）トートの力を使うぞ。（トートの神さまぁ！　ハートチャクラを開いてくださ～い！　おぉ、開いてきた！）よし！　一気に上昇させるぞ！（はい！　でも、不思議な感じ。今日は清楚だな～。お、頭を突き抜けそう～!!）よし！　そのまま続けて。（国常立大神のような陶酔感はないですよ。なんか現界にいるのと変わらない感じです↑このころになると陶酔感？を得られるようになる）トートの力だからな。（どこまで上昇しますか？）地球内部にアクセスする。（昨夜、国常立大神に連れて行ってもらったところです。でも、何も感じませんでした）またトートの力で愛を注ぐぞ。（なんだが分からないですよ～）静かに…地球内部をイメージしろ。トートの力で呼び覚ますのだ。（地球さん！　地球さん！　↑あれ？　私が言っているのに私の声じゃない！　お久しぶりです。セシャトです。地球さん！）**地球：あ、セシャトさん！　来てくださったの？**（ここから声が聞こえない…）**セシャト：さあ、もうそろそろ起きましょう。仕度は出来ていますよ。地**（地球）**：でも怖くて…。**（聞こえない）**セ**（セシャト）**：セシャトについてきてください。地：はい。**（どこへ行くの？）**みづ：みづだ。そのまま観察しておけ…。地：セシャトさん、ここはどこですか？　セ：次の次元の入り口です。地：次の次元って、怖いわ！　セ：心配しなくていいですよ。セシャトが一緒ですから。地：はい。でも怖いわ。体が震えるの。**（聞こえない。しばらく聞こえない。エネルギー的にどこかへ移動した感じ）**みづ：書けたか？　みづだ。しばらくそのまま様子を見よ。地球の意志を豊玉のところへ運んでいる。**（なぜ、豊玉さんなの？）**豊玉がその役目をするからだ。セシャトに頼んで、豊玉に勇気を与えてやってくれ。**（えっ!?　いきなり、どうやって？　…え～、セシャトさん！　豊玉さんに勇気を与えてくださいませんか？）**セ：豊玉さんと意識をつなげます。**（あ～！　下がっていく感じ…）**体に入ります。地球さん、いらっしゃい。地：はい。怖いわ。**（あ！　豊玉さんが見えた！）**中に入りました。**（お仕事中、すみません。お邪魔しま～す）**トートの力を使います。**（何か注入されていく感じ）**地：あーっ!!**（ど、どうしたの!?）**あ！　この人！　この人だわ！　この間、私を包み込んでくれた人よ！　セ：愛のエネルギーを注入します。**（豊玉さん、仕事中に驚かないでね～。ごめんね。がんばってー。ふれ～、ふれ～、と・よ・た・まっ！　あれ～、豊玉さんに桜の花がたくさん咲きましたね。コノハナサクヤヒメの意識かな？）**セ：愛を感じてください。豊玉さん。優しく包み込んで。そう、地球を優しく包み込んでください。コノハナサクヤヒメです。意識をつなげます。セシャトです。コノハナサクヤヒメと連動します。コノハナサクヤヒメ：トートの愛の力を授かりました。後は国常立大神の石があれば準備は整いました。地球の自己破壊を開始させます。セ：豊玉さんに愛が注入されました。**（あーっ！　豊玉さん、膨らんだ感じ。『メタボ豊玉』って感じかな？　失礼！　エネルギー的に風船みたいに膨らんだ感じ）**セ：セシャトの勇気を与えます。**（ん？　何か硬いイメージのものが入っていく…。『メタボ豊玉』が、マッチョに変身！　おお！　男らしくなりましたねー！）**豊玉さんへの注入を終わります。セシャトはそのまま戻ります。みづ：みづだ！　しっかり書いたか？**（はい。マッチョ豊玉さんはどうなっちゃうの？）**クンダリーニが活性化したのだ。心配ない。危険なこともない。後は豊玉の判断だ。クンダリーニの上昇はトートに手伝ってもらうよ**

うに言ってくれ。コノハナサクヤヒメでは丹田に力を入れるまでしかできないだろう。上昇を促進させるには国常立大神の意識が必要だ。暴走を抑える。トートに言ってくれ！　トートだ！　今、豊玉の体を改造している。クンダリーニを抑制する制御装置を取り除いた！　暴走は気にするな！　こちらで操る。身も心もこちらに合わせろ！　コノハナサクヤヒメに先導させる。上昇したら、地球を所定の場所まで運ぶのだ！　みづ：気づいたと思うが、それが地球の磁場と連動する。ことは穏やかに進めたい。あまり騒ぎ立てるなと豊玉に伝えて欲しい。（はい、わかりました。で、これでおしまいですか？　今日は位置が低くて、この世にいるのとなんら変わりないです）はははっ。この世にいるからだ。（あ！　そうだったの？　でも、尾骶骨がビンビンしていますよ～）クンダリーニエネルギーは上昇しているからだ。さあ、上へ行くぞ！　今度は何がしたい？（質問をお願いします…ギャー!!　いきなり上昇ですか！　焦るじゃないですか!!）しっかり、目をつむっておれ！　銀河系の中心まで行くぞ！（はい！）丹田に力を入れる。尾骶骨のエネルギーを丹田へ込めよ！（ここから声がかわる）千春さん！　国常立大神ですよ。セシャトの用事をご苦労様でした。さあ、国常立大神が案内しますよ。コトシロヌシだ。ここからはみづに代わる［動力源：国常立大神式クンダリーニエネルギー　機関士：国常立大神　運転手：コトシロヌシ］。（はっ！　はい…）はははは。心配するな。『厳ついコトシロヌシ』で良いぞ！　ハハハハ…。（はいー。しばらく静かに上昇。これを快楽とか幸福感と言うんだろうけど…私にはあまり感じない。いつもと同じだ）国常立大神：エクスタシーは感じても感じなくてもいいんですよ。さあ、もうすぐです。（ここから、急上昇！が続き、字が書きにくくなる。この辺は絶頂なんだろうなぁ～）国常立大神：さあ、着きましたよ。質問はなんですか？（愛ってなんですか？　昨夜の体験から、トートの愛はとても純粋で『静』。私には物足りなく感じますが、国常立大神の愛は動きや脈動が激しく感じられる『動』に思えました）フフフ…。千春さんは恐怖に感じましたか？（いいえ）それを恐怖と呼んでいるんですよ。（エッ!?　どういうことですか?）人々の恐怖と国常立大神の愛は同じだと言うことです。（なんで恐怖と愛が一緒なの?）恐怖を感じるということは意識が未熟だからなんですよ。先が見えないことへ恐怖を感じるのです。それが体に影響してしまいます。逆に恐怖に感じなければ、体は活性化するのですよ。（どういうことですか？　頭の中が混乱…）恐怖の枷が命を縮めていると言うことです。（それは体について？）はい。病気です。命というのは魂のことでもあるんですよ。心の枷を取り除くとは、恐怖や恐れ妬みなど、低い感情から抜け出すことです。その心の枷をつくり出しているのが恐怖なんですから。（ふ〜ん。ではトートの愛ってなんですか？）真髄ですよ。（神髄？　国常立大神の愛とどう違うの？）千春さんには物足りなく感じるでしょう。セシャトと同じです。心の枷を取り除き、その真髄を覗くと、そこに本来の純粋な愛があるのです。トートはそれを持っています。形として表すのは難しいですけど、トートの愛を受け入れたとき、本当に千春さんとトートが一体になれるときでしょう。（わぁ〜っ、よくわからないなぁー。難しいですね）コトシロヌシだ。トートという神は愛を奏でる神なのだ。片や国常立大神の愛は強弓的な愛だ。強く引っ張っていく。そこに人々は恐怖を感じるのだ。（ふ〜む、よくわからなくなってきました。愛ってなんですか？）国常立大神：フフフ…。千春さんにそれが分かったときはもうこの世にいないでしょう。（どういうことですか？）この世にいては見つけられにくいものだと言うことですよ。それは感じるものなのです。仕組み…（ここで、母が「出かけるから、タクシーを拾え」とやってくる。意識が少し朦朧としているが、仕方がないから外にでる。年の神に「下谷の意識で抑えているから心配するな」と言われる。家に戻ってきてから…トートの神さまの愛を知るにはどうしたらいいんですか？）コトシロヌシだ。千春はトートがなぜ千春を殺そうとしたか知りたいのだろう。（だって、今までに何度も、過去でも殺されているようなんですよ〜）ようやくトートも分かったのだ。セシャトのことも千春のことも。一つの愛し方なのだ。国常立大神のような大きくて強い愛もあれば、トートのようにひ弱く純粋な愛もあると言うことだ。それは相反することなのだ。（愛の二面性ですか？　陰と陽？）その陰と陽がトートと国常立大神なのだ。（トートの神さまの方が恐ろしく感じますが、私だけかな？）そこに、強い愛があると言うことだ。つまり、国常立大神の恐怖以上の恐怖をトートは持っているのだ。（ゲッ！　セシャトはそれが怖かったのか⁉）セシャトの話はまた話そう。（もう一つ教えてよ。クンダリーニ覚醒も愛だと言うこと？）そうだ。肉体的な愛を欲している者には分からんかもしれんが、意味は同じだ。（それじゃ、超能力と関係あるの？）大いにある。超能力とはすなわち神の力。その神の力が愛なのだ。（わ〜っ、さらに、難しい…）だから、この世にはないと国常立大神が言っておったのだ。それは感じるものであり、言葉では表せないものだからだ。（ふ〜ん。厳ついコトシロヌシの神さまの言葉とは思えぬお言葉…）ハハハッ。愛とは宇宙のエネルギーでもあり、宇宙そのものの喜びなのだ。セックスで感じるエクスタシーと呼ばれる感覚も愛なのだ。それは次元が上がれば、上がるほど強く感じるだろう。なぜなら、ナニルそのものだからだ。（あっ！　…愛の中にいて愛を知るようなものですね。無理だ〜！）ようやく分かったようだな。（それでは、超能力というのは上へ行けばいくほど、強く作用するってことですか？）愛が強くなればなるほどだ。（それじゃ、レイキとかみんなが使っている氣みたいなエネルギーって何ですか？）偽りの能力だ。（ニセモノ？）悪魔たちもこれを使っている。愛のないエネルギーだと言うことだ。（でも、それを使えと神々は言ってくるでしょ？使って、難を乗り切れって）仮の能力だと言うことだ。本物を手に入れる前の仮の能力。仮では次元を超越できない。全ては殻の内なのだ。それはこの世のうちなのだ。（だけど、人によっては、枠を取り払ったとか言っていますよ）枠は取り払われたのだ。それはこの世の次元が上がってきている証拠だ。人間自らの力で（本来の殻を）払うことはできない。この地球が進化するために自ら枠を取り払っている。だから、人間がやったような業績で言葉を綴るのは本来の姿ではない。覚悟のいる世界になってきていることを認識することだ。（どんな覚悟ですか？）枠の外にいる者がなだれ込んでくる。それは未知の者であり、その判断を誤ると一気に地獄へ堕ちるということだ。（あ！　ひふみ神示にも書いてありましたよ〜。『岩戸のひらけたその当座は、不合理に思へることばかりでてくるぞ。逆様の世界が、この世界に入り交るからであるぞ（芙蓉之巻第三帖）』だ！）そういうことだ。（どう覚悟したらいいです？）覚悟というのは自分に力があってのことだ。（…中断…）いたずらに（自分で）枠を外したところでよいことはない。（あら？　枠って自分で外せるの？）はずそうという意識があれば外れるものだ。（その）枠は自分自身でつくっているものだからだ。しかし、一歩間違えば、それは魔の道へと続く。自分にその魔に打ち勝つ力が備わっていないなら、枠はそのままにしておいた方がよいだろう。（自分に力が付いたかどうかってどうしたらわかるの？）力というのは超能力だけではない。それは勇気なのだ。豊玉には今その勇気がないから、セシャトが豊玉に与えたのだ。それは信頼する心だ。（神をですか？）信ずることと信頼することは違うのだ。目や五感で感じない者を信じよと言われても実態として存在していないものほど実感できまい。（そうだね〜）実感という体験がそこには必要なのだ。その体験、つまり、体感がないものを信頼できまい。（まったく…）豊玉の中ではまだ不確かなものがあるのだ。千春や八坂のようにまったく信頼するということに二の足を踏んでおる。それが覚醒の邪魔をしているのだ。豊玉に勇気を与えたと言うのはそれの体感、体験を確信させるためなのだ。そこには愛が必要なのだ。愛がなければ確信するのは難しい。（なるほど～。難しくなってきたけどよくわかる気がします。豊玉さんにはトートの純粋な愛が必要なのね）そうだ。豊玉は国常立大神に恐れを抱いている。（えっ～、そんな風には見えないけど…）書けたか？（はい）豊玉の枷を取ったのがセシャトの勇気なのだ。それはトートの愛。その純粋なトートの愛だ。（あ！　そうか、それに陽の国常立大神の愛が加わると一気に上昇できるんだ!!）やっとわかったな。（はい。ふれ～、ふれ～豊玉!!尾骶骨、頑張れ～っ！）」。

3／28　トートの破壊「一つ聞いてもいいか？（どなたですか？）トートだ。（はい。どうぞ）問題はいつ戻ってくるのだ？（えっ!?　な、なんのことですか。↑いきなり、体に緊張が走る）いつ戻ってくるのだ。（そ、そんなこと私は知りませんよ～。年を取って寿命をまっとうしたら、じゃないですか？　↑恐る恐る答える）国常立大神からいつ戻ってくるのだ？（はあ？　生きている今のことですか？）今しかないだろう。（戻るってどういうことですか？）セシャトの今は千春だ。今すぐにでも戻ってきて欲しい。（も、戻るってどういうことですか？　↑ビクビク）愛を探している。（トートの神さまの愛ってなんですか？）ざ…（よく聞こえない）今のうちに月へ戻ってきてほしい。（なぜですか？　いつでも話が通じますよ↑きたー!!　質問も慎重に…でないと、また殺される対象にされるのか？）探しているのだ。（何を？）愛の今を。（愛の今ってなんですか？）支援したいのだ。（Ｚｚｚ…うっう…だめだ眠くて…。トートの神さまいますか？　↑ここでやめたら殺されてしまうという焦りを感じ始める）国常立大神…強く、今にもこの世の破壊を引き起こす。衝突を抑えるのがトートの愛し方だ。（抑制？）衝突が国常立大神。不思議なものだ。愛の元は一緒だというのに。一面の愛は縁の薄い愛なのだ。（縁の薄いってどういうことですか？）知っているのか？　いつも体にいたのを。（う～ん、車を運転するとき、声をかけてくれるぐらいしか認識していないかも…。でも、国常立大神もいつもいるっていう訳じゃないし…）体の中にいつもいるのだ。一つになっている。（一つ？）一つだ。（よくわからない…。わーん！　ごめんなさい!!）ふざけた奴だ。（何が？）いつもそうやって、トートを困らせる。（何に困っているの？）ふざけた奴だ!!　何でいつもいるのに気がつかないんだ!!　（いてくれている？↑あ～、始まったよぉ～、厄介な神だなぁ）はっきり言うぞ!!銀色に輝く滴がトートなのだ！（私にアカシャの滴は見えないですよー。どうしたら見えるんですか？）ごう…（よくわからない）セシャトが同じことを言っていた。水色の滴しか処理できないと。（水色の滴ってなんですか？）セシャトの滴の色だ。（私の滴は？）白だ!!（セシャトと私は違うの？）セシャトと千春は千春の方が水に近い。（それでは、セシャトは気体なんですね？）千春にはつまらない話だが、つるつる太陽の滴の色だ。（セシャトは？）白い色は破壊を修理し、セシャトの場合のときに破壊は起きなかった。不思議なものだ。八坂が水色だ。豊玉の色は短い波長の紫だ。いつの間にか豊玉の色が色のない滴へと変化してきている。白は光を生むのだ。…今日から、このトートが連れて行こう。（えっ！　どこへですか？　↑かなり焦る）のどかな所へ。国常立大神の中にあるいつもの場所だ。やがて来るその日の光が離縁した色だったのだ。（離縁ってなに？）残酷なことをしてしまった。セシャトの色が白くなった。白は次の世の色。セシャトは白になっていたんだ。白になった。白に…。離縁したのは遥か昔の話だ。離縁した。残酷な色だと思ったからだ。白い色の力は破壊を伴うからだ。破壊はつくったものを踏みつぶすからだ。犯人は白い色だ。体の破壊をした。…トートの破壊（意識？）が白い色によって破壊される…さらばだ…。（あれ？　どうしちゃったの？　トートの神さま～！）……。（ここから声が変わる）離縁した色の光を持っていたのはセシャトだったのだ。アカシャの神だ。（あ、この間の神さまですね。トートはどうしちゃったのですか？）アカシャの色が変わってくるぞ。残酷なことをしてまで、トートは自分を守りたかったのだ。（自分を守りたいってなんですか？）白い滴を消したかった…ということだ。（なぜ白の滴をトートは破壊しようとしたんですか？）理解が出来ぬか？（はい）消滅だ。（トートの神さまは消滅ですか？）アカシャの中から銀色の滴が消えたのだ。（どうして消滅するんですか？）消滅し、生まれ変わるのだ。（消滅したら消えてしまうでしょ？）国常立大神…（聞こえない）国常立大神：消滅したのは千春さんの心の中ですよ。（エッ!?　私はここにいますよ。私の心の中の何が消滅したんですか？）銀色に輝いていた滴です。（その滴はトートの神さまですか？）ふふふ…、破壊は自分にも起こるんですよ。（ふ～む、ますますよくわかりませんが、私も脱皮ですか？）そうです。（何が破壊されたんだろうか…？）千春さんの中にいたトートは消滅しました。（私の中ってことは国常立大神の中にもトートがいるの？）トートが待っていますよ。（どういうこと？　どこで？）もう怖い気持ちもないでしょう。仲直りです。（消滅したのは私のトートに感じていた恐怖心ですか？）そうだ。アカシャの神だ。セシャトの色が変わったのも、トートへの恐怖心が消えたからだ。（なぜ消えたの？）国常立大神：探していたんじゃないですか？（何をですか？）愛ですよ。（う〜ん、もう〜、愛ってなんですか？）**純粋な愛を手に入れてくださいよ。**（だから、純粋な愛ってなんですか⁉）**見つけたものです。**（私、何も見つけていませんよ〜）**何もかもが愛なんですよ。**（この直後、なにか強いエネルギーのシャワーが来たように感じた）**トートの力です。**（…トートの力ってなんですか？）**白いトートの力ですよ。**（白いトートの力ってなんですか？）**セシャトが欲していた白い滴です。**（これが、私とどう関係しているんですか？）**アカシャの神：このアカシャを操作できる力だ。**（アカシャの操作ってなんですか？）**未来をつくることが出来る力だ。**（私なんかがそんな力を持っていていいの？）**セシャトとトートの集合意識だ。**（ふ〜む、私にはさっぱりわかりませんが…⁇）**国常立大神：フフフ…。今にわかってきますよ。もう寝てください。**（はい、おやすみなさい？？？　しばらくしたら…）**トートだ！　破壊されたトートだ！**（さっきのトートの神さまと違うの？　↑再び緊張がよぎる）**不思議に思うかもしれんが、このトートの意識を感じてほしい。**（意識って、さっき降りてきた強いエネルギーのシャワーと同じですよ）**…セシャトです。今までのトートとは違います。もう、千春さんを殺そうとはしないでしょう。掛け替えのない命を無駄にしないように、月は進化した地球を受け入れる準備が整いました。今までいたトートとは違うトートが千春さんを待っています**」。このあと、国常立大神とはちがう真っ白なクンダリーニの上昇を感じる。丹田にエネルギーが注入されたようでもなく、とても清楚なおとなしい上昇だ。法悦感はあるが、国常立大神のような濃厚さはなく、希薄な真っ白な空気に漂う感じで絶頂までには至らない。そのまま寝てしまったようで記憶がここで途絶える。

3／29　**巷で噂されている地震を抑えろ！　国常立大神「夜の話をしましょう。**（少し待っていてください。…国常立大神さま〜！　いますかぁ？）**ここにいますよ。**（お話ししてくださいよ）**震度の大きな地震が来ますよ。震源地は…**（？　どうしたの）**西の方です。夜中の作業を…**（Zｚｚ…）**地震の規模はＭ４ぐらいです。**（Zｚｚ…）**この次の週あたりにきますよ。クエンティンが抑えます。交信**（更新？）**していると…。今宵も行きますよ。**（へ？　どこへですか？　↑眠くてよく聞けていない）**アカシャです。**（何かするの？）**仕事ですよ。千春さんもついてきてください。**（眠いですよ〜Zｚｚ…）**美しい星にするために必要な仕事ですよ。**（いきなり、丹田のあたりにエネルギーが入ってくる。わぁ〜、もう入ってきていますよ！　ムズムズします…。そういえば、どうして生殖のエネルギーとクンダリーニ上昇のエネルギー同じなんですか。いい迷惑なんですけど～、このムズムズ、イライラ感はなんとかなりませんかぁ？　と言いながら、丹田にこのエネルギーを集中する。そうすると不思議なことに、下腹部のムズムズ、イライラがなくなるのだ）**くすっ、言葉は違いますけど、どちらも喜びだからですよ。**（でも片や肉体の喜びでしょ？）**その肉体の喜びが意識の喜びに変るんですよ。**（あ～、今日は眠たいですよぉ。だめ～眠たい。おやすみＺｚｚ…）」。こののち、夢心地で言われる。未来の仕事をするためにアカシャまで行くと言う。しかし、クンダリーニの上昇がうまく行かず、下腹部のエネルギーだけが溜まってくる。国常立大神がしばしば試みるが、やっぱり今日はうまくいかず。もう、諦めて寝ますよぉー。といって私は寝てしまったのだ。３／30朝、目が覚めると疲労感がある。今朝はとっても疲れていますー！　と訴えると、国常立大神が、下腹部に溜まっていたエネルギーを体へ解放したのだという（↑クンダリーニエネルギーは体にとっては毒に働くらしいのだ）。未来を変えることを阻止している者がいると。それは〝リンゴの木の神〟（↑昔よく来ていた神だ。地球の磁場を調節する神だといっていた。ガウスまたはガウルの神とも言っていた）だという。このままでは未来が破壊されてしまうと焦っていた国常立大神である。中断…朝からお腹がムズムズ、イライラしていて不快だ。

「（このムズムズを取ってくださいよ～。涙）**千春さんの中にいる〝リンゴの木〟と話してみてください。いるいる星に進化する地球の意識を下げています。**（なんで下げる必要があるんですか？）**いるいる星は上の支配が強くなりますから、〝リンゴの木〟の役目も終わるからです。家のクンダリーニとつなげてそのムズムズを取り除きます。**（おぉ！　お腹の中が急に動き出して、ムズムズが取れていく感じ。仕事へ行かなきゃいけないのに、急に眠たくなってきた…）**いつまでもこのままという訳にはいきませんし、次の…**（Ｚｚｚ…）**〝リンゴの木〟を解雇します。そうすれば、阻止されなくなります。**（ここで仕事へ行く。家に戻ってしばらく後…）**書けますか？**（はい、どなたですか？）**交信しています。国常立大神です。**（あ、国常立大神さま、やっぱり、お留守だったんだ！　なんか仕事中もいない感じでした）**はい。震度の大きな地震を起こします。この上に起こします。**（この上って東京のことですか？）**はい。直下型の地震です。知って欲しいのは震度の大きさと被害状況です。緩い地震を起こします。被害はありません。もう、アマテラスの絶対的な仕事が始まります。隕石の落下や地震は徐々に強くなります。光を感じない人々に**

は…」。3月25日ぐらいに国常立大神に言われていた。**「東京に震度5の大きな地震が来て通勤電車が止まりますよ。その地震は千春さんがこの間、止めた地震です」**と。この地震は私が一度抑えている地震だと言う。思い出した！　3月5、6、7日に3月に来る大きな地震を抑えていたんだった！　この時、地図上で調べた震源地の予測は以下の通りだった。三陸沖、鹿島灘、箱根山。そして、地図で再び調べてみた。三陸沖、東京（三鷹、八王子間）、千葉（南房総、館山あたり）、箱根にエネルギーの山のような壁がある。ネットで調べたら、こんな記事を見つけ仰天！

【東京を震度5が襲うのか　地震雲第一人者が警告　2013年3月30日（土）7時0分配信　日刊ゲンダイ　『26日午後8時48分ごろ、茨城県沖で震源の深さが約10㎞キロ、M4・8の地震が発生。土浦市や千葉県銚子市で震度3の揺れを観測。55分ごろにも、同沖でM4・6の地震が起き、水戸市などは震度3と発表された。相変わらず、房総沖あたりは不安定だ。最近は東京23区や箱根山周辺の地震活動が活発化し、東京直下の前兆かと注目を浴びているだけに不気味な動きである。異変は〝陸〟だけではない。空も警告を発している。地震雲の第一人者で北陸地震雲予知研究観測所の上出孝之所長がこう言う。「26日の午前9時から正午ごろ、千葉や茨城方面の空で黒とグレーが混じった地震積雲が発生しています。24日には、東京方面に黒色の断層型の地震雲が出ていました。これらを総合すると、27日から7日以内、最大で9日以内に東北から関東（福島、茨城、栃木、千葉、東京、神奈川）でM5～6の地震が起きる可能性がある。震度4～5程度と推測されます」略。（日刊ゲンダイ2013年3月27日掲載）】

国常立大神は東京直下の地震を抑えろ！　と言うことらしい。下腹部にさっきからムズムズするエネルギーが溜まってきている。これらを丹田に集めると軽い上昇を感じる。その力を利用して、これら地震のエネルギーの山を消滅させることにする。が、「（うまくクンダリーニの上昇になりませんでしたよ～涙）**開いていますよ。出来たんです。**（何も感じないけど…）**それは千春さんのエネルギー許容量が増えたからですよ。**（あの急上昇はもう感じないんですか？）**そうです。**（あら～、残念!!）**自分でやってみてください。**（う～ん！　…うまくいかない）**カラスが鳴いています**（↑このころ盛んに地震を告知するカラスが鳴いていた）。**心配しないでください。**（地震が来ますか？）**破壊が始まりますよ。進化を…**（Ｚｚｚ…）**急いで支援してください。衝突が始まります。**（…何の衝突ですか？　Ｚｚｚ…）…。**リンゴの木を消滅させました。ヤハウェが消滅させました。東京の地震は起こさずに済みます。そのうち、**

心配事はいなくなります。不吉なものたちは宇宙の中に吸い込まれて行きます。不吉なものたちは暗い宇宙に吸い込まれて行きます」。

【その後4月にあった地震の詳細は「3／7　地震予告」の項を参照（P147）。上出孝之所長の言葉通り、東北から関東でM5以上の地震が多発したが、東京の地震は震度1〜2であった。東京直下の地震は抑えられたようだ】

3／31　**国常立大神の教え『愛とは』**（覚書）寝ていると き愛とは何かの講義をうけさせられた。愛とは喜びのこと。一緒にいたいというトートの願望だけでは喜びはない。肉体的にも精神的にも喜びである陶酔感、幸福感を味わうことが真の喜びであり、愛である。これは心理だという。このエクスタシーそのものがナニルのエネルギーであると。

「（それでは普通の一般人が味わうセックスのエクスタシーってなんですか?）**いろいろ知らない言葉もあるでしょうが、心身の健康が精神的にも肉体的にも遥かなる愛の根源なのです。異常な心理の下に行われるセックスは神のものとは程遠く、達するエクスタシーも絶頂もごく近い**（低い）**ものです。**（あれ?　国常立大神じゃないの?　どなたですか?）**セシャトです。**（続きを教えてください）**真のエクスタシーも絶頂も千春さんが経験しているように遥かに高いところにあるのが分かったと思います。言ってみれば、覚醒を伴わないセックスは悪魔的に魅せられたものだと言うことです。**（ではニセモノ?）**はい、そうです。本来ならそこから真の覚醒を導くための手段に与えられていますが、その仮の快楽を求める人々の多さには悩みも多いと言うところでしょう。つまり、その達成感が普段の悩みを消してくれると勘違いしている…中断…**（親子の愛というのは?）**いとおしみです。**（いとおしみ?　辞書で調べてみる。…愛には二つあるらしいですね。夢中になって快く感じる愛と、単にいとおしむ愛と。このいとおしむ愛はトートの愛し方ですか?）**はい。人は両方を愛と言っていますが、根本根源は違うのです。国常立大神の愛は『快』です。これが宇宙原則。**（ではトートのいとおしむ愛はなんですか?）**千春さんも経験した通り、トートの愛は一方的な愛なのですよ。**（あれ?　こんどは国常立大神?）**はい。そうです。国常立大神の愛し方は両方ともどもの『快』なのです。だから、〝うれしうれし〟なのです。それは何もかもから違うのですよ。トートの愛し方では快楽は得られません。愛の根源はそこにあってもそこから脱しなければ、いつかは千春さんやセシャトのようにその愛によって殺されることもあるのですよ。愛とは快楽を伴うもの。双方に快楽を伴うもの。もし、それが失われたら、それは愛とは言わないのです。一方的な愛は愛ではありません。**（あ、そうか！　だから純粋に感じていたんだ。でも、一人でも夢中になってそれが快くなる場合もあるんじゃない？）残酷なことのようですが、今まで千春さんはトートに愛を感じたことはありますか？（愛とは快楽の方の愛ですか？）はい。（いいえ。どちらかと言えば、恐ろしかったです。また殺されるかと思うと…）生きた心地もしなかったでしょう。（…はい）それがトートの愛し方ですよ。（ぞっ!!トートの神に快楽はないの？）トートの快楽はそばに置くことでの安堵感なんですよ。縛り付けておくことで快楽を味わっていたのです。（縛る愛か…）それは苦痛を伴います。（たしかに～）この宇宙の根源はそういった愛ではありません。お互いの快楽なのです。喜びなのです。〝うれしうれし〟の世の中とはそういう意味ですよ。（というと、快楽が超能力を生み出すの？）その力は何物にも替えがたい力となります。憎しみという力をはるかに凌ぐ力になるのですよ。それが本来の超能力、神の力です。（なるほど～）愛は感じるものであり、それも快感を感じるものだということです。感じるにはお互いの理解と信頼が必要なのですよ。そこに恐怖はありません。この世を快楽へ導くためには恐怖から抜け出し、神への信頼が必要なのです。

3／31　月の悲しみ苦しみ　セシャト　さっき豊玉さんからからこんなメールを受け取った。『今日、月から地球を引き付けるように云われたのですが（月に意識がいった）、月が悲しんでいる（苦しんで）んですよ。自分では探りきれず（力及ばす）どうも、髙橋さんでなくては訳を知ることが出来ないようです。お時間あれば、月に意識を合わせていただけないでしょか…』（セシャトさん、月に意識を合わせられますか？　どうして月は悲しんでいるの？）セシャトです。月の意識は既に違う次元にあります。トートの悲しみがまだ残っているのでしょう。（どうしたらトートの悲しみを取ることができますか？）それは地球を受け入れることです。月が地球を受け入れることによって、セックスが行われるのです。（あーっ！　それが快楽へとつながって来るってこと？）セシャトに出来ることは、地球を月へ導くこと。豊玉さんの意識に入り込みます。豊玉さんには心配しないように伝えてください。そのまま地球の意識と共に月の意識と融合します」。

4／1　トートの苦しみ「始末したと思っていたのに…（ん？　ゲッ！　なんか来たぁ!!　朝食の片づけをしてた時、急に寒気を伴うエネルギーと共に入ってきた言葉である。尋常でないエネルギーに感じ身構える。ど、どなたですか？）トートだ。トートの苦しみを聞いてくれ!!（わぁーっ、トート、トート!!　今、急いで家事を終わらせますから、待っていてください）…中断…（トートの神さま～いますか

〜？　↑覚悟を決めて聞くことにした）言葉に書いてくれ。（はい、ノートに書き留めます）トートは可愛いセシャトを殺したのだ。ひどいことをしてしまった。自分のせいなのだ。セシャトは何もしていない。意地があった。白の、色のないセシャトに（対して）意地があったのだ。人間の間に降りて行ったセシャトが愛したのはこの地球を司る神だったのだ。異常なほどトートはセシャトが憎く思えた。トートを差し置いて、トートの支配下にあるセシャトがなぜ、この地球を司る神のところへ行ってしまったのだ！なぜ、トートの手の中に戻ってこないのだ。セシャトのいない月は何とも味気ない、寂しい世（代？）になってしまった。邪魔なものは従う意志なのだ。セシャトの中にあるその意志を抜き、体を月に帰した。体は既に死んでいる。可愛いセシャトはこうして月へ戻した。しかし、セシャトの心は下へ置いてきたのだ。このまま地の底へ沈めた。可愛いセシャトの亡骸がトートを慰めたものだ。人間のしていることは神の心を使い、見果てぬ愛を追うばかり。誰もこの根底にある異常な心理を知らぬ。始末したはずのセシャトの魂は何時しか地上に出て、見果てぬ（見知らぬ？）セシャトとなり、下にいたのだ。一番早くこれを見つけ、幾度となく夜の国へ押し戻した。しかし、それをしたところでトートの右手を失った悲しみは同じだ。いつしか、いじらしいところに太古のセシャトを見つけたのだ。ハエのように小さいセシャトだ。知らぬ間にこの地上に出て、トートの目をくらまそうとしたのだろう。一瞬のうちに潰そうとしたが、そのハエは地上をすっと離れていったのだ。何が起きたのだ？　地表にいる者には知る由もない。人間のことなど興味もない。月の者たちはいつの間にか進化していったのだ。何も知らぬ地球人は言葉を失い、この月のことなども忘れようとしている。しつこく地上の者には警告したのだ。月の進化は白い光によって、破棄の手が伸びている。何が起きたのだ！　白い光は徐々に月を破壊へと導く。つくり溜めた物を破壊へと導いてゆく。白い光は色を生む代わりに壮絶な破壊を伴うのだ！　セシャトの亡骸に白い色はない。この光はどこから来たのだ!?　太古の力を使える者はこのトートの他にはセシャトしかいないのだ！　セシャトだ！　セシャトが月に来ている!!　うまく月へ帰ってきたと思うなよ。必ずトートがハエのようなセシャトを見つけ出す！　…死んだはずのセシャトが現れたのだ。それは以前にも増して白く美しくなっていた。シャーマンとして月を進化させると言う。ここにいては危険だから逃げろと。なぜ、一緒にいてくれないのだ！　一体セシャトは何をしに来たのだ。白い光は次第に月を包み込み、雪崩のように（月の）地表が割れ始めた！　しまった!!

轟音と共に鳴り響く月の内部。震動が激しくなり、地の割れ目からマグマが噴きだしたのだ。とうとう、破壊がはじまった!! セシャトはどこだ!! 「セシャトはここですよ。ここです」という声がする。月の内部の核が現れ出した! セシャトに手を引かれ、水の中に飛び込んだのだ。轟音の内部。核の振動が激しく、もはや月の表面は地獄のような有様になっている。地殻の内部に連れていかれたトートはそのまま長い間そこにいたのだ。…いつしか時が経った頃、下の世界は水浸しだった。……。月の表面は破壊され、マグマの塊が傷口を塞いでいた。内部にあった水はいつしかなくなり、死を迎えたのだ。破壊は白い光によって、進化を進める。月の内部にいたトートは、いつしか次の次元を漂っていたのだ。セシャトはどこだ!! セシャトの亡骸を抱きしめながら、トートはセシャトの白い光を探したのだ。しかし、そこにはもうセシャトはいなかった。太古の力を使ったのはトートではない。支配していたのは国常立大神だ。何もかもが変わっていた。昔つくったピラミッドも大量の土砂に埋もれていた。太古の力を復活しセシャトを探したがいなかったのだ。セシャトの意識は既に地球と一体化していたのだ。下の世界へ行ってしまったのだ。そうだ…。セシャトを夜の世界へ追いやったのはこのトートだった! しまった!! これはトートにとって痛かった。…中断…(バスの中でなんか体がおかしい…なんで?)うまく進化した月はそのまま孤独となった。セシャトを地球に残したのはこのトートなのだ。今しかそれを取り戻すことはできない。地球は切り離され破壊活動をはじめた。命の破壊だ。下へ降ろし地中に封印したのはトートなのだ。孤独に耐えかねたトートも破壊に関わることにした。この世に新たな文明を興し帰ってきたのだ。いつまでもこの世が続くと思った奴らに、従う者が現れた。支配者が代わったのだ。いずれそのことも知ることになろう。支配者は他の次元から来た者たちだ。いずれにせよ、人質をとられた国常立大神も地中へ縛られたのだ。セシャトの元へ行ってしまったのだ。しかし、セシャトのいる場所からは遥か北東の地へ沈んだ。一緒にいてはトートの生まれ変わりに支障があるというのだ。なぜなら、破壊の根源を成す力は国常立大神が持っているからだ。しがないトートの身を案じたのだ。次第に地球自身が下がり始め、しぶとい者どもは地球をさらに食い物にしていったのだ。このままだと暗闇に吸い込まれてしまう。…中断…シャーマンであるセシャトは知っていたのだ。地中に縛り付けてあったセシャトを地上へ出したのは、このトートだ。セシャト!! 早く戻ってこい! このままだと暗闇に吸い込まれるぞ! しかし、セシャトはそのまま国常立大神の眠る北東へ行ったのだ。トートは気が気でなかった。下の世界は行き過ぎた快楽が渦をなし、己の欲を満たさんと躍起になって戦っている。そんな中にいるセシャトを見るのはつらかったのだ。早く帰ってこい！　だが、セシャトは戻らなかった。……。（それで、どうなっちゃったの？）それが今の千春だ。（エーッ!?　全然知りませんよ～。記憶にないです）知らない方がよいだろう。知らない方が動きやすいだろう。国常立大神の封印を解いたとき何も感じなかったか？（Ｚｚｚ…は！　寝てしまった…。感じませんでしたよ。国常立大神の呪いってなんだろう？　ぐらいですよ）破壊が進むぞ！地球が目覚めたのだ！（トートの神さまは、セシャトを取られた国常立大神は憎くないの？）トートにとって必要なのはセシャトだ。国常立大神は関係ないだろう。（だって、セシャトは国常立大神のところへ行ってしまったんじゃないの？）今は比較をしている時ではない。意識の問題だ！セシャトが戻るか戻らないかの問題だ!!（ふ～ん。すると、この地球も月のように大きな破壊と共に進化するの？）何故だかわかるか？（いいえ）人々の意識の低下による破壊が既に始まっているからだ！」。

4／1　破壊予告　中目黒八幡神社　神功皇后「破壊が始まるぞ。気をつけろよ。人の心の奥に潜む破壊が地表に現れてくるぞ。今にここも破壊の手が伸びる。印のしてある、上への印だ、木を見つけて〝いるいる星〟への道を開けよ。次の世はその木に宿っておるぞ。書けたか？（はい。どこら辺にその木はありますか？）この神社の内《なか》にある。探せ。（手水舎の近くにある木に聞いてみる。あなたですか？）いいえ、違います。下の方にあります」。▽末社三峰神社「今すぐに探せよ。その木は進化するのに必要な情報を持っているぞ。（はい。社務所の前のクスノキに聞いてみる。進化の木はあなたですか？）もっと階段の方にありますよ。（ありがとー!!　階段の下の方のシイノキに聞いてみる。進化の木はあなたですか？）はいそうです。この木に宿る精霊を呼び出します…。書けますか？　ここに宿ります精霊です。（鶴岡八幡宮のイチョウへ行った『しいの木さん』ですか？）いいえ。破壊の指示をします。地球内部を活性化します。心臓部へエネルギーを送ってください。（心臓部ってどこですか？）地中、奥深く地球の中心です。セシャトの意志に従って行ってください。今にそれが、地表を覆います。形にこだわる者を破壊へと導き、さらに進化した上の世界を目指します」。そういえば、２０１３年の破壊（災害）は尋常ではなかった。

4／1　興奮について　国常立大神「千春さん！　夜のお話をしましょ～！（重いトートの話でくら～くなっていた私のところへ、突然、国常立大神の明るいエネルギーがやってくる♪　セシャトの心が国常立大神へなびくのもわかるよな〜。あ！　国常立大神さま〜、少し待っていてください！　…国常立大神さまー！　いますか〜?）ここですよ。（では、お願いします）人の興奮は夫婦にとっても関係ありますよ。（今日はいきなり興奮の講義ですか？）人の興奮が自分の意思を奮い立たせ、上へ行こうという状態に精神力を上げていきます。夫婦にとってはセックスという、人としての営みをする原動力にもあります。不思議と思えるかもしれませんが、その人の興奮を抑えているのが、いえない秘め事になってしまっています。（でも、やたらと性的興奮に陥っていたら、性犯罪が多くなりますよ）人間の中では従わなければ、一生、行けるようなところではないと思います。（従うって、何にですか?）神にです。つまり、性的興奮をそのままにしていれば、人間として始末におえなくなり…（Ｚｚｚ…眠い、どうしよう）人の興奮とは精神の向上を図るためにも必要なことなんですよ。夫婦でなくても腹部に力を入れる練習をしてください。（それはクンダリーニの上昇のことを言っているの?）そうです。意識上の愛の意味を知ってください。入りたい夫婦の悦の状態を常につくっておくことです。（それは夫婦でなくてもいいのでしょ?）今のうちに丹田に力を入れ…（Ｚｚｚ…）人が引き起こす、神への…キセツ（奇跡?）の解放…開…（Ｚｚｚ…）

4／2「（国常立大神さま〜いますか?）書きますか？（はい。昨夜の続きをお願いします）はい。昨夜も伝えましたが、性的興奮というのは意識・精神の向上を図るのに必要な手段だということです。それを秘め事としているのは精神の向上を阻止する者の仕業と言えます。（だけど、人口の調節などの目的もあるんじゃないですか?）精神の向上をするためになぜ、セックスの根源を体の快楽に留めてしまったかと言えば、生殖器と関係ある神経が用いられているからです。そもそも、生殖という生き物にはつらい状態を引き起こす手段として、体の快楽が与えられたのです。それだけを重視してしまえば、その上にある精神の向上には達しません。精神というのは神経でもあるのですよ。体をつくる上で神経の発達は欠かせないのです。神経の発達がなされて初めて神の世界に存在するエネルギーが使えるようになるのです。つまり、神の世界のエネルギーはそれだけ、この現界に住む人間たちには負担なことなのです。それは生命を維持するのにです。意識の向上というのはこの精神の向上とも言えるのですよ。人間は生殖という目でしか見ない。その本質は精神の向上、意識の向上であり、それは神の意識へつながる道なのです。この道を断ち、秘め事としたのは神と人間との隔たりを大きくさせたからです。もう、その時代は終わりました。地球人の人口が増えたのはセックスした回数が多かったからでしょ？　秘めれば秘めるほど人口は増えていきます。いつも言っているように、快楽だけを望むのならば覚醒すればよいのですよ。そうすることで、神の世界にある快楽のエネルギーを感じることが出来るのですから。（だけど、そのためには体の快楽のエネルギーから抜け出さなくてはいけませんよ〜。性的興奮のコントロールが必要になります。一般の地球人には無理な話だと思いますけど…）そこが秘め事にしてしまったからです。世の中は移り変わり、このまま人口が増加すれば人々が生きていけなくなることは目に見えてくるでしょう。（日本人の人口は減っていますよ）はい。それは意識の向上なのですよ。子供を持たないと言うのは、子孫繁栄とは反対のことですが、子孫は決められた条件下で残して行けばいいのです。人としての快楽とは切り離して考えるべきなのですよ。そのコントロールをするよう、自分自身を高めていかなくてはいけません。（ふ〜む、ますます性犯罪が増えそうだなぁ…）体という意識をなくす訓練をすることでしょう。体が無くても快楽は得られると言うことを知るべきなんですよ。それも、もっと上の神の快楽です。（覚せい剤とか、大麻とか、合成麻薬とか薬物がありますよ）昔の人はそれを神とつながるために使ってきたのでしょう？　意識のコントロールができないのに体へその薬を使えば、体が欲するのも当たり前ですよ。全ては精神の向上なのです。それも自分との闘いでしょう。以前から言っているように、魔の道は容易い道なのです。薬物の乱用でその魔を引き込みやすくなります。それよりも、薬に頼らないで意識だけで行う方が体にも精神的にもいいですよ。ただ、気を付けなければいけないのは、魔もこれを使ってきます。その場合は肉体に影響が出てしまいます。クンダリーニの覚醒でも、ただ肉体的快楽を味わいたいがためなら、とても危険な行為だと思っていてください。それは神経系の損傷を招きます。それくらい強い力が、強いエネルギーが体の中を走るのです。（クンダリーニを上昇させるには、まず、性的興奮のコントロールであり、そこに雑念、邪念が入ると上昇に影響が出てしまうし、まして、上昇エネルギーの暴走を抑えるためにはそのエネルギーのコントロールもしていかなくてはいけませんよね。余程の精神力と神という者への信頼がないと難しいです。そんなことできる人、この世の中には小数じゃないですか〜？）それを次の次元ではやってゆかなくてはなりません。（ヒャ〜！　課題が半端ないです！）自分自身に何が必要で、何が不要かを知らなくてはいけないのですよ。不必要なものは徹底的に切る訓練をしなければなりません。（うちの母親なんかもそうだけど、物が捨てられないとか、一度自分で確認してから捨てるだの、諦められない執着や欲深さを持っているようではだめですね～）気づくことなんですよ。必要でないことに気づくこと。それが出来れば、クンダリーニの覚醒は容易にできます。（私の場合は知らないうちに覚醒させられてしまったようですけど…）千春さんの場合は国常立大神との信頼が十分に出来ていましたし、千春さん自身の中に不必要なものへの気づきが出来ていましたので、自然と国常立大神のエネルギーを受け入れたと言うことですよ。（神々の声が聞こえていたからですか？）それもあります。しかし、以前から言っているように千春さんの場合は悪魔を盾にしていましたから、悪魔から見たら弱いところがなかったと言うことでしょう。魔が入ってくれば、仲間にしてしまっていては本当の魔もいなくなりますよ。（あ、そうか。なるほど～）」。

4／2　トートの恋「（何か下腹部にエネルギーが溜まってきているんだけど…、誰のエネルギーですか？）トートだ！（あら、いつものトートの神さまと違うエネルギーに感じますよ）でん…（何を言っているのかわからない）正直な気持ちがやっとわかったのだ。千春のこともセシャトのことも。行き過ぎた愛だったのだ。（行き過ぎた愛…ですか？）逃げていたのだ。トートは自分の真髄を知るのから、逃げていたのだ。頑固な心を持ったものだ！　セシャトへの愛おしさは恋だったのだ。（愛と恋と違うの？）愛したかったのに、愛せない心を持ったのだがトートだ。しかし、それは恋だったのだ。そうだ、恋しい恋だったのだ！（？？？　…私にはわかりません。こういう問題はさっぱりですよ。）トートは恋がしたかったのだ！　恋が知りたかったのだ！　なぜ、トートは人を愛せないのか？　なぜ、恋が出来ないのか？　トートは一体なぜ、セシャトをそばに置きたかったのか？　何もわかっていないことに気づいたのだ!!　いるいる星の地球はセシャトそのものだ。この地球を受け入れ愛するのが月の役目なのだ。残りの時間が少なくなって、ようやく気づいたのだ!!　そうだ！　恋なのだ。恋が欲しい愛する気持ちと恋をする希望が欲しい。トートに足りないのは人間のような恋ではない。神として必要な恋をしなくてはならない。命を奪ったところでその恋は見つけられない。今にやかんの水…（Ｚｚｚ…）死体を捨てた！　人間であったセシャトの死体だ！　人間であったセシャトは使命のために地球へ降りたのだ。いつかは開拓せねばならぬのだ！　トートの心を開き、この地球であるセシャトを受け入れねばならぬ。トートの月と地球を一体化させなければならぬ。恋をするというのはこういう意味なのか？　いじらしいセシャトを受け入れなけれ

ばならないのだ。（なにを一人でぶつぶつ言っているんですかぁ〜？　私、眠たいんですけど寝ていいですか〜？Ｚｚｚ…）**千春の意見を聞きたい‼**（私の⁉　なんですか？）**どうしたら、トートに愛が分かるのだ？**（そんなこと、神さまじゃないと、わからないですよ〜。自分で考えてくださいよ。そのまま一体となればいいんじゃないですかぁ〜。ふぁ〜ぁ、眠たいですＺｚｚ…）**どうやって一体となればいいのだ？**（…ムニャムニャ、地球と融合？接合？　交合？　なんでもしてくださいよ。Ｚｚｚ…）**解体するのか？　自分でどうしたらいいのか分からんのだぁーっ‼**（わーっ‼　セシャトか国常立大神さま〜、来てくださいよ〜！　トートがヘンですよ〜）**国常立大神：トートは千春さんと融合したいのですよ。**（えっ⁉　どうやって？）**いつものようにです。**（ってことは、トートの力で私ごと地球を融合させるんですか？）**はい！　国常立大神が手伝いますよ。**（私は地球ではありませんよ。くっついているのは豊玉さんでしょ？）**豊玉さんの手はずは整いました。あとは千春さんの勇気です。**（どういうことですか？）**トートへの恐怖心をなくすことです。**（散々殺されそうになったんですよー）**意識の融合です。もうトートに襲われることはありません。地球に勇気を与えてください。**（私が？　セシャトは？）**セシャトも一緒にいます。**（私が勇気を与えるの？）**はい。この次元に存在するセシャトは千春さんですよ。**（どーーーーやって⁉⁉）**トートにそっと近寄っていってください。そ〜と、そ〜とですよ。**（この間トートとはクンダリーニの上昇はうまく行きませんでしたよ）**はい。それを導くのが千春さんの役目です。もう、トートも気づいたようですよ。本当の恋がしたくなったようです。本当の愛が知りたくなったようですよ。セシャトを愛することは地球そのものを愛することなのです。それが月の使命なのです。手伝ってあげてください。今、千春さんを地球の中心部である心臓につなげています。その脈動を感じたら、トートに近づいていってください。**（本当に私がやるんですか⁉）**はい。千春さんしかいませんよ。心配いらないですよ。国常立大神が誘導します。**（私、トートはいやだなぁ〜、国常立大神さまがいいなぁ〜）**ふふふ…心配いらないですよ。さあ、始めますよ。トートが待っています。**（地球の中心部の脈動を感じる。中心部は真っ白でまぶしい…）**さあ、始めてください。千春さん。国常立大神も入りますよ。**（国常立大神も私の中に入ったのか。その後、横になって目をつぶる。下腹部にエネルギーが溜まってくるが、上昇の気配がない。ゆっくり上昇しているようにも感じるが、とっても重く感じる。地球の重さなのか？

トートの躊躇か？　トートの神さま～、上昇ですよ！　ジョウショー！　国常立大神が手伝ったのか急に上昇しているような、あの陶酔感になる。と言っても、あちら側へ強く引っ張られていく感じだ。それを上昇しているように感じるのだろう。上昇したものの、第一段階で止まってしまった。頭から抜け出たのか？　気配はない。何度が試みたがやっぱり、第一段階でストップ。腹部にエネルギーが溜まっていて、気分がよくない。しばらくすると、地球の意識も離れていくのがわかった…そのままフェードアウトZzz…）」。

4／3　「（朝目覚めてみると月の意識がいた。トートではない。月だ。地球は心配ないと言う。月は親のようなものだからと。朝の仕度があるので、その後は何も聞かなかったが、腰骨と骨盤のあたりにエネルギーが溜まってくる。この腰骨のエネルギーはなんですか？）**月だ。しばらくこのままで申し訳ない。**（昨夜はどうなりましたか？）**うまく融合できた。地球の意識体は次の次元へ導いた。トートもセシャトを複合したようだ。トートもこれで安堵したであろう。**（セシャトはトートの中に入っちゃたの？）**トート：そうだ！　やっと会えたのだ。セシャトに会えた！　もう殺したりはしない。トートは分かったのだ。トートの愛は所有の愛だったのだ。セシャトはそれを望まなかったのだ。国常立大神に教えてもらった。愛とは融合することだと。セシャトはそれを望んでいたのだ。**（私の中にセシャトはいないの？）**セシャトはトートと融合したのだ。月のトートとだ。地球であるセシャトを融合したのだ。**（あれ～、でも、現界は何も変わっていませんよ～）**現界には徐々に降ろされてくるだろう。**（ところで、この腰骨のエネルギーはなんですか？　何とかなりませんか？）**心配ない。トートは地球と一体化した。しばらく千春の体を使って現界にこのエネルギーを降ろす。**（すこし、つらいんですけど…）**しばらくしたら慣れるであろうよ。…中断…地球が生まれ変わるのだ。**（あ！　この感覚って出産のとき骨盤が開く感じか!?）」。

4／3　**トートとセシャト「月のセシャトです。ようやく月に帰ることが出来ました。もう、国常立大神の仕事も終わり、トートと次**（月）**の世で暮らすことになりました。トートは昔のトートに戻り、もうセシャトを殺そうとはしなくなりました。千春さんの使命はこの現界の地球を次の世へ送ることです。セシャトの意志を継いで、国常立大神と共にしばらく頑張ってください。**（トートの神さまは変わったんですか？）**トートは地球を抱合することにより、新しいトートに進化しました。セシャトも殺されることはなくなりました。**（昔のトートは優しかったの？）**昔のト**

ートは月の支配をしていました。たくさんの幸せを持っていましたが、支配していた者が次々といなくなっていきました。それぞれが、それぞれの機能を果たしていたのです。セシャトもそれで地球へ行きました。トートは寂しかったのです。セシャトは十分に理解していましたが、自分の使命は全うしなければなりません。国常立大神と共に、この地球を進化させてゆかなくてはなりません。トートには申し訳ないと思いましたが、それが宇宙の掟です。月の進化が急速に進み…。地球と月に甚大な被害がでることを察知していました。国常立大神の力によって、地球の崩壊は免れましたが、月の崩壊は免れませんでした。月の表面に引力の差が生じ、かすめたところからマグマと熱水が噴きだしたのです。（それは地球とのバランスで起きたの？）地球上の意識の低下が巨大な星を呼び寄せてしまったのです。時期的には月の進化と重なりましたから、月の表面が傷ついても心配はありません。中心核を次の次元に移すべく、セシャトはトート連れて行ったのです。核の中心の振動は激しく、次の世へ出発する準備が始まっていました。そこへトートを連れて行ったことにより、無事に次の次元へ移行しました。太陽系はこうやって少しずつ次の次元へ進んでいるのです。大昔、火星と木星の間にあった星も次の次元へ移行しました。そして、次はこの地球の番です。（火星とか金星とか他の惑星は？）いずれ星は次の次元へ移行します。（今は？）今はまだそのままです。（そこに住んでいる人たちも？）いずれ次の次元へ移行します。システムの違いによって少し高い位置に住んでいますが次の次元に移行します。（この地球も破壊されて進化するの？）破壊を招かないで進化する方法もあります。地球人次第でしょう。穏やかに進化が進めば破壊はなくなって、そのままの姿で移行します。（あ、そういうことなのか！）月は地球を抱合することにより、次の次元の地球を招き入れる準備が整いました。体はなくとも意識の抱合によってなされたのです」。▽トート「八坂に伝えろ！　トートだ！　千春の力を使い、八坂の周りを整理しろ！　時間がない。ヤハウェに指示を出す！　書けるとき書け。（あれ？　トートの神さま、なんか変わりましたねー!!）洗い流された後のようだぞ!!　ワッハハハー。（ゲンキンな神さまねェ～）うるさいぞ!!　千春め！　トートの地獄耳に今の言葉は入ったぞ！（ハイハイ、元気になってよかったですよ～）いつものトートに戻ったのだ！　ワッハハハー。以前のトートとは違うぞ（どう違うの？）この力は千春も使えると言うことだ！（この力ってどんな力？）時間を超越したのだ！（あ、アカシャまで行ったんですね）セシャトに連れて行ってもらったのだー！　理解が深まるぞー！　ワッハハハハー。早く伝えろ！（ハイハイ）返事は一つでよい!!（わかりました！）ワッハハハ…」。

4／4　八坂さん覚醒への道　▽お稲荷さん「年の神だ。（こんにちは。お稲荷さんはいないの？　最近いないみたい…）コトシロヌシの仕事をしているぞ。（えっ！　コトシロヌシの仕事？）アカシャの仕事だ。（それで、ここにはいないのかぁ）帰ったら、千春の家にいるだろう。声をかけてみろ。（あ、はい）八坂のことを心配しておるのだろう。（そうです。もうMさんからは連絡は来ないようですけど…。なぜか覚醒できないようです。↑この時一瞬〝醒〟は酒に星と書くなぁ、覚醒とは星に酔うことか！　昔の人はうまく言ったものだ…と思った）酔えないものを持っていると言うことか。（過去からの酔えないものらしいですよ）いってやれ、八坂の心に。（何をですか？）アカシャへアクセスし、そこから過去を切れ。（あ、行くんですね。↑「いってやれ」を「言ってやれ」と思っていた。私が行って切ってくればいいんですか？）八坂では無理だろう。（でも、銀河の中心は、私一人で行くのは無理ですよ）銀河の中心まで行かんでもいいのだ。（どこへアクセスしますか？）月だ！　月のアカシャで良いぞ。スサノオだ。月のアカシャに八坂の過去はある。そこにアクセスすればよいのだ。（ここで声が変わる）既に千春は月へ帰ったセシャトを内包しておるじゃろう。（あれ？　お稲荷さんじゃない!?）アッハハハー！　稲荷はコトシロヌシの仕事をしておると言っておっただろう！（あ、そうか、コトシロヌシの神さまの仕事はアカシャだったね）そうじゃ。八坂に言えよ。イナリが立派にしてやるから心配するなよ、とな。（で、どうやって切ったらいいの？）千春だったら、普通に八坂の過去と思って縁切りすればよいのじゃ。そこにムーの風を起こして、アカシャの外へ追いやってしまえば、もう影響はあるまい。（そんなもん？）そんなもんだ。八坂に伝えろ。早く月のアカシャまで来い！　とな。豊玉も待っていようが。（はい、わかりました）」。▽セシャト「（八坂さん家に向かう途中で、ヤハウェに、セシャトに手伝ってもらうように言われる。八坂さんと区庁舎の休憩室で、昨夜送ってもらった八坂さんのハヤウェの言葉とトヨタマヒメの言葉を私なりに分析し結果を伝える。八坂さんとの分析結果も踏まえて、使命という原点に戻ること。愛の意味の勘違い。親を切ること。大きく切ること。八坂さん『切る』意味を納得する。セシャトいますかー？（セシャトはここですよ。八坂さんの過去ですね？　少し待っていてください。…過去を持ってきました。八坂さんの意識と連動します。八坂さん、セシャトです。八坂さんの中に入ります。（八坂さん、ハートチャクラが熱くなる）八坂

さん、自分の過去と思って取り出してください。それを千春さんに渡してください。千春さんは銀河のアカシャの力と思って切ってください。（はい。八坂さんから過去をもらうと、胃のあたりに違和感を覚える。重たい過去だ。八坂さんの現在との間のエネルギーを取り出し、銀河のアカシャの力と思って縁切りをする。切れていく。…長い時間がかかる。八坂さんの過去が段々軽くなってくる）**八坂さん！　再び自分の過去を取り出してください。取り出したら、ムーの風でアカシャの外へ吹き飛ばしましょう。さあ、セシャトも手伝いますよ。**（八坂さん、再び自分の過去を取り出し、さっきよりも軽くなったという。それをムーの風で吹き飛ばす。昨日の風よりも強い風で吹き飛ばされた様子）**八坂さん、どうですか？　気分はどうですか？**（八坂さん：肩が急に軽くなりました！）**これで覚醒できるでしょう。八坂さん、セシャトが手伝いますよ。**（八坂さん：お腹にエネルギーが溜まってきている。いつものエネルギーと違う。ハートチャクラが開いてくる。のどのチャクラも開き、声を出したくなってくる。八坂さんの腕にヤハウェからメッセージが届く。私の腕にもメッセージが来る）**苦しくとも、悲しくともそこに陥ってはいけない。苦しみ、悲しみ、妬み、恨みは心の枷なのだ。それを切ることが重要なのだ。**（どなたですか？）**アマテルだ。焦ってはならぬ。焦れば、焦るほど心が閉じるのだ。心を開くとはそういうことだ。**（ハートチャクラを開くことですね）**それが覚醒のキーワードだ。**（どなたですか？）**スサノオだ。コトシロヌシのところへ早く行けよ！　イナリも待っておるぞ！　八坂！　セシャトは帰ります。八坂さん、月で待っていますね」。**

４／５　**とうとう地球の禊が始まった!!　コノハナサクヤヒメ、コトシロヌシ**　朝からセシャトとコノハナサクヤヒメが「**言葉を聞いてください**」と言ってくる。今日、午前３時ごろ、国常立大神が「**帰ります**」と言っていたことに関係あるのか？　東京に地震が来るらしい。震度５だと言っていたが、３／29に抑え込んだから震度１～３だろうと言っていた。

【余談だが、３／29の項で記した『北陸地震雲予知研究観測所の上出孝之所長』が予知していた地震が本当にあった。『４月４日13時42分ごろ、関東地方で地震があり、千葉県と茨城県で震度４の揺れを観測。震源地は千葉県東方沖で、震源の深さは約10㎞、地震の規模はM５・３と推定された。東京の震度１～２』。３月29日に予告されていた西にも地震あり。『４月４日午前１時58分ごろ、富山県や石川県で震度４の地震発生。震源地は石川県加賀地方で、震源の深さは約10㎞。地震の規模はM４・３と推定される』最近は

4月2、3日、アルゼンチンで洪水があったり、3日は東京も爆弾低気圧でムーの風が吹き荒れたり、中国で鳥インフルエンザが流行っていたり、この週末はまた爆弾低気圧。なんだがおかしなことになってきたぞー】

「（セシャトかコノハナサクヤヒメさま～、いますか～?）**コノハナサクヤヒメです。**（言葉をどうぞ）**ソイアラン…**（?? よく聞き取れません）**言おうとしていたのは、破壊が始まったと言うことです。**（それは現界に映されてきたということですか?）**はい。今の状態ではいずれ地殻の破壊が激しくなり、マグマの噴出も招きます。**（Zｚｚ…あ、すみません。続きをどうぞ）**書けますか?**（はい）**それから**（それらが?）**合図となって次第に地球の状態が変ってきます。**（それは、いつの話ですか?　あと20年ぐらい先の話ですか?）**破壊は徐々に始まってきます。今、地球は急速に進化しようとしています。このままですと、その時は近いようです。**（でも、だれもネットでは騒いでいませんよ。あ、ある本を立ち読みしたら、大地震が来ることが書いてあったなぁ～）**今にも起きそうだと言うのは、生きているものへの警告です。津波の時も警告したのと同じです。隕石の落下が合図になっていましたから。**（Zｚｚ…わぁ、どうして眠くなっちゃうのかしら…どうぞ）**深い意識からの通信です。しんどいと思います。しかし、その警告を受け取れる人が千春さんを含め数人程度です。中には黙っている人もいるでしょう。**（その情報、私はどうしたらいいかしら?）**海岸へは行かないようにしてください。**（隕石がまた落ちそうだということ?）**はい。地殻の振動が激しくなると、中心核の動きも激しくなり、その振動が海に波を起こさせます。**（地震と津波?　ふーむ、私の妄想の世界の出来事ではないですか?）**いずれもそうでないことが分かると思います。人間の脳というのはこの現界にしか波長が届いていませんから、その奥底にある言葉を降ろすことは困難なのです。神経叢の中にある特殊な器官を使いこなさなければ微弱な通信は不可能です。大昔の大洪水の話も、神話の中の話でしかないでしょう。前兆はいろいろ起きていたのですよ。それを単なる現象としか見なかった結果が大洪水になったのです。今、千春さんたちがしている仕事は、重大なことを引き起こすのです。進化という過程で起きる破壊です。そこに気づいている人たちに危害はありません。ことに八坂さんのムーの風がバリアとなり、この日本、いいえ、東京には甚大な被害は及ばないでしょう。八坂さんの覚醒した段階でこちらにある安全弁**（安全装置）**をすべて解除します。八坂さんの力が及ばない今はそれは無理です。**（というと、八坂さんが覚醒することで現界が維持されるってこと?）はい。八坂さん一人の力だけでは無理です。千春さんも豊玉さんも三人の力が必要です。今、コノハナサクヤヒメは覚醒した者に新たな力を授けています。千春さんや豊玉さんはすでに持っています。自分の生命もそうですが、未来を変える力です。この現界においてその力を知ることは難しいでしょう。なぜなら、それは感じることだからです。この日本をいいえ、この東京を中心に世界を変えてゆきます。都内の全ての神社は次の次元へ移行していきます。書けましたか?（はい、というと、多くの人々は亡くなってしまうのですか?）はい。その被害に遭った人々は亡くなる人も多でしょう。この世に浮かれていれば自然と消滅へと向かうのです。自分の未来を見据え、確固たる神への帰依が必要なのです。こうして通信できる千春さんはこのことを記録していかなくてはいけません。それがシャーマン、セシャトの役割ですから。（あっ、そうだったセシャトは〝書記官の守護者〟だったね。トートもだよね）そうです。トートは月のアカシャの支配者なのです。（そうだったんだ！　月の図書館長か!!）コトシロヌシだ。トートもようやく目が覚めたのだ。トートの破壊がそれをさせた。神々も破壊を繰り返して成長してゆくのだ。それは人間だけでないことを知ってほしい。自分の殻に閉じこもっていれば自分自身を破壊へと招くことになるのだ。自分の力を外へ出すには、そのできた殻を破らねばならぬ。知らねば済むことと思っていれば、いずれ破壊が襲ってくるのだ。その時、自分の殻を解放しなければそれは内部へと向かうことになるのだ。いずれの場合も、今以上の破壊を起こさぬようにするためには、その核となっているもののエネルギーをいち早く察知し、自分自身の殻の解放をすることが一番穏やかに進化が進むと言うことだ。人間で言えば、建て前という一番外側の殻をまずは破壊することであろう。内部に及ぶ幾重もの殻というのは、本来なら悪霊たちによって破壊されるべきものだったのだ。（死神さんと仲良くなることが自己破壊?）そうだ。死神たちはそうやって人間たちの殻に深く関わってきているのだ。（あー！　それで、善も悪もない、ただ役割があるだけというひふみ神示の言葉に戻るんだね。『悪も善に立ち返りて御用するのざぞ。善も悪もないのざぞと申してあろがな（アメの巻第三帖）』）過酷なことのようでもせねばならぬ。それをせねば破壊の力は内部を襲うのだ。（その破壊のエネルギーとはどこから来ているの?）いずれ言わねばならぬことだが、進化の過程で起きる破壊のエネルギーは成長のエネルギーと同じだ。成長というのは今までの体を突き破り、骨や筋肉を大きくしてゆくのだ。人間はそれは破壊とは呼ぶことはないが、事細かにみれば、それは一つひとつの細胞内にある破壊なのだ。そのためには古い細胞は死に、新しいものへと変わる。それが成長なのだ。変態を繰り返す生き物であるなら脱皮という破壊を伴う。（変態しなくても蛇なんか脱皮するけどね～）人間たちはそれを喜びとするように、この宇宙の源であるナニルもそれを喜びとするのだ。（なるほどーっ！　すごい考え方だ!!　今までそんなこと考えたこともなかったなぁ。そうだね～、生まれ変わるってことは見る方向によっては死を迎えるということですね!!）その死を迎える方が今の地球の表面に住んでいる多くの地球人だということだ。（ふむふむ、とってもよくわかりました！　つまり、私なりに解釈すると、成長ホルモンが分泌されたんだ！）人間の体で言えばそういうことだ。（昔、勉強した知識をあわせれば、感覚情報の刺激を受けて、総合中枢、視床下部から神経系のホルモンである、成長ホルモン放出ホルモンが分泌され、それが下垂体というところで指令を受け取って、さらに成長ホルモンが分泌され、各器官にその指令が行き渡るってことでしょ？　だから、のほほ～んとしていれば、あっという間にその動きに巻き込まれてしまうってことか!!　それじゃ、アカシャというのは総合中枢系なんですね。つまりこれが、銀河系中心アカシャで、視床下部に相当するものが太陽のアカシャということ？　月のアカシャは下垂体かな？）言っていることに間違いはないが、この世の仕組みはそれだけではない。人体に則して言えば、まだ未発見の仕組みがあると言うことだ。（ふーむ、そうかもしれない…）今はその話はようそう。（もう一つ教えてよ。レプティリアンのエンティティとマシットがこの世に存在するのにホルモンを欲しがっていたのは、これと関係あるの？）低層次元の者だな。（そう、低層の4次元って言っていた）アカシャに認識されるためには、ホルモンは欠かせないものなのだ。それは今、千春が考えたように、アカシャからの連絡は全てホルモンに置き換わると言うことだ。（人間のホルモンがアカシャにつながっているということ？）そうだ。感覚情報そのものが、宇宙のホルモン的な役割をしておるからだ。（アカシャからくる指令を受け取っているのは人間や植物など、この世に存在する者しか、その器官を持っていないの？）この現界に存在するために必要な器官だからな。（この世に体のない、エンティティとマシットはこの器官がないから体を認識させるために人間のホルモンが必要になるってことなのか…）人間の体と彼ら低層のものの体のつくり方が違うからだ。もっと具体的に言えば、この世に生を持たないものはこの世に存在する資格がないともいえる。（ふーむ、この世、現界ってなんですか？）この現界というのは特別につくられた世界なのだ。それは物質という想念エネルギーの塊で出来ている。アカシャではその部分だけ、特殊な樹脂のようなもので構成されているのだ。この樹脂に入り込むには月を経由しなければならぬ。月の情報システムによって、物質へ出現できるのだ。しかし、生きるためには体が必要になる。そのためにはアカシャで認識されなければならぬのだ。いずれわかるであろうが、人間の下垂体といった各ホルモンを分泌しやすいように支配しているものはアカシャだということだ。生きていくうえで必要なことは、今に生きるものの全ての支配がアカシャにあるということなのだ。（というと、〝物〟というのは生命がないけど、これはアカシャにないの？）人間のつくり出した物というのはアカシャの物ではない。それゆえ、そこに破壊が生じるのだ。（ふーん、わかったような、わからないよーな…）記憶というのはアカシャの中での記憶だ。意志を記憶している。体はなくとも意志というのはこの世に残るものであり、それはアカシャから来ている。脳というのはそれを受信しているにすぎないのだ。現に、脳のない生き物もあるだろう。（植物とか、微生物？）植物は、脳がなくとも自分の形は記憶しているのだ。（葉の形とか花の色とかですか？　それは遺伝子DNAに記憶しているからでしょ？）人間も同じだと言うことだ。遺伝子DNAにそのアカシャがある。（ってことは、個人のアカシャはDNAということ？）その現界におけるアカシャの最小はそういうことだ。それを操作し、統合しているのが脳であり、ホルモンであると言うことだ。（それでは記憶はDNAにあるの？）大まかに言えばそうだ。しかし、そのDNAそのものの情報も、もっと大きいアカシャが関係している。DNA（という最小単位のアカシャ）ともっと大きなアカシャが連絡しているということだ。（なるほど〜、エンティティたちはDNAがないの？）ないわけではない。意識の体の中にもそれはあるがこの世にあるDNAとは違う。（でも、アカシャにこの世の生き物として認識されるにはホルモンが必要なんでしょ？）ホルモンというのは信号なのだ。それは互いに送受信している。ホルモンというのはそういう役目もあるということだ。（なるほど〜、ホルモン、伝達物質っていうのは『電波』ってことか。新たな発想ですねー！　私の中から出たとは思えないSF小説だね〜！）ばかもの!!　小説と同じにするでないぞっ!!（はーい、すみません。というと、脳というのはそのホルモンから来る信号をも受信して、またアカシャへ送っていると言うことですね？）そうだ。（それじゃ、植物は？ほら細菌やウィルスもそうだけど、脳みそはないよ）そういったものはアカシャに直接連絡している。それは核があれば核が行っていると言うことだ。（それでは、人間も脳みそがなくても生きていられるってこと?）脳みそが働かんでも生きている者は大勢いよう。老人たちに見られる痴呆もその一つだ。脳がなくなっても生を全うすることは出来る。ただし、人工的にはなるがな。（そうだね。脳死の人もいるものね）今、問題なのは、体と精神が分離していると言うことだ。意識下でアカシャを認識するのは難しくなっている。その体にある精神という魂がないがしろにされたせいだ。さっきも言ったように、脳がなくとも生きられるのだ。それが現代のそなたたちと言えるだろう。脳が本来の機能を果たしていない状態だ。それは以前、スサノオに教えてもらった通り。進化という過程が分断されたからなのだ。ここで、一度破壊された。（分断＝破壊ですね）しかし、時は過ぎ地球という星の進化がせまっているのだ。このままでは人間そのものが破壊される。今度は精神の破壊ばかりでなく、体も破壊されることになる。今も、病気だの怪我だので破壊が進んでおるだろう。地球の進化が促進されれば、その力は人間にも及ぶと言うことだ。我々神々はなるべく人間を残してやりたいと思っている。だから、進化を分断しているものの破壊を試みているのだ。それが二度目の破壊だ。（なるほど。よくわかったような、わからないような…）さあ、また話そう。千春は千春の仕事があろう。（はい。買い物へ行ってきます!）」。

4／6　リンゴの木「少しいいですか?（はい。今、ノートを取ってきます…どうぞ）地球という星について述べましょう。（どなたですか?）リンゴの木です。（あれ? ヤハウェに消滅させられたんじゃないの?）はい。リンゴの木と、しいの木はセシャトの見えない力によって復活しました。（しいの木さんも?）はい。言えないこともないわけで、今の地球を知るのにはみんな揃っていないと分からないこともあります。書いたらいいですよ。気まぐれな神の話は人間たちの情報になりますから。（まあ、そうかもしれませんね）言えないことは伝えられません。（わかりました。Ｚｚｚ…）」。

4／7　再び地球に飛来しそうな隕石の軌道変更! トート、エノック「トートだ!（あ、こんにちは）仕事だ!（なんですか?）セシャトと一緒にやれ。（はい。セシャトから指示が来るの?）宇宙から飛来するものが日本を襲う。（エッ!? 隕石ですか?）それを抑えろ!!（どうやって?）飛来する隕石の向きを変えるぞ。（どうするの!?）心配するな。セシャトが上手くする。（はい）セシャト：セシャトの話を聞いてください。（はい。掃除をするまで待ってください。…どうぞ）エノック：エノックが代わりに伝えます。（あら! エノック、久しぶりね）その、久しぶりって言うのはいつもいるって言うことですよ。（あ、すみません。いつもいてくれてありがとう！）**他人事じゃないことが起きそうですよ。このニッポンに隕石が落ちそうなんです。その場所が今どの辺に落ちるのか検討しているところです。この間シベリアの方へ落ちたものと同じかもう少し大きい隕石です。東京は知っている通り、年の神によって守られていますから、大きな災害にはならないと思いますが…。下谷の力が及ばない他の県には大きい被害が出るかもしれません。**（わーっ、もう時間だ！　行かないといけないからまた教えてください）**はい、いいですよ。…中断…**（続きを教えてください）**昨日の人間の強い雨と風は人の意志では抑えられません。エノックの力、一つでも無理です。今までにない気象は地球の磁場の動きによって地面の温度が上がってきているためです。**（どういうことですか？　温暖化ということですか？）**まだまだこの状態は続きます。言えないことも…**（あ！　地震ですよ！　23時10分、震度1ぐらいかな？　ごめんなさい。どうぞ）**いっぱいありますが、異常な天気は気象情報だけでは理解できないでしょう。生まれる前の破壊なんですよ。理屈をつけてみてもはじまりませんよ。その時、その時によって、状態が変わればいくらでも過酷な状態へと発展していきます。しばらくはそのままの状態が続きますが、その状態から抜け出すためには、意志の強さが必要となってきます。自分で人間としてどう生きるべきか知らなければいけません。**（Ｚｚｚ…）**理解できないようなら…**（Ｚｚｚ…）」そのあと、国常立大神によって、1時間ぐらいかけ、そうとう上まで引き上げられた。地球に来る隕石を消滅させる力を与えるという。記憶にはないが、うまく最上界まで到達できていなかったように思う。でも、このとき何かのエネルギーはもらった。8日の晩もスパルタ国常立大神に再挑戦させられ、苦しい思いをしながら、やっと私にとっての最上界まで行けた!!　どこまで行ったのか聞いたらアンドロメダ星雲の中心に銀河団のアカシャがあると言う。どうやらそこまで行かされたらしい…。いや〜きつかった！　私のシンが破壊されて、国常立大神のシンになったとか？　実感なし。それによって国常立大神の超能力が使えるようになったんだと？　さらに実感なし。

【3月17日、月面に流星が突衝突して以来、再び隕石飛来のことを頻繁に言われはじめる。今（2014年）になって調べてみると本当に小惑星が地球に近づいていたのだった!!　直径約2・75㎞の地球近傍小惑星1998ＱＥ2とその衛星が、6月1日には地球から約586万㎞の距離まで最接近。因みに、2月15日、ロシアに飛来した隕石の大きさは推定で17ｍ、質量1万トンであるとされている。この時から、接近している小惑星から地球を守るためにいろ

いろ、働かされていたのだった】

4／8　この世の終焉が始まる　お稲荷さん（年の神）

「年の神だ。生まれ変わると言うことは死を伴うことなのだ。生まれ変わるには死を経験することだ。理屈の上では千春のように体をもった者に死という言葉は、体を失うことと考えるだろうが、民の死とは死の意味が違う。始末するという意味なのだ。余分なものを払落し、それを始末すると言う意味で理解できるか？（はい）はっきりしたものに太古の人々のいるいる星への帰還がある。今、必要なことは、長い間に地上の人間たちが見えない者たちによって支配され、この世を破壊へと導いたことだ。不服に思う者も大勢いるであろう。いずれにせよ。生まれ変わると言うことはこの世に終焉をもたらす。間もなくそれが始まろうとしている。書けたか？（はい。どういうところから始まりますか？）理解しがたいことだが、自由な今におわりを告げる予定が近づいていると言うことだ。（具体的にどんなことが始まりですか？）始末する（される？）者たちは分からぬと思うが、エノックの力がこの世に及んでくる。長い間の礎はなくなり、人間たちにはいつの間にかつらい日々がやってくるのだ」。

4／8　学研月刊誌『ムー』4月号　6日に本屋で気になって『ムー』を探す。今まで気にしていなかったから、書店の中で見つけるのに苦労してしまった。しかし、このときは買わなかったのだ。でも、やっぱり気になって買ったのだった。そのことを八坂さんにメールしたところ、驚いたことに、八坂さんも『ムー』が気になってネットで探していたという！　なぜ、こんなにこの雑誌が気になったのか？　そこには太陽に近づいた黒い天体〝ラジャ・サン〟のことが載っていたのだ。２０１２年3月11日に太陽に現れた黒い物体が竜巻状の触手のようなものを出して、太陽に突き刺し、足早に去って行ったらしのだ。『ムー』によれば、その天体は２０００年12月30日土星探査機カッシーニが送ってきたデータにもあり、地球からみて土星の裏側に存在したとある。この天体のコードネームが「テシュヤ」別名を「ラジャ・サン」と言うらしい。ここ数百年は木星の裏に隠れていたけど、１９９９年8月を堺に活動を開始。ラジャ・サンが近づくと木星では大赤班に異常が生じるとある。太陽はこのあと4月には二極化から四極化へ変化したとある。

4／8　ラジャ・サンについて「（バスの中で）ラジャ・サンのことか？（はい。なんですか？）今まで黙っていたが、運命を分ける星だ。この星は言うまでもなくリュウエンするために来た星だ。（リュウエンってなんですか？）行動しやすくするためにリュウエン、竜巻のように融合させ、太陽を活性化し、生まれ変わる仕組みだ。（太陽も生まれ変わるの？）何もかも意味のあることなのだ。地球上だけでなく、生まれ変わる星も同じ力を注がれ、太陽はいつになく強くなり、立春（春分？）過ぎたころから急激に暑くなるぞ。（どなたですか？　…停留所に着いてしまった）」。

【実際の太陽活動は低迷していると言われているが、この年は記録的な高温が続いた】

4／9　〝エンム〟という星　ウキ「ウキです。（あら、お久しぶりですね）蒸発する物体は宇宙空間…千春さんのところ、見えますか？（いいえ。なんのことですか？）言えば怖がると思っていました。太古の言葉にもある煙霧と呼ばれる黒い物体が地球のシンにアクセスし、恩恵をさずかり、昇格（？）しました。深い意識の中では、千春さんとつながっている黒い物体の正体は、かけがえのないこの地球を襲い、発達した意識のみを生まれ変わらせる、人間にとっては恐ろしくなる星です。この星は意志をもち、千春さんの声にも反応します。白い光がそこに見えたころ、千春さんたちは次の次元へと持ち上げられます。静かに、静かに持ち上げられ、月の意識と合体します。すでに、地球の心は月へつながっていますから、自然とそれは行われます。しかし、何も知らない人間はその闇に呑まれて、神経系に支障をきたし、生きていけないでしょう。すでに、千春さん、豊玉さんには耐えるだけの力はあります。慌てなくても自然、自然に上昇します。しかし、八坂さんはもう少しです。今の問題をしっかり片づけて、過去の清算をしてください。（えっ！　八坂さんにはまだ過去が残っているの!?）千春さんの縁切りでだいぶ取れましたが、しつこい縁がまだ残っています。（どうしたら取れますか？）八坂さん自身の殻です。（八坂さんに〝殻〟がありますか？）会えない者への執着、運命の出会い。（？　なんですか、それは？）一つの思い出です。（そんなものあったの？）はい。心の奥底にそれがつかえていて、覚醒の手前で止まってしまいます。（ひゃ〜っ!!）今までの思い出を切り離さなければ、このまま暗黒の物体に呑みこまれてしまいます。（暗黒の物体の正体はなんですか？）さえない色だから、今まで知られていない状態でしたが、あの物体の正体は今にこの地球を襲い、姿を現すでしょう。（ラピュタですか？←突然そう思った）いかにも、ラピュタを知っていましたか？（アニメにあるから、台風の雲の中にいる空を飛ぶ島のようですよ）そのラピュタがこの地球に帰ってきます。月（次）の意志を継いだ…帰りたいと、アジアの土に戻ってきます。（アジアの一部があの巨大な黒い塊の中にあるんですか？）徐々にそれがアジアの地へ戻る準備をしています。（でも、地表はその星のせいで、地は裂け死ぬでしょ？）下から出てくる生まれ変わった天体と一体化します。（その天体、ラピュタは月なんですか？）はい。月の中心核です。今に中心核がこの地球に現れてきて、一体化します。（月の中心核がラピュタなの？　地球のアジアの一部じゃないの？）接合し、一体化したのですよ。今にこの地球を抱合し、光輝く星へと進化するのです。（光り輝くって、太陽になるの？）はい。太古の力によって太陽へ進化するのです。（わーっ！　壮大なストーリーだね～。私の妄想から出たとは思えないわぁ）ハハハッ。（↑誰か聞かなかったが、このへんから意識が変わってくる。クエンティンかな？）いつも妄想だと思っていましたか？（だって、そんな話をしても誰も信じないもの）ハハハ…。知らないことは幸せですね。知らないことは今のうちだけにしておきましょう。もうすでにその兆しが始まるのですから。八坂さん、一生に一度の大イベントですよ。心の奥底にしまいこんであるものを取り出して清算しましょう。（はい、伝えておきます）」。

4／9　居木神社「地震が来るぞ。気をつけろよ。震度は小さい。2～5だ。M4・3。直下だ。（はい、ありがとうございます。カラスが鳴いてますね）」。

【4月14日午前10時22分、埼玉県北部で地震あり。深さ100km、M4・7、震度3。東京の震度1～2。同日22時25分ごろ福島県沖でM5・2、最大震度4の地震発生】

4／9　学研月刊誌『ムー』の中のラジャ・サンの写真より

神々に普通ではあり得なさそうなことを言われて気になったラジャ・サンの写真。意識を合わせて写真を読んでみた。「千春さんこんばんは。（↑なぜか私を知っているようだった）心配しないでください。うまく説明できませんが、銀色をした天体です。（銀色なの？　黒じゃなくて？）怖かったらいつでも言ってください。人の意識とは違う天体の意志です。（怖くないです。お話ししてください）銀の色をした天体です。磁気が強く人々はここに住めない。ひいきしている自分のひもはびっくりするかもしれませんが…（Zｚｚ…眠くて）銀色の星を進化させなければ、何もかもがこの星の闇に飲まれてしまいます…」。このまま寝てしまったのだった。

4／10　朝目覚めたとき国常立大神に「クエンティンの杖をもらってきましたよ」と言われた。クエンティンの杖とは？

4／10　再びラジャ・サンの写真「人は邪悪な星と呼びますが、理解できないことではありません。その過程には理屈では分からないことがたくさんあって、いるいる星の位置をこれから知ることが出来ますよ。（いるいる星の位置って何?）その星は進化し…（Zｚｚ…）」。なかなか眠くなってしまってうまく聞けない。

4／11　再々挑戦してみる。ラジャ・サンの話しかたやエネルギーに覚えがあり、ラジャ・サンも私のことは知っているようで、とっても気になっていた。国常立大神のような気も混ざっている…。う～ん、誰だったか？　トートが「ラジャ・サンなら知っているぞ！　かわいい千春のためだ！　つなげてやろう！」と言ってくれたのだ。「（ラジャ・サンこんにちは！）トートだ！　待っていろ！　いまつなげてやる！　…こんにちは、千春さん。（ラジャ・サンですか?）そうです。（あ！　もしかしてラジャ・サンってウシトラノコンジンじゃない!?　その陽気なしゃべり方！　その陽気な感じ！　ウシトラノコンジンでしょ?）なかなか人と話すことができなくて、仮に話せてもウシトラノコンジンのことなんて知らないでしょ？（やっぱり、そうなの？　お久しぶりですね。会いたかったなぁ～!!）いかにも、話したように地球の進化を促進させるために地上では火雷天神と呼ばれているものですよ。火の神とか水の神とか理解できないと思うけど、実は一緒にいる木星の伴星なんですよ。（伴星？　木星に伴星があるの？）はい。千春さんたち地球人の頭の中に伴星は太陽のような恒星しか存在しないと思っているかもしれないけど、今まで木星の陰でじっとしていたけど、太陽系の進化をさせるために動いています。一緒にいる木星も心の中では次の星をつくるために地中深いところで一つの動きが始まっています。太陽の下にエネルギーを注入しました。（Zｚｚ…あ、ねちゃた！　飛鳥昭雄って言う人がラジャ・サンの触手みたいなものは男性性器だと言っているよ）言ってみればそうかもしれない。形というものに…（Zｚｚ…地球の光を反射しているの？　↑夢の中で話している断片）いるいる星に上がれば分かりますよ。コトシロヌシが…（Zｚｚ…ここから夢の中で話していたようで記憶がない）」。再び夜に挑戦してみる。「（こんばんは、ラジャ・サンって本当にウシトラノコンジンなの?）はい。千春さん、こんばんは。（教えてよ。ウキが言うにはラジャ・サンというのは月の中心核とラピュタが結合して地球に戻って来るって言っていたよ。ウシトラノコンジンとどう関係あるの?）アジアの一部が洪水の前に、洪水のことを知っていました。それで、遥か宇宙へと飛び出したのです。人間の技ではなく、軽くなって消滅したのです。普通なら、島が空を飛ぶなんて信じられないと思います。意志の強い神の力によって島が飛び出したのです。島は月の近くに一旦行って、仲間を増やし洪水の前に島の住民と共に飛び出しました。島はまた宇宙空間をさまよい、木星の伴星に引き込まれ、その中

で暮らすことになりました。伴星は普通、光を発しない暗い星、さえない星なんです。体も黒くて島に灯り…中断…島の人々は月の灯りを手に入れました。（月の灯りって何よ?）**ジョウヤトウですよ。**（常夜灯?　って何?）**太陽のように光っている物です。冬至**（?）**になると人の顔も見えないくらい暗くなりました…。**（Ｚｚｚ…なんか、すごい物語になってきましたね～。ラジャ・サンで小説が書けそうですよ）**電気のように光り輝く物があるのです。普通では考えられないと思いますけど…**（人工太陽がラジャ・サンの中にあるの?）**はい、その周りは黒く、強く光を吸収する…**」。やっぱり眠くてフェードアウト。

【ネットで〝ラピュタ〟を検索してみた。『はてなキーワード』という無料の百科事典にラピュタは『ガリヴァー旅行記中に出てくる架空の浮遊島名。東インド、あるいは東南アジア方面の孤島』とあった。ウキが言っていた話と関連があるのだろうか?】

4／12　朝目覚めたとき、国常立大神に「**トートに狙われています。守ります**」と言われる。はて?　夢の中で口論でもしたのか?

4／12　**再び学研月刊誌『ムー』のラジャ・サンの写真の言葉**「（昨日の続きを教えてよ）……**いずれこれも分かってくる。楽しみにしておれよ。**（はーい）」

4／13の出来事　午前5時33分ごろ淡路島を震源とした大きな地震があった（M6・3、最大震度6弱、深さ10㎞。東京は揺れなかった）。昨夜もそうだが、以前からず～っと「**大きな地震が来ますよ**」と国常立大神に言われていたのだ。だから、家族にも「地震が来るけど、東京は震度1～3らしいよ」と言っておいたのだった。今朝、起きたとき（5時15分ごろ）、いつも声をかけてくる国常立大神はお留守。優しい年の神と仲良しの死神がいたのだ。年の神が「**トートが命をまた狙っています**」という。実は4／11ころから「**トートが命をねらっています**」と言われていたのだ。セシャトがいるのに?「**はい**」と。昨夜、12日の夜は国常立大神に「**トートが分裂して、千春さんの命を狙っています。分裂したトートを消滅させました。大きい地震がきますよ**」と言っていた。死神さんに、トートは消滅したんじゃないの?　と聞いたら「**消滅してなかったんでやすね。でも、死神の姿はみえたようでがすよ**」と。一体なにがトートにあったのか…?　というわけで、今朝はいつもいる国常立大神がいなかったのがとても不思議だった。国常立大神がいない時は地震の前兆のことが多い。しばらくしてから、家族が「大きな地震があったようだよ!!　阪神大震災と同じ震源地だって!」と教えてくれた。トートと地震は関係ないかもしれないが、気になる出来事であった。神々には被害はないと言われていた。地震では建物被害はあったものの、重軽傷者は23人、死者はいなかったようだ。今回は震度6弱の直下でも、1995年に起きた阪神淡路大震災の時のような被害はなかったのだ。先日、地図を見ながら地震をしずめたとき、関西はよく見ていなかったことを反省した。

4／12　**再びラジャ・サンの写真に挑戦！**「(昨日の続きを教えてよ) **はい、昨日の続きですね。今まで言っていなかったけど、ラジャ・サンのことは人工的なものだと言えますよ。人の意志が関係していると。つまり、並みの人間の知恵では考えられないことだと言うことです。理屈の上ではその天体は親密な木星の伴星なんですけど、自分の姿をここに隠しているのではなく、いろんなエネルギーを自分の元へ引き寄せる天体です。つまり、月の中心核がその中心にあって、今はつるつる太陽の下へ行っています。つるつる太陽の下では今までにない…** (Ｚｚ…。どうしていつも眠たくなっちゃうの?) **その意識が奥から来ているからですよ。** (じぁ、ウシトラノコンジンと火雷天神とどう関係があるの?) **アマテラスの時代が終わったと言うことですよ。いつまでも、このままだとその暗闇に埋没しちゃいますよ。五次元の力を加えたんですよ。** (五次元の力って何?) **意識の注入です。** (ラジャ・サンのあの触手は意識なの?) **はい。意識というのは、なんでもそうですが、物質なんですよ。** (Ｚｚ…。どうにかならないかなぁ〜この眠気) **心配しないでください。段々千春さんの体が出来てくれば自然と眠気もおさまります。** (そのウシトラノコンジンと火雷天神とか、国常立大神とスサノオとかが、地球みんなの意識を上へ引き上げようとしていることと、ラジャ・サンは関係があるってことですか?) **はい。不意に現れた訳ではなくて、ただ存在を知らなかっただけですよ。** (と、言うと、このラジャ・サンは宇宙船みたいな感じ?) **はい。その中心には月の核とラピュタが結合したものがあります。** (それがいずれ地球に帰ってくるの? ほんと? どうもイメージが湧かないし、にわかには信じ難い…) **はい。うまく説明が難しいのですが、宇宙という空間は輪廻転生というシステムで生まれ変わっていくんですよ。そのうち、地球にもその力が及んで、その中心核が地中から出てきますよ。異常な光景を目にすると思いますけど、今のうちに二つのことをしなくてはなりません。一つは、今していることを母にも知らせることです。** (私の母ですか? 信じないですよ。私の頭がおかしいと思うだけですよ。母には理解する力はありません) **二つ目は、次の神示の準備をすることです。** (具体的に準備とは何をすればいいですか?) **今までの言葉をいつものようにまとめて**

おいてくださいよ。（あ！　そうか、母に邪魔されないようにってことですか？）はい。千春さんの仕事というのは今の地球の仕組みを世に知らせることと、その者たちを次の次元へ導くことにあります。（わかりました。でもね、資金がないですよ〜。だいたい人選を間違えていません？）人の書いたものでは情報がうまく伝わりませんよ。（このことは私たちにしか降りて来ないの？）はい。離縁して帰らない者でも（言葉を）降ろせる人は降ろしているんですよ。でも、みんな自分の枠から出ていない人も大勢いますから、限られた情報だけで進展がないです。（それは、ひふみ神示の解読とか、昔の予言の解読とかのことですか？）はい。予言というのは、どうまとめたものか、中には一方的な見方をしたものもあります。ウシトラノコンジンは宇宙の光なんですよ。言えないことも多くありますが、天神という牛の力を窓口にした一種の空気なんです。なぜ天神かと言えば、今までここにいた者たちが眠っていたからです。火雷天神というのは宇宙神なんですよ。ウシトラノコンジンという名前に変りましたけど、牛を象徴としてこの現界に顕れているにすぎません。理解できましたか？（ふ〜む、なんとなく…それじゃ、月の中心核とラピュタがくっついたものが地球に来るというのはどういうことですか？）アマテラスの世が終わって、新しいアマテラスの世に生まれ変わったと言うことです。（神々は脱皮と言っていますよ）はい、それは地球の中心核と合体すると言うことです。（ラピュタの下に月の中心核があって、それが地球の中心核とくっつく…？？　どんな形になっちゃうの!?）杖のようにつながっていきます。（それは私の知っている星のように丸くないってことですか？）人は形にこだわりすぎですよ。この世の中というのは進化すればするほど形はなくなります。あるのは輪廻のエネルギーだけなんです。黒い雲が取り払われ、そこには新しくなったいる星が姿を現します。（その抜け殻地球はどうなっちゃうの!?）今に、その抜け殻は破壊されます。破壊されたものたちは、暗黒の雲に呑みこまれてショウカ（消化？　昇華？）します。（ショウカされるとどうなるの？）もう、魂としての存在は無くなるでしょう。（ふーん。わかったような、わからんような…。そのラジャ・サンが地球にやってくるのはいつなの？）エノックが調整しています。（エノックがラジャ・サンと関係あるの？）はい。ラジャ・サンの正体は月の意識である中心核とラピュタなんです。分かりましたか？（わかりませんよ！　なぜ、エノックが調整しているんですか？）エノックはラピュタにいるからです。（エッ!!　エノックってラピュタにいるの!?）はい。（あ〜っ、ますますよくわからなくなってきたー。それじゃ、ウシトラノコンジンは何?）**宇宙の意識ですよ。人はそれを光とか言っていますけど。意識はこの世の最小限度（単位）の物質です。**（はぁ〜、わかったような、わからないような…）」。

4／13　やっぱり、よくわからないから再び『ムー』のラジャ・サンの写真に呼びかけてみた。「（もう一度、ウシトラノコンジン来てくださいよぉ！）**千春さん、こんにちは！　今度はなんですか？**（もう一度、教えて!!）**いいですよ。**（ラジャ・サンというのは宇宙船?）**うまく説明が出来ないんですけど…、卵のようなものですよ。孵卵するんです。仕組みは孵卵器ですよ。**（孵卵器!?）**はい。星を生むための孵卵器。**（そうすると、中にいる卵は?）**月の中心核。精子が今回はラピュタというところです。夫婦だけでは子供は生まれないんですよ。**（でも、生理学的にはＯＫでしょ?）**心が必要なんです。心の役目をするのが地球。分かりますか?**（エッ！　↑かなり動揺。それじゃ、地球って魂?）**そうそう。そのために地球の一部が月と結合したんですよ。**（つまり、地球の進化というのは…、うまく言葉にできないけど、卵から、殻を破って出てきたところに、精子が入り込む??　あれ?　もうー、よくわからないやっ!!）**どうしたのだ?　コトシロヌシだ。**（あ〜ん、コトシロヌシさま、ウシトラノコンジンの話がよくわかりません！）**孵卵のことか?**（はい）**地球のシステムの中で物事を考えようとするから、分からんのだ。さらっと、そう思えばよい。つまりだ、ラジャ・サンというのは進化させるための孵卵器なのだ。その程度に考えておればよいぞ。**（では、火星と木星の間にあるアステロイドベルトの元になったと思われる星の中心核は?　↑ムーには惑星フェイトンの残骸と書いてある）**すぐ、太陽の向こうに地球とよく似た星があるだろう。**（それって、雑誌に書いてある反地球ヤハウェって星ですか?　本当にそんな星があるのかなぁ〜）**孵卵したのはその星だ。**（それでは、破壊された星にも月があったの?）**いくらでも月はあるだろう。いずれこれも分かってくる。楽しみにしておれよ。**（はい…）」。

【コトシロヌシのこの言葉の意味が後ほど分かりびっくりした。太陽表面に出現した、この異様な球状の物体の正体は〝太陽から誕生した新惑星〟だと言う説があるのだ。２０１１年11月7日にロシア科学アカデミーの佐野千遥博士が太陽から新惑星誕生をすでに予言していたサイトを見つけた。博士は、太陽の半径（距離）が黄金比率に収縮したとき、太陽から惑星が生成されるという説を唱えている。今回の黒い球体は現在ある水星の軌道からすると、二番目の惑星誕生であり、一番目は惑星軌道を外れ、金星を横倒しにして地球の月になったのではないかと推測している。

博士の説からすれば、NASAが2012年3月11日に発表した映像から察するに、太陽からまさに新惑星の臍の緒が切り離される劇的な場面ではないかと言っているサイトもある。神々は私にこれを知らせたかったのか。57ページ、11／11コノハナサクヤヒメが言っていた〝太陽の陰で見えない星〟とは、この新惑星のことではないだろうか⁉】

4／13 **ウシトラノコンジン「千春さん、こんばんは。**（あら、どなた？）**ウシトラノコンジンですよ。**（こんばんは！ 来てくれたの？）**はい。時間が少なくなっていることを伝えようと思いました。**（時間って何の時間？）**これから起こることは支援している者たちはとっても楽しみなことですよ。一生に一度の大イベント。人の進化です。憂鬱な人々に…**（Zｚｚ…）**」**。ウシトラノコンジンの話は眠くなる。

4／13 **クエンティン「クエンティンです。**（クエンティン!! 地球に来ているの？）**はい。一人でも多くの地球人を助けるべく、人の心を変えさせる意志を導入しました。**（覚醒させるんですか？）**いいえ。人の意識をいるいる星へつなげているのですよ。**（いるいる星って地中ですか？）**はい。体をつくり、続く磁気嵐に耐えられるようにしていきます。仕事は…**（Zｚｚ…どうして眠たくなっちゃうの？）**時間がいるいる星へ向かっているからですよ。時間を…**（Zｚｚ…あ、ごめんなさい）**一言では難しいんですが、こうやって千春さんと話せるように多くの人に声をかけています。今までにないイベントは…**（Zｚｚ…）**残酷なようにも見えますが、この変化について行かない者は今まで構築した**（Zｚｚ…）**全てを人との生き方、記憶までを生贄としてささげなくてはいけません。**（生贄？）**はい。人間の心を生贄として、軽くて…今のうちに進化の準備を整えていかなくては自分はなくなると考えてください。いるいる星の世において、絶対神ナニルの意志に従えないものは生きていけないからです。エノックの孵卵器を早く孵化させて、破壊の恐ろしさを**（Zｚｚ…）**人間の意志をつくっていかなくてはなりません。**（いつごろ、孵化しますか？）**年の明けた来年でしょう。アマテラスの笛の音が響いたころにはいるいる星への仕度が整った合図です。**（これはこの現界に現れますか？）**千春さんの中においては真実の光として感じると思いますが、腐敗したこの世に現れるということは、仕度が出来上ったということよりも、進化が始まったときでしょう。**（↑2014年2／2に光を確認）**今のうちに言葉をいかに降ろしていかなくては。その言葉を進化させた者たちに伝えていかなくてはなりませんよ。**（進化した人たちに必要なメッセージってなんですか？）**進化した者たちにとって頼りなのは、時々自分が生**

きている道を指図してあげることです。いるいる星の中においては月の意識と人間はいることへの一体化をしますから、進化した、はっきりした指図をして統率を指し示してやらねばなりません。いるいる星の中においては、それは神を指針とした情報です。（Ｚｚｚ…）派生したものが言葉としてこの神示に従う心です。寝てください。クエンティンがここにいますよ。（あ、ありがとう。おやすみなさい…）久しぶりの千春さんの中は色のない白い光に包まれています。この光を次の世に広めて行ってください。（はい。Ｚｚｚ…）」。

4／15　八坂さんへの指示　下谷神社　みづの神　「（年の神さまこんにちは！）千春か？　みづだ。書けるか？（はい）これからの指示をする。…。（？　言葉を待っていたけど聞こえず）『はい』と言え。（はい…←ノートを出して仕度が出来た返事を待っていた様子）この続きは豊玉の力を中心に行う。コトシロヌシから指示は出る。書けたらよいぞ。（あれ、これだけですか？）陰の者の意識が八坂に影響している。豊玉の意識と同調させるために、ヤハウェの意識を上へ引き上げる。賢く生きるためには、八坂の意識の向上が今必要だ。高いところまで引き上げるためには、八坂が努力をしなければならぬ。深いところの意識に惑わされているようでは現実が揺らぐ。（えっ!?　八坂さんはまだ引きずられていますか？）八坂の意識の変革は、八坂自身では気づかぬものよ。ヤハウェの意識と連動させせただけではその深層の意識に気づかぬようだ。豊玉同様、八坂は感覚、視覚で捉えているのだ。いつものように言葉だけを降ろしていたのでは足りぬことを伝えて欲しい。（八坂さんの感覚、視覚を言葉にするのですか？）そうだ。仕組みは同じだ。豊玉の体感したことが重要になるのだ。つがいのみが残されているようだ。体を抜け出さなければその感覚は分からぬであろう。（ふ～む、私もわからん）言葉として書こうとすれば無理があるのだ。千春にもそれは分かっておろう。（はい）言葉とはこの現界のものに過ぎん。言葉の裏に隠されたエネルギーを感じ取る必要があると言うことだ。（ノイズを拾うと言うことですね？　豊玉さんが言っていたノイズですね）声として感じている言葉の力にはこのノイズも含まれていると言うことだ。豊玉の言葉だけではそれは分からぬであろう。豊玉自身もそれが分かっていない。千春の言葉と相まって深まってくるのだ。八坂はそれに色を添えねばならぬ。色だ。千春や豊玉だけでは色はつくり出せん。八坂の色がそれらを飾るのだ。八坂に伝えろ。現実から離れた時間をつくるのだ。その時、その時によって感じ方がちがうだろう。それが色なのだ。その色を言葉にして行け。いいか、ヤハウェは遠ざけた。八坂はヤハウェに頼りすぎる。もっと自分自身を信じ、自分自身を工夫して進んで行け。（八坂さんは覚醒したのですか？）今一歩なのだ。そこが色だと言うことだ。その色を目指せ。ヤハウェではそこまで到達できん。そう伝えろ。（はい。わかりました）」。

4／15　居木神社「来たな。言葉を聞いて行けよ。（いつも、拝殿の前でお辞儀をして通り過ぎるのだが、今日は「聞いて行けよ」と言われたので、拝殿まで行ってノートを取りだした）年の神のところへ行ったのだろう？（はい、そうです）千春の言葉が真実になるぞ。長い間、眠っていたものが動き出したぞ。アマテラスの支配しているマジナイがこの世をつくるのだ。（アマテラスのマジナイってなんですか？）アマテラスの言葉だ。（あーっ、八坂さんのノイズの言葉ですね!!）八坂の言葉に耳を傾けろ。豊玉に伝えろ。八坂に協力してやれとな。その（アマテラスの）言葉を降ろさせるのは八坂しかおらぬのだ。豊玉、ムーの風にアマテラスを乗せろ。そうだ、国常立大神を乗せたように、アマテラスも乗せるのだ。そして吹かせろ。それがアマテラスの笛となるのだ。豊玉に言え。それが笛の調べだとな。（はい、わかりました）」。

4／16〜18の出来事　朝、目を覚ますと、いつもは国常立大神か、いない時は誰かが声をかけてくれる。でも、朝はいつも時間がないので、一言二言聞き、ノートには取っていないのだった。16日、朝はジュエンという私を守っている〝白い死神〟が声をかけてきた。それから、「今日も国常立大神の陽炎です。帰ります」という声があった。国常立大神は夜に来て、朝になるといなくなることが多い。この時の〝陽炎〟とは、私のところに国常立大神はいなくて、どこからか通信していたのだと思われる。ここ数日間は体の中にいる気配がしないからだ。17日は「アマテラスです。ついこの間のように次第に…」、18日は「未来がこちらへ向かっています。ようやく気が乗り始めました。予期したことが起こってきます。国常立大神は帰ります」と言われたのだ。やはり、今になり調べてみるとその時、地震が頻発していた。

【4月17日、三宅島近海、与那国・石垣島近海で群発地震が発生していた。三宅島近海で震度5強、宮城県で震度5弱の地震を観測。同日、日本列島は有感地震が50回も起きていた。その他海外でも起きていた】

4／18　一生に一度の大イベントが始まる！　ウシトラノコンジン　17日ごろの話である。朝目覚めると、国常立大神に「セシャトのことを話さなくてはならない」と言われていた。その前から、絶対神の声を聞くようにとも言われていたが、ここのところ言葉を聞いていなかった。「（誰かいますか?）千春さん、こんにちは。交信できますか?（どなたですか?）ジャン（ラジャ・サンのこと?）のウシトラノコンジンです。（あ、おはようございます。一昨日（16日）は、イランで大地震。昨日は三宅島と宮城で震度5の地震が起きたけど、とうとう始まったんですか?14日は埼玉県北部だし、その前日13日は兵庫県で震度6弱の地震ですよ。まぁ、津波もなかったから被害はないけど。最近地震が多いですね）はい、ウキの予言通りです。（ウキさん?「4／9一生に一度の大イベントがはじまります」ですか?）はい。その時が近いですよ。ウシトラノコンジンはこの地球に光をもたらし、人々の意識をさらに向上させていきますよ。豊玉さんがムーの風に笛の音を乗せました。コノハナサクヤヒメの意識です。ウシトラノコンジンはここに光を入れます。光は人々の背中から入って、神経をおかしくしていきますよ。このエネルギーに耐えられない人たちは、意外と多そうです。支援しない体はいずれ消滅へと向かってゆきます。過酷なようですが、自分で生きる努力をしない人間を神々は支援の手を切ります。人間だけで生きられると思っている人たちですから。今までの反省をする時間は今からではもう遅いのですよ。八坂さんがようやく気づいてくれたようです。自分のやるべきことが、ようやく見えてきた感じです。豊玉さんの感覚を八坂さんに教えてあげてくださいと伝えてください。コトシロヌシから指示が降りてくると思います。千春さんも言葉を降ろしてください。そのうち、三人の言葉から不思議な力が飛び出し、進化への指針となっていきます。ウキの言葉の中に、進化した者には生き残れるための指示が降りてきます。その指示をよく理解して遂行していきましょう。ウシトラノコンジンはいつもそばにいます。〝ウシトラノコンジン〟と言えばいつでも話せます。考えに困ったら呼んでください。とくに、八坂さんはヤハウェの指示が出なくなった分、困惑することも多くなるでしょう?そんな時にウシトラノコンジンと呼んでください。気がつけば、いるのがウシトラノコンジンですから。とうとう、加護が外されました。これからは千春さんたち三人の力でこの日本を、この東京を守っていかなくてはいけませんよ。八坂さんのムーの風を利用しましょう。豊玉さんの笛の音色がこの日本中を包み込むとき、そこに強い国常立大神の力が千春さんの手で注ぎ込まれます。（この日本はどうなるの?）情勢はさらに悪くなるでしょう。だけど、それも一時ですよ。ホラ、神社の力がなくなったときを覚えていますか?（あ!　はい、新しいアマテラスが降りてくる直前のことですね）それと同じです。力が変るんですよ。日本の力が。ちょっと大変な時期を過ごすかもしれませんが、それも千春さんたちの力で解決してゆけます。だって、既に千春さんは災害を抑えていますから。八坂さんや、豊玉さんも同じことが出来るんですよ。（地図を見てエネルギーを消していることですか？）あ、そうそう。それです。千春さんの場合は災害とか、地震を少なくさせる力がありますから。（あ、また地震カラスが鳴いていますよ）豊玉さんや八坂さんは、また違った見方から日本を立て直す力が働きますよ」。

4／18　八坂さんからのメール：ウシトラノコンジンに「豊玉さんに竜巻を渡せ」と言われたのに、どうやって渡すか聞かなかったことを思い出し、声をかけてみる。「（コトシロヌシさま、いますか？）ウシトラノコンジン、な～り～。（あ、ウシトラノコンジンさま、こんにちは。お久しぶりです）事はもう着々と進んでおる。呑気にしているのは何の危機感も感じない消滅する者のみ。さあ、そのような者に取り込まれぬよう、心の祓い、太陽に標準を合わせよ。（太陽に標準を合わせるってどういう意味ですか？）未来は太陽のエネルギーから始まる。生まれた星はやがて特異な動きを始める。その時、太陽のエネルギーがないと生き延びられないだろう。（どういうことですか？）太陽のエネルギーをとりに行くのだ。（どこへ？）新しいアマテラスの元へ。（新しいアマテラスはどこに行けば会えますか？）八咫烏が合図だ。八咫の声を聞け。（あ、師岡熊野神社ですか!?）神社ではない。もうこのアマテラスは神社にはおらぬ。八咫烏が合図を送る。アマテラスに会い、エネルギーを授かるのだ！（私がアマテラスの元へ行くのは、覚醒した意識の中でということですか？）そうだ。八咫烏の合図を待て。それまでに身と心を清く保て。（連れて行ってもらえるのですか？　アマテラスの元へ）今の八坂では難しい。だが、覚醒できるであろう。試してみよ。そこから少しずつ新しいアマテラスの元へ行く。準備をするのだ。（バージョンアップしていくってことですか？）フフフッ。体が耐えられぬことにはどうにもなるまいて」。昨夜はまだアマテラスの元へは行けませんでした。豊玉さんに竜巻をどうやって渡したら良いかも　まだ聞いてないので聞いたらメールします。

4／18　中目黒八幡神社「（こんにちは！）千春か？　いいところへ来た。（あ、応神天皇の神さま、ちょっと待ってください。…どうぞ）これからのことを話す。神功皇后じゃ。（↑ここから急に声が変わる）よいか、指示は八坂に来る。八坂の役割がこれから大きくなるぞ。気を引き締めてまいれ。いつかも言ったように、破壊の手が伸びた。（ムーの風ですね）八坂の結界がこの日本を救うのじゃ。豊玉に伝え。豊玉はその舵を取れ。コトシロヌシの指示に従えとな。千春は皆に言葉を降ろしてゆけ。その二人だけでは指示はよく伝わらん。それから、千春には破壊を抑える力を渡してある。これで地上に起きると思われる破壊の手から、この日本を、そして東京を守ってゆかねばならぬ。コトシロヌシの指示に従い進めよ。体の出来ていない者は試練の時となるぞ。震度の大きい地震が来るぞ。体の出来ていない者は試練の時となるじゃろう。進化した者に恐れはない。恐れると、恐れることが参るぞ。気をつけよ。今にも生き地獄の様子となるから、心して行けよ。（はい、わかりました）」。▽末社三峰神社「書けるか？（はい、どうぞ）コトシロヌシの言葉に耳を傾けよ。いずれその意味も分かってこよう。信頼しておるものに被害はないものだ。過去の者たちにはつらい日々となるだろう。意識の広がりが見え始めた。一つの灯が二つとなり、四つとなって広がってゆく。神示の用意をしておけよ。次の神示は太陽のみろく神示だ。言葉の中に埋め込むエネルギーはこの地球のものではないぞ。太陽から直接くるエネルギーだ。これを読んだ者の体に染み渡り、その力によって破壊が生じる。それが進化へと続くのだ。もう一度言うぞ。今年のうちに仕組みが成就する。現界に降ろされるのは2～5年後だ。その間に、次の神示を出さねばならぬ。（げっ！　そんなすぐに！　お金がないですよ～）いずれ出さねばならぬことだが、すぐとは言わぬ。こづかいを貯めておけ！（おこづかいぐらいで本は出せませんよ～！）ハハハハッ。心配するな！　それもいずれわかるだろう」。

4／20　八坂さんからのメール：さっき　ウシトラノコンジンと話しました。豊玉さん、髙橋さんのメールで意味がつながった！　「合図がくるぞ。八咫烏の合図だ。八坂の魂からアマテラスへとつながる。はるか彼方より向いいでる神。そのそこはかとない悲しみは、細胞の死滅を促す。（どなたですか？）ウシトラノコ〜ンジ〜ン！（おはようございます。八咫烏の合図って、どのようにくるのですか？）意識の中でつながっていく。それは、いつかと同じ。思いがあれば同じこと。（意味がわかりません。具体的に教えて下さい。寝ている時とか、瞑想しながらつなげるってことですか？）静寂の中でこそ捉えることが出来る。意識でつなげよ。（八咫烏の合図って、何かが起きる時の合図ですか？）いかにも。37だ。この数字を忘れるな。37。八咫烏とつながる数字。そして豊玉と融合せよ。意識の融合だ。（Ｚｚｚ…）」。ここで寝ちゃいました。

4／20　八咫烏の合図　お稲荷さん　年の神「八咫烏のことを知りたいのであろう？（はい。八坂さんの八咫烏の合図ってなんですか？）決まったことではない。指示が出る。（八坂さんに？）覚醒した状態へ導くのが八咫烏だ。（アマテラスの元へ連れて行くのが八咫烏？）そうだ。（八咫烏が来るまで〝待て〟ということですか?）**八坂だったら呼べるであろう。直接指示を仰げ。**（ここで豊玉さんから「話がつながるか!?」のメールが来る。八咫烏の長、金鳥のことは豊玉さんが受けたんですか?）**いかにも、しかし、そこに八坂の意識はない。まだ不完全だ。豊玉の様子では既に準備が整ってきたようだ。アマテラスの力と八坂の諏訪の力が融合することで、その笛の音は調べへと変化するのだ。八坂に言え、八咫烏は八坂だと。**（八坂さんの中にあるということですか?）**八坂に言え。八咫烏を呼び、指示を仰げと。**（わかりました）」。

4／20　**豊玉さんのメール**：こんにちは。『豊玉さんがムーの風に笛の音を乗せました。コノハナサクヤヒメの意識です』良かった〜！　無心の中での必死に、これからは、広めないといけないのですね。そして、八坂さんのメールでビックリ!!〝アマテラス〟昨日はずっと〝アマテラス〟（意味不明）▽16日のこと。大鷲の神様に…「**難しく考えるな。アマテラスの笛は、お前の思い描く〝それ〟でよい。上手く吹こうなどと頭で考えるな。先ずは、ひと吹き。これだ、と思えれば吹くがよい**」。▽4／18コトシロヌシ「**善悪、醜く愛らしく、また真中を行く多様な側面を持ち含むアマテラスがお前を見ている。特に、真中、中道を行くアマテラスがお前の声を、音を求めている。大鷲にも言われたはずだ。鳥は気流がなければ飛べん。八坂の起こす風をとらえろ**」。この日の仕事帰りの夜、南大沢八幡神社へ行く。神功皇后に…「**この地をおさめる力です。この地をおさめなさい。この地をおさめなさい**」。エネルギー注入!!笛の音を神社境内で鳴らす。▽4／19コトシロヌシ「**八坂が目覚めたか。春眠何とかと申すものか…アマテラスが待っている。すべてがお前に向いている。偉大なる自然の声を聞ける者は少ない。心を傾け、迷いの霧を晴らすのだ。列島の迷い、躊躇の心、列島の産声はお前。アマテラスを感じろ**」。そんな訳かどうかわからないが、一日中〝アマテラス〟アマテラスの感知できるエネルギーと『くんずほぐれず』状態。変な表現でスミマセンが、愛撫し合っているようでした。結局、仕事帰りの夜、橋本の大明神へ行く（寒かった!!）アマテラスは、とても遠くにいるようで、言葉にならず。鍵とかを渡しに行った時のように、呆気ない感じ。しかし柔らかいエネルギーがふんわりと届く。▽**隣の大鷲の神様…「アマテラスを我が身と思え。大宇宙は大空。大空へ放たれたぞ。遠くは心の中にあり、掌の上にある。手中に出来たと思えば、遥か彼方へと手の届かぬ所となる。真芯は幻。だからこそ『ある』風は笛の音になり大地へと響く。塞ぎようのない地球宇宙の開放**（解放）**された目は、多くを包み、多くに包まれる。その中の**

一つがお前であり仲間。神々が連れ回して行きたいと歓喜をあげている。神もまた、神々に包まれ神々を包む。欠かせぬ関係性を、また、新たに産み、始まりを迎えた」。この後、大明神の社の横で、本殿にあたるところを見上げていたら…『**うれしいですよ。うれしいですよ**』と聞こえる。大明神の社の脇に腰をおろし、笛の音を鳴らす。帰宅途中、一気にエネルギー当たりが…。家へ着き、食事を済ませると、もう、どうにもこうにもゆかず、玄関からリビングまでの僅かな廊下で倒れ込むようにして、寝てしまう…。遠くのほうで娘の声。『お父さん、あんなところで寝ちゃってるよ〜』しかし、身動き出来ず。…そんな日々でした。セシャトは遠くに行っています。そうか、自分をそこに届かせないといけないか…。

4／21 **再び豊玉さんからのメール：**《豊玉式瞑想の巻》

◇姿勢：始めは胡座で身体ポジションを確認。座禅の方が良いのかもしれませんが、自分の足関節の可動域がないため無理はしません。最近は胡座もせず、開脚しています。（180度フルオープンはできません）骨盤を前に傾けるのではなく、垂直に立てるか、後ろに傾ける。やや後ろがベスト。ソファーや車のシートに座る時は、骨盤が概ね後ろに傾いています。あの感じ。その骨盤の上で上半身を無理なく伸ばします。胸を張る必要はなし。頭のてっぺんが紐で軽く引っ張られている様子をイメージ。この時、会陰と百会が紐の延長線上になるよう、モゾモゾと上半身の微調整。◇呼吸：ゆっくり、ゆったり深呼吸〜！ ヨーガなどでは、呼吸を早くする行法もあり、あえて過呼吸状態にしたりするのですが、無理はしない。腹式呼吸を心掛ける。吐く息を長めに。リコーダーを吹いている感覚。笛です笛。慣れたら、同時に胸式呼吸もやってみると面白いかも。ただ、肩があがらないように。◇持ち物：おやつはダメ！ 飲み物少々（ジュース、アルコール）搭乗券（石）&『富士の神示』慣れたら、頼ることなく出来ますが〝トリップ〟◇タイミング：各自にお任せ。入浴中は止めましょう。とにかくリラックス。最近は、電車でもトリップ（周囲の乗客によりますが）〜骨盤後ろ傾斜〜が何故よいか。臍下丹田のスペースが充分に確保できる！ 腹式呼吸が生きてくる。前傾では臍下丹田のスペースを潰しているようなもので、もったいない。他にも、微調整は必要になりますが、個人身体差もありますので色々お試しを!!

4／21 **年の神「少しいいか？**（はい）**仕度がそろそろ出来てきた。今に日本は火の海になる。隕石は東京を襲う。日は満ちた。豊玉に風を吹かせろと言え。**（豊玉さんですかぁ？）**そうだ」**。

4／22 **アマテラスに力をもらってこい！ 年の神「**（誰

かいませんか～？）**待っていたぞ。**（どなたですか？）**年の神だ。**（最近、年の神さまが多いですね）**仕組みが変ったのだ。**（頻繁に変わりますね）**震度の大きい地震を起こすぞ。**（あれ、またですか？　中国で大きな地震が起きたばかりですよ）**今、仕組みが変わったと言っただろう。**（あ、そうでした。で、どう変わったんですか？）**震度の大きい地震は東京で起こる。震源地、三鷹の方だ。震度5弱。東京都心の震度は3～4だ。**（そりゃ～、うちの子が喜ぶような震度ですね。地震を待っている子だから。もう、震度5なんて被害はないし、アトラクション気分ですよ!!）

【この地震はこの時は起きていなかったのだが、後で調べてみれば、4月24日八丈近海でM4・8、4月29日茨城県沖でM5・7の地震があった。東京の震度は1～2。4月30日ごろより群馬県南部で地震が活性化する】

　隕石にも気をつけろ。こちらは日本ばかりではない。覚悟のいる年だ。アマテラスの仕組みが動き出すぞ。豊玉に早くムーの風を取りに行くように伝えろ！（でも、八坂さんがアマテラスの力をもらいに行かないと調べが奏でられないんでしょ？）**もう、間に合わんのだ！　千春がアマテラスの元へ行ってこい！　とりあえず、それで間に合う。**（私じゃあ、奏でられないですよ～。作曲はやったことないですよぉ）**いいから時間が無くなるぞ!!**（どうしたら、アマテラスのところへ行けますか？）**アマテラスのいる神社へ行ってこい！**（天祖神社でいいですか？）**いないぞ、あそこは。**（え～と、中目黒八幡神社でいいですか？）**いない。**（というと、やっぱり…芝ですか？）**そうだ。芝だ。**（分かりました。何とかして行ってきます）**行ったら、八咫烏を呼べ。37だ。**（37って「咫」でしょ？　↑『冨士の神示』２０１０年11／11師岡熊野神社参照）**千春が行けばわかるであろうよ。**（↑急に口調が変わる）**スサノオだ。**（八坂さんを誘った方がいいですか？）**誘えたら、誘って行け**」。

　4／22　**芝大神宮**「（時間がなくて、八坂さんは誘えず。そのまま芝大神宮まで行く。拝殿で、アマテラスの神さまいますか～？　え～と、37、37八咫烏の神さま～！　んっ？　↑拝殿脇の御祭神の看板が目に入る。御祭神：天照皇大御神、豊受大御神　相殿：事代主命、大国主、倉稲魂命、菅原道真公、源頼朝公、徳川家康公…エッ！　コトシロヌシ、大国主、菅原道真、徳川家康…相殿だ！）**書けますか？**（はい）**コトシロヌシ：コトシロヌシだ。よくここが分かったな。**（年の神さまに言われました）**太陽の力を授ける。八咫烏について行けよ。**（えっ、ついて行くって、どうしたらいいですか？）**そのまま手を合わせていろ。**（はい、やってみます。手を合わせる）**八咫烏：八咫烏だ。**

ついてまいれ。（ここで、ですか？）そんなに遠くはない。（いきなり黄色い光が見え始める。そして、しばらくまぶしい状態が続き、エルメスの杖のようなモノが見え始める。しばらく目の前が真っ黄色になったが、エネルギーの動きは終わったようだ）八咫烏：今、セシャトに渡した。この力を取りに行ってくるよう、豊玉に言え。これで調べが吹けるであろう。しかし、この調べは短い。八坂の本当の力が必要だ。あくまでも仮だと言うことを忘れるなと伝えろ。八咫烏だ。（はい、わかりました）コトシロヌシ：津波は回避される。人の死もない。生活に支障はない。心配するな。コトシロヌシだ。アマテラス：コンジンの力を使います。アマテラスです。コンジンの力を使い、この世に大風を吹かせます。アマテラスの力です。アマテラスの力は笛の調べのところへは届きません。豊玉さん、その力はセシャトに渡してあります。セシャトの元へ取りに行ってくださ い。（あら〜、豊玉さんはヤハウェのところへも行かなくてはいけないですよ！）一つの仕事で用は済みます。セシャトが案内します。（では、セシャトを探さないといけないんだ）はい。探して取りに行ってください。（ここで、御祭神と相殿の看板をメモする）？：千春さん、芝には重要な神が集まっていますよ。今に次々と不吉なことが起きはじめます。一つの仕組みがつながって、真実を導きます。今からそれに耐えうる力がなければ、この世で暮らすことが苦痛になってくるでしょう。（どなたですか？）いつか来た者ですよ。（？・？）豊受大神です。（国常立大神と声が似ていますね）いつかは話さなくてはいけませんが、豊受の元は国常立大神です。（あら、そうでしたか！　よろしくおねがいします）」。

4／22　トート「まだ見えないか、調べは？（エッ⁉　いきなり〝調べ〟ですか？　見えるの？）感じないか？（う〜む、さっぱりですよ）始めの方だけでも感じないか？（笛っぽい音は遠くの方でしているようだけど、はっきりとは…）時間のかかる奴だ！（スミマセンねーっ！　ふんっ‼　どうしたら時間が短縮できますか？）理解が必要だ。（理解ってなんの？）笛のだ。（どういう風に？）人の意志によって調べとなるぞ。（私では作曲は無理ですよ。音楽のことは豊玉さんへどうぞ…）豊玉ならちゃんと聞こえてるぞ！（聞こえなくてわるかったですねーっ！　ところで、どなたですか？）トートだ！（あ〜、道理で。でもなんか声の調子が違いますよ〜）いちいちうるさいぞ。これがトートだ！（また私を連れ戻そうとしているんですかぁ〜？）今更もういい！　まったくセシャトといい千春といい、このトートをなんだと思っている‼（そんなことを言っても、特別扱いは無理ですよ〜。家族の世話もあるし、母の世話のもあるし、仕事もあるし…）知っておる！（ハイ、ハイ）ハイは一つでよい。（ハーイ）自分の言葉に直すのだ！（何を？）調べだ！（どうやって？　五線譜に書きますか？　私には絶対音感はないですよ）調べは五線譜に書けるものではない。（じゃぁ、どうするの？）名前のようについてくるものがあるのだ。（名前？）千春という名前の裏には千春の生きた歴史がある。その歴史と同じようなものがこの調べにはあるのだ。（あ、なんか、…菜の花畑の映像ですよ。♪なのは～なばたけ～に、い～り～ひうすれ～、みわた～す、やまの～はか～す～みぶかし～♪　こんな感じかな～）いい曲だ。さあ、奏でろ！（ちょっと！いきなり無理ですよ。音楽センスのある豊玉さんに言ってくださいよ～）古い歌の中に光を見いだせ!!（光？）理解できたか？（さっぱり…）縁の薄い奴だな！（時間がかかっても、縁が薄くてもいいでよ～っ！　べ～っ！）言ったな!!　まったく、セシャトと同じじゃないか！（そんなの知りませんよ～）少しは美しくなったかと思えば、口は変わらんな!!（わるかったですね！　その調べはどうやって奏でるんですか？）縁のない奴だな…。（縁がなければ出来ないんですか？）いつかは調べが聞こえてくるよう、今のうちにいい耳に替えるぞっ!!（あー、ど～ぞ。チューナ付きにしてくださいよ）そう、言葉に変るものだ。家の中にピアノはあるか？（あるけど、子供の部屋です。私はピアノは弾けませんよ）どうせ、楽器では調べはつくれん。従来の状態とは違う曲だ。（どういうことですか？）耳で聞く曲ではないということだ。心の中で聞くのだ。（心の中に音が流れてくるんですか？）ハハハハッ。今じゃ、マジックだ。いつまでも、調べが分からんようでは耳も破壊されたということだ。生き残るためには、命の次に大切なのは耳だ！　取り替えるから、待っていろ！（耳を取り替えるの？）今の耳で役に立たん！　書いたら、しばらく休んで良いぞ。（は～い）」。

4／22　下谷神社　みづの神「みづだ。書けるか？（はい）これから日本列島が進化のために上昇し出す。うかつに上昇させれば破壊が早く進むことになる。進化した者たちの意識の中に耳のない者もいる。彼らを守るために千春の力を借りたい。（エッ!?　どうするんですか？）過去へ戻ってやらねばならない。（どうやって？）セシャトについて行け。セシャトの力を借りる。進化した者はそう多くない。体の出来ていない者たちばかりだ。進化の過程において、体の出来ていない者たちは排除されてしまう。言うまでもなく、その時では遅く、この者たちの進化を妨げているものを排除してまいれ。（それは一括にできるんですか？）セシャトに任せろ。（セシャトとするんですね）そうだ。セシャト：セシャトです。心配いりませんよ。千春さん。セシャトはいつもそばにいます。（どうやって過去へ行って、進化した者たちの意識に入り込むんですか？）セシャトに任せてください。千春さんの中に入り、その意識を彼らの元へ送ります。きっと彼らには神の意識に感じるでしょう。うふふふ…。（神の意識を感じると何か変化が起きるんですか？）彼らの体が変化し始めます。少しつらいこともあるかもしれませんが、それはしてゆかねばなりませんから。（急激に日本が上昇するとどうなるんですか？）震度の大きい地震や津波、竜巻、火山の噴火などが起きやすくなります。急激に進化させることで、影響を最小限にしようという考えです。長引けば、長引くほど苦しくなってきます。国民の意識は低く、全員が進化の道を歩むわけではありません。ほんの数人の人間だけです。それも、千春さんの神示を読んだことが条件ですから、ますます少数になるでしょう。（東京直下の地震ですか？）そればかりではありません。今年の夏は暑い日が続くと思えば、寒くなったりと寒暖が激しいでしょう。気持ちの上でも国民の中に不安となって残っていきます。（わかりました。上野駅にて…）セシャト：セシャトです。書けますか？今からその意識を進化した者に送ります。（私は何もしなくていいのですか？）千春さんはそのまま目をつぶっていてください。きっと電車を降りるころには終わっています。（わかりました）」。

4／25　実家のお稲荷さん　年の神「下谷へ行ったか？（先週、行きましたよ）困ったことは解決したようだな。（進化を希望する人って予想以上に少ないと言うことですか？）そうだ。（私の本が売れないからですか？　まぁ、始めから売れると思っていなかったけどぉ…）いいや、本は売れている。この続きを読みたい者も多いだろう。仕度だけはしておけよ。（あい…やっぱり出すんですかぁ？）この次は世の中も幾分いい状態になっているであろう。今のうちに意識を高めておかないと、この嵐で世も大変なことになると知らせておけよ。（だけど、私が神の声が聞こえると言っただけで、引いてしまう人もいますよ）ハハハハッ。神と言うからいけないのだ。悪魔の声とでも言っておけよ。（ここから声が変わる）この地球の多くの者は神を恐れておるぞ。（あれ？　お稲荷さんの声じゃない!?）あーそーだ。（いたんだ！）暫くぶりだのぉ！（どこかへ行っていたの？）光の届く者はおらんようじゃのぉ。（光？）そうじゃよ。ラジャ・サンの光じゃ。（ウシトラノコンジンのことでしょ？）そうじゃ。冷たい光ばかりを好むものばかりじゃ。イナリも悲しくなるぞ。（本の意識が広まらないからじゃない？）いいや、千春の出した本は徐々に広まっておる。意識はそこから宿ってくるのだ。セシャトが言っておったぞ！（セシャト？）千春のことだ。（なんて？）いままで殺そうとしていたトートを許してやって欲しいとな。（許すも許さないと、殺されそうになったらどうしたらいいのよぉ？）トートも分かったであろう。セシャトの傍にいることの幸せが、殺しても同じことだ。いずれ、人は死ぬんだから、待っておればよいのじゃよ。（国常立大神が同じことを言っていましたよ）そうじゃろうとも。うまく次の世に出来れば、トートだって傍にいられるということよのぉ〜。エノックが近くに来るぞ。（エノックっていつものエノックでしょ？　近くに来ると何かあるの？）エノックの使いが近くに来ているのじゃ。（エノック自身じゃなくて、使いなの？）今、ラジャ・サンへ戻っておる。仲間を連れて地球に降り立つであろうよ。（エノックが地上へ来るの？）間もなくじゃよ。（わぁ〜！　楽しみだなぁ〜。そういえば、東京直下の地震はどうなった？）地震はくるぞ。これから。しばらくしたらまた声がかかるじゃろうよ。（はい）」。

4／26　国常立大神「（朝、起きたとき、いきなり言われた）今にこの地球は大変なことになりますよ。（どう大変になりますか？）…帰ります。（はい、昨夜もいてくれてありがとう）夜にまた来ます」。

4／26　みづ「（朝、声をかけられた）みづだ。書けるか？（はい。急いでノートを持ってくる）異常事態だ。下谷へすぐに来てほしい。（用事を済ませてからでもいいですか？）年の神がいなくなった！（なんで？）言葉を降ろすものがいない。（どうしていなくなったの？）連れて行かれたのだ。（どこへ？）はっきりしたことは、アマテルの言葉を降ろさねばならぬ。（みづの神さまじゃ、できないんですか？）アマテルの指示を待つか。（私が下谷へ行くと何かできますか？）みづでは現界の言葉は受け取れん。（ふ〜む、どうしよう。下谷へ行ってもどうにかなるようなものではなさそうだし…）いつかのような地震がくるのか？（↑3・11東日本大震災のことを言っているよう。どうなんでしょう…。下谷がいいのか、鳩森か違う神社がいいのか、わかりませんか？）下谷まで来てもらいたい。（わかりました。では用事を済ませたら下谷へいきます。『富士の神示』を持って、年の神さま〜！　年の神さまいませんかー？）……。（コビトいますか〜!?　キミちゃんいます〜？）キミです。（キミちゃん！　よかった〜。年の神さまはどこへ行っちゃったの？）キミは知りません。コビトはコビトの用事をしていますから。（わかりました。ありがとう）」。疲れていたけど、急いで用事を済ませ、駅へ向かう。途中、居木神社拝殿で。「（居木の神さま、年の神が下谷にいないって連絡が来たんですけど、どこへ行ったか知りませんか?）年の神？　下谷のか？（はい）ちょっと待っていろよ…。（ここで、神社を出て階段を下りはじめる）いるようだぞ。心配するな。（あ、ありがとうございました）」。帰ろうかと思ったが、下谷まで行くことにした。

4／26　**日本列島急上昇計画!?　下谷神社　みづの神**　上野へ向かう途中、〝アマテラスのところへ行った〟と八坂さんからメールがある。手水舎で「みづだ来てくれたのか。（はい。拝殿まで行く。みづの神さまいますか?）年の神：今、着いたところだ。年の神だ。八坂に聞いたか？（あ！　年の神さま。さっき八坂さんからメールが届きました）いつかはしなくてはならぬことだ。覚悟をしておけよ。みづ：みづだ。悪かったな。わざわざ来てもらわなくてもよかったようだが…。（何があったんですか?）年の神：がっかりするなよ。仕組みを動かすために安全装置を取り外した。（年の神さまが?）下谷の役目だ。（これから何が起きるの?）セシャトの仕事が始まるぞ。（セシャトの仕事ってなんですか?）みづ：今に分かるであろうよ。（せっかくここまで来たんだから、何かもっと詳しく教えてくださいよ～）みづ：書ける範囲で教えよう。（はい！）この日本列島は次元を急速に駆け抜ける。次元と次元の間には以前スサノオが言っていたように時間という溝がある。覚えておるか？（あ、はい）そこを一気に駆け上るぞ。（そうすると何か起きるんですか?）溝には仕組みがしてあるのだ。（どんな?）次元間を行き来できないような仕組みだ。（だから、月を経由して行くんでしょ?）今から、その月も駆け上るのだ。（月も通り過ぎちゃうの？　ふ～む、よくわからん）スサノオ：いいか、よく聞けよ。スサノオだ。千春たちが覚醒した理由が分かるであろうよ。（エッ？　どういうことですか？　もしかしたら、日本列島を覚醒させる?）そうだ。（↑年の神、みづの声も混ざる。中にいる国民はどうなるの?）いまはそのままでも大丈夫だ。問題はこれからなのだ。（どういうこと?）この日本を覚醒させることによって、地震や火山の噴火などの浄化が始まる。心配するなよ。ムーの風が吹いておれば、それほどの被害もあるまい。海外も同時に火山の噴火、地震、隕石（悪天候、山火事）などの災害がおこる。（つまり、八坂さんのメールにもあった、『これが合図』で世界中が大変なことになってくるということ?）そういうことだ。（あー、これから子供がアメリカへ行きますぉ～）心配するな。子には力を渡してある。被害はない。（だといいですが…）書けることは今はその位だ。年の神：年の神だ。結界を強くする。年の神も力をもらったのだ。（それでいなかったの?)**みづ：みづだ。すまなかったな。そういう理由だ。**(あれ、みづの神さまもおっちょこちょいをするんだぁ〜。なんか安心しますよ〜)**当たり前だ！人間と同じだといつも言っておるだろう。まったく、人間とはそれも知らないでいるから困ったものよのぉ。神は万能ではないぞ。ちょっと先が見えるだけだ。いいか、千春よ。**(はい)**これから八坂に言えよ。**(はい?)**八坂の力を中心に風を吹かせる。分かるな?**(はい)**豊玉はこれに強弱をつけ、調節を付けねばならん。災害が強く出そうなところは強く。災害がないところは弱くだ。豊玉にはその力がある。うまく先導して行けとな。**(はい)**千春の仕事もあるぞ。**(えっ!? 私もですか? ←ここでいきなり大音量で北島三郎の演歌が聞こえてくる。しばらくうるさくて聞こえず。…やっと通り過ぎて行った)**アマテラスの元にある仕組みを次の者たちへ渡さねばならぬ。**(それって、神示を書くことですか?)**そうだ。とにかく、イナリの元で言葉を降ろせ！**(イナリの元って、実家のお稲荷さんですか?)**千春の家にもイナリはいようが。**(お札ですね。あ、いつも年の神とかは、お稲荷さんがつなげてくれたのか！ 知らなかったなぁ)**年の神もそうだが、下界の声は上には聞こえぬものよ。それをつなげておるのがイナリの仕事だ。**(そうだったんだ…。お稲荷さん！ ありがとー！

だけど、いつも降ろしていると眠くなっちゃって、うまく降ろせませんよ〜)**言葉として降りてくることは豊玉同様、少なくなってくるだろう。**(言葉にならない言葉…? 直感ですか?)**その直感を言葉にしろ‼**(わかりました)**もう帰ってよいぞ。**(はい、ありがとうございました。再び拝殿で、では帰ります)**気をつけてな。みづだ。**(はい)」。

4／26　**八坂さんからのメール：**こんにちは。私の中にいるという八咫烏を呼んで話をしてみた所、自体が急に変わったので、取り急ぎメールします！「(八咫烏、いますか? 話せますか?)**ようやくつながったな、八咫烏だ。アマテラスの使いだ。**(すみませんでした。どうやって八咫烏とつながればいいか、よくわかっていませんでした)**八咫烏は八坂の中におる。シュンメと同じくアマテラスの仕事をする八坂には、この八咫烏のつなぎが必要なのだ。**(私をアマテラスの元に連れて行ってくれますか?)**やっとわかったようだな。石と神示を持て、目を閉じよ。**(豊玉さんに教えてもらった姿勢をとり、手に本と石を持ち目を閉じる。八咫烏が手伝ってくれている模様。喉が開きそのまま丹田に向かってエネルギーが集中していくのがわかる。鼻の奥がものすごく痛い。一瞬、体と魂が二つに分かれた感じ。そのまま目の前の光に吸い込まれていくイメージ。真っ赤な火の玉と黄金のエネルギーが重なって一つになる。

目の中がスパークしている。アマテラスの**「ようこそ、八坂さん」**という声が聞こえる。そのままその光の中で浮いている）。**八坂、そのエネルギーを融合しろ。**（このスパークしているエネルギーを融合と思うと、一瞬にしてものすごい黄金になったかと思うと、そのあと色がなくなる。無色、一体これは何？）**アマテラスと諏訪の意識が融合した。これで八坂ももっと風がうまく使えるはず。日本国中に吹かせてみろ。**（風と思っただけですごい!! 今迄にない風を感じる。その風で〝日本全土の悪い意識、飛んでいけ〟と思うと 私を中心にしてすごい竜巻がおきる。そのまま薄汚れた意識が弾け飛び、勢いよく飛んでなくなる）**八坂、そうだ、その調子だ！ 根こそぎ禍も飛ばしていけ！ 八坂の動きが合図だ。意識の低い者は覚悟することだ」**。以上です。また、風を吹かせろと言われています。また報告します。

4／27 **禍が起きそうなところ** 昨夜、夜中に目が覚めたとき、災害の起きそうなところを地図で探ってみた。千島列島の北の方、北海道十勝支庁、胆振支庁、日高沖、三陸沖、牡鹿半島、福島沖、茨城日立、青森下北半島、六ヶ所、三沢基地周辺、白神山地、秋田田沢湖近辺、佐渡島、新潟から長野、鹿島灘、千葉銚子、東京東京湾（23区を含めここは非常に強く感じる）、栃木日光、つくば、東京日野から八王子にかけて、箱根、三島、伊豆半島、大島三原山、富士山、静岡焼津、山梨白根山近辺、飛騨山脈、浜岡、浜松、愛知名古屋、伊勢湾三河湾、津、遠州灘、石川金沢、福井、若狭湾（敦賀）、紀伊水道、淡路島、兵庫県姫路、鳥取、岡山、香川瀬戸内、土佐湾沖、豊後水道、大分、雲仙岳、長崎、鹿児島…あまりの多さに心配になって、朝になってから、サマエルに相談しようと思った。身近に起きることは悪魔の力を借りた方がいいのだ。朝、『富士の神示』を手に持って「（サマエルいますか〜？ エンティティとマシットもいますか？）**サマエルだよ。**（あ、サマエル！ おはよう。いつも守ってくれてありがとう）**エンティティとマシットもいますよ。**（みんな、いつも守ってくれてありがとう!! サマエル教えてよ）**何か知りたいことがあるの？**（うん。これから日本列島が急上昇するから、各地で災害が出そうなんだけど、何か抑えるいい方法はないかしら？ 八坂さんは、ムーの風を吹かせるように指示が出ていて、豊玉さんはそれをうまく使って災害を抑えるように言われているけど、私には何も指示がないのよぉ。だから、サマエルたちの力でムーの風がうまく行きわたるようにできない？ サマエルたちのその力を私にも使えるようにできないかな？）**理解したよ。ムーの風をうまくコントロールするには外からくる強いエネルギーを遮断しな**

いといけないよ。（外から来る強いエネルギーって何？）今から、この地球は禊に入るんだよ。（禊って、洗濯されるんでしょ？）そうだよ。その洗濯機の中に放り込まれると思ってよ。だって、ムーの風をおこして、禍を取り除けたとしてもまたその渦の中に戻されるんだよ。最小限の禍は覚悟しておかないとね。（それじゃ、完全に抑えることは出来ないと言うことか…）うん。でもね、今、エンティティたちが協力してくれるって言っているよ。エ（エンティティ）：いいですか、千春さん。（はい。エンティティ？）そうです。ここに強い結界を張りますよ。それはエンティティの仲間でね。そうすれば、その中はいつもとかわらない状態になって、むしろいい状態になってくるはずです。（エンティティたちがやってくれるの？）はい。（わぁ〜、ありがとう！）もう一つは、千春さんにもこの力を分けることが出来ます。（できる!? どうすればいい？）トートの力をもってすれば容易いですよ。（私にトートの力は無理ですよ〜）マ（マシット）：心配いりません。マシットです。千春さんの中にはすでにトートの力が入っていますから。（どうやって使うの？）サ（サマエル）：増殖させるんだよ。（増殖？ サマエルを増殖させるの？ どうやって？）マシットが協力するって言っているよ。（つまり、マシットをたくさん培養するの？ どうやって？）マ：心配はいりませんよ。千春さんの中にしばらくいれば増殖…（中断…マシット、続きをお願いします）増殖するから。サ：勝手に増殖したら、千春さんもサマエルの力が使えるようになるよ。（へーッ!! それで日本中に結界を張ればいいんだね）そうそう、マシットのアンドロイドがたくさん出来て、日本中を包み込めばいいんですよ。（なるほど〜。その中でムーの風を吹かせるってこと？）マ：はい。そうです。そうすることによって、日本に隕石は落ちなくなります。津波もかなり抑えられます。そこにククリヒメの力を加えておけば、津波の被害はなくなるはずです。（なるほど〜）一つ心配なのは火山の噴火です。これは結界の中で起きることですから、八坂さんのムーの力で抑え込むしかないでしょう。その辺は豊玉さんとよく相談してください。ムーの風もやたら滅多ら風を吹かせていれば、そこに禍が生じてしまうので、そのコントロールは豊玉さんでないと難しいですよ。（エッ!? ムーの風で禍が起きちゃうの？）はい。知らされていないかもしれませんが、千春さんたちの世界でいう副作用ですよ。飛び散らかった禍の吹き溜まりに、また禍が生じてしまうと言うことです。禍は少しはあった方がいいんですよ。出してしまえば、なくなるんだから。だから、最小限の禍は出せるようにしておきます。そのくらいは大したことはありませんよ。地震にすれば、震度5～6程度です。そのくらいの地震で潰れる日本じゃないですよ。（わかりました。ちょっとびっくりさせた方が呑気な日本人にはいいかもよ）まったく。（アメリカとかはどうなの？）心配しなくていいですよ。お子さんでしょ？（はい…）コビトにレプティリアンたちを付けましたから。（あ、そうなんだ）お子さんに被害はありませんよ。（ありがとー！）マシットが体に入りました。これから、トートの力を使って増殖します。増殖したら勝手に出ていきますから、それで東京と日本全土に結界を張ってください。（ふむ、ウィルスとか微生物みたいだねェ）レプティリアンとサマエルのドームができます。（あー、体がへんだ。頭がボーッとしてきた～!!）心配しないでいいですよ。しばらく辛抱してください。（はい～）サ：サマエルだよ。千春さん。サタンとルシファーも協力してくれるって言っているよ。マシットの中にそのエッセンスを入れるよ。（はいー。何かピンク色の桜のようなエネルギーと若葉のような爽やかなエネルギーが入ってくる。これは心地よい風が吹いているようだ～）サ：サマエルだよ。千春さんには気持ちよく感じるかもしれないけど、普通の人はこの風を『恐風』といって恐れているよ。（というと、恐怖の風がムーの風の中で起きると言うことか…↑この意味は後程わかった！　台風のことだったようだ!!）

そうですよ。進化しない者には恐怖と感じるでしょう。（それって、洗濯されるの？）はい。いずれはそれも分かってきますよ。（なるほど～。みんな、ありがとー！　そうすると、サマエルの力って私も使えるの？　病気治したりとかも？）サ：できるよ。包み込んでおけばいいんだよ。マシットの体は時間が経つと消えていくから、回収しなくてもいいよ。（エッ！　消えちゃうの？）うん。トートがそういうふうにつくったんだ。（日本の結界は？）いずれはいらなくなるでしょ。その時はなくなっているよ。マシットが指示を出すから心配しなくていいんだよ。（ありがとう。すごいシステムだね～）マ：千春さん！　マシットです。だいぶ、増殖したから結界が張れそうですよ。随時補強していきますから、日本中に結界を張ってください。（あれ～、もう増殖したの？　早いねーっ!!　ウィルスよりも早いわ…）はい。千春さんの中はトートよりも早く増殖するようですよ。（ありがとう。日本列島を思い浮かべる。竹島と尖閣諸島、北方領土も入れておくか。時を司る神、言葉を司る神、護衛を司る神、マシットの分身で日本列島に結界!!　何かが一瞬ブォーッ!!　と出て、上昇気流が沸き立つ。そのあと、色とりどりの風船が日本列島を覆っていくイメージ。体が軽くなった！）千春さん、東京にも強い結界を張っておいた方がいいよ。（あ、そうだった。

東京ね。東京、東京湾、箱根…。時を司る神、言葉を司る神、護衛を司る神、マシットの分身で東京に結界!! また一瞬、上昇気流。体から何か出ていく感じ。地図を見る。まだ、大分県、豊後水道近辺の県、兵庫県、大阪府、京都府、愛知県、三陸、青森県、北海道札幌のあたりにエネルギーの山があるが、このくらいならムーの風で抑えられそうだ。世界地図をみると、アメリカ合衆国西海岸、アラスカ、チリ、ロシア東側、中国東側、中東（キルギス、ウズベキスタン、トルクメスタン、イラン、イラク、グルジア、アルメニア、アゼルバイジャン）ヨーロッパ諸国、スカンジナビア半島、地中海周辺、オーストラリア、北極圏周辺に大きなエネルギーの山がある。災害の起こりそうな年は２０１３、２０１４、２０１５年と高くなり、２０１５年が一番大きく感じる。２０１６年からエネルギーが急に変わる。今年（２０１３年）の災害が起きそうな月は6月１～2週目、7月3、4週目、8月3週目、9月1、2週目、10月3週目、11月1週目、12月4週目。２０１４年では１月2、3週目、2月1週目、3月なし、4月なし、5月2週目ここから随時多くなり、２０１５年では3月、4月は少ないものの、後半は非常に大きなエネルギーのうねりがある。２０１６年から急にエネルギーが変わる。

【２０１３年は豪雨（7月23、28日、8月24日、9月5日）台風（9月16日、10月16、23日）による災害が多発。9月2日に埼玉県で竜巻の被害。後半（11、12月）は関東圏で地震が多発した】

4／27 **三人のメール** 私：八坂さん、ムーの風をありがとう！ 昨夜、夜中に目が覚めてしまったので、地図をみて確認したら、各地に災害が出そうでした。さっき、サマエルたちレプティリアンと相談して、私もサマエルの力が使えるようにしてもらいました。それで、日本列島に結界を張りました！ その中でムーの風を起こせば、外からの影響はなくなると言われたからです。これで、強力に災害は抑えられそうです。でも、災害は外に出さなくてはまたどこかで起きてしまうそうです。だから、最小限の被害は覚悟しておかなくてはならないんだそうです。結界を張ったうえでまた地図を見たところ、かなり山が少なくなりました。結界を張っても、依然あるのが、大分県、豊後水道近辺の県、兵庫県、大阪、京都府あたり、愛知県、三陸沖、青森、北海道札幌あたりです。東京、東京湾には最強いエネルギーがあったのですが、サマエルに東京は別に結界を張るようにいわれて、張り直しました。豊玉さんも調べてみてください。八坂さん：下谷まで連日お疲れ様でした。そして、すぐさま言葉をありがとう。とうとう本格的に次元上昇が始まるのね。それで年の神がいなかったのね。豊玉さん、風の強弱よろしくお願いします。昼間、メール出来なかったのですが、あの後、日本を北海道から下に降り嵐をおこしました。その時のことを送ります。八咫烏に**“飛ばしていけ！”**と言われたので聞きました。（災害が来るんですか？）**この後、大きな地震がくるであろう。その地震は、意識の低い者にとって酷く恐ろしいことの幕開けに感じるだろう。その意識を引き上げることは、今となっては遅いのだ。そのまま淘汰されていくだろう。八坂、日本列島の災いを北から飛ばしていけ！** 感覚で風の中に入り、北海道に向かう。北海道から本格的な嵐をおこし、南へと降りていきました。私にスピードのコントロールができないようです。ただ、嵐が動かず一定時間飛ばし続けた所が何ヶ所かありました。一番動かなかったのは、兵庫、岡山。次が東北全体、特に福島。その次が大阪、愛知。鹿児島、沖縄も長かった。沖縄まで行ったところで、めちゃくちゃ眠くなる。猛烈な睡魔に勝てず、テーブルに頭をおき、寝てしまう。ここで髙橋さんからメールが来る。意識がもどって来ないなら、なにか食べるようにいわれてお茶を飲んだら やっとこちらに、戻ってきた。多分ですが、嵐が滞在した場所は何かしらありそうです。ひゃぁ、また眠くてダメだぁ。また明日。豊玉さん：髙橋さん、八坂さん、こんばんは。結界があるので、中は穏やかな風になるよう願いましたが、膿みは出したほうがよいので、こちらもなるべく穏やかにシッカリ出るように。風に大きな流れを作り、吹き溜まりのないようにしてみました。どうだろう…。

4／27 **癌細胞について** **みつけた意志の神**「（癌ってどうしてできるの？）**体の中に死んだものが入るからですよ。**（それは憑依？）**いいえ。死んだものを食べているからです。**（死んだものを食べるとどうして癌になるの？）**生きていれば支援の力が働きますが、死んだものに支援の力は働かないからです。**（その、支援の力ってなに？）**意識です。**（その意識ってどこから来るの？）**豆腐などの大豆なら死んでいても癌にはなりにくいんですよ。**（それじゃ、動物の死骸がいけないの？）**はい。**（魚は？）**魚も同じです。**（食べると消化されるでしょ？ それなのに癌と関係あるの？）**消化といっても意識まで消化されませんよ。**（あー、なるほど！ 食べたものの意識が癌を引き起こすんだ）**そうです。**（そうすると、癌というのも一種の意識だということ？）**はい。**（それで癌も生きている訳だ）**はい。**（それは動物の意識として生きているの？）**はい。**（牛とか豚とか鳥とか？）**はい。**（でも癌って人間の場合は人間の細胞でしょ？）**だから、細胞に動物の意識が憑依すると癌になるんですよ。**（動物は動物の中でも癌はできるでしょう？）**当然できます。**（それはどういうことなの？

彼らは草を食べているよ）草だけ食べている分には癌は少ないでしょう。人間が勝手に与えた飼料の中に癌を起こさせる物質、いいえ意識が入っているんですよ。（じゃあ、その意識って何よ）癌を起こす意識というのは指令を受けとめられないんですよ。（指令って体のホルモンみたいなもの？）そのホルモンを受けとめられないんです。死んだものが支配しているからです。（死んだものが支配すると どうして正常な細胞が癌化するの？）人は人としての食べ物があると言うことですよ。それ以外の物を食べたり、体の中に入れれば外国の言葉のように聞こえるんですよ。（へーっ!! それじゃ、癌細胞の言語がわかれば、癌化しなくなるってこと？）はい。（転移は？）一緒です。死んだものがその場所を離れたいと旅をするんですよ。今までのところは窮屈だから、移動したいと思うんです。（窮屈は嫌いなの？）嫌いですよ。それぞれの増殖が困難になるじゃないですか。（そこに留まっている細胞もいるよ）中には冒険したがらない細胞もいますよ。（でも、元からあった正常な細胞が癌化していくんでしょ？ どうして急に言語を忘れちゃうの？）今までの指令を受け取るには解決しなくてはいけない問題があります。（解決しなくちゃいけない問題？）愛です。（愛？）話せばわかると思うんですが、人間が勝手に自分を使って感謝の気持ちを持たないから、細胞もそうなっていくということですよ。（それじゃ、どうやって自分の体にいつも感謝すればいいの？）いままでこき使ってきたことを謝ることです。（あれ、適度な運動は必要ではないの？）そのことが必要なの…、いつも同じ姿勢で動かさなければ細胞だってストレスになりますよ。（あー、ストレスね！ それが一番の問題かぁ）ストレスは死んだ動物にも言えることです。（植物はないの？）植物にはストレスを取り除く作用があるんですよ。（へーッ！ どうして植物はストレスを取り除けるの？）過酷な環境に慣れているからです。（動物や人間にはないの？）ないから癌が出来やすくなるんですよ。（ストレスを感じると、どうして癌になるの？）一種の反乱でしょう。（癌細胞は反乱を起こしているって言うこと？）そうです。（ということは、癌細胞のストレスを取ってやれば、癌化細胞も元の細胞に戻るってことですか？）残念ながら、一度癌細胞になってしまうと、もう元には戻れません。（それは細胞自身も知っているの？）知っていますよ。それでもその状態に我慢できなくなるんですよ。（はーっ、そうなんだ。免疫力で癌細胞は死滅させられないんですか？）自分の体がおかしいと言うことは、既にその免疫もおかしくなっていると言うことですよ。（それってアレルギーじゃない？）はい。（私もあるよ。杉のアレルギー）今のうちにやっつけておいた方がいいですよ。（何をですか？）癌細胞です。これが反乱を起こすと始末に悪いですよ。（深刻だなぁ。この世の中が癌細胞をつくり出しているってことじゃない）その通り。なるべく死んだものは口にしないように心がけましょう。ストレスを溜めないように、食べ物にも気を使うことですよ。（わかりました。ところであなたはどなたですか？）神官です。意志の神。みつけた意志の神ですよ。（なんだ。ありがとー）どういたしまして」

4／28、29　地球の進化　国常立大神、アダマ「（朝から、下腹部にエネルギーが溜まってくる。家事をするのに邪魔で仕方がない。丹田に押し込むが、次から次へとやってくるエネルギーはしまいには体中をビリビリさせてくる。あ～、このエネルギー何とかならない？）理解してください。震動が激しくなっていきます。千春さんの体のエネルギーは次の力となっていきます。知らないことも頑張って降ろしてきました。震動の激しさは、日ましに強くなっていきます。この震動は時間を超越する鍵となりこの世に降り注ぎます。今、この世に吹いている風は意識を超越して伝播していきます。仕組みが段々と進み、気づかない人は心の蓋を取ることもせず、何も知らずに闇に葬られます。千春さんの体はその日本と連動しています。つまり、千春さんの覚醒が日本の覚醒となっていきます。体にエネルギーが溜まっているのはこの日本の土を上昇させるためです。八坂さん、豊玉さんもじきに連動し始めます。三人の意識が必要になります。次の次元に到達するのに、しばらく時間がかかりますが、千春さんたちの体はそれに少しずつ慣れていきますから心配しないようにしてください。（どのくらい時間がかかりますか？）書ける範囲で知らせます。国常立大神は今、日本列島を上昇させるだけの力を蓄えています。千春さんにエネルギーが溜まっているのはそのためです。（結構つらいです～）我慢してください。体に無理がかかっていますから、激しい運動はなるべく避けてください。（なんだが、やたらに眠たいのはそのせいですか？）そうです。八坂さん、豊玉さんも連動します。ムーの風がその原動力になるからです。豊玉さんのコントロールで一気に月の次元まで到達させます。（エッ!?　では、私に入ってくるのはムーの風？）はい。ムーの風を起こすための推進力と動力です。ムーの風自体は地上だけに吹いているのではなく、この宇宙を超えて吹いている風なのです。さあ、千春さん、もう少し頑張ってください。（はい、わかりました。国常立大神さまですか？）……。（いなくなっちゃった…）…暫くたってから…進化し始めていますよ。未来へ向かって、今、突き進んでいます。（現実は何も変わらず、いいお天気。ゴールデンウィーク始めで、世の中静かだわぁ）人々の中にそれに気づく人はまずいないでしょう。生きているうちは存分にその生を楽しんでもらいたいものですよ。生きた時間を通じて、超えなければいけない宇宙の進化を今、経験し始めているところです。がんばって下さい。その仕事をするのは、千春さんたち三人の仕事なのですよ。言葉として降ろせることは話していきますが、それを理解できる人は本当に少ないでしょう。地磁気が変化していきます。中心核にエネルギーが注ぎこまれていきます。ゆっくり、ゆっくり、確実にそれは起こっていきます。下に住むアマダにつなげましょう。下（地底）との通信もこれからは重要になってきます。（はい）…アダマです。久しぶりですね。（あ、こんにちは！　この間は日本の化学工場が大爆発しましたよ。『ジュウジニシロハタ』ですよ。↑『冨士の神示』4／20参照）アマテラスの仕組みがさせたようです。仮に、日本に災害が起きても千春さんの力で最小限まで小さく出来ますよ。もう、神々の加護が取り除かれた日本はこれから、事故や事件、地震や台風などの被害がたくさん出てきます。地底でも日本人の意識を上げるために、千春さんの出した本にはエネルギーを入れました。地底からのメッセージの中にそれは組み込まれています。いつかはその日本も地底の科学技術によって住みやすくなります。信じられないことだと思いますが、過去の意識はこの地球のみならず、月の中や前哨基地のある冥王星まで、各惑星に配備された都市国家があります。（太陽の中にもですか？）もちろん、我々の仲間は太陽の中にも国家を形成しています。（えっ！　あんなに熱いのに人が住めるの？）ハハハハッ。熱いのはそこに物があるからですよ。人間には信じられない能力があるのです。それは千春さんにもです。（ふ〜む、何のことだかさっぱりです）地上に住む人々には分かりにくいことですが、この世界というのは地軸を中心にした電磁気で守られていると言うことです。磁気はこの宇宙の全てを取り持つ神のエネルギーなのです。磁石という石はご存じでしょ？（はい）大きな磁石がこの地球の内部に存在しているのですよ。（あ、それは北、南の極ですよね）はい。言ってみれば、そのまわりには磁力が生じていると言うことです。理解が難しいかもしれませんが、その磁力は他の惑星にもあり、太陽はもっと巨大な磁力を持っています。（それがコロナとかフレアとかプロミネンスとか呼ばれているものの発生原因でしょ？）そう、地上ではそう呼んでいるようです。磁力というのは太陽からくる風を吹き飛ばす作用もあると言うことです。この地球が平穏なのはそのためです。（ふむふむ、磁気圏とかヴァン・アレン帯と言っていますよ）はい。太陽の熱は磁力を通り越して地上に降り注いでいますが、犯人は地球側にあるということです。（犯人？）地上の熱というのはそこに太陽からくる力を吸収する物質があると言うことです。（あ、地球があるから、太陽の光が熱く感じられるっていうことね）それは赤外線と呼ばれるものであったり、紫外線と呼ばれるものであったりです。しかし、宇宙空間は摂氏マイナス２７３度絶対零度に近い温度なのです。太陽の周りでもそれは同じです。（それでは太陽自体は熱くないの？）はい。一番熱いところでも８００度ぐらいですよ。（聞き間違い？　一ケタ違わないですか？でもかなり熱そう）ハハハハッ…。そのくらいの温度は大したことありませんよ。熱の原因はこちらにあると言うことですから。（なるほど…。どうやって防ぐの？）磁気を巧みに使い、磁気同士を結合させることにより、あらたな磁気をもたらすことが出来るのです。（その磁気って何？）千春さんたちの言葉を使えば、原子核と電子の状態がバラバラになっているものです。（それじゃ、磁気は発生しないんじゃないの？）原子核と電子の間にあるエネルギーが互いに壊れて流れをつくっているのです。（どうして流れをつくっているの？）実験してみるといいですが、千春さんの手の中にある筆記用具は炭素という原素ですね。（おお、このシャーペンの芯のことですか？　そうですよ）この中に足を入れてみることができるということです。（そんな実験できませんよー！　足に芯が刺さっちゃうじゃないですか〜。痛そう）ハハハハッ…。その実験がうまくできれば太陽系の秘密も理解できます。（むちゃくちゃな〜。私じゃ無理だ）温度や熱というのは電子と原子がバラバラの状態では伝わらないと言うことです。だから、太陽は熱くない。分かりましたか？（私は専門家ではないからこれが、地上ではそうであるかどうか知りませんが…。原子核の中性子とか陽子と呼ばれているものもバラバラになるんですか？）解体することは容易ですよ。その時のエネルギーを使っているのが、千春さんたち地上の人々が使っている原子力じゃないですか。（あ、そうか。だけど、福島の原子力発電所みたいに、津波の事故にあって制御が難しいようです）それは理解が足りないからですよ。（ふーむ、私では理解不能。ところで、熱くない太陽にも人は住んでいると言うことですね？）はいそうです。私たちは〝神の人〟と呼んでいます。（神の人？）はい。（アダマたちの仲間もそこにいるの？）もちろんですよ。神の人は地球の地上の人も仲間になれるといいと言っています。（あ、教えてください。どうして地上人は人種が違っていて、言語も違っているんですか？）地上に住む人たちは形は同じでも、中に入ってくる魂に若干の差があるからです。（魂が違うの？　でも過去世は日本人だったという外国の人もいますよ）形は同じでも魂が違うというのは地球のシステムの中でのことです。（みんな一緒ではないの？）はい。遺伝情報…。…中断…（地底のアダマの神さま〜、つながりますかー？）交信しましょう。（よかったー。つながった！　またさっきの続きをお願いします。地底にも地上と同じように言語が違っていたり、いろいろな人種がいるんですか？）いますよ。千春さんたち日本人と同じ人種の他に、意外かもしれませんが、生まれた過去の違いによって今、地底にいる人種は黒色人種、黄色人種、緑がかった緑色人種、白色人種、赤褐色人種、６人種います。（あれ？　一人種足りませんよ）中間の人種がいますよ。（中間って、混血ということですか？）赤褐色の人種のほかに赤色人種がいますが、今では赤褐色人種に含まれてしまっています。（言語も違うんですか？）言語の違いというのは、今に一つの言語に統一されていきます。体の変化もそうですが、家の下にいる人の多くは、初めて言葉を交わすのはその初めの人種のもつ言葉です。行き来している間に、いつの間にか統一されてきます。（その人種はどこから来たんですか？）さっきも言ったように、形は同じでも、その仕組みが少しずつ違っています。それはその種の中にある、星の魂が違ってい

るからです。（魂も混血するんですか？）縁はないわけではなくて、人種による縁は保たれようとします。三階に住む人の部屋が違っているように、それぞれ合う魂が供給されます。（それでは魂は交じり合わないの？）はい。混血の場合はどちらかの縁が強く出てしまいます。（それでは、白人種の生まれでも、日本人のような魂を持つこともあるということ？）はいそうです。…中断…いつまでも、その中に閉じこもっていられなくなってきていると言うことです。（それは地球のシステムそのものがですか？）そうです。千春さんのように違う星から来る魂も大勢あるということです。それは人種を飛び越えなくてはいけません。（うん、うん）今、地底の中においては千春さんたちと同じ東洋人の人種に変わりつつあります。それは魂の枠をこえた人種だからです。（人種に魂を超えるも何もあるの？）はい。白人種は今少なくなっています。（どうして？）魂の入れ物としては小さすぎるからです。もう少し進化した白人種も銀河系内にはいますが、この太陽系においては黄色人種にまとまりつつあります…中断…（神社で外国の人と一緒になってしまうと、神々の声が聞こえなくなってしまうことがよくありますが、それと関係ありますか？）はい。特に、日本人の場合はそういうメッセージを受け取る能力が優れています。もちろん、他の人種にもいないわけ

ではありませんが、この星では日本人と同じ人種は今のところ意識は高いと言えます。しかし、日本人の中にもそういった能力を失いつつある人も大勢いますから、この地球上の人種の差別というのはほとんど変わらなくなっているでしょう。（そうすると、言語というのはどこから来ているのですか？）言語も魂由来の場合が多いです。元々、違うシステムの人種や魂がこの地球に住んでいましたから、言葉の違いもかなりありました。今、銀河系内では一つの言語に統一されつつあります。なかなか言葉の違いというのは、その星々の環境の違いにもよりますので、難しいこともありますが、今に地上もその言葉で統一されてくるでしょう。（それは英語ですか？）英語も一つの方法ではありますが、心の表現をすることが難しく、どちらかと言えば日本語に近い言語になります。（地底は日本語なの？）昔からある日本語なら通じるはずです。現代の日本語では難しい表現があります。（ふ〜ん、失われてしまった日本語を勉強しないといけませんね）はい。それは心身からでる言葉となっていきますよ。今、千春さんとはこのようにテレパシーで話をしていますが、言葉として伝えられることには限界があります。それは、いずれ分かってくることですが、イメージの世界なのです。この太陽系の外へ出れば、それはイメージの世界の言語になってきます。（イメージで伝わってくるんですか？）はい。人種によっては千春さんもよく知っているウキたちプレアデスからきている人々には声帯が発達していません。それは違う言語形態で意思の疎通を行っているのです。（それがテレパシー？）一種のテレパシーとでも言うのでしょうか。地上にもクジラやイルカなどのように違う言語形態の生き物がいるのと同じです。それはテレパシーというより、音波など波長を利用した言語形態で、イメージを送受信しているのです。宇宙からくる電波もそういたイメージとして受け止めている方が言語という限られたものより、情報量が多いのです。（なるほど〜。私もそれができるようになるといいなぁ）千春さんの場合はそのイメージを言語にするのがうまいようですね。（よくわかりませんが、言葉にならない時も多くあります）それがイメージですよ。（そういうのは豊玉さんや八坂さんの方が得意です）いずれそういう（イメージによる）言語にも慣れておくことをお勧めしますよ。（はい、わかりました。もう一つ聞いてもいいですか？）心配には及びません。時間はたっぷりあります。（この3次元の中で生活している、地底の人や月の人たちは私たち日本人と同じ人種なんですか？）はい。同じ人種です。さっきも言ったように、日本人という体は宇宙においては一番適しているからです。（それは宇宙線とか、放射性物質とか有害なエネルギーに耐えられると言うことですか？）そうです。辛抱強く、勤勉な人種であり、戦いを好まないからです。戦いを好む人種は最後は自分自身を殺すことを希望してしまいます。それに気づくにはなかなか難しいでようです。（人種の優越を越えなくてはいけないと言うことですね）はい。有色人種を奴隷としているようでは過酷なことに適応できないと言うことですよ。（アメリカはそのうち地底や月の住人に対して戦争を仕掛けていくと言っている人もいるようですよ）ハハハハ…。そのようなこともあるんでしょう。彼らは戦うのが好きですから。しかし、ここに陥ったところで自然の力には勝てませんよ。太陽を支配できるだけの科学力があれば別かもしれませんが、まだ月へようやくたどり着いた段階では、この太陽系から出ることは難しいでしょう。（アダマたち、地底の人は月の他にどこへ住んでいるんですか？）今、言えるのは太陽系のほとんどの星に仲間がいると言うことです。今まではこの地球の内核を中心に活動してきましたが、数千年前からは太陽系外、銀河系外へも足を延ばしています。言葉の違いはあれど、意志の疎通は可能なのです。（そうすると、体の組織も変わってくると言うことですか？）はい。千春さんたち地上人には分かりにくいかもしれませんが、環境の変化に準じて体も変わってきます。今、宇宙から来るエネルギーに変化が起きています。この地球にもそれは降り注いでいます。そのエネルギーは太陽の数千倍以上にも及ぶ高エネルギーです。その力に耐えうる体をつくってゆかねばいけません。地球の進化が促進され、新しい地球が誕生しようとしています。それに耐えられない者たちは宇宙のゴミとなり、暗黒天体に呑みこまれてしまうのです。その世界ではもう魂という限界をこえて、新しい恒星のエネルギーとなってしまうのです。もう人間としては存在できないでしょう。今、人間として存在したいのなら、そのエネルギーに打ち勝つだけの力を付けなければなりません。それは宇宙の掟なのですよ。（暗黒天体ってラジャ・サンのこと？）そうです。天の王が舞い降りてきています。次に狙われるのは地球の地上人なのですよ。（それは進化すると言うことですか？）はい。地球内部の核が出現し、恒星へと進化するのです。（それって、太陽になるの？　この地球が太陽へ進化するっていうことですか？）……。（アダマの神さまー!!）……。（暫く沈黙が続く）千春さん、千春さんの質問には国常立大神が答えましょう。（あ！国常立大神さま…）書ける範囲で伝えますよ。この地球は破壊され、進化するのは地底なのですよ。（……）がっかりしないで聞いてください。いいですか、それに耐えられる地上人は月の内部へと移されて行きます。（月の内部って、今、私たちが見ている月の内部?)**新しい地球、いるいる星とはまさに第二の太陽のです。**(それって、私の妄想?)**妄想として聞いてください。この星は恒星へと進化することを希望したのです。**(こんなに近いところに太陽が二つも存在できるんですか?)**もともと恒星というのは伴星を伴っていると言うことです。**(では、地球がその伴星になるの?)**はい。**(それでは私たちは月の内部へ移される?)**千春さんたち三人と少しの地上人は新しい、アマテラスの支配する新しい地球いるいる星へ移り住むことになります。**(う〜ん、頭が真っ白でよくわからないよ。すごい妄想だ…)**残念ですが、今はこれ以上は伝えられません。**(わかりました。伝えにくいことを伝えてくれてありがとう。それにしてもこの神示、ものすごいスケールのSF小説になってきたわぁ〜。この妄想はこれからどうなってしまうのやら…)」。

5/1 **八坂さん銀河鉄道666《miroku》 クジラ号「アマテラス行き」に乗る** 八坂さんからのメール:昨夜の話を報告します。昨日は、ずっと自分にエネルギーがきていることを感じながら一日を過ごしました。寝る時に、髙橋さんから送られた言葉を思い出し、いろいろなことに思いを馳せていました。そうしたら、声が聞こえました。**「覚醒せよ」**誰だか分かりませんでした。でもその声を聞いて、八咫烏を呼んでいました。「(〝37〟八咫烏、私の元に来てください。また、アマテラスの元に連れて行ってください)**八咫烏だ。わかった、ハートチャクラを開け!」**最近、ハートチャクラを開くには、子どもを出産した時の気持ちを思い起こします。そうすると自然とチャクラが開き、子宮の奥に物凄いエネルギーが集まってくるのがわかります。子宮が膨らむ感じです。手で丹田のあたりを抑えてました。なんだか破裂しそうな感じがして。エネルギーが頂点に達した時、花火のようなスパークが目の中で起こり、なぜか私は自分がクジラになっていることに気がつきました。ものすごいスピードで宇宙の海を泳ぎ、気づいたらアマテラスの元にいました。前回は、アマテラスを遠くに感じましたが、今回はすぐそばまで行きました。アマテラスの優しい声が聞こえ、たくさん話をしたのですが、絶頂感の中で話しているので、何を話したかほとんど覚えていません。しかし、前回の何十倍も強いエネルギーと絶頂感で、こちらに戻ってからしばらくは放心状態でした。今度は逆に寝れなくなってしまいました。朝、ノートに汚い字で何か書いてあることに気がつきましたので、送ります。多分、アマテラスの言葉だと思います。**『一切合財の時をこえて、また新しい時がやってきます。この心の内を分かって下さい。八坂さんの仕度が出来ました。これでいつでも旅が出来ま**

す。大丈夫です。後ろの正面が見えてきます』他にもたくさん話したのに、これだけしか書いてありませんでした。このノートの言葉を読んで、夢ではなかったことを確信しました。

5／6　嵐予告「アマテラスです。千春さん、書けますか？（はい、どうぞ）嵐が来ます。知らせてください。いつまでもこの世が続くわけではありません。知らせはセシヤトが豊玉さんのところにいます。豊玉さんは体の中にある、秘密の力でこの嵐を回避してください。書けましたか？」。２０１３年は台風被害が尋常ではなかった。このことを言っていたのだろうか。

【この年の5月は、大規模な太陽フレアが多発し、巨大なコロナホールの出現、プロミネンスの噴出など、活発化した太陽活動が観測された。そのため地球では電離層の異常や磁気嵐などが起きた。言葉に見られる〝嵐〟とはこのことだったかもしれない】

5／15　御用済みになった天日津久神社のお札　突然、麻賀多神社へ行ってみたくなった。拝殿では般若心経を唱えている人がいる。何も聞こえなかった。▽天日津久神社「（エネルギーを感じる）コノハナサクヤヒメです。意識の広がりが次第に広まってきます。心配しないようにしてください。神示を書くことで人々にその意識が行き渡りました。そのうち、その意識が独り歩きしていきます。今に本当の神の意識が広まり、選択（洗濯）がされていきます。言葉の上の知識を得ることで意識の拡大がなされ更新されていきます。もう、始末する者の意識は決まりました。これからは次の者へ向けての神示になります。（いつも言ってますけど、もう本は出せませんよ～）今、出さなくてもよいです。意識の波及が済んだら今、降ろしている分をまとめてください。仮に伝えるとすれば、仕組みを伝えてください。（仕組みって、何の仕組みですか？）過去から未来に向ける仕組みです。（具体的には？）この世の崩壊が始まっています。いずれ、それは分かってくると思いますが、今なすべきことをしてください。心の中にあるものを探してもう一度そのことを復習してください。過去の思い出はなるべく整理して不必要なものは切り捨ててください。それは人に対しても同じです。不必要に言う言葉を…（参拝客がきて聞こえず）…。（いなくなったので再び社の正面に立つ）言う言葉を選んでいませんか？　不必要な言葉をかけていませんか？（何が必要で何か不必要なのかわかりませんよ）生きるためにつらくなる言葉をかけていませんか？　死の恐怖を匂わせていませんか？（ふ～む、本人は気づいていないかもしれません）仮に、本人が気づかなくても、そういう人に出会ったら、その人との付き合いは最小限にしていきましょう。言葉の中にある理解が人を和ませますよ。出しゃばり過ぎはその人をダメにします。頼り過ぎもそうです。そういう人は切って行きましょう。そうしなければ、それが重みとなって次の次元へは上昇出来なくなるのです。今、この地球に降り注いでいるエネルギーはこの世のものではありません。過去からの力が甦り始めています。昔の知識がこの世を覆い、未来へ向けて歩みが進んで行きます。意識を過去から未来に向けてください。この世に降り注ぐ力が強くなれば、破壊がさらにひどくなり、体をも破壊へと向かって行きます。（また、このお札にエネルギーを入れてくれませんか？ ↑家から持って行った天日津久神社のお札のこと）必要ないです。この札は過去のエネルギーです。（そうそう、持ってくるのを忘れてしまったのですが、『冨士の神示』ができ上がりました！）はい、分かっています。よくここまで来てくれました。気をつけて帰ってください」。▽拝殿「（麻賀多の大神さまいますか〜？）ワクムスビです。今日はよく来てくれました。約束は果たせました。（遅くなりましたが、本ができ上がったんですよ。ありがとうございました）ここの者がそう言っていました。心配なさいませぬように」。▽大杉「千春さん、国常立大神ですよ。続きの神示はしばらくお休みしましょう。次の機会でいいですよ。古いお札は祓戸へ持って行ってください。（新しい物が必要ですか？）もう、必要はありません。（お稲荷さんの社の中にもありますよ）過去のものですから、見知らぬ神社へ持って行ってください。そこで、お祓いをしてもらいましょう。（わかりました）もう分かったと思いますが、ここの神社に日津久はいませんよ。日津久は過去の者たちのところへ降りて行ってしまいました」。この後、下谷神社へ行き、実家へ向かう途中、東京のシンを調べたら細く薄くなっていた。急いで、シンを作り直し、とりあえず結界を張っておいた。その時、感じたのは東京の西側のエネルギーが強かった。三鷹とか調布とか八王子方面。なにが起きるのだろう。

5／16　下谷神社「（朝、年の神から下谷へ来るように言われる。年の神さま、こんにちは！）声が聞こえるか？（あ、年の神さま！　聞こえます）アマテルだ！　間違えるな！（あれ〜、すみません）言葉を降ろす。ここの下谷も今回ばかりは役に立たん。（はぁ？　何のことですか？）地震だ。（今朝、年の神さまが言っていましたよ。大きな地震が来るって）言葉を降ろすぞ！（どーぞ、椅子に座ってもいいですか？）椅子か、まぁ、よいだろう。ここも仮の世界だと言うことを忘れてはならぬ。（あ、はい…）今、言葉を降ろすと言うことはこの世界の崩壊が始まると言うことだ。破壊だ。いよいよ始まることになる。（どうしたらいいですか?）八坂と豊玉に連絡しろ。ムーの風を起こし、都内に起こる破壊を抑えろ！　千春は…（外がうるさくてうまく聞こえない）結界を強めよ。下谷の力はもはや及ばぬ。この破壊は今のアマテラスが引き起こす。進化するための破壊なのだ。震度の調節は国常立大神がしてくれと思うが、今の現状からして、ジンミンによる導きが強い。いいか、八坂と豊玉に言え。このジンミンの意識を吹き飛ばし、本来のエネルギーを導けとな。千春の結界により、最悪の災害は防げるであろうが、震度は国常立大神の手にかかっておる。進化する者が少ない世の中は破壊の渦の中にいるようなものだ…。（わー、赤ちゃん連れ親子ともう一人、大人がやってきて話している。聞こえない…裏へ回る）書けるか？（はい）この続きはそれぞれに言い渡す。下谷へ来る必要はない。書けたらもう良いぞ。（はい。わかりました。私はどうやって結界を張ったらいいでしょう）シンの調整をしろ。破壊が進めば、シンが薄れてくる。（天軸のことですか?）そうだ。富士の世の天軸だ。（シンの調整をして、東京に結界を張るんですね?）そうだ（わかりました）」。

【5月18日14時47分ごろ福島沖でM6・0、最大震度5強の地震発生。東京は震度1~2だった】

5/24　日津久の神の再生　実家のお稲荷さんに天日津久神社のお札を処分するように言われた。社から下げ鞄にしまったのだ。このお札を持っていたからか、帰りのバスの中でこんなことを言われた。「日津久は死んだのだ。死んだのだ。（どなたですか?）日津久の神は死んだのだ。（お札を持っているから聞こえるの?）死んだのだ。いらんぞ。日津久はいらん。（神功皇后さまですか?）そうじゃ。神功皇后じゃ。いつまでも日津久にこだわってはいかん。（はい。このお稲荷さんのお社の中にあったお札はどうしますか?）今晩、燃やしてしまえ。（そんな、勝手には燃やせませんよ）燃やせんのか?（だって、火事だと間違えられてしまいますよ。そういう世の中なんです。勝手に火は炊けません）不便な世じゃな。（まったく…）煮る、炊きはどうするのじゃ?（燃える空気が家の中まで来て、それを燃やして煮炊きするんですよ。ガスって言っています）今の内じゃ。そのガスというものも、今にそのガスもいらんようになる。（あ、電気で調理する器具もありますよ）日津久は鍋に入れて燃やすか?（ゴミ屋さんに出せば、800度以上の高温で燃やしてくれますけど…）いらんものは早く処分するがよい。（えっ!?　ゴミ屋さんに出すの?　ゴミと一緒に燃やされてしまいますよ）日津久の最後だ。その煙が、日本に結界をもたらすのじゃ。（八坂さんとか豊玉さんちにある日津久のお札もですか?）いらんもんは処分せよ。燃やせ。（わかりました。伝えておきます）」。暫くして、夕方、日津久のお札とライターを持って外へ出た。年の神に「日津久は死にました。やすからに成仏します」。と、そんなように言われて「成仏するんですか？」と尋ねたら、「安らかに眠ってください」と言われた。不思議な感じ。風が強く、お札はなかなか燃えず、表面の字だけ燃えた。年の神が「それでいいですよ」と言っていたのだった。「日津久は死にました。亡骸はゴミ屋さんに出してください」。愛しい千春さんに会いに新しい日津久が来ます。

暫く後、肩と首に異常な違和感。「生まれ変わった」と言う日津久の神が来る。私の力が強くなったと言われたが、実感なし。「日津久です。破壊は新しい日津久を誕生させました。人間にはつらいエネルギーとなって、今度は破壊を促す神となりました。破壊が進めば、新しい地球が目覚めます。千春さんの体には新しい日津久の力が入り、人間の刈込をしていきます。いつまでもこの世は続かないのです。人間の刈込が始まれば、伊勢神宮のアマテラスが本格的に動き始めます。家にいるばかりでは進化は出来ません。自分の家を壊し、隔たりのない世界へ自分を置くようにしなければなりません。書きましたか？（はい。もう、日津久の神さまは麻賀多神社には帰らないのですか？）あそこは過去の日津久の家。新しい日津久は千春さんの家で誕生しました。（お札も社もないですよ）いりません。この家が日津久の社になるからです。書いたらいいですよ。（では、麻賀多神社へは行かなくていいんですか？）はい。日津久はここにいます。（八坂さんや豊玉さんはどうしたらいいですか？）いらない日津久の札は全て燃やしてください。そうすれば、新しい日津久が誕生します。（燃やしたあとの残りは？）空にもう用事はありません。そのままゴミとして出してください。（わかりました）千春さんの中からすごい事業（授業？）が始まります。（…？）」。

5／26　年の神「いままでの日津久とは違う日津久がこの世の中にいます。日津久の仕事は日を継ぐ者には破壊を促します。自己の意識をさらに深めるために、自己の壁を取り払っていきます」。

5／27　選択（洗濯）がはじまった　中目黒八幡神社「神功皇后じゃ。仕組み、選択（洗濯）をしておる。心配するな。次の者はもう決まっておる。アマテラスの指示に従え。生き地獄じゃ。心の整理が出来んもんは破壊の波に呑まれるぞ。忙しくなるのぉ。フエン（不縁？　不憫？）なことよ。人間もここらで腹をくくらんとな。命ばかりが生きるでないぞ。鏡の中の自分を見つめよ。鏡の中の自分の行いに気づけよ。生きることの意味を知れよ。急がねばならぬぞ。急がねばならぬ。アマテラスの指示が降りたら最後じゃ。もう、後には引けんぞ。（アマテラスの指示はいつごろ降りますか？）まもなくじゃ。急げよ。急げよ」。▽末社三峰神社「（急にイザナギの名前が出て来なくなって、う〜ん、と悩んでいた）苦しくないぞ。今頃気づいても遅いのじゃ。簡単には変えられんぞ。意識の選択（洗濯）が進めば、生き残る者もいまい。言葉の意味が分からぬやつらほど、うんちくを垂れるのだ。空からくる命の色が変ったら、不吉な者どもが一斉にこの世の中を襲うぞ。その前に結界を強めろ。各人に伝えろ。それぞれの任務を遂行しろと。八坂、気を抜くでない！　それでは守れぬぞ。豊玉、下谷のアマテルに従え。千春は次の世へ生き残れるものに知らすのじゃ。心の整理をしておけとな。心の整理がどういうことかも伝えてやれ。生き地獄はいつの間にかこの世を襲うのだ。一人ひとりの心にそれは起こる。心の陰にある意識をくみ取れ。その意識に従うのだ」。

第三章　予言と現実

２０１３年2月15日にロシアで起きた隕石落下は、ノストラダムスの予言を彷彿させた人もいたのではないだろうか。本文にも示したが、隕石のことは２０１２年に既に神々から言い渡されていた。そして、２０１３年に入ってからは東京にも隕石落下による大津波の影響が出そうだと言われていた。他にも隕石にまつわる予言や大津波の予言があるか、ネット上で検索してみた。驚いたことに、複数のサイトから、それらの予言を見つけることが出来たのだ！　その中において、東日本大震災で起きた大津波以外の予言でいくつか拾ってみると、12世紀にヒルデガルトという人が千年先に「はかり知れぬ力を持つ大彗星が海に落下。大津波が起こり、世界が大洪水に見舞われる」と予言していたという内容のものがあった。東日本大震災を予言したと言われている松原照子氏が２０１２年の年末に、隕石落下の予言をしていた。そして、日本にも落下しそうだと言っている内容のものがあった。さらに〝大洪水〟といった予言では、米国エモリー大学の数学者、コートニー・ブラウン博士という人が２０１０年に行ったリモートビューイング（遠隔透視）で、２０１２～3年のいくつかの都市の光景を透視したという内容のものがあった。博士はその結果を踏まえた未来予測をし、その内容は、二つのタイムラインがあり、片方は巨大な太陽フレア、巨大な流星、大津波、世界的な洪水が起きて未曾有の大惨事になるという終末論的な予測。片や、地球は黄金時代に入り、人類の暮らしは平和で調和に満ちたものになるという予測をしたという内容だ。そして、これは予言とは違うが…。2013年3月31日にNASAの長官が、4月上旬までに小惑星が地球に衝突する可能性を示唆し、対応策は「衝突しないことを祈るしかない」と言ったというニュースがあった。小惑星に関して、『Space Weather』の発表によれば、2013年5月から8月までの間に、比較的大きいサイズの小惑星が地球に接近し、3カ月間で10個の小惑星が接近するとの予測が出されていたようだ。

2013年が過ぎてしまった今、思い起こせば世界中で異常な気象による大雪、高温、台風被害、山火事、地震、火山の噴火などが頻発したが、地球が破壊され人類が滅亡にいたるような隕石落下や大津波による未曾有の大参事にはならなかった。だからといって、コートニー・ブラウン博士の言葉にあるように、今が黄金時代とも言い難い。私に降りてきた神々の言葉では『富士の神示』の帯にも見られるように「いよいよ始まるぞ。覚悟しろよ」と既に災害があることをほのめかされていたのだ。2013年に入ってからは、地球の禊が始まったことを告げられた。4月9日の言葉の中には『一生に一度のイベントがはじまる』とある。それら神々の言葉から推測すると、近々地球が破壊されるような磁気嵐と隕石の落下が起き、津波が発生して、富士山、箱根山の噴火も伴う大惨事になる可能性が〝あった〟ということだ。２０１３年４月に透視を行った、コートニー・ブラウン博士の予言で、『２０１３年６月１日正午に「世界はとんでもないことが起こっている」、巨大な太陽フレアが発生し大地震、津波、火山噴火などがいたるところで起こり沿岸部は壊滅する』と言っているサイトを見つけ、ゾッとした！　実際に起きた現象では、２０１３年５月28日から31日には太陽に巨大なコロナホールが出現。その影響で、５月31日に〝急始型の地磁気嵐〟が発生した。そして、６月１日、直径約２・75㎞の地球近傍小惑星１９９８ＱＥ２とその衛星が、地球から約５８６万㎞の距離まで最接近したのだ。磁気嵐に関しては、運よく活発な黒点群が地球の正面側を向いていなかったことが幸いして特に被害などはなかった。情報通信研究機構のホームページを見てもこの時、大きな太陽フレアは起きていなかった。もちろん小惑星も地球に落ちることはなかった。予言が外れたと言ってしまえばそれまでなのだが、私が受けた言葉の中には、それら災害を阻止するための言葉が多数みられる。妄想かもしれないが、私は火山活動や隕石を阻止する力をもらったようだ（３／７鳩森八幡神社の言葉）。３月16日にはエノックから津波回避予告を受けた。３月17日、月面に流星が衝突。そして、再びその後、隕石落下予告があった。６月１日に接近した小惑星のことを言っていたのだろうか、４月７日には、これから飛来するであろう隕石の軌道変更をさせられたようなのだ。東京は年の神によって守られていると言われた。しかし、

4月21日には隕石の軌道が東京方面に向いていることが分かったようだ。とうとう、私たち三人の力の及ばないところまで来てしまったのだろう。隕石、津波、地震（火山活動）、磁気嵐、これらの被害から地球を守るために、いや、私たちを守るために、神々は急激な進化を決断したようだ（4／22の言葉）。それによって、予言にあるような壊滅的な破壊から普通の災害へ（といっても神々のやることは荒っぽいから、災害も尋常ではなかったかもしれないが…）移行したのではなかろうか。これでも大難が小難に変更されたと思ってよいだろう。日本が、世界が、私たちの仲間が予言通り破壊され消されることはなかったのだ!!　国常立大神がよく言っていた言葉を思い出す。「予言通りにはさせませんよ！」。神々はこのようにして日々、未来のベクトルを調整してくれているのだ。

しかし、何度も言うように、神々のやることは荒っぽい。そのこまかな防御は自分自身で行わなくてはならない。たとえ災害に巻き込まれたとしても、一瞬の判断で命拾いすることがある。東日本大震災のときも、一瞬の差で難を逃れた人も多かったと思う。今、この文を書いているひと月ほど前に韓国南西部の全羅南道・珍島近くで客船「セウォル号」の沈没事故が起きた。多くの修学旅行中の高校生が犠牲になり、なんで助けられなかったのか、なんともいたたまれない気持ちでいっぱいだ。亡くなった方々の御冥福をお祈りしたい。何の手立てもなく、亡くなった方が多い中、その中に救助された方もいたわけだ。その生死を分けたものはなんだったのか。そこに注目すれば、それは彼らの自分を信じた一瞬の判断だったと言えるだろう。「個人の災害は個人で防御せよ！」と神々には言われている。〃自分を助けられるのは自分自身だ〃と言っているのだ。そういう意味では、東京に住んでいる人は幸運かもしれない。不公平と思われるかもしれないが、東京は下谷神社の御祭神、年の神や周りの神社の神々で守られているようだから。２０１３年に起きた東京の災害は他の地域に比べれば穏やかだったと思う。台風26号の影響で大島にあれだけの被害が出たのにだ。同じ東京都でも大島まで結界が張られていなかったことがこの時、分かったのだ。あの猛烈な雨をもたらした雲がもう少し北側を通過していたら災害に弱い東京などは確実に水没していただろう。地震に関してもそうだ。東日本大震災から東京は守られた。２０１３年の後半には関東地方でＭ５以上の地震が頻発したのだが、都内の震度はほとんど1～2、もしくは3でおさまった。２０１３年、全国で被害が出たのに東京が平穏なことは不思議な現象だと思う。しかし、その中においても台風により被害を蒙った人もいた。災害だけでなく日常においても事故に遭う人もいる。被害を蒙るか蒙らないかは、その人の、その時の一瞬の判断だと思う。日々の生活でもそうだが、一瞬一瞬の判断が自分の未来をつくっているのだ。病気にせよ、悪運にせよ、それはその時その時の判断の積み重ねの結果だといえる。自分の甘さから他人や情報に頼っていれば、破壊へと導かれてしまうのだ。なぜなら、それがこの世の、この文明の方向性だからだ。今の世の中、自分自身での決断を望まない人が大多数だろう。他人を頼り、情報を鵜呑みにして日々の生活に翻弄され、今やるべきことを後回しにし、先送りにする人生。一瞬の判断に重きを置かない選択をする人々。それが悪い訳ではない。そういった現世利益に流される人生が悪い訳ではない。それも自分が下した最良の道なのだから。神々はそういった人々の判断を常に尊重し、その道を阻むことはしない。それが、どのような結果になるにせよ、手を出すことはない。逆にいえば、苦しくても、危険であっても助けることはない。なぜなら、その道を選んだのはその人自身だからだ。その人自身が好んで今の状況をつくり出していると神々はみなす。しかし、本来、神々はこの世の利益に流されることを望んではいない。神々の目標は心の成長であり喜びだ。現世利益では神々のいう真の喜びは得られない。本当であれば、多くの人に喜びを与えたいと思っている。それも最上の喜びをだ。孤独も悲しみ憎しみもない世界へ導こうとしているのだ。神々は喜びの道に導くよう、密かに忠告をしたり警告を発したりしている。そこに気づくのも、気づかないのも個人の自由だし、それについて行くのも、ついて行かないのも個人の自由、個人の選択なのだ。喜びへ続く道への判段とは神の常識そのものである。この〝神〟は一般に考えられているような神社でご利益を頂戴する神とは基本的に考え方が違う神だ。この〝神〟の正体は自分自身に潜む自分自身のことなのだ。そういう意味では現世利益とは程遠い自分自身であり、〝神〟だろう。そこにはプライドも学歴も業績も名誉もお金も見栄も流行も科学も医学もこの世の情報も他人も甘えもないのだ。究極的には命もない。あるのは、神の常識、神の哲学である。それが喜びへ通じる考え方であり、神々が望む本当の意味でのみろくの世、世界なのである。ここまで言って気がついた方もいるかと思うが、みろくの世とは集団で神や誰かが形成するのではなく、個人レベルでつくられる世界のことなのだ。この世の常識からではその世界を理解するのは難しいだろう。そこに気がつかないシステムがこの世にはある。なぜ気がつかないかといえば、この世の常識そのものが自分自身を阻むからだ。神々の喜びを切実に望む人はこの世の常識を捨て去らなければならない。この世と逆行するという強い意志を持つことが必要だ。さらに付け加えれば、危機一髪の判断にこの世の常識は不要なのだ。この世の常識は矛盾が多いことを知っておいて頂きたい。たとえば、生命を尊重する考え方と戦争や兵器は相反するようにだ。言葉は悪いが現代の常識からすれば、過去の英雄のほとんどは〝人殺し〟だということも挙げられるだろう。昔は人殺しは悪ではなかったらしい。このように人の常識とは時代によっても移り変わっていくものである。しかし、神の常識は不変であり、矛盾がない。みろくの世へ進む人々は、自分の心を支配している、この世の常識を見つけ出す検出器を自分自身に設け、日常の矛盾している常識を発見する努力をしていかねばならない。情報は過信せず、あくまでも自分自身の判断で一瞬一瞬を決断し行動していく勇気を持つこと。そうすることが、自分自身を助け、災害や事故、事件から身を守ることにつながるのである。

第四章　太陽異変と私たちへの影響

最近、太陽活動の異変が言われているようだ。『太陽に何が起きているか』常田佐久著によれば、太陽の基本的活動周期の長期化及び、太陽磁極が２０１２年より2重極構造から4重極構造へ変化しているという。さらに近年は、黒点のほとんどない活動低迷時期があったかと思うと、突然活発化し、大きなフレアが発生したりだ。大きなフレアが起きれば、高緯度地域にはオーロラが発生する。こういった太陽活動の活発化（異変）は昔からあることであり、聖徳太子の時代にも日本（低緯度）でオーロラが見られたらしい。ウキペィアによれば、古代は『赤気《せっき》』とか『紅気《せっけ》』と呼ばれた。１７７０年にあったオーロラは大規模なもので、北海道から九州までの広い範囲で見られたようだ。しかし、近年では〝巨大太陽フレアが発生した後に、大地震が発生する〟と言われている。科学的には解明されていないようだが、過去の例で、そう指摘されているらしいのだ。元禄地震（１７１３年）の時期も、巨大フレアや黒点の減少など、太陽の異常現象が起きたとされている。調べてみると、東日本大震災のときも前日に太陽フレアが発生し、磁気嵐の真っただ中で地震が発生していた。ＮＰＯ法人日本地震予知協会のホームページによれば、地震のエネルギーは太陽の供給する磁気エネルギーだとする説もある

（佐々木洋治氏の理論）。そして今、昔にはなかった異変が地球に起きている。それは異常気象や火山の活発化、大地震だけではない。気象庁地磁気観測所のホームページに掲載されている地球磁場のグラフを見ると、地球全体の平均的な磁力が減少しているのが分かる。地球磁場は太陽風からの悪影響を防御している磁気圏やヴァン・アレン帯と密接に関係している。地表の磁場強度分布図から一番減少しているのは日本の真裏、南大西洋、南米大陸（ブラジル）のあたりだ。このあたりは太陽風による粒子の防御が薄くなっているということが言えるだろう。さらに、それだけではなく、大気電場の経年変化のグラフ（茨城県柿岡）をみれば、大気電場も減少している。１９５０年から１９６５年にかけて減少した時期があったが、ネットで検索してみるとこれは〝原水爆実験の影響によるもの〟らしい。しかし、１９９０年ごろより再び、急激に減少している。この現象は現在も進行中である。こちらの原因は不明のようだ。原水爆実験の影響と同じ影響が自然界の中で起きているのだろう（グラフからでは、津波で被害にあった福島第一原発の影響はそれほどでもないようだった）。大気中の電気伝導率を上げているものは大気中のイオン濃度であるから、大気汚染、気象現象の他に太陽や宇宙からくる電磁波の一種である宇宙線（放射線）や、地震で起こる岩盤の崩壊のエネルギーなどが主な要因になるだろう。太陽黒点が少ない時は地球に降り注ぐ高エネルギーの宇宙線の量は増えるという（２０１０年ごろには観測史上最大値を記録したらしい）。一般的には地中の影響の方が大きいとされている。地震のエネルギーが重力波等を通して電離圏まで影響を与えることはよく知られていることなのだそうだ。よく耳にするのは地震の前兆を電波で測定するという方法だ。地震が起こる前、地盤に圧力が加わると地面がプラスに帯電し地電流が発生する。その影響で上空（電離層）では地面と反対のマイナスに帯電し、電波の乱れを生じるというのが理屈のようだ。また地震前兆の電気的な変化を磁力線の雲の形でとらえたのが、先ほどの日本地震予知協会、佐々木洋治氏の地震発生理論だ。佐々木氏の著書である『雲にきこうよ』にある地震発生説を簡単に記せば〝太陽からくる磁気団が地球内部に入り込み、地球内部のマントルの磁気を増大させる。自転速度の平衡を保つために余計な磁気を放出しようとして磁気を伴うマントルが活発になり、余計な磁気エネルギーを地表へ運ぼうとする。そのエネルギーは地殻の中に蓄えられ、定期的に解放させようという運動が生じる。これが地震活動の根源にある〟と。さらに地震のエネルギーが蓄えられているときは地磁気にも異常が起き、重力異常（ブーケ異常）も観測されているとある。磁気圏の変化によって、地表に届きやすくなった太陽の磁気が地球内部に入り込み、月の引力などがきっかけとなって地震を活性化させ、大気の電気伝導率にも影響が出ているのか、地球磁場の減少によってヴァン・アレン帯の効果も薄くなり、太陽活動の低迷から高エネルギーの宇宙線が地表に降りやすくなってきているのか？　素人の私ではこれ以上のことは分からないが、今までにない活動になった太陽の影響が、より大きく地球の内部に変化をもたらしていることは確かなようだ。そうなると、極移動（ポールワンダリング）や異常気象、温暖化もその一つの影響だと推測される。太陽や地球の異変はそのまま、私たちへの異変につながっている。太陽や宇宙から来るエネルギーは地球の気象や地震に影響するだけでなく、私たちの内部にも影響していることに気づいてほしい。磁気嵐は血栓を誘発し、心疾患のリスクを高めるという説を唱えている医師もいる。天候の変化が精神疾患に影響が出るように、磁気嵐も精神疾患に影響し、脳に悪影響を及ぼし暴力的になると言う医師もいる。偶然だろうか、２０１３年10月８日に起きた東京三鷹の女子高生ストーカー殺人事件も磁気嵐の時期と重なっていた。心電図や脳波だけでなく、私たちの体の仕組は、神経伝達に陽イオン（＋の電荷を持つイオン）が作用していることは既に分かっている。食物から私たちが利用可能なエネルギーに変換する、エネルギー代謝システムも電気的な作用が関与している。細胞膜の物質の輸送も電気勾配によってなされている。つまり、私たちの体というのは電気仕掛けなのだ。磁気圏が弱くなっている今、太陽や宇宙からくる私たちに有害なエネルギーも地表に届きやすくなっていることだと思う。電磁波である放射線は体の癌化を促進させ、プラズマ（＝電気を帯びた陽子や電子などの荷電粒子）は精神や脳、体に影響することも考えられる。実は、神々が既にそれを言っているのだ。『神経』という字を見ても分かるように、神の経（みち＝経路）だ。宇宙からくるエネルギー（＝神のエネルギー）は私たちの神経を伝わってくる。そして私たちの心に大津波を起こすと言われている。つまり、神経系に影響を及ぼすと言っているのだ。これからますます宇宙からくる神のエネルギーは増えてくると言う。それは、私たちが所属する天の川銀河の中における太陽系の位置が関係しているらしい。これは以前に教えてもらったことだが、今、私たちの太陽系は銀河の中心からやってくる電気的なエネルギーの通り易いところに差し掛かり、これから通過しようとしていると神々は言うのだ（余談だが、神々から聞いたこの話が２０１３年4月号の学研の月刊誌『ムー』に載っていてビックリした！）。あれから10年以上たった今では、この影響は大きくなってきているだろう。太陽に起こっている異変もそのためかもしれない。鬱など神経疾患が増えている現実から、ますますその傾向は増えてくると思える。それは、いままで見ようとしなかった自分が出てきて自分自身を襲うということだと神々は言う。その結果、本来の自分と、現実に生きる自分との間にギャップが生じ、悩みとなり、ストレスが溜まって病へとつながってくると言うのだ。最近、何かに悩む人が多いように感じる。それは八坂さんに来る相談ごとの多さからも分かる。では、私たちはどうしたらいいのか？　その宇宙からくる電気エネルギーをどう扱ったらよいのか。

神々は「全部通してしまえばいいんですよ」とあっけなく言う。つまり、電気抵抗をなくせ！と言っているのだ。悩みの原因の多くは自分の心を見ようとしない自分自身にあるようなのだ。それは本来の自分自身への抵抗なのだろう。抵抗すれば抵抗するほど、苦しさは増してくる。

そこに、今までの考え方を変えない自分（＝抵抗）がいることに気づくことだ。世の中は宇宙規模で変化している。周りの環境の変化に抵抗していれば、いずれ潰されることになる。これがこの世の崩壊だ。今、出てきている本来の自分自身とはなんだろうか。神々が望むことは〝心の成長〟である。本来の自分とは成長したがっている自分自身の心なのだ。そこに現実に生きる自分が抵抗になってくる。つまり、本来の自分自身の心の成長を阻止しているのは、現世利益を求めて生きている自分なのだ。本来の自分自身を見ようとしない自分に問題がある。

このことをこの世の教育制度に例えるなら、義務教育の中学校を卒業し、高校レベルへ移行している時代だ。さらに、近年では、今までの旧課程から新課程に移行した段階である。全ての人が高等教育を受けるわけではないが、今、苦しい思いをしている人は高等教育を受ける資格をもった受験生なのだ。目の前の試験問題の難問が解けなくて苦しんでいる（＝抵抗）と思っていただきたい。全ての設問は新課程（進化程）を基準につくられている。そこに今までの旧課程（休暇程＝ゆとり教育）の考え方を持ってしても受験に失敗するだけなのだ。それではいつまでたっても浪人だ。それは受験生にはつらく苦しいことになる。受験を成功させるコツは自分の苦手を見つけること。苦手（＝抵抗）を克服することだ。苦手は何か、苦しいと思うことは何か、なぜ、それが苦手で苦しいのか、なぜ、その状態がいけないのか、なぜ病がいけないのか、なぜそのことが頭から離れないかなど、〝なぜ〟を問いかけながら心の内をノートに書いていく。それから、書き記したノートを客観的に見直し、そこに頻繁に出てくる単語や語句、ついシッタカブリで書いてしまった語句の意味を丁寧に辞書で調べてみる。知らなかったり、気になった言葉の意味は面倒がらず、辞書で一つひとつ意味を調べることだ。その意味は辞書ではなんと言っているのか？　という好奇心を働かせて調べていく。孫引きに孫引きして、調べられるだけ調べていく。そうすることが解答へつながる〝きっかけ〟（＝気づき）になるのだ。辞書は意外な自分を教えてくれるいい発見機（書？）になる。それは他の設問も同じ方法で解ける。これから高等教育を受けようとしている人は、今までの旧課程の教科書（＝常識、思い込み）、参考書（＝情報）は捨てて、新しい教科書（＝自分自身の心）、新しい参考書（＝辞書）を手に新しい回答方法で受験に挑んでいただきたい。設問が解けることで、抵抗がなくなり神の径路が開けてくる。開けてくれば精神に影響を及ぼすこともなくなり、心も体も悩みや病から解放されてくる。医学的数値では病気と診断されてもだ。なんとも清々しい気持ちになるだろう。神経が開けることによって、みろくの世に生きる体へと変化してくるからだ。これを言いかえれば『心の浄化』になる。この世の多くの人には難しい試験だが、一人でも多くの人が難問の答えを得られることを私は望んでいる。

第五章　神々の地震理論

神々の言葉と科学的なつながりは調べていないが参考にして頂きたい。

２００７年11／15　マシシ「無意識の領域にいるマシシです。耳がつながっています。すばしっこく今を伝えます。神です。遥か彼方の神界より指令を出している、暗い雲の中のみんなに光の伝令をするものです。最近は空気も変わってきています。やがて、いい空気に包まれるようになります。心配しないでください。待っていてください。地震はサマーイン（↑太陽のこと？）の力で起こります。古いものが支配していれば災害は起こらないものです。心の凝り固まった意識が固い地殻に強いエネルギーを送ります。3つの方法があります。ひとつはみんなの意識の反発。ふたつ目は自分勝手な行動。みっつ目はびっくりしたことのみんなの嘆き。これらの意識は地震の波長とよく合います。積もり積もって、地震という形に発展していきます。腑に落ちないことは神々の意外な指示で解決されます。耳がそれを伝えるのです。地震は人々の意識なんです。心の中の意識とつながっています。もう少し、詳しくお伝えしましょうか？超能力という言葉がありますよね。超能力というのは人間に備わっている特別な力ではないんです。知らない間にみんな使っているのです。実験してみるといいですよ。自分のなりたいことを一生懸命意識します。時間はかかりますが、それにだんだん近づいている自分に気がつくはずです。邪魔さえいなければその人の実力次第でどんどん強い力が発揮でき、最後は自分に合った、なりたいことが実現できるのです。でも、人間というのは欲が深くて、数えきれない選択肢の中からどの方角が自分に合っているか狂わせているのです。自分の欲はその人の心の中から出てくるものなんです。厄介なことも尽きるところ、その人の欲で選んだものだということです。彼らを支配している者たちは苦しみを与え、最悪の状態をつくらせようとします。新しい考え方を拒むんです。そうでもしなければ、彼らが生きていけないからです。人間はそういう欲に翻弄されているのです。地震は地球のさりげない信号なんです。では、どうやって信念が地震になるのかお話ししましょう。狂う指示が解き放たれ、震源地のエネルギーが次第に高まってきます。震源地近くのエネルギーは地盤の位置をずらさせるんです。分からないかもしれないんですが、これは地殻の上にある…分かりにくいと思いますが…カクという細かいヒビが徐々に動くんです。少しずつカクというヒビは隙間を縮めるように移動するんです。信じられている地震の構造は、大きな板の沈みこみと思われていると思いますが、実は地殻の表面はヒビだらけなんです。山もヒビと反対な状態。いずれ、地殻のヒビも大きくなって、下にあるドロドロしたマグマが吹き出します。隙間は裏側の膨張で起こるんです。地殻の裏側です。裏側の状態を話せば、自転の向きに流れるマグマの構造を説明しなければなりません。アジアの下のマグマは赤道あたりでは速度が速く、極の付近では異常に遅く活動しています。狂ったよじれは地殻の隙間に隙間をつくるんです。隙間の異常が膨張というかたちを作り出します。カクの膨張と隙間の移動する方向によってたくさん地震の起きるところと、少ししか起こらないところと、全然動かないところとができます。膨張したカクは谷のようになってきます。下へへこむんです。隙間の移動は山になります。今まで地球はそのように活動して、陸や海を作り出してきました。想念はこの隙間の移動に役立つんです。隙間の多いところに想念が動（働？）きます。しかし、地球そのものはよじれることは好きではありません。地球も静かな方を好むんです。できれば、サマーインの力は若いつくる力を養うために使いたいんです。心の成長がうまく発達していれば、地殻を動かすカクの隙間を動かす力ではなく、今までの意識をまとめる、地球のエネルギーとして、神々へ供給されることになるんです。そうなったとき、神々はそのエネルギーを人間が利用しやすい形として、地上へ降ろすことができるんです。これで、地震の仕組みがわかりました？　国常立大神の仕事は隙間にそのエネルギーを注ぐことにあります。地震といってもやたらめったらに起こしているんじゃないんですよ。いずれ分かってくると思いますが、地球の崩壊と関係があるんです。崩壊しないように、巧みに操っているのが国常立大神の仕事なんです。国常立大神は人間にとって、感謝しなければいけない神ですよ。のほほんと地上で暮らしている人間たちは、ただ地震を怖がっているばかりですが、この神がいなければこの世界はなかったのですから。いずれ、それに気づいたとき、既に事遅しということも考えられます。国常立大神も天上界最上の神々の指示によっては地球を潰さなければならないと言っていましたから。早くみんなが気がつかなければ、サマーインの力によって、滅ばされてしまいますよ。マシシの神より」。

2010年4/22　エロヒム「地震は自転の歪みから生じる。重力から話そう。自転の向きを知っているか？　そうだ、地球は時計と反対に回っている（↑北極を上と見た場合）。しかし、地球の軸がすこし歪んでいるから、そこに自転の異常が出てくる。重力とは中心に向かう力だが、外に向かう力も同時に働いている。難しいかもしれぬが、足元のことを地球人は知らない。一緒に歪みが生じる。大陸の移動というのは地球の歪みから出来ているのだ。重力の歪みだけして、マグマの移動だけによるものではない。引っ張る力と押す力のバランスが崩れるときがある。月の仕業だ。海の満ち引きもそうだが、大陸の移動にもかかわっている。歪みができるのは、満月の時と新月の時。大陸がわずかに移動する。上がったり、下がったり。海の下の地面はそういう地面じゃ。人々の暮らしている大陸の地面とは違う。もっと柔らかくフレキシブルな地面なのだ。薄くなったり、厚くなったり、自転の速度や引力によって、弱いところができてくる。皮があると思えばよい。地球の表面に皮がある。かたい地面はタコと思えばよい。擦れるところは厚くなる。皮が寄れてくる。寄れて来れば、自然と山になる。自転の向きが分かるか？（西から東です）そうだ。皮は摩擦で東から西へと移動する。極近くの歪みはもっと大きくなる。なぜなら、赤道近くは遠心力による重力の影響が大きくなる。移動した分、極に力が加わり、極付近がよじれる。心配なのは地軸の傾きだ。月による重力によって、歪みが大きくなり、地軸の傾きが大きくなる。歪みそのものを生じる力は重力だけではないからだ。アマテラスが言っているように人間の歪みによる地震が最近多くなってきている。この歪みを起こしている大元の人間を隔離すれば、地球も安定する」。

おわりに

２０１４年5月5日午前5時18分ごろ伊豆大島近海を震源とするＭ６・０の地震が起きた。最大震度は東京都千代田区のみ5弱だった。私たち三人には２０１３年より散々予告されてきた地震だが、何も知らない人はさぞ、びっくりしたことだろう。幸い、私たちは東京に被害が出ないように動かされてきたのだ。神々の予告では、Ｍ６～７ぐらい、震源地の震度６強、東京の震度は4～5弱または6弱、私の住んでいるところの震度は3～4だと言っていた。２０１３年11月の予告では、震源地を深くするから被害はないだろうとも言われていた。だから、揺れても安心していられたものだ。とはいえ、立派な地震雲を見つけた5月1日には、震度と津波を抑えるように再度、国常立大神に言われた。予告通り、震源の深さが１６２㎞と深かったため、津波もそうだが、地表に甚大な被害をもたらすことはなかった。東京に住んでいる方々は、ホッとしたと思う。神々は地震をなくすことは出来ないようだが、私たちに起きる影響を小さくさせるために働いてくれている。東京に影響がありそうな地震の場合はいつも震源地を深くしてくれているようだ。そして、土日など休みの日に起きることが多いように感じる。神々に私たちのカレンダーがあるのかは知らないが、なるべく通勤通学に影響がないようにしてくれているのだろう。私たちはこのように日々、神々に守られて生活しているのである。神の中で神を知るのは難しいことだが、それを感じて頂きたい。世の中の微妙な変化で感じて頂きたい。神というのは信じるものではない。信じる、信じないのレベルでは神はいない。感じるものなのだ。体感、体験するものだ。気持ちの変化、考え方の変化、体の微細なエネルギーの変化などで神を感じることができると思う。〝感じる〟と言った意味では、神とは、振幅の小さな高周波を含んだ、極超低周波の電磁波という感覚だろうか。今、宇宙で起きていることが地球にも反映されてきている。それは異常な高温、低温、巨大化した台風、隕石などの災害や火山活動などとして現れている。地球は今、進化しようとしているようだ。それを体で感じて頂きたい。空気の軽さやエネルギーの変化、世の中の変化などを五感やそれ以外のところで感じて頂きたい。地球の進化をニワトリの卵の孵化に例えるなら、卵の表面に住んでいるのが私たちだ。卵は外部から温められ（温暖化）、だんだん異常な振動が卵の中から伝わってきている（地震）。卵の中のひよこが成長し突然、卵の中を動きまわったり、止まって身震いなどをし始める（大地震、群発地震、火山の噴火、ポールシフト）。私たちは異常な振動や光景におののき恐怖を感じる。やがて内部の動きに反応するように親鳥がつつき始める＝啐啄《そったく》（台風や竜巻、隕石落下）。卵の表面（地殻）が少しずつ裂け始め、私たちは世の終わりを感ずる。そして卵の殻は粉々になっていく…。私たちはそれを見て嘆き悲しむのだ。しかし、見方を変えれば、卵の殻は孵化したひよこにはすでに不必要なものだ。今まで守ってくれていた殻だが、いつまでも殻に執着してはそこから、離れられなくなる。ひよことしての新しい人生が孵化したひよこにはある。壊れゆくものに執着していては先に進めない。私としては、皆さんにそこから生まれ出る新しい息吹を感じて頂きたい。神々はなるべく私たちをびっくりさせないように静かに地球を孵化させよとしている。私たちが恐怖におののけばおののくほど共鳴し、卵の殻は粉々になるからだ。そして、今、私たちは選択を強いられている。自由選択だ。人の意見などには左右されずに自分の好む方を選べばよいのだ。不要となっていく卵の殻となり、虫や微生物に分解され、植物、生物に捕獲吸収されて他の者の栄養源となり、受動的に生きることを選択するか、それとも孵化するひよこになって未知なる世界へ飛び出し、能動的に成長発展するかだ。私の感覚では２０１６年から日本のエネルギーが急激に変ってくる。神々の仕組みから、その変わり目の数年あたりが一番、災害の起きやすい時だと思う。まさにひよこが殻を割って生まれようとしている時期なのだろう。２０１４年後半、２０１５年後半は、すこし覚悟しておく必要はあるが日本が潰れることはなかろう。晴れて、２０１６年を迎えた暁には、みなさんはどちらの道を選んでいるだろうか。選んだ道が皆さんの〝みろくの世〟になるのだ。これを書いているときも次の地震予告が来た。カラスも盛んに鳴いている。地震雲も、見とれるほどきれいに出ている。方角からして震源地千葉県あたりらしいが、国常立大神に言わせれば神奈川県が揺れると。雲の出方から規模もＭ４～５ぐらいだ。国常立大神の予告ではＭ７、最大震度4～6を予定していたようだ。「体に感じる地震は弱くしますから、八坂さんに抑えてもらうように」と言われた。八坂さんで足りなければ、私にも仕事が回ってくる。いずれにせよ東京は震度3ぐらいだろう。中目黒のいつも行く和菓子屋のおばさんにはそっと「M4、5ぐらいの地震が来そうですよ。でも揺れてもここは震度3かなぁ～」と伝えておいた。しかし、国常立大神は私に仕事を回さなかったのだ。今回は八坂さんだけで十分だったようだ。【5月13日午前8時35分、千葉県北西部を震源とするM4・9、最大震度4（埼玉県草加市、神奈川県横浜港北区）の地震発生。震源の深さ80㎞、東京の震度3】いつも通り、予告通りだ。

初めこの原稿を、とある出版社へ持って行ったのだが、そこではうまく扱えず。貴船系神社と氷川神社の神々を怒らせ、都内及び関東地方に記録的な大雨を降らせることになってしまった。【2014年6月5～7日にかけて各都県の6月の1ヵ月平均雨量を超える大雨となり、各地で6月の観測史上最多になった】。私は慌ててその原稿を引き上げ、文芸社へ連絡したのだ。文芸社ではこのような曰くつきの原稿も快く引き受けてくださった。その結果、神々の怒りも収まり天候も安定してきたのだ。今回も神へのご理解、ご配慮を示してくださった文芸社の皆々様には心より感謝申し上げる。そして、私たちをご支援してくださった『マガタクラブ』の皆様にもこの場を借りて感謝申し上げたい。

おしまい

《資料編》２０１３年に起きた主な地震や災害、及び気になった出来事

▽１／初旬　インド北部で２０１２年末から強い寒波、少なくとも１０７人死亡。
▽１／５　米国アラスカ州沖でＭ７・５の地震発生。
▽１／12【新月】
▽１／14　関東地方や東北地方太平洋側を中心に大雪。15日までに茨城、長野両県で２人が死亡、降雪以外の要因では沖縄県で船舶座礁により１人死亡で低気圧により計３人死亡、15都県で計１５７２人が重軽傷。
▽１／14　イタリアのストロンボリ火山が噴火。
▽１／17　インドネシアの首都ジャカルタが豪雨による洪水で冠水。《磁気嵐》
▽１／18　シドニーで気温が45・８度を観測。最高気温を74年ぶりに更新。
▽１／20　午前2時45分頃、千葉・茨城・埼玉・栃木県付近で謎の爆発音と、流星のような閃光の目撃情報が相次いで報告された。原因不明だが、正体は「隕石」ではないかといわれている。
▽１／22　インドネシアのスマトラ島の北部、アチェ州直下でＭ５・９の地震が発生、１人が死亡、15人が負傷した。

▽1／22　長野県の諏訪湖で御神渡りを確認。
▽1／27【満月】アフリカ南部モザンビークで数日間大雨、大規模な洪水が発生。
▽2／2　北海道十勝地方南部を震源とするM６・５の地震発生。釧路市や根室市などで震度5強を観測。
▽2／6　太平洋のソロモン諸島沖でM８・０の地震発生。日本でも津波（東京・八丈島で40㎝、福島県相馬市で20㎝、仙台市で20㎝）を観測。
▽2／8　米国北東部で暴風雪。
▽2／9　コロンビアのナリーニョ県でM６・９の地震発生。
▽2／10【新月】
▽2／14　ロシア北東部でM６・６の地震。
▽2／15　ロシア連邦に隕石が落下、負傷者１２４０人、建物損壊４７１５棟。
▽2／16　直径約45ｍの小惑星２０１２ＤＡ14が地球に接近。地表から最短で2万７７００㎞まで近づいた。
▽2／21　北日本の日本海側は、強い冬型の気圧配置で大雪となり、青森市・酸ヶ湯では積雪が５１５㎝と、気象庁の観測地点の中で国内最高を記録、24日には積雪が５２９㎝と過去最高を記録、26日には５６６㎝と最多記録を更新した。

▽2／25　栃木県北部を震源とするM6・2の地震発生。日光で震度5強を観測。
▽3／2、3　中心気圧が970hPaと台風並みの低気圧で、北海道で暴風雪となり、中標津町で最大瞬間風速34mを観測。遭難者が相次いだ。《3／1〜2磁気嵐》
▽3／5　直径10mから17mの小惑星2013ECが地球に接近。一時的に月の軌道の内側に入り込んだ。
▽3／8　箱根火山において1／18午前1時ごろより、やや活発な地震活動が観測された。2月下旬以降の地震活動は落ち着いてきていた。
▽3／9　直径100m級の小惑星2013ETが地球に接近（98万km）。
▽3／9　韓国ソウルで23・8度を観測。3月としては106年ぶりの気温で、平年に比べ15度高い。
▽3／10　東京都心で6月中旬並みの25・3度を観測、観測開始以来、最も早い夏日となり3月の最高気温を更新した。また関東南部で煙霧が発生した。
▽3／10　パンスターズ彗星が近日点通過。
▽3／12【満月】
▽3／15　中規模太陽フレア発生
▽3／16　気象庁は、東京・靖国神社の桜（標本木）の開花を発表。平年より10日早い。

▽3／17　月面に流星が衝突。4等星相当の閃光が観測された。《3／17〜18磁気嵐》
▽3／20【春分の日】富士五湖の1つ山梨県の河口湖の水位が大幅に低下。
▽3／21　大阪市と神戸市の桜の開花が発表。平年より7日早い。
▽3／21　ウクライナの首都キエフで1881年以来となる積雪が観測。
▽3／22　中規模太陽フレア発生
▽3／27【満月】台湾中部でM6・1の地震発生。
▽4／1　モスクワで4月としては新記録となる65㎝の積雪を観測。
▽4／3　伊豆諸島付近を低気圧が発達しながら東に進んだ影響で、千葉県銚子市で正午前に34・4m、水戸市で午前8時過ぎに25・9mの最大瞬間風速を記録したほか、東京都心や宇都宮市、横浜市でも20mを超える強風が吹いた。
▽4／3　アルゼンチンのラプラタで豪雨による洪水が発生、50人以上が死亡。雨量は約3時間で300㎜を記録。
▽4／4　午前1時58分ごろ、石川県加賀地方を震源とするM4・3、最大震度4の地震発生。同日、午前2時頃、気象庁の防災情報提供システムのサーバーに不具合が発生し、気象警報や地震などの情報を自治体や報道機関などにメールで配信できなくなるトラブルがあった。同日、午後1時42分ごろ、関東地方で地震があり、千葉県と茨城県で震度4の揺れを観測した。

▽4／6　発達した低気圧の影響で各地で荒天となった（メイストーム）。神奈川県海老名市では観測史上最大となる１０２㎜の1時間降水量を記録した。翌7日は全国的に風が強く、北海道、三重県、長崎県で計３人死亡。
▽4／6　インドネシアのパプア州でＭ７・０の地震発生。
▽4／9　イランでＭ６・３の地震発生、少なくとも３人死亡。
▽4／10【新月】
▽4／13　午前5時33分ごろ淡路島付近を震源とするＭ６・3、最大震度6弱の地震発生。建物被害。
▽4／16　イラン南東部のシスタンバルチェスタン州（パキスタンとの国境付近）で、Ｍ７・8の地震発生。少なくとも40人死亡。
▽4／17　三宅島近海で地震活動が活発になる。17時57分頃ごろには東京都三宅村で震度5強を観測。
▽4／21　東日本各地で積雪が観測され、仙台では66年ぶりの積雪観測となった。
▽4／20　中国四川省雅安市で、Ｍ７・０の地震発生。死者１９２人、行方不明者23人、負傷者1万１４７０人。
▽4／22　静岡県浜松市の山間部にある茶畑で長さ１５０ｍにわたって亀裂が見つかり、23日

には3回にわたり大規模な土砂崩れが発生した。25日、前日に降った雨の影響で崩落箇所の亀裂の拡大が速まり、静岡県や同市は警戒を強めた。
▽4／22　バングラデシュのビル倒壊、死者350人超
▽4／26　【満月】部分月食。日本では西日本のみで見られる。21世紀中で2番目に短い部分月食。
▽5／2　札幌で降雪を観測。5月としては21年ぶり。《4／30〜5／2磁気嵐》
▽5／6　北海道東部で雪。帯広で8年ぶり5月の積雪観測。
▽5／7　フィリピンのマヨン山が噴火。5人が死亡。
▽5／10　【新月】金環日食。オーストラリア北西部で始まりニューギニア島、ソロモン諸島で観測。
▽5／12、13　12日、太陽で今年になって初めてとなるXクラスの太陽フレアが発生。その後、13日に続けて大規模な太陽フレアを観測した。5月13日から15日までの2日間に合計4回の大型（Xクラス）太陽フレア現象の発生を確認。同現象の最大X線強度は、通常の100倍以上におよぶ大型のもので、ほぼ同時刻に、太陽フレアによって電離層に異常をきたし、短波に影響を及ぼすデリンジャー現象の発生を観測したという。
▽5／14　マリアナ諸島を震源とするM7・3の地震発生。震源の深さ619m。東京震度1。

同日、メキシコのポポカテペトル山が噴火。
▽5／15　米国テキサス州で13個以上の竜巻（EF4相当）が発生。6人以上が死亡。
▽5／16　岩手県沖を震源とするM5・1、最大震度4の地震発生。
▽5／18　福島沖を震源とするM6・0、最大震度5強の地震発生。東京の震度1～2。
▽5／19　米国オクラホマ州、カンザス州、イリノイ州、アイオワ州の4州で26個の竜巻が発生。
▽5／20　米国オクラホマ州で大規模な竜巻（竜巻の規模を示す改良藤田スケールは最高ランクのEF－5）が発生し、数多くの建物が完全に倒壊し、死傷者多数。
▽5／24　南太平洋でM7・4の地震発生。サハリン近海を震源とするM8・2、最大震度3の地震発生。日本各地で揺れを観測。東京震度1。再びサハリン近海でM6・5の地震発生。同日、ロシアのカムチャッカ半島西方のオホーツク海を震源とするM8・0、深さ609・8㎞の地震が発生。震源の深さが100㎞以上の深発地震では観測史上最大の地震。
▽5／28～31　太陽に巨大なコロナホールが出現。このコロナホールは、ここ1年以上観測されたことのない規模の巨大なものだった。コロナホールに伴って高速の太陽風が放出される。
《5／31～6／2磁気嵐》
▽5／31～6／1　直径約2・75㎞の地球近傍小惑星1998QE2（小惑星番号28526

3）とその衛星が、地球から約586万kmの距離まで最接近（6／1日本時間5時59分に地球に最接近した）。2日続けてプロミネンス噴出。

▽6／2　台湾中部でM6・3の地震発生。落石土砂崩れの被害。

▽6／3　インドネシアのスマトラ島にあるクリンチ火山が噴火。

▽6／4　福島県沖でM4・8、最大震度4の地震発生。

▽6／6　千葉県東方沖M5・0、最大震度3の地震発生。東京震度1。

▽6／9　【新月】

▽6／12　米国コロラドスプリングスで大規模な山火事発生。

▽6／13　沖縄本島近海でM5・7、最大震度3の地震。同日、アラスカのベニアミノフ火山が噴火。

▽6／18　通算10000個目の発見となる地球近傍天体の2013MZ5が発見される。

▽6／18　日本気象協会のホームページに『2013年6月18日の地震データベースに登録がありません』とあった。この日は有感地震がなかったようだ。

▽6／21　【夏至】カナダアルバータ州で洪水。3人死亡、10万人以上が避難。

▽6／22　インド豪雨、死者550人・不明1万3800人。

▽6／23　【満月スーパームーン】

▽6／25　シンガポールで雹が観測された。
▽6／29　台湾付近を震源とするM5・7の地震。《6／27〜30磁気嵐》
▽7／2　インドネシアのスマトラ島北部アチェ州でM6・1の地震が発生。7／3までに死者24人。
▽7／3　九州北部、山口県などで激しい雨。北九州市八幡西区で73㎜、大分県由布市で67㎜と観測史上1位の値。各地で浸水被害。
▽7／4　メキシコのポポカテペトル山の火山活動が活発化、再び噴火。同日、サハリン南部附近でM5・0の地震。
▽7／6　千島列島でM5・3の地震発生。《磁気嵐》
▽7／8　【新月】カナダのトロントで豪雨により洪水。同日、ニューギニア付近でM7・3の地震。
▽7／10　鹿児島県の桜島昭和火口で爆発的噴火があり、3400mまで噴煙があがった。この高さは史上3番目。
▽7／15　中国地方を中心に局地的に激しい雨。島根で1時間100㎜超。一方、同日午後1時40分までの最高気温は、神奈川県海老名市で36・7度、千葉県茂原市で36・4度、静岡県川根本町で36・2度、宮崎県西米良村で36・1度を観測した。

▽7／15　南大西洋上のサウスサンドウィッチ諸島付近を震源とするM7・2の地震発生。
▽7／16　西日本を中心に厳しい暑さが続き、気象庁によると、宮崎県西米良村と大分県日田市で36・6度となるなど、13地点で35度以上の猛暑日となった。一方、関東甲信は雲が広がるなどして猛暑日地点がなく、東京都心の最高気温は29・1度と、梅雨明け前日の5日以来、11日ぶりに30度を下回った。三浦半島沖で6mも海底が隆起しているのが見つかった。
▽7／21　ニュージーランドのクック海峡でM6・5の地震が発生。
▽7／22　中国・甘粛省M6・6の地震、死者47人に　約300人が負傷。
▽7／23【満月】湿った大気が関東南部に流れ込んだ影響で、東京都や神奈川県で23日夕、1時間に50㎜を超す非常に激しい雨が降った。東京都世田谷区や目黒区で午後4時半ごろまでの1時間に100㎜に達する猛烈な雨が降ったと推定できる地点もあった。一時、目黒川に氾濫警戒情報も出た。東急東横線、池上線、停電の影響で一時、運転を見合わせた。
▽7／28　山口県と島根県の県境を中心に記録的な豪雨が発生し、3人の死者と行方不明者、および約500棟の住宅に被害が発生。山口市で1時間あたり143・0㎜を記録し、日本の1時間降水量歴代11位を記録した。同日、鳥島近海でM5・6の地震。東京の震度1。
▽7／31　米国イエローストーン国立公園のスチームボート・ガイザー（間欠泉）が8年ぶりに噴出。

▽8／4　宮城県沖を震源とするM6・0、最大震度5強の地震。東京の震度1。
▽8／5　オホーツク海南部でM5・8の地震。
▽8／6　大気の状態が不安定になり、東海や東北、関東甲信の一部で激しい雨が降った。
▽8／7　【新月】
▽8／9　東北北部で局地的な豪雨に見舞われ、土砂崩れや住宅への浸水が相次いだ。
▽8／9　直径11m程度の小惑星2013PS13が地球に接近。一時的に月の軌道の内側に入り込んだ。
▽8／10　高知40・7度、今夏最高＝6年ぶり40度超す。同16日には多治見市と埼玉県熊谷市で観測史上最高の40・9度を記録している。
▽8／10　インドネシア東ヌサトゥンガラ州のパルエ島にあるロカテンダ火山が噴火。
▽8／11、12　太平洋高気圧の影響により日本列島は異常な暑さに見舞われた。東京では最高気温が38・3度、最低気温も30・4度と30度を超える酷暑に。これは1875年（明治8年）の観測開始以来、最も高い値。12日、四万十市で気温41・0度の国内観測史上最高を観測。
▽8／14　関東以西で晴れて気温が上昇。大阪市と堺市で午後0時40分までに38・0度を観測した。過去4日間、最高気温40度台が続いた高知県四万十市の観測点、江川崎は同38分に37・9度。

▽8／16　ほぼ全国的に気温が上昇。全国最高気温は京都市の37・6度に続き、大阪府豊中市（伊丹空港）37・5度、埼玉県鳩山町37・2度、甲府市37・0度が高かった。12日に史上最高41・0度を観測し、13日まで4日連続40度台を記録した高知県四万十市（江川崎）は35・9度だった。30度以上の真夏日となった所は同日午後4時時点で753地点と、前日より16地点増えて今夏最多を更新した。全国927観測地点の81％に当たる。35度以上の猛暑日は126地点で14％に上った。

▽8／17　米国カリフォルニア州で大規模な山火事発生。世界遺産のヨセミテ国立公園の中にも燃え広がった。

▽8／18　「見たことなかった」熱帯の猛毒魚熱帯海域に生息するカワハギ科のソウシハギ、三河湾に出現。海水温の上昇が続き。異変は、日本近海のあちこちで起きる。三重県南部の熊野灘では昨年2、3月、熱帯や亜熱帯の海に生息し、猛毒を持つヒョウモンダコが相次いで見つかった。

▽8／18　北海道南部の厚沢部町付近で1時間に約100㎜の猛烈な雨。

▽8／18　鹿児島市・桜島の昭和火口で大規模な爆発的噴火があり、噴煙が火口から約5000mまで上がった。鹿児島地方気象台によると、昭和火口での噴煙の高さは観測史上、最も高いという。

▽8／20　フィリピンの首都マニラで豪雨により洪水。
▽8／21　【満月ブルームーン】東京都心に再びゲリラ豪雨、池袋駅や秋葉原駅が雨漏り。
▽8／22　東海や西日本を中心に猛暑となる一方、山陰地方では局地的に猛烈な雨が降った。最高気温は岐阜県多治見市で39・3度、浜松市天竜区（佐久間）で39・2度を観測。午後3時までの1時間に島根県安来市付近で約120㎜、鳥取県南部町付近では約110㎜の雨が降ったとの記録的短時間大雨情報が出された。
▽8／24　島根県では24日未明から記録的な大雨に見舞われ、同県江津市では3時間に8月の平年雨量を上回る200㎜以上の猛烈な雨を観測した。島根県内の各市町によると、同県内では400か所以上で土砂崩れが発生し、浜田、江津、益田各市と邑南町で民家計84棟が床上浸水。
▽8／30　福島県会津地方を震源とするM4・0、最大震度4を観測。
▽8／31　アリューシャン列島のアンドリアノフ諸島を震源とするM7・0地震。
▽9／1　オホーツク海南部でM5・5の地震。
▽9／2　日本海北部でM5・8の地震。同日、午後2時5分ごろから2時半ごろにかけて、埼玉県越谷市と同県松伏町、千葉県野田市などで竜巻とみられる激しい突風があり、住宅の屋根が飛ばされるなどして、多数のけが人が出た。埼玉県越谷市と松伏町で450棟以上の家屋

が全半壊するなどし、負傷者は63人となった。
▽9／4　台風17号午前3時頃に鹿児島県の指宿市付近から上陸した。台風から南北に延びる雲は秋雨前線にもつながっていたため、全国各地に大雨をもたらした。同日9時に四国沖で温帯低気圧になったが、その後も日本列島の南の海上を東進して5日の21時に消滅した。同日、栃木県矢板市と鹿沼市で竜巻が発生、民家が被害。同日、桜島昭和火口が爆発的噴火。噴煙が高さ2800mまで上がり、噴石で車17台が被害を受けた。同日、鳥島近海でM6・9の地震。東京の震度1～3。
▽9／5【新月】激しい雷雨の影響で、首都圏（千葉県市原市、埼玉県さいたま市緑区、神奈川県海老名市、静岡県富士市など）を中心に5日午前、停電が相次いだ。静岡県内では落雷が原因とみられる火災が相次いだ。
▽9／11、12　米国コロラド州ボルダー郡などで豪雨により洪水。ラリマー郡ではダムが決壊。
▽9／15　インドネシアのスマトラ島にあるシナブン山が噴火。
▽9／16　午前6時に965hPaを記録し8時前に愛知県豊橋市付近に上陸した大型の台風18号の影響で京都府では桂川が氾濫した。被害が拡大する恐れがあるとして、伏見区や右京区などの約11万世帯、約26万人に避難指示を出した。観光名所の嵐山・渡月橋にも橋脚が見えなくなる高さまで桂川の濁流が押し寄せ、時折、橋の上にまで水があふれた。全国で初めての大

雨特別警報が京都府など3府県に発令された。京都市山科区で市営地下鉄東西線・御陵みささぎ駅付近の線路が水没し、約10㎞区間で4日間の営業休止に追い込まれた。同日8時前に愛知県豊橋市付近に上陸後、山梨県や福島県などを通過、三陸沖へと抜けた。埼玉県、群馬県では突風の被害が相次いだ。さらに、東京電力によると、熊谷、行田両市を中心に最大約6900世帯、みどり市、前橋市などでも最大約3900世帯が一時停電した。

▽9／16 直径400ｍの小惑星2013TV135が地球との距離が約676万㎞を接近通過。

▽9／19 【満月】

▽9／20 福島県浜通りでM5・9、最大震度5強の地震。

▽9／23 【秋分の日】

▽9／24 パキスタン南西部バルチスタン州を震源としたM7・7の地震発生。515人以上の死者と600人以上の負傷者が発生した。震源地から300㎞以上南西に離れた港湾都市グワダル沖のアラビア海の海底が隆起し、小さな島が誕生した。

▽9／24 富士山の初冠雪。

▽9／26 南米西部ペルー沿岸でM7・2の地震。

▽9／28 インド附近パキスタンでM7・8の地震。

▽9／30　太陽で大型のフィラメントの噴出が観測された。
▽10／1　カムチャッカ半島でM6・3の地震。
▽10／3　奄美大島近海でM5・0の地震。《10／2〜3磁気嵐》
▽10／5　【新月】
▽10／8　東京三鷹で高3女子がストーカーに刺殺。《10／8〜10磁気嵐》
▽10／9　千島列島でM5・5の地震。
▽10／11　太平洋高気圧に覆われて各地で気温が上昇し、東京都心は午後1時過ぎ、30・0度を観測した。気象庁によると、東京都心では1875年の統計開始から最も遅い真夏日となった。三重県亀山市で32・7度、滋賀県彦根市で32・1度、東京都八王子市で31・5度を観測するなど88地点で真夏日となった。同庁によると、10月上旬の平均気温は、北日本が2・7度、東日本が3・6度、西日本が3・3度それぞれ平年より高く、いずれも統計史上1位の記録を更新した。10日間のうち4日間で、全国927観測地点のうち100地点以上が30度以上の真夏日となった。東京江戸川区川べりではソメイヨシノが開花。
▽10／15　フィリピン中部のボホール島付近を震源とするM7・1の地震発生。150人以上が死亡。
▽10／16　「10年に1度の勢力」と言われた、大型で強い台風26号（15日正午、中心気圧が9

45hPa、中心付近の最大風速が40m。中心から半径190㎞以内では、風速25m以上の暴風域）が直接、日本に上陸することはなかったが、16日明け方に伊豆諸島北部を通過、同日午前中に房総半島東岸をかすめ、同日15時に三陸沖で温帯低気圧に変わった。温帯低気圧に変わったあとも、北海道をはじめとした地域に影響をもたらした。気象庁によると、台風による大雨で、伊豆大島（東京都大島町）では同日未明、3時間雨量としては国内で統計史上2番目に多い335㎜を観測。大規模な土砂崩れによる住宅倒壊が多数発生し大きな被害となった。関東各地でも被害が広がり、東京都町田市では川に流された40代の女性が死亡。神奈川県では小学6年の男児2人が波にさらわれ、千葉県成田市では住宅が倒壊し、住人の男性が行方不明となった。警察庁は、伊豆大島の35人を含む37人が行方不明としている。千葉県成田市花崎町の京成成田駅で線路脇の土砂流出し架線が切れ運転見合わせた。小田急線でも、東京都世田谷区下北沢駅付近で線路が冠水し、全線運転見合わせた。同日、ニューギニア付近ソロモン諸島でM7・1の地震。

▽10／18　カムチャッカ半島の最高峰で、ユーラシア大陸最高峰の活火山である、クリュチェフスカヤ火山がシベルチ山とともに火山活動を活発化させ18日には火山灰が1万mに達した。

▽10／19　【満月】カムチャッカ半島の火山活動が活発化。

▽10／20　オーストラリア東部ニューサウスウェールズ州で大規模な山火事が発生。州政府は非常事態宣言を発出。

▽10／22　非常に強い台風27号が九州南部や本州に接近。10月に入ってから日本に近づく数は5個目で、観測史上最多となる。21日には28号の発生も確認された。

▽10／23　台風28号は10月22日から23日までの24時間で中心気圧が70ｈＰａ低下、905ｈＰａまで成長して「猛烈な台風」となった。24日の夜には中心付近の最大風速55ｍ、最大瞬間風速75ｍまで成長しながら北西に進み、25日午後には「非常に強い台風」のまま小笠原諸島の父島に接近。日本列島の南東の海上を北上して、26日午後、日本の遥か東の海上で温帯低気圧になった。

▽10／26　台風第27号は本州の南岸を進み、26日午前中に伊豆諸島を通過した。その後、同日15時に日本の東で温帯低気圧となった。この台風と本州の南岸に停滞する前線により、南西諸島と西日本から東日本にかけての太平洋側を中心に広い範囲で大雨、暴風となった。10／25日未明には広島県尾道市の因島で土砂崩れが発生。15時20分頃、兵庫県香美町の山陰本線の竹野駅－佐津駅間で、幅約1・4ｍ、重さ約3・9ｔの石が線路上に落下し、特急はまかぜが通る際、接触した。乗客にけがはなかったが、台風の影響による土砂崩れとみられている。愛媛県西予市では土砂崩れ、高知県では仁淀川の水位が氾濫注意水域に達し、25日夜、静岡県磐田市

で市街地が浸水と各地で被害が出た。同日、福島県沖約３７０㎞の太平洋上を震源とするM７・１の地震発生。10／22付近から福島県沖、宮城県沖、三陸沖でM５以上の地震多数発生。同日、イタリアのエトナ火山が大規模噴火。
▽10／28　イギリスやフランスなど欧州西部で10年に一度の規模の暴風雨。最大風速は時速約１６０㎞を記録。
▽10／31　台湾東部でM６・３の地震。
▽11／３　茨城県南部を震源とするM５・０、最大震度４の地震発生。東京震度１～３。このころより、茨城県沖、茨城県南部、千葉県北勢部、千葉県東方沖、関東東方沖でM５以上の地震多数発生。
▽11／３【新月】金環皆既日食。中部アフリカ、東アフリカで観測できる。陸上ではほぼ皆既日食となる。
▽11／６　大規模太陽フレア発生。
▽11／７《磁気嵐》
▽11／８　台風30号がフィリピン中部のサマール島などを直撃、多数の死者がでた。大規模太陽フレア発生。
▽11／10　茨城県南部を震源とするM５・５、最大震度５弱の地震発生。東京震度１～３。

《11／9〜10磁気嵐》

▽11／12　択捉島南東附近でM5・1の地震。

▽11／15　青森県東方沖を震源とする地震発生。M5・2、最大震度4。

▽11／17　南太平洋スコシア海でM7・8の地震。

▽11／16　千葉県北西部を震源とするM5・4、最大震度4の地震発生。東京震度1〜3。

▽11／18　イタリア南部サルデーニャ島で、発達した低気圧によって記録的な豪雨となり、19日、同島に非常事態宣言が出された。

▽11／17、19　米国中西部のイリノイ州など各地で相次いで竜巻発生。今回起きた竜巻のうち二つは、建物などの被害状況から改良藤田スケールでEF4と推定。死者は、18日までに計8人に達した。

▽11／20　小笠原諸島の西之島の南東500mで噴煙と楕円形の陸地の隆起が観測された。12／26　西之島の付近にできた新島が西之島と一体化したことを海上保安庁が確認。

▽11／22、23　中国吉林省の松原市でM5以上の地震が複数回起きた。被災者の数が5万8千人を越した。23日の地元のマスコミ報道によれば、1万6千人近くが避難を余儀なくされている。

▽11／23　中国、尖閣諸島に防空識別圏を設定。

▽11／25　サハリン西方沖でM５・２の地震。
▽11／28　アイソン彗星が近日点を通過。29日朝、太陽に最接近したアイソン彗星は、太陽からの強烈な熱を受け、彗星の核の部分がほぼ消えてしまったとみられている。
▽12／3　【新月】茨城県沖を震源とするM５・５、最大震度３の地震発生。東京震度１～２。
▽12／7～8　《磁気嵐》
▽12／9　択捉島南東沖でM６・２の地震。
▽12／10　茨城県沖を震源とするM５・０、最大震度２の地震発生。同日、硫黄島近海でM５・５の地震。
▽12／11　ブラジルのリオデジャネイロで、豪雨により洪水。
▽12／12　中東各地に寒波。エジプトのカイロで１９７９年以来となる降雪。
▽12／14　千葉県東方沖を震源とするM５・５、最大震度４の地震発生。東京震度１～２。
▽12／17　【満月】ベトナム北部のラオカイ省サパで、５cm以上の積雪。
▽12／18　鳥島近海でM５・２の地震。
▽12／21　茨城県南部を震源とするM５・３、最大震度４の地震発生。東京震度１～３。
▽12／21　千葉県東方沖を震源とするM５・４、最大震度４の地震発生。東京震度１～２。
▽12／22　【冬至】

▽12／23　関東東方沖を震源とするM５・７、M５・８、最大震度１の地震２回発生。
▽12／25《磁気嵐》
▽12／26　米国海洋大気庁（ＮＯＡＡ）の国立気候データセンターの報告書により、２０１３年11月は観測史上最も暑い11月だったことが明らかになった。
▽12／29　エルサルバドルのチャパラスティケ火山が37年ぶりの噴火。
▽12／30　インドネシアのスマトラ島にあるシナブン山の噴火が活発化。
▽12／31　茨城県北部を震源とするM５・４、最大震度５弱の地震発生。東京震度１〜２。
（主にウキペディア、日本気象協会の地震データ、地磁気観測所の磁気嵐データを参考にした）

著者プロフィール

高橋　千春（たかはし　ちはる）

東京都出身。東京農業大学大学院修士課程修了。企業の研究開発に携わる。夫の転勤で大阪府から神奈川県に移り住み、2003、４年頃から幻聴か死神の声が聞こえるようになる。苦肉の策から説得した死神と仲良くなり最終的には自称大悪神、国常立大神とつながる。2010年に友達と神社巡りを開始し、赤坂の氷川神社の神に上野の下谷神社へ行くように言われる。それ以来、神々の指示に従って御用を手伝うようになる。著書に『冨士（二二）の神示』『月のいすゞ真示　天（天皇）の磐戸開き』（ともに文芸社）がある。

太陽の三陸《みろく》神示　神々の仕組みと災害

2015年２月15日　初版第１刷発行
2025年３月31日　初版第２刷発行

著　者　高橋 千春
発行者　瓜谷 綱延
発行所　株式会社文芸社
〒160-0022　東京都新宿区新宿１－10－１
電話　03-5369-3060（代表）
03-5369-2299（販売）

印刷所　株式会社フクイン

ISBN978-4-286-15781-8